シリーズ　被災地から未来を考える ③

監修：舩橋晴俊・田中重好・長谷川公一

震災復興と展望

持続可能な地域社会をめざして

吉野 英岐・加藤 眞義 [編]

はじめに

1 本シリーズの企画の趣旨

　本シリーズの出版にあたって，各巻の編者や執筆者が集まり，本シリーズの企画について議論した。そこでの議論をふまえて，「本シリーズの課題と方法」を次のようにまとめた（文責 舩橋晴俊 2013 年 9 月 30 日）*。

　2011 年 3 月 11 日の東日本大震災は，地震，津波，原発災害が絡み合った未曾有の大災害となった。発災後，2 年半（2013 年当時）を経過しても，原発事故の被害の克服の道と，地震・津波の打撃からの各地域の復興の道は，確立できていない。東日本大震災後，多数の社会学者が現地に赴き，被災地の支援と復興という問題意識を抱きながら，精力的な調査研究を続けるとともに，社会学分野の諸学会が協働して，研究集会やシンポジウムを波状的に積み重ねてきた。そのような研究努力から浮上するのは，大震災の被害の発生についても，被害の克服についても，社会的要因が重要な影響を与えており，それ故に，社会学の立場から取り組むべき多数の課題が存在するということである。本シリーズは，東日本大震災が提起した問題に対して，社会学に立脚して総括的な解答を与えようという 1 つの試みであり，その課題設定と方法意識・視点は以下のようにまとめられる。

課題の設定
　第 1 に，東日本大震災は，いかなる被害をもたらしたのかについて，実態の把握と解明が必要である。その際，大切なのは，自然の猛威としてのハザード

　＊　本シリーズの企画をもっとも熱心に主導していた舩橋晴俊は 2014 年 8 月に急逝した。監修者の田中重好・長谷川公一と遺族の舩橋惠子が協議し，舩橋による「本シリーズの課題と方法」をほぼ原文のまま，ここに掲げることにした。この文章は，本シリーズの原点であり，目標であった。

とは区別される，社会的要因が介在した「災害」(disaster) として，被害を把握することである．災害は一瞬で終わるものではなく，災害に対処し，その被害を軽減しようとする人々の必死の努力をコアにした一連の社会過程の中で，災害は継続的にその様相を変えてきた．

災害の研究にあたっては，事実の把握・解明とともに，なぜこのような災害が生じたのか，災害を生み出した社会的メカニズムがいかなるものであったのかを探究する必要がある．その際，東日本大震災の基本的な特徴として，日本社会の中で周辺部という性格を有する東北地方に起こったこと，被害が非常に広い地域に広がっていること，未曾有の原発事故をともなって原発災害と地震・津波災害が相互に増幅しあったことに注目しなければならない．防災政策や原子力安全規制との関係で見れば，安全性が強調され安全対策が実施されていたはずなのに，なぜ，巨大かつ深刻な被害が生じるのを防げなかったのかの解明が必要である．

第2に，このような災害が繰り返されることをどのようにして防いだらよいのか，そのために，どのような，制度形成，社会運動，主体形成，社会変革が必要なのかを問わなければならない．すなわち，震災対処のためには制度形成と同時に社会運動の果たす役割が重要であり，政治家，行政組織，社会運動，専門家，メディアなどが公論を闘わせながら，制度と運動との相互作用を通して，防災と災害復興のための新たな政策形成が必要である．社会学は政策科学として自らを洗練させていく必要があるが，こうした課題にどのような貢献ができるだろうか．社会学に立脚して，どのように有効な政策提言や，社会運動に対する支援や助言ができるであろうか．

第3に，この未曾有の広域的で複合的な被害に対して，どのようにして個人生活の再建，地域社会の再生と復興を図ったらよいのだろうか．発災以来，復興のかけ声とともに，復興庁が設置され，巨額の予算が投入されている．とくに，原発災害に対しては，除染に巨額の費用が投入され，2013年からは避難者の帰還を加速化するという政府の方針が提起されてきた．だが，復興政策の内容は的確であろうか．そのための効果的な取組み態勢が構築されてきたであろうか．地域再生の不可欠の契機である原発災害の補償は，適正になされてきたであろうか．発災後3年目となり（2013年当時），復興政策の問題点がさまざまに露呈してきたことを踏まえて，被害からの回復と地域社会の復興について，より望ましい道の探究が必要である．

第4に，今回の震災を通して，日本社会は何を問われたのか，とりわけ，どのような変革課題が問われたのだろうか。震災問題に正面から取り組むことを通して，現代日本社会がいかなる問題性を有する社会であるのかについて，どのような新たな意味発見や新たな理論的視点を提示できるであろうか。災害の深刻さと復興の困難さは，民主的な制御能力の不足や無責任性について，日本社会のあり方に対する反省的意味発見を要請している。社会学は，震災問題をきっかけとして，日本社会の問題性についての解明力・説得力のある理論枠組みの構築と展開を求められているのであり，社会学そのものの革新をいかに遂行するかが課題となっている。

方法意識と視点

　社会学の立場からの震災問題研究に際しては，社会学の長所を発揮できるような方法意識をもたなければならない。すなわち，実態の把握と解明，および，政策提言の両面において，社会学の理論的視点と方法の独自性や長所を自覚し，それに立脚することにより，他の学問分野や，政策立案・実施担当者や，住民に，独自の知見や考え方を提供するものであることが必要である。そのためには次のような方法意識と理論的視点を重視したい。

　まず方法意識としては，第1に，「実証に根ざした理論形成」という志向をもちたい。社会諸科学の中でも，社会学は，震災被災地現場の調査や，被災者・避難者への調査にもっとも精力的に取り組んできている。そこから得られた臨場感あふれる知見に立脚しつつ，要因連関や社会的メカニズムを解明し，豊富な意味発見を可能にするような理論形成努力が必要である。

　第2に，主体の行為への注目と，社会構造，制度構造への注目という複眼的視点をもつ必要がある。災害の実態を把握し克服の道を探るためには，一方で，社会構造や制度構造の欠陥や問題点を解明する必要がある。他方で，個人主体や組織主体の行為の仕方や主観的世界に注目することによって，具体的な事態の推移を把握するとともに，変革の手かがりを探っていく必要がある。

　次に理論的視点としては，第1に，「社会の有する制御能力」という視点に注目したい。ハザードが巨大な災害を帰結したということは，社会の有する制御能力の欠陥を露呈しているものであり，その克服には，制御能力の高度化という課題が必要になる。制御能力の高度化の道をどこに求めたらよいのか。

　第2に，「制御能力の高さ／低さ」を検討する際に，「社会的なるもの」から

の視点を重視したい．他の社会問題の解決可能性と同様に，災害問題への対処や復興の推進についても，市場メカニズムに依拠した立論や，行政組織の担う社会計画を主要な担い手として構想する立論が，他のディシプリンや実務家からは，有力な方向づけとして提起されてきている．これに対して，社会学は「社会的なるもの」に注目するところに，元来の特徴がある．

　第3に，震災問題に即して「社会的なるもの」へ注目しつつ災害への対処能力の高度化を考えるためには，まず，「コミュニティ」という視点が不可欠である．さらに，「社会的なるもの」が，社会制御能力へとつながっていく媒介として，「公共圏」およびその構成契機としての「公論形成の場」への注目が重要な視点となる．コミュニティと公共圏の豊かさ／貧弱さは，災害の発災と克服をどのように規定しているのだろうか．どのようにして，「社会的なるもの」の強化を通して，私たちは災害に立ち向かうことができるのだろうか．

　第4に，ほかならぬ日本社会で震災が生起したこと，日本社会でその対処が求められていることの意味を考える必要がある．すでに多くの論者が指摘してきたような日本社会における「無責任性」の問題は，災害問題とどう関係しているのだろうか．とくに，原子力政策をめぐる迷走と漂流は，この視点からの検討を必要としている．震災問題への取組みが，日本社会の質的変革につながるかどうかが，問われている．

知の総合化と社会学

　震災問題については，きわめて多様な学問分野での検討が動員され，知の総合化が必要である．だが，「知の総合化」のためには，その前提として，各学問分野の明快な自己主張が必要である．さまざまな学問の中でも，社会学はすぐれて，社会の実態と問題の実情に即して制度や政策を改善する志向性や，そのような方向で社会を変革していくべきことを提起する姿勢を有している．

　本シリーズは，上述の方法意識と理論的視点に立脚しつつ，震災問題に直面することによって，そのような社会学の新たな可能性を発揮していくことをめざすものである．

2　第3巻の構成と主要な論点

　以下では，それぞれの巻ごとに編者が各巻の構成と各章の主要な論点につい

て解説する。『震災復興と展望――持続可能な地域社会をめざして』と題された本巻では、災害からの復興について、その手法や歴史等を概観したあとに、津波被災と原発被災にわけてそれぞれの被災と復興の姿を紹介し、今後の災害復興のあり方を考える材料を提供する。

　第1部「復興を考える」では復興の考え方と歴史および記憶との関係について概説する。

　第1章「東日本大震災からの復興」（吉野英岐）は、東日本大震災の特徴と発災前後の日本社会の動向を確認したうえで、東日本大震災からの復興政策を社会基盤（公的基盤）、経済活動（民間活動）、そして住民生活（市民生活）の3つの観点から、津波被災と原発事故被災についてそれぞれ論じる。2011年3月11日の東日本大震災から8年が経過したが、被災地の復興はまだまだ道半ばであり、原発事故の問題も収束には至っていない。そこで改めて問われることは、災害からの復興とはどのような意味や内容をもっているのかということである。復興の達成度や速度については、さまざまな指標やデータがあるが、それは、誰にとっての復興であり、あるいは何に対しての復興であるのだろうか。行政が想定する復興の目標とスケジュール、現実の復興の進展度合い、そして被災者や支援者が感じる復興の間には、次第に大きなズレが生じつつあるのではないだろうか。本章では、物的社会基盤や経済活動の復興のみならず、社会関係の再構築や新たな人的ネットワークの創造も含めた当事者たちの復興を念頭において、当事者のなかから復興の主体をどう育て、次世代にどうつないでいくかをめぐる議論を行う。そして、産業の論理だけでなく、生活において自然環境の持続的利用を可能とする地域コミュニティのモデルを提示し、その実現について議論を深めていく必要性を指摘する。

　第2章「災害と復興の歴史」（吉野英岐）は、日本の近代における災害と復興の歴史を概観し、災害と復興にかかわる制度と法律の整備状況を確認する。日本列島はたびたび大きな災害に見舞われていることから、主な災害からの復興を事例的に取り上げ、それぞれの復興における実態を検証することを通じて、これまでの災害からの復興の過程や特徴を整理する。検討の対象とする災害と復興の事例は、明治時代以降、災害対策基本法が制定された1961年までの災害と1990年代以降に発災した主として大規模地震（津波も含む）災害である。本章では、日本の近代化の過程で、たびたび発生したさまざまな自然災害に対して、「近代復興」とも表現される一定の復興の様式が確立していく過程を描

き，東日本大震災からの復興の特徴と意義をこれまでの復興史に照らして検証，検討したうえで，被災地の住民自身が復興計画や復興事業に可能な限り参画し，住民自身による自律的復興のスキームをもつ新しい復興モデルをつくりだす必要性を指摘する。

第3章「記憶のかたち——災害の『まえ』と『あと』をつないで伝える」（今井信雄）は，東日本大震災が起きる以前から，社会はさまざまな方法で災害の「記憶」を伝えてきたが，インターネット環境の進展やメディア機器の広がりが，社会における「記憶」をめぐる実践を活発化させたこともあり，「記憶を伝える」ことは一般的なことになったと述べている。さらに，体験者の語り部活動，写真展の開催，被災建築物の保存なども，同じ「記憶」という言葉であらわされ，「記憶」は今，その意味する内容が曖昧なまま，社会のなかで用いられているという。そこで，本章はわれわれの「災害の記憶」がどのように社会的に形成されてきているのかを明らかにしたうえで，今までの記憶をめぐる議論で抜け落ちてきた視点として，「災害のことを伝えることは災害以前と以後のことも伝えること」という点を指摘する。そして，災害のこと，災害以前のこと，災害以後のことを「記憶を伝える」実践が結びつける意義と，災害の記憶を伝えるためには，モニュメントや遺構などの「かたち」が必要となることを指摘している。章の最後では，兵庫県西宮市で阪神・淡路大震災後に犠牲者を弔うためにシバザクラを植樹したエピソードが紹介されている。シバザクラのある風景が，「個々の体験を集め，被災した社会，被災した人々の『現実』に対する想像力を与えてくれること」につながっていることに，「『記憶を伝える』実践の意義」を見いだしている。

第2部「津波被害からの回復と再生」では東日本大震災における津波被害からの復興を被災地での社会学的調査に基づいて，被災および復興の具体的な状況と論点を提示する。その内容は防潮堤建設をめぐって地域が揺れた宮城県気仙沼市と岩手県陸前高田市，みなし仮設住宅が多数建設されそこに居住している被災者の生活と支援が課題となった仙台市，復興をめぐって住民の合意形成のあり方や復興の手法が課題になった宮城県名取市と岩沼市，沿岸地域に小規模な漁業地域をもち，各地域がそれぞれの復興を模索する岩手県釜石市における，それぞれの地域の特徴と震災後の復興の足取りを論じる。

第4章「公共土木施設『復旧』に回収されるまちとくらしの再生——宮城県

気仙沼市・岩手県陸前高田市を中心に」（中澤秀雄）は，復興を「まちとくらしの持続可能性の再建」と定義したうえで，三陸沿岸の津波被災地である岩手県陸前高田市と宮城県気仙沼市を対象に復興事業の具体的な姿を追っている。本章では東日本大震災からの復興としてそれぞれの地域で実際に行われていることが，公共土木施設の復旧にしかなっていない点と防災復旧レジームに基づいた過大計画が修正されなかったという問題点を指摘し，それを「裏切られた復興」と述べている。そして，この「裏切り」は何によって生じたのかという問いを立て，その構造的由来を1950年代に固定化された防災復旧レジームというべき法制度，および「工程表の物象化」に求めている。このような問題構造を摘出したうえで，今後の復興はどのように進めていけばよいのか，何を目指しどんなデザインが必要なのか論じる。これは東日本大震災からの再建についての提言でもあり，人口減少局面に入った新たな時代の日本における新しい災害対応の必要性を指摘するものである。それは今後ありうる首都直下型地震等の事前復興に向けた教訓でもある。

　第5章「もう一つのコミュニティ形成——『みなし仮設』と『同郷サロン』から考える仙台の復興」（齊藤康則）は，自治体の境界線を越えた広域避難者の受け入れを行った〈避難先・仙台〉という側面から，仙台市の「みなし仮設」入居者への支援体制の課題を論じる。仙台市には震災後，市外から相当数の被災者が個々別々に流入し，民間賃貸住宅を転用した「みなし仮設」に入居した。その結果，仮設住宅（みなし仮設も含む）入居者の3分の1を市外・県外避難者が占めた。みなし仮設住宅では，多くの〈見えない被災者〉が生まれ，仙台市は住民票を有する市民だけでなく，周辺の被災自治体からの避難者を中長期的に支援する必要性に迫られた。

　本章ではプレハブ仮設や災害公営住宅の自治組織とは異なる「もう一つのコミュニティ」として，「みなし仮設」入居者のグループと，市外・県外からの広域避難者の出会いの場である「同郷サロン」を事例として取り上げている。そして，〈見えない被災者〉の生活支援のために，行政・社協・NPOなどが情報共有を図りながら多重多層のセーフティーネットを構築し，そこに被災当事者がアクセスできる仕組みを創出する必要性を指摘している。さらに「もう一つのコミュニティ」が，時間の経過とともに編成原理を複数化し，閉鎖的な共同性から開放的な共同性へと動態的なプロセスを辿った点に，これまでのコミュニティの形成と異なる特徴を見出している。さらに，市民の生活再建を優先

すべき立場にある被災自治体が，多くの市外の被災者の避難先となったことにともなう課題を指摘し，広域避難者をより包摂するような政策の形成の実現について問題提起を行っている。

　第6章「宮城県名取市・岩沼市における住環境の復興過程——名取市閖上地区・下増田地区・岩沼市沿岸部を事例として」（内田龍史）は，仙台都市圏南部の名取市および岩沼市の復興まちづくりの過程を事例として，災害からの復興過程の鍵とも言える「住民合意」の視点から，主に住環境の復興まちづくり過程に着目し，進捗の差異が生じた要因について考察を行うものである。災害からの復興過程においては，しばしば「住民合意」の必要性がクローズアップされる。では，両市における「住民合意」と住環境面での復興のまちづくりの進捗の差異をもたらした要因はいかなるものなのかを考察している。その結果，岩沼市，名取市下増田地区において，「住民合意」形成とすばやい住環境復興をもたらした要因については，①被災前の地区が小規模でまとまりがあったこと，②被災規模が小さくステークホルダーが少ないこと，③被害後の仮設住宅でコミュニティが維持できたことなど3つの側面から指摘することができる。

　さらに，災害が起こる前に復興計画を策定すること，その過程に住民が参加する「事前復興」の重要性が指摘されているが，住民不合意の状況を生み出さないための「事前復興」のために，①事前のきめ細かな住民組織の整備，②減災という視点の重要性，③被災後の連帯を可能とする避難生活への備えの3つを指摘している。

　第7章「小規模漁業集落の復興——生業と暮らしの復興をめぐって」（吉野英岐）は大きな復興のビジョンが語られ，巨額の復興予算がつくなかでの，人口規模が小さい漁業集落の復興まちづくりに焦点を当てている。本章では，漁業集落のこれまでの発展と変容を確認したうえで，東日本大震災後の岩手県の小規模漁業集落における暮らしと漁業の復興について，事例をもとに明らかにしている。事例集落では，既存の地域住民組織（町内会や自治会等）のリーダーを中心に，住民自身が主体的に集落の復興計画づくりに関与し，自分たちの描く復興のありかたを実現してきたケースがみられた。海を利用してきたことで身についた経験知や作法が震災時に発動され，津波からの復興もそうした経緯を背景に，集落ごと，浜ごとに計画が策定され，岩手県や市町村の復興計画もその精神を尊重してきたといえる。しかし，震災後の地域社会は大きな変容に直面している。人口の高齢化や人口減少が進む一方で，新たな地域社会の担い

手や居住者が増えつつある。新しい資源管理や利用について，地域社会においてどのように新しいルールをつくり，居住者や漁業従事者が合意を形成し，生活全体の持続可能性を高めていくかについて，その方法が模索されている。

　第3部「原発被災・津波被災後の地域コミュニティ」では，津波被災に加えて，今回の災害と重大なかかわり合いがある原子力発電所をめぐる復興の課題を取り上げる。一つは東北電力女川原子力発電所の建設とともにまちづくりを進めてきた宮城県女川町，もう一つは東京電力福島第一原子力発電所の爆発事故による被災と復興の課題について論じる。そして，最終章では東日本大震災から8年が経過した時点での復興を地域・コミュニティの持続や再生あるいは変容という視点からとらえ直し，今後の被災地域の持続可能性を考察する。

　第8章「女川町の復興と原発——原発と地域社会」（黒田由彦・辻岳史）は原発立地地域であり，東日本大震災・津波による甚大な人的・物的被害をうけた宮城県女川町を対象としている。本章では女川町の地域振興の長期的時間軸のなかに原発を位置づけたうえで，地域社会における原発をとりまく諸主体の関係と論理を抽出し，原発立地地域の復興に原発がどのような位置を占めているのかを，原発が町にもたらした経済的・財政的影響と女川町における復興の当事者・利害関係者の原発のとらえ方から分析考察し，以下の3つの点を明らかにした。

　第一点は女川原発の建設による経済的見返り策が，1950年代以降の女川町の財政危機と1970年代以降の水産業の危機を救った点である。原発立地による交付金により，町は基幹産業である水産業の体質転換を進めるとともに，町民生活に直結するインフラを整備し，町の公共サービスの水準が向上した結果，女川町民は広く原発の利益を享受することとなった点である。第二点は女川町の復興を牽引する行政や地域リーダー層のなかに，原発再稼働を強く主張し，運動を展開する者も脱原発を志向している者もみられない点である。第三点は震災後の原子力防災に係る政策・制度の変化と，女川原発UPZ 30 km圏の広域防災体制の構築の動きと事故後の脱原発運動は，震災以前の女川原発に係る社会的制御のあり方を変えていない点である。女川町内の反原発志向をもつ市民層の原発再稼働の決定に与える政治的影響力は現在のところ限定的である。また女川町行政と多くの地域住民は，原発再稼働の賛否について明確な態度を示さなかったことから，原発に関する公論が形成されなかったと結論づけてい

る。その背景として，震災後に改正された原子力政策や制度においてなお，原子力発電をめぐる政策決定に，町行政と町民が直接関わることができない状況があることを指摘している。

第9章「福島の復興——復興の意味の単純化と被災者ニーズの多様性」(加藤眞義)は，原発事故被災からの「復興」の実態を考察するものである。事故収束の展望がみえないまま，「非日常と日常との混交」という状態がもたらされている。にもかかわらず，他方では，除染事業とその「完了宣言」をうけて，避難指示の解除という帰還政策が推進されている。この「復興」政策は，「住むこと」「暮らすこと」にかかわる被災者の多様なニーズにたいして，「帰還か移住か」の択一のみを提示し，被災者の生きるさまざまな「時間」の存在を顧慮していない。それゆえ，復興の進展度や到達度にたいする評価の高低以前に，「復興という語そのものにたいする忌避」がもたらされてさえいる。

帰還政策の推進にもかかわらず，いやむしろその強引な推進方法ゆえに，子ども数の減少は著しく，コミュニティの再生産には多大な苦労が必要となっている。いちはやく帰還し現場での生活再建に取り組む人々，離れた地に居住しつつ「通い」で地域の生活再建を支える人々，避難元を離れつつなお故郷となんらかのつながりを保つ人々，そして，移住・一時居住というかたちをとりながら収束作業を担う人々。年齢構成が激変するなか，以上のような人々によって織りなされる新しいコミュニティ形成という課題に，原発事故被災地は直面せざるをえないのである。

第10章「持続可能な地域・コミュニティの復興に向けて——8年間の復興から見えてきたこと」(吉野英岐)は東日本大震災から8年が経過した時点での復興の状況を踏まえたうえで，復興を地域・コミュニティの持続や再生あるいは変容という視点からとらえ直し，今後の被災地域の持続可能性を考察する。本章では今回の復興が政府主導によるインフラ整備中心であり，それは近代復興や1950年代型復旧レジームと呼ばれるスキームに基づく復興であることが指摘されている。地域のことは地域の住民が考えて決定するというローカル民主主義や住民主体の原則が崩れ，住民自身が関与できる分野が限定され，住民参加や住民主権による理念あるいは熟議を経てものごとを決める機会が大幅に減少し，熟議民主主義が機能不全に陥ってしまった。

そこで，今後必要なのは住民と自治体と事業者間の適切なパートナーシップの確立とそれを前提にした新たなガバナンスの構築であろう。そのためには復

興のプロセスに内在するいわば住民不在あるいは被災者を客体化してしまうメカニズムの解明とそこから脱却するための新たな知見の提示が必要であろう。復興の目標やあるべき姿を斬新なものにするよりは，どのように復興していくかという手続きやプロセスが重要になる。だれのための復興なのか，何のための復興なのかを，当事者自身が熟考する機会を用意し，復興の手法について複数の選択肢が提示され，当事者が選びとっていくような環境をつくり上げていき，復興の達成度が当事者にとって納得がいくものであるのかを評価軸とするような努力が必要である。

3 復興後の地域社会・コミュニティの持続可能性

　これまで紹介してきたように，本書に収録されている復興のケーススタディーは必ずしも優良事例やモデル事例というものではない。むしろ，復興の進展のなかでこれまで見過ごされがちであった事例や，十分な課題解決に至っていない事例も含まれている。とくに，原子力発電所をかかえる被災地や被災者にとってみれば，8年が経過した被災地の復興状況は十分に満足のいくものではないことは確かである。

　東日本大震災からの復興は，私たちに大きな課題を投げかけている。地震・津波被災地の復興は事業としては完了という日をいずれ迎えることになろう。しかし，これからの日本社会を考えていくには，この8年間になされたこと，なされなかったこと，議論されたこと，議論されなかったことを検証していく作業と，この作業を支える仕組みづくりが必要である。

　まずは少子高齢化の今後の拡大と総人口の減少という人口構造や高い経済成長率が見込めない経済状況が当面は続く想定のもと，これまでの近代復興を乗り越えていくために，復興の理念，手法，計画，予算，ステークホルダーのみならず，実際の復興の進め方についても，資料や報告書に基づく検証が不可欠である。被災自治体や支援自治体の多くは，発災から2年から3年が経過した時点で，発災直後の緊急対応や支援状況を取りまとめた報告書や写真集を刊行している。しかし，地域社会やコミュニティの持続可能性の観点から，これまでの復興の手法や被災者や支援者の意識の動きを改めてまとめていくことも今後は必要である。

　そして，もう一つ重要なことは，人々の生業や暮らしが拠って立つ場として

の地域社会やコミュニティ，あるいはより踏み込んだ表現を使えば「ふるさと」（ホームタウン）への認識の再構築であろう。東日本大震災からの復興は地震・津波被災地であれ，原発被災地であれ，被災した地域社会やコミュニティを住民自身や自治体や国が放棄することはほとんど起こらなかった。区画整理事業，高台移転そして帰還をともないながらも，被災前に暮らしていた地域社会の再建や再構築が進められた。国や自治体の政策メニューとして，区画整理事業，高台移転，帰還は進められたが，住民自身の意向を反映した新しい復興地づくりや，メニューとは異なる手法によるコミュニティの形成はどこまで進んだのだろうか。

　新しい「ふるさと」をどのようにつくり，それを持続可能なものにしていくために何が必要か。これらの課題に答えをだしていくことこそが，復興研究の使命ではないだろうか。

　　　2019年6月

　　　　　　　　　　第1節　舩橋晴俊・田中重好・長谷川公一
　　　　　　　　　　第2・3節　吉野英岐・加藤眞義

執筆者紹介（執筆順，＊は編者）

＊吉野英岐　〔第1章，2章，7章，10章〕
　　現在　岩手県立大学総合政策学部教授
　　主著　『遠野スタイル創造と発展――永遠の日本のふるさとを目指して』（分担執筆）ぎょうせい，2018年。『〈持ち場〉の希望学』（分担執筆）東京大学出版会，2014年。

今井信雄　〔第3章〕
　　現在　関西学院大学社会学部教授
　　主著　『3.11以前の社会学――阪神淡路大震災から東日本大震災へ』（共著）生活書院，2014年。Death, Modernity and Monuments: The Realities Expressed in the Monuments of the Hanshin-Awaji Earthquake, *International Journal of Japanese Sociology*, vol. 21, 2012.

中澤秀雄　〔第4章〕
　　現在　中央大学法学部教授
　　主著　『炭鉱と「日本の奇跡」』（共編）青弓社，2018年。『住民投票運動とローカルレジーム』ハーベスト社，2005年。

齊藤康則　〔第5章〕
　　現在　東北学院大学経済学部准教授
　　主著　「なぜ災害ボランティアは農業支援に向かったのか？」『震災学』12，2018年。『東日本大震災と〈復興〉の生活記録』（分担執筆）六花出版，2017年。

内田龍史　〔第6章〕
　　現在　関西大学社会学部教授
　　主著　『部落問題と向きあう若者たち』（編著）解放出版社，2014年。『差別とアイデンティティ』（共編著）阿吽社，2013年。

黒田由彦　〔第8章〕
　　現在　椙山女学園大学文化情報学部教授
　　主著　『防災と支援――成熟した市民社会に向けて』（共編）有斐閣，2019年。『ローカリティの社会学――ネットワーク・集団・組織と行政』ハーベスト社，2013年。

辻　岳史　〔第8章〕
　　現在　国立研究開発法人国立環境研究所福島支部 研究員
　　主著　「東日本大震災後の原発立地地域住民の原発への態度──宮城県女川町の事例」『東海社会学会年報』9：107-119，2017年。"Citizen Participation in the Disaster Reconstruction Process: Lessons from the Great East Japan Earthquake", In the *Recovering from Catastrophic Disaster in Asia* (Community, Environment and Disaster Risk Management Volume 18) edited by W. L. Waugh and Z. Han, 105-126, Emerald Publishing, 2017.

＊加藤眞義　〔第9章〕
　　現在　福島大学行政政策学類教授
　　主著　「住むことの意味をあらためて考える──「東日本大震災」後の福島の事例から」『都市住宅学』86，2014年。『東日本大震災と社会学』（分担執筆）ミネルヴァ書房，2013年。

目　次

第1部　復興を考える

第1章　東日本大震災からの復興 ── 2
●吉野英岐

1　東日本大震災と日本社会 …………………………… 3
東日本大震災の3つの特徴──激甚性・広域性・複合性　(3)
発災前後の政治・経済・社会状況──民主党政権・地方経済の
不況・人口減少　(4)　　長期化する復興　(5)

2　復興のための構想・法制・予算 …………………… 8
復興構想会議と復興法制　(8)　　原発事故関連の復興法制
(10)　　巨額の復興予算　(11)

3　住宅再建・復興まちづくり ………………………… 12
復興整備計画の策定　(12)　　防潮堤・道路・地盤の復興
(13)　　市街地整備事業　(13)　　集団移転事業　(15)　　住
宅の整備　(16)

4　産業・生業の再生 …………………………………… 17
グループ補助金による産業基盤の復興　(17)　　漁業・農業の
復興　(17)　　官民連携プロジェクト「新しい東北」(18)

5　原子力災害からの復興・再生 ……………………… 19
帰還の促進と生活環境の整備　(19)　　避難先定住者の復興
(20)　　自主避難者への対応　(20)　　原発被災地等における
産業・商業復興　(21)

6　東日本大震災からの復興の課題と今後の展望 …… 23
東日本大震災からの復興の課題　(23)　　復興政策の進行によ
る地域社会の変容　(26)　　上がらない復興感　(27)

7　これからの復興に向けて──当事者が復興していくために …… 28

被災者間の関係性の再構築 (28)　「当事者の復興」に向けて (30)

第2章　災害と復興の歴史 ─────────── 39
● 吉野英岐

1　近代日本における主な災害と復興の論点 ············· 40
   多発する災害 (40)　復興に関する記録と研究 (44)　復興のあり方をめぐる問題提起 (45)

2　前近代型復興──濃尾地震・明治三陸地震津波 ············· 46
   濃尾地震 (46)　明治三陸地震津波 (47)　明治政府の救助・災害対策 (48)

3　近代型復興の萌芽・個別的復興──関東大震災・昭和三陸地震津波 ··· 49
   関東大震災 (49)　昭和三陸地震津波 (51)　復興関連法制の整備 (53)

4　統合型近代復興への転換──伊勢湾台風 ············· 54
   戦後の復興関連法制の整備 (54)　伊勢湾台風 (54)　伊勢湾台風後の大改革 (55)

5　近代復興の確立──北海道南西沖地震，阪神・淡路大震災 ······ 57
   北海道南西沖地震 (57)　阪神・淡路大震災 (58)　近代復興の帰結 (59)

6　脱近代復興の試み──新潟県中越地震 ············· 61
   新潟県中越地震 (61)　コミュニティ再生への転換 (62)

7　東日本大震災と新しい復興モデルの必要性 ············· 63

第3章　記憶のかたち ─────────── 72
── 災害の「まえ」と「あと」をつないで伝える
● 今井信雄

1　記憶を伝える「動機」とその前提としての「事実」············ 73

2　動機と事実と記憶 ··· 74

3　集積することと拡散すること ······························· 76

4　「かたち」に何を見いだすか ……………………………………… 80

　　　「個別的な事実」と時間　（80）　　「完了した過去」としての記憶　（81）　　完了された過去と，完了されない過去，そして現在　（83）

　5　おわりに──被災の後の小さな記憶 ……………………………… 86

第 2 部　津波被害からの回復と再生

第 4 章　公共土木施設「復旧」に回収されるまちと ─── 92
　　　　　くらしの再生──宮城県気仙沼市・岩手県陸前高田市を中心に

●中澤秀雄

　1　気仙沼・陸前高田の概要と裏切られた「復興」………………… 93

　　　気仙沼の概要と被災状況　（93）　　陸前高田の概要と被災状況　（94）　　曖昧な「復興」の定義　（95）　　順応的管理の失敗と自然毀損型事業の突出　（98）　　修正されない過大計画　（100）　　防潮堤事業をめぐる膠着　（104）　　大谷海岸の場合　（106）　　小泉海岸の場合　（107）　　「復旧」に回収されるまちとくらし　（107）

　2　1950 年代型復旧レジームの限界 ………………………………… 109

　　　1950 年代に整備された防災法制と人口減少社会　（109）　　自治を疎外する専門家と工程表の物象化　（112）　　デザインとコーディネーションをどう導入するか　（115）

　3　復興のデザインと制度を再定置する ……………………………… 116

　　　気仙沼市舞根の 4 年間　（117）　　生業をつくりなおし助長する　（118）　　復興プロセスに「デザイン」を埋め込む　（119）

　4　結語にかえて ………………………………………………………… 120

第 5 章　もう一つのコミュニティ形成 ────── 128
　　　　　──「みなし仮設」と「同郷サロン」から考える仙台の復興

●齊藤康則

　1　はじめに──〈被災地＝避難先・仙台〉という問題系 ………… 128

2 東日本大震災と住宅復興——単線型から複線型への転換 …… 129
　　重点施策となったプレハブ仮設のコミュニティ形成 （129）
　　予期せず主流化した「みなし仮設」と分断された被災者 （132）

3 「複線型住宅復興」をいかに支援するか——仙台市の場合 … 134
　　被災者間の〈支援格差〉と公的機関の役割分担 （134）　少なかった「みなし仮設」入居者によるグループ結成 （137）

4 市外・県外避難者をいかに支援するか——「同郷サロン」の登場 … 139
　　叢生する「同郷サロン」と〈自主グループ化〉の壁 （139）
　　公的機関主導型からの転換とその後の細道——「気仙沼はまらいんや会」（141）　問題解決の経験を共有する避難者の自助グループ——「鳴瀬サロン」（146）　仙台で子育てをする「一緒の仲間」として関わり続ける——「きびたん's」（149）

5 おわりに——〈仮住まいの形態によらないコミュニティ〉の可能性 … 152

第6章　宮城県名取市・岩沼市における住環境の復興過程 — 157
　　——名取市閖上地区・下増田地区・岩沼市沿岸部を事例として
　　　　　　　　　　　　　　　　　　●内田龍史

1 復興過程における合意形成 …………………………… 157

2 名取市・岩沼市の概況と被災者支援 ………………… 160
　　名取市の概況と被災者支援 （160）　岩沼市の概況と被災者支援 （162）

3 名取市の復興過程 ……………………………………… 164
　　名取市の復興まちづくり （164）　閖上地区の復興過程①——度重なる計画変更と復興事業の遅れ （165）　閖上地区の復興過程②——住民によるまちづくりの動き （167）　下増田地区の復興過程——「防災集団移転促進事業」による移転 （168）

4 岩沼市の復興過程 ……………………………………… 168

5 復興への展望と行政不信 ……………………………… 170

6 考　察 …………………………………………………… 171
　　すばやい住環境復興をもたらした要因 （172）　本事例から

導かれる教訓（174）　　今後の課題（175）

第7章　小規模漁業集落の復興 ──────────── 179
──生業と暮らしの復興をめぐって
● 吉 野 英 岐

1 東日本大震災の津波被災地域の特徴 ……………………… 180

津波被災地の人口と地理的特徴（180）　三陸沿岸地域と津波（181）　津波被災地の漁港（182）　岩手県の漁業（182）　漁業協同組合と漁業権（183）

2 漁業・漁村集落の被害と復興スキーム ……………………… 184

被害（184）　漁業集落の復興スキーム（185）

3 漁業集落の復興事例──岩手県釜石市の事例から ………… 186

釜石市の概況（186）　唐丹町花露辺地区（187）　唐丹町大石地区（191）　鵜住居町根浜地区（194）　鵜住居町箱崎白浜地区（197）

4 漁業集落の復興──暮らしと生業の再生に向けて ………… 200

地域社会がもっていた独特の漁業経営システム（200）　従来の経験知の活用（201）　漁協の調整能力とサブシステンス・エコノミーの再生（203）　今後の復興の課題（204）

第3部　原発被災・津波被災後の地域コミュニティ

第8章　女川町の復興と原発 ──────────── 212
──原発と地域社会
● 黒田由彦・辻岳史

1 女川の地域産業と原発 ……………………………………… 213

地域産業と原発誘致（213）　原発反対運動（215）　原発と基幹産業の転換（219）　原発が地域社会にもたらした利益（221）

2 東日本大震災による被災と復興 …………………………… 223

津波による被害（223）　　いち早い復興への動き——買受人組合による製氷施設の整備（224）　　女川町復興計画の策定と町中心部における土地区画整理事業（225）　　「女川方式」の復興体制——女川町復興連絡協議会の設立（225）

3 原発稼働停止の地域社会への影響 ……………………………………… 228

原発の稼働停止にともなう町財政への影響（228）　　原発の稼働停止にともなう基幹産業への影響と再稼働へのリーダー層の思惑（229）

4 原子力防災体制の変化と女川原発 ……………………………………… 232

原子力災害対策重点区域の拡大（232）　　女川原発30 km圏の広域防災体制の構築（233）　　宮城県における脱原発運動（237）

5 原発立地地域にとって「近く」て「遠い」原発 ……………… 239

第9章　福島の復興 ———————————————— 249
——復興の意味の単純化と被災者ニーズの多様性
●加藤眞義

1 「復興」の現状 ……………………………………………………………… 250

非日常と日常との混交（250）　　避難と帰還（250）　　避難区域の再編（251）

2 帰還の動向 ………………………………………………………………… 252

帰還／避難の二分法の限界（252）　　子どもの帰還・学校の再開（253）

3 自主避難 …………………………………………………………………… 254

「自主避難者」という立場（254）　　強制避難の自主避難化（255）

4 除染から廃炉への道 ……………………………………………………… 256

除染（256）　　中間貯蔵と最終処分（257）

5 「復興」の多義性 …………………………………………………………… 258

復旧と復興（258）　　「復興」の語に対する忌避（259）

被害の性格と時間軸のずれ （259） 多様な選択肢の保証へ （261） おわりに （262）

第10章 持続可能な地域・コミュニティの復興に向けて — 268
―― 8年間の復興から見えてきたこと

●吉野英岐

1 東日本大震災からの復興の特徴
　――地震・津波被災からの復興を中心に ……………………… 269

　10年間の復興計画と巨額の国費負担 （269）　人命の尊重 （270）　コミュニティ活動への支援 （271）　グループ補助金による産業の復興 （272）　「新しい東北」というスローガン （273）

2 復興への評価 ………………………………………………… 274

　巨額国費負担の功罪 （274）　被災前の状況を準拠点とした復興 （275）　スピード重視と合意形成の課題 （275）

3 復興の再検討 ………………………………………………… 276

　近代復興の確立 （276）　1950年代型復旧レジームと工程の物象化 （278）　復旧・復興の呪縛からの解放を （279）

4 地域・コミュニティへの配慮とその帰結 ……………………… 280

　コミュニティ主体の復興は可能か （280）　コミュニティ資産の公有化の影響 （281）

5 ポスト復興と持続可能な社会構築に向けて ………………… 283

　復興プロセスの検証 （283）　住民による持続可能な復興に向けて （284）

索　引　289

本書のコピー、スキャン、デジタル化等の無断複製は著作権法上での例外を除き禁じられています。本書を代行業者等の第三者に依頼してスキャンやデジタル化することは、たとえ個人や家庭内での利用でも著作権法違反です。

第1部

復興を考える

第1章

東日本大震災からの復興

吉野 英岐

2011年3月11日の東日本大震災から8年が経過した。被災地では震災がれきが撤去され，鉄道，道路，港湾が復旧し，新しい住宅や事業所が建設された。市街地が再生され，高台に新たに移転地が造成された地域もある。農林業および商工業が再開され，漁船や漁港が再整備されたことで漁業も再開された。

復興庁は集中復興期間が終了する年度である2015年の5月に「集中復興期間の総括と28年度以降の復興事業のあり方（ポイント）」という資料を公表している。そこには，復興事業と予算の総括として，「前例のない幅広く手厚い措置」をとったことで，「復興は着実に進展」していると記載されている。それでも発災から8年が経過してもなお多くの被災者が避難生活を送っている。2018年12月の時点でも，全国の避難者数はおよそ5万4000人に達している（2018年12月11日現在，復興庁調べ）。また被災地の人口は回復していないうえ，災害関連死や孤独死，あるいは健康被害などの「復興災害」の存在も指摘されている。

被災地の復興はまだまだ道半ばであり，原発事故の問題も収束には至っていない。そこで改めて問われることは，災害からの復興とはどのような意味や内容をもっているのかということである。復興の達成度や速度については，さま

ざまな指標やデータがあるが，それは，誰にとっての復興であり，あるいは何に対しての復興であるのだろうか。行政が想定する復興の目標とスケジュール，現実の復興の進展度合い，そして被災者や支援者が感じる復興の間には，次第に大きなズレが生じつつあるのではないだろうか。それは復興に要する時間の長短だけでなく，復興という状態をめぐる認識や考え方の相違にも起因するものではないか。

本章では，まず東日本大震災の特徴と発災前後の日本社会の動向を確認する。次いで，東日本大震災からの復興政策を社会基盤（公的基盤），経済活動（民間活動），そして住民生活（市民生活）の3つの観点から，津波被災と原発事故被災についてそれぞれ論じる。そのうえで，東日本大震災からの復興の構造的な課題を指摘し，今後の災害復興を考えていく論点を明らかにする。

1 東日本大震災と日本社会

東日本大震災の3つの特徴——激甚性・広域性・複合性

東日本大震災は三陸沖牡鹿半島東南東130 kmの海底を震源とする地震災害である。地震の規模はマグニチュード9.0，最大震度7の烈震で，地震の規模自体がきわめて大きい巨大地震である。その結果，住宅，事業所をはじめとする建築物の倒壊，電気，ガス，上下水道の供給停止，電話および通信環境の停止，地面の地割れや土砂崩れなどによる道路の寸断や橋梁の倒壊，地面の陥没や液状化現象の発生などが広範囲でみられ，生活・産業基盤に大きな被害が発生した。さらに地震を起因とする巨大津波が岩手県，宮城県，福島県等の沿岸地域に押し寄せ，津波にのまれるなどして多数の犠牲者がでた。津波は構造物や船舶，自動車を押し流し，多くの地域で浸水による被害がでた。地震と津波による直接の犠牲者（死者・行方不明者）は戦後最悪の1万8000人を超え，家屋の損壊（全壊，大規模半壊）は20万棟に及んでいる。また被害金額は16.9兆円（内閣府推計）で，この金額は阪神・淡路大震災の9.9兆円（兵庫県推計）の約1.7倍に及んでいる[1]。

今回の震災で被害にあった地域はきわめて広範囲に及んでいる。地震の被害は東北地方から関東地方に及び，津波による被害は青森県から千葉県の東日本の太平洋沿岸のほぼ全域に及んでいる。後述するように東京電力福島第一原子力発電所の爆発による被害も広域に及んでいる。また，津波の被害を受けた地

域には仙台市，いわき市などの大都市や，平成の市町村合併を経て誕生した広域自治体も含まれているが，多くは人口規模が小さい自治体であった。岩手県，宮城県，福島県の沿岸33自治体のうち合併自治体は14，合併しなかった自治体は19あり，後者の多くは予算や職員数を縮減させているなかで災害が発生した[2]。

　さらに，地震翌日の3月12日に発生した東京電力福島第一原子力発電所の爆発により，広範囲に放射性物質が飛散した。放射線による健康被害を避けるために，原発から30 km圏が避難区域になり，多くの居住者は着の身着のままで生活の場から避難することを余儀なくされた。数度にわたって避難先を変えた例もあり，避難先はほぼ全都道府県に及んでいる。避難した人数は自主避難者を含めると10万人以上に達し，いまだに放射線量の高い地区には帰還の目途は立っていない。放射性物質が原発から広範囲に飛散したことにより，宅地，河川，山林，農地，建築物が放射性物質に汚染され，農林水産物の出荷停止や出荷自粛が相次いだ[3]。除染作業も行われているが，その範囲はきわめて広範囲であることから，完全に除染するにはまだまだ時間と予算が必要である。また約19万トンにも達する放射性物質を含む指定廃棄物の最終処分の見通しは立っていない。さらに原子炉は冷温停止状態とはいえ，炉付近は依然として放射線量が高く，人間が近づくことができないことから，廃炉に向けた具体的な作業は思うように進んでいない。

　このように東日本大震災による被害は，被害規模の激甚性，被害範囲の広域性，そして被害内容の複合性という，これまでの災害にはみられない3つの特徴が指摘できる。

発災前後の政治・経済・社会状況——民主党政権・地方経済の不況・人口減少

　東日本大震災が発災した2011年は民主党（当時）が政権を担っていた。2009年8月の国政選挙の結果を受けて，自民党を中心とする連立政権が倒れ，翌月に鳩山由紀夫を首班とする民主党政権が誕生した。その後，鳩山首相の辞任を受けて，2010年6月に菅直人を首班とする内閣が誕生したが，それから9カ月後に東日本大震災が発災した[4]。震災後，菅内閣の政権運営をめぐって党内外からの批判が高まり，2011年9月に菅内閣は総辞職し，野田佳彦を首相とする内閣が誕生した。しかし，野田内閣も長く続かず，2012年12月の総選挙で民主党は惨敗し，野田内閣は総辞職し，3年4カ月間の民主党政権は終焉し

た。そして、再び自民党が政権を奪取し、2019年1月の時点まで6年以上にわたり自民党総裁の安倍晋三を首相とする自民党と公明党を中心とした連立政権が続いている。

　経済的には、2007年後半期から表面化した世界金融危機が、2008年9月のリーマンショックで急拡大し、世界的な不況状況にあった。日本経済はデフレ局面にあり、緊縮財政を強いられているときに東日本大震災が発災した。そのため、政府は所得税、住民税、法人税に上乗せするかたちで復興税を導入し、復興の財源を確保することとした。2011年12月に「東日本大震災からの復興のための施策を実施するために必要な財源の確保に関する特別措置法（復興財源確保法）」が成立し、2012年4月1日より施行された結果、所得税は2013年1月1日から25年間、税額に2.1％を上乗せするというかたちで徴収されている。被災から1年9カ月後に誕生した安倍政権は、いわゆるアベノミクス（大胆な金融政策、機動的な財政政策、民間投資を喚起する成長戦略）に基づく景気浮揚策を導入し景気回復に努めているが、2014年4月1日から消費税の税率が8％に引き上げられた影響もあり、デフレ局面が解消されるところまでには至っていない。

　社会状況としては、国全体の人口が減少局面に入っていたことが大きな特徴である。日本の人口は第二次世界大戦後ずっと増加傾向で推移していたが、2005年に戦後はじめて前年を下回った後は一進一退を繰り返し、2011年10月1日の推計人口（1億2779万9000人）が前年同日の推計人口（1億2805万7000人）を下回って以来、毎年減少を続けている。つまり、2011年は総人口減少元年といえる年であった。もちろん地方では早くから人口減少が生じていたが、2015年実施の国勢調査で、日本の総人口が前回の2010年の国勢調査の結果を戦後はじめて下回り、総人口の減少が確実となった[5]。

　このように東日本大震災は政治面では政権交代期、経済面では不況期、そして社会状況としては人口減少が確実になったときに生じた大災害である。歴史的にみても関東大震災や阪神・淡路大震災等の過去の大災害とは、発生したときの状況が大きく異なっている。

長期化する復興

　復興に関する議論は震災直後からすぐさま始められた。政府のみならず経済界、学会、シンクタンク、市民団体から、復興に向けたさまざまな声明、提言、

そしてビジョンが発表された。さらに後述するように発災から1年あまりで、多くの復興法制や行政組織が整備され、2011年のうちに国・県・市町村の復興計画が相次いで策定された。そして、2012年には復興庁が設立され、復興の推進体制が整備された。

しかし当初は住宅、事業所、公的施設の建設が想定通りには進まなかった。その要因は復興需要の高まりによる建設資材や技術者の不足、資材価格の高騰による契約の不調や、行政の復興担当職員の不足などと並んで、復興用地の確保が困難であった点が指摘できる。とくに、岩手県内の津波被災地では、平地が狭隘であるうえに、相続手続きや国土調査（地籍調査）の未実施のため、土地の地権者が確定できないという事情があった（麦倉・吉野 2013）。住宅用地の買収や交換は、所有者が明らかでなければ話が進まないため、津波被災地では更地のままで復興がなかなか進まない地域もみられた。

津波のみならず東京電力福島第一原子力発電所の爆発の被害を受けた福島県の原発被災地は、避難指示の発令と解除という局面に向き合ってきた。政府は地震後の津波による福島第一原発の損壊を受けて、3月11日19時3分に福島第一原発に対して、3月12日7時45分に福島第二原発に対して、原子力緊急事態宣言を発令した。そして福島第一原発の爆発後の3月12日18時25分に、福島第一原発から半径20km圏内に避難指示、3月15日11時に半径20～30km圏内に屋内避難指示を出した。政府は4月22日にこれらの避難指示を見直し、福島県内の11市町村（南相馬市、飯舘村、川俣町、浪江町、葛尾村、田村市、双葉町、大熊町、富岡町、川内村、楢葉町）に対して、新しい避難指示を出し、それまでの福島第一原発からの距離に対応した方式から、警戒区域、計画的避難区域、緊急時避難準備区域という3つの避難指示区域を設定した。さらに、特定避難勧奨地点を設け、避難および避難準備を促した（特定避難勧奨地点は2014年12月28日までにすべて解消した）。

政府は2011年9月に緊急時避難準備区域を解消し、2014年4月1日から避難指示の見直しを行い、警戒区域と計画的避難区域の一部を以下の3つの避難指示区域に再編した。それは、避難指示解除準備区域（年間積算線量が20ミリシーベルト以下になることが確実と確認された区域）、居住制限区域（年間積算線量が20ミリシーベルトを超えるおそれがあって、引き続き避難の継続が求められる地域）、帰還困難区域（年間積算量が50ミリシーベルトを超えて、5年間たっても年間積算線量が20ミリシーベルトを下回らないおそれがある区域）である。この見直しは4月

1日の田村市と川内村から順次行われ，その後，区域ごとに避難指示の変更や解除が数回にわたって行われた。その結果，2017年4月1日までに川俣町，田村市，川内村，楢葉町では全域で避難指示が解消された。2019年4月10日には町全体が避難指示解除準備区域，居住制限区域，帰還困難区域のいずれかに指定されていた大熊町において，避難指示解除準備区域，居住制限区域に出ていた避難指示が解除され，11市町村すべてで居住制限区域が解消された。2019年5月時点で，帰還困難区域は双葉町の全域と，南相馬市，富岡町，大熊町，浪江町，葛尾村，飯舘村の一部，避難指示解除準備区域は南相馬市の一部となっている[6]。

　この結果，住民の帰還が進みつつあるが，森林を含む周辺地の除染がまだ十分でないことから帰還を躊躇せざるをえないケースも存在する。原発事故の被災地では，放射性廃棄物の仮置処分場に運ばれる前の廃棄物が残されているところもある。

　その後も政府はさまざまな復興加速化措置を講じてきた結果，2012年6月時点で35万人近くいた全国の避難者の数は，2016年12月時点では約13万人，2017年12月時点では約7万7000人，2018年12月時点では5万4000人と大幅に減少した。この3時点で詳細にみると（表1-1），岩手県内の避難者は1万5837人→9204人→4154人，宮城県内の避難者は2万6580人→1万548人→2426人，福島県内の避難者は4万2488人→1万8024人→1万64人，3県合計で8万4905人→3万7776人→1万6644人と，7万人近く減少した。2016年12月時点を100とすると，2018年12月時点で岩手県26.2，宮城県9.1，福島県23.7，3県合計19.6と，この2年間で5分の1ほどに減少した。一方，3県以外の避難者は同じくこの2年間で4万5835人→3万9660人→3万7065人，指数でみても100→86.5→80.9と2割程度しか減少していない[7]。このように地震津波の直接の被災地以外での避難者の固定化が進みつつあり，避難指示は解除されたが，原発避難者の帰還が進んでいないことを示す数値となっている。

　被災から8年以上経過し，多くの被災地で復興工事が完了しつつあり，また原発の避難指示が徐々に解除されつつあるなかで，今日でも5万人以上が避難を余儀なくされている現実があることは，復興の長期化と，復興政策の完遂の難しさを示していると考えられる。

第1章　東日本大震災からの復興

表 1-1　全国および東北 3 県の避難者数の推移

	2016 年 12 月 9 日	2017 年 12 月 12 日	2018 年 12 月 11 日
全国	130,740	77,436	53,709
岩手県	15,837	9,204	4,154
宮城県	26,580	10,548	2,426
福島県	42,488	18,024	10,064
東北 3 県	84,905	37,776	16,644
それ以外の都道府県	45,835	39,660	37,065

2016 年 = 100 とした指数

	2016 年 12 月 9 日	2017 年 12 月 12 日	2018 年 12 月 11 日
全国	100	59.2	41.1
岩手県	100	58.1	26.2
宮城県	100	39.7	9.1
福島県	100	42.4	23.7
東北 3 県	100	44.5	19.6
それ以外の都道府県	100	86.5	80.9

（出所）　復興庁ウェブサイトの全国の避難者数より算出。

2　復興のための構想・法制・予算

復興構想会議と復興法制

　政府は経済人や有識者そして被災県の知事等をメンバーとする東日本大震災復興構想会議の設置を発災から 1 カ月後の 4 月 11 日に閣議決定し，4 月 14 日には第 1 回会議を開催している。そして，12 回の会議を経て，6 月 25 日に同会議から報告書として，『復興への提言——悲惨のなかの希望』が発表された。同提言では，「いのち」への追悼と鎮魂，地域・コミュニティ主体の復興，技術革新をともなう復旧・復興，自然エネルギーの活用，大震災からの復興と日本再生の同時進行，原発被災地への支援と復興，国民全体の連帯と分かち合いによって復興を推進することを明記した復興構想 7 原則が示された[8]。

　政府は並行して復興法制の整備に着手し，2015 年までに 50 本を超える東日本大震災関連の法律を成立させた[9]。まず，被災地の復興を網羅的かつ制度的に規定する法律として，政府は 6 月 24 日に「東日本大震災復興基本法」[10]を

公布・施行している。同法律の第2条では，復興の基本理念として，「単なる災害復旧にとどまらない活力ある日本の再生を視野に入れた抜本的対策」，「二十一世紀半ばにおける日本のあるべき姿を目指して行われるべき」，「被災地域の住民の意向が尊重され」，「少子高齢化，人口の減少及び国境を越えた社会経済活動の進展への対応」，「食料問題，電力その他のエネルギーの利用の制約，環境への負荷及び地球温暖化問題等の人類共通の課題の解決に資するための先導的な施策への取組」などが明記された。また同法第24条で復興庁の設置を明記した。

同法第3条等に基づいて，政府（東日本大震災復興対策本部）は東日本大震災からの復興に向けた国による復興のための取り組みの基本方針として，「東日本大震災からの復興の基本方針」を発表した。この基本方針で国は被災した地方公共団体による復興計画等の作成に資するため，国による復興のための取り組みの全体像を明らかにした。この基本方針において，「復興特別区域」「復興交付金」「復興税」の創設が書き込まれ，土地利用の再編に係る特例許可・手続きの特例制度の創設も予定された。また復興庁の設置も明文化された。復興庁の設置については，2011年12月9日に国会で復興庁設置法が可決成立し，12月16日公布，2012年2月10日施行が決まった。施行日である2012年2月10日に復興政策を一元的に管理・推進する復興庁（設置期間は発足から10年間）が発足した。

さらに，復興事業を実施する区域を規定する法律として，「東日本大震災復興特別区域法」（復興特区法）が2011年12月7日に成立し，同年12月26日に施行された。この法律は被災地の自治体による復興推進計画と復興整備計画の策定促進および，その実現を担保する復興交付金等の活用を規定している。復興交付金を活用して実施できる基幹事業として5省から40事業が指定されている。

復興特区法第4条第1項の規定に則って，被災した227市町村が特定被災区域等（復興特別区域としての計画作成ができる特定地方公共団体の区域）に指定された。当該市町村は特区基本方針を踏まえて，事業実施地区および事業実施内容ごとに「復興推進計画」を策定し，内閣総理大臣に申請することができる。そして，被災地の住民や住民団体，復興推進事業を実施しようとする民間事業者等は復興推進事業の実施に密接な関係を有する者と規定され，同法第4条第4項により，復興推進計画を国に認定申請するように特定地方公共団体に提案す

ることができる仕組みになっている。このように復興特区法に基づき，民意を反映する形で自治体は「復興推進計画」を策定することと定められた。

なお被災した県・市町村は復興特区法の成立に先立って，「復興計画」の策定に取り組んだ。特定被災地方公共団体（9県および178市町村）または特定被災区域（222市町村）に指定された県・市町村のうち，2012年8月末時点で41市町村が「復興計画」を策定済みであった。このうち2011年末までに岩手県の12市町村，宮城県の15市町すべてで復興計画が策定された。福島県は2012年3月までに沿岸10市町村のうち5市町村で策定された[11]。

原発事故関連の復興法制

東京電力福島第一原子力発電所の爆発事故への対応は，緊急性を有することから上記の本格的な復興法制が整備される前から始められ，いち早く法律が制定された。「平成二十三年原子力事故による被害に係る緊急措置に関する法律」は2011年8月5日に公布され，同年9月16日に施行されている。この法律で，爆発事故による被害の補償に係る緊急措置として，東京電力が支払うべき賠償金の一部を国が先に支払う制度（国による仮払金の支払い）を定め，原子力被害応急対策基金を設ける地方公共団体に対する補助を行うこととした。さらに「原子力損害賠償支援機構法」が2011年8月10日に公布・施行された。同法律により，認可法人として政府から70億円，原子力事業者等12社から70億円，合計140億円の出資金を資本金とする原子力損害賠償支援機構が同年9月12日に設立された[12]。

原発事故からの復興を定めた体系的な法律である「福島復興再生特別措置法」は2012年3月31日に公布・施行された。同法律は東日本大震災復興基本法の基本理念（第2条）に則したものであるが，原子力災害によって深刻かつ多大な被害を受けた福島の復興および再生が，その置かれた特殊な諸事情とこれまで原子力政策を推進してきたことにともなう国の社会的な責任を踏まえて行われるべきものであるという認識に基づき，原子力災害からの福島の復興および再生の基本となる福島復興再生基本方針の策定，避難解除等区域の復興および再生のための特別の措置，原子力災害からの産業の復興および再生のための特別の措置等について定めた。このように原子力災害からの福島の復興および再生は，基本法とは別に特別措置法を制定して対応するかたちをとっている。

巨額の復興予算

　政府は発災から 2016 年 3 月までの 5 年間を集中復興期間として，当初は総額約 19 兆円の復興予算を組んだ。その後，2013 年 1 月に発足した安倍政権が約 7 兆円増額し，26 兆 3000 億円となった。これは 2016 年度年間予算の 4 分の 1 強，被災 3 県の年間予算案の約 6 倍，国民 1 人当たり 20 万円程度の負担となる金額である[13]。

　復興予算の財源は復興増税で 10 兆 5000 億円，歳出の削減で 6 兆 9000 億円，政府資産の売却その他で 5 兆 6000 億円，過去の予算の残額から 3 兆 3000 億円を調達して確保された。

　結果的に 26 兆円を超えるまでに膨らんだ復興予算の使途は，主に発災から緊急避難時までに必要な「被災者支援（健康・生活支援）」に 2 兆 1000 億円，「住宅再建・復興まちづくり」に 10 兆円，「産業・生業（なりわい）の再生」に 4 兆 1000 億円，「原子力災害からの復興・再生」に 1 兆 6000 億円（東京電力への求償対象経費〔除染等：2 兆 6000 億円，27 年度末までに使用が見込まれる金額ベース〕は含まれていない。また原子力災害対策は復興予算外の財源も活用している），そして，「東日本大震災復興特別交付税（復興交付金）等」に 4 兆 6000 億円，「全国防災対策費等」に 3 兆円，残額 8000 億円となっている。

　金額の大きさもさることながら，今回の復興予算の大きな特徴は，被災自治体の負担を実質ゼロとするために創設された復興交付金制度である。復興交付金制度は被災地の円滑・迅速な復興を国が支援するために，被災した道県・市町村の財政負担を緩和させ，復興地域づくりに必要な事業を展開していくための制度で，復興特区（227 市町村）が作成する復興交付金事業計画に基づいて，審査を経て配分される。事業内容は「被災した地域の復興に不可欠な基盤を整備することを目的とした」学校，病院，移転地，公営住宅等の建設や造成，市街地再開発や津波復興拠点整備などで，基幹事業（5 省が所管する 40 事業）と効果促進事業からなる。この事業の採択を受けることで被災自治体は自己負担なく復興地域づくりを進めることができるようになった。復興交付金の予算規模は総額 3 兆 1818 億円（2011 年度〜15 年度の 5 年間）で，97 市町村および 8 道県に対し 2014 年度までに 2 兆 5648 億円が配分された。

　集中復興期間が終了した 2016 年 4 月からは，新たに 5 年間の復興・創生期間を設定し，復興集中期間の残額 8000 億円を加えた総額 6 兆 5000 億円の予算が見込まれている[14]。復興予算は被災地の復興に使用することが当然であるが，

予算の一部は基金化され，制度上は被災地以外の自治体や公益法人が防災対策や意識啓発事業に使用した「流用」が報道され，社会問題となった。このため財務省と復興庁は，基金を運営する自治体や公益法人に予算執行を止めるよう要請し，執行の中止と残額の返還を求めた。予算規模が巨額であり，多数の自治体や公的機関に予算配分しているために生じた事態といえよう。

以下，復興事業について，「住宅再建・復興まちづくり」「産業・生業の再生」「原子力災害からの復興・再生」の順に概観していく。

3　住宅再建・復興まちづくり

復興整備計画の策定

集中復興期間における復興予算のなかで，予算規模が最も大きいのは，「住宅再建・復興まちづくり」で10兆円，復興予算全体の4割近くまでに達している。この領域は，災害廃棄物処理，河川堤防や道路等の災害復旧という原状回復を目指すものと並んで，新たな復興道路等のインフラ整備と災害公営住宅の建設や高台移転地の整備などの「単なる復旧を超えた事業」（復興庁）も含まれている。

住宅再建・復興まちづくりに関連する事業を実施するには，まず用地の取得や確保，そして土地利用の整備・再編が必要になる。この分野は数多くの既存の法律が存在し，迅速な復興を進めていく際の障壁となることが想定された。そこで政府は土地利用の再編に関係する許可・手続きの特例等を定め，市町村が単独または県と共同で，東日本大震災復興特別区域法に基づき，復興整備計画を作成することを条件に，特例を認めることとした。

この結果，2015年4月10日時点で，被災3県の沿岸自治体では，岩手県の洋野町を除く11市町村，宮城県の松島町を除く14市町，福島県の全10市町村，合計35市町村が復興整備計画を作成している。復興事業の中心である道路整備，土地区画整理事業，集団移転促進事業，災害公営住宅整備事業，そして今回の震災を機に創設された津波復興拠点整備事業など，主な住宅再建・復興まちづくり関連事業は復興整備計画に記載されることで，土地利用の許可や手続きの緩和が図られた。

防潮堤・道路・地盤の復興

　津波被災からの復興では，まず，津波による被害の防護，または被害の軽減を図るための防潮堤の建設が目指された。防潮堤は東日本大震災以前から多くの沿岸地域で整備されていたが，想定を超える高さの津波によって多くは破壊され，使用ができなくなった。そのため，政府（国交省・農水省）は比較的発生頻度が高く，数十年から百年に一度の確率で発生する津波（L1津波）に対して防御可能な防潮堤の高さを2011年7月に海岸管理者である県・市町村に通知し，これを受けて各県は被災地の地形などを勘案して，再建または新設する防潮堤の高さや規模を決める作業を始めた。その後，県は市町村や地域コミュニティと協議して防潮堤の建設に着手した。しかし，防潮堤の高さや規模をめぐって，各地で自然環境保全，景観維持あるいは海とのつながりの継続を求める立場から建設見直しを求める意見が表明された。多様な意見を集約する住民合意を形成することが困難となり，工事に着手できない場合も発生した。さらに建設に必要な用地確保の困難や資材の不足や費用の高騰，人員不足などから建設が進まない地域も少なくない[15]。

　津波により寸断された道路の復旧については，がれき撤去作業や復旧作業がいち早く進められ，通行不能は比較的早期に解消された。また，物資輸送や緊急搬送路の確保から，高規格の三陸縦断道路の新設やトンネル建設などによる既存道路の改良，沿岸部と内陸部を結ぶ横軸道路の建設が促進された。一方，市街地では土地区画整理事業をはじめとする土地利用計画の策定の遅れや変更などにより，本設の道路建設がなかなか進まないケースもみられた。とくに，津波被災地では，安全性を確保するために2mから十数mの土盛り作業を中心とする地盤改良（土地造成）が導入されることが多い。土盛りが完了しなければ，その後の住宅や事業所の建設が進められず，復興のスタートラインにもつけないままになっているところもある。

　防潮堤，道路，地盤の改良はまさに復興の前提になる要素であるが，震災から6年が経過してもまだ完了してはいない。そして時間の経過とともに，もともと居住していた地域に戻ろうとする被災者の意欲や熱意がさまざまな理由で低減していく傾向もみられる。

市街地整備事業

　市街地整備事業としては土地区画整理事業と津波復興拠点整備事業がある。

表 1-2　岩手県・宮城県・福島県の面的整備事業数（地区数）

	土地区画整理事業（震災復興関連）	津波復興拠点整備事業	防災集団移転促進事業	漁業集落防災機能強化事業
岩手県	19	10	88	41
宮城県	35	12	195	4
福島県	8	2	47	0
合計	62	24	330	45

（出所）　岩手県（2019：7），宮城県（2019a：27-28），宮城県（2019b：10），福島県まちづくり推進課（2019）から作成[17]。

表 1-3　住宅等の整備計画戸数

	民間住宅等用宅地（区画数）	災害公営住宅		合計
岩手県	7,479	5,854		13,333
宮城県	8,900	15,823		24,723
福島県	1,854	8,066		9,920
		地震・津波被災者向け	2,807	
		原発避難者向け	4,890	
		帰還者向け	369	
青森県	―	67		67
茨城県	―	274		274
千葉県	―	49		49
長野県	―	28		28
新潟県	―	6		6
8県合計	18,233	30,167		48,400

（出所）　復興庁（2018b）から作成。2018年9月末現在の数値。

　土地区画整理事業とは，一般に「土地区画整理法に基づき，都市計画区域内の土地で，公共施設の整備改善や宅地の利用増進を図るために，土地の区画形質の変更と公共施設の新設又は変更を行う事業」[16]である。今回のような大規模災害の場合は，被災市街地復興土地区画整理事業が適用される。この事業には，阪神・淡路大震災の際，相当数の建物が滅失し，不良な街区の環境が形成されるおそれがあったことから，復興特区法で指定された当該区域を，被災市街地復興推進地域として指定し，地域内の建築行為等を最大限2年間制限できる特

例措置がある．さらに，緊急に建築物，建築敷地，施設の整備等を行う必要がある場合には，都市再生区画整理事業を拡充し，防災上必要な土地のかさ上げ等への支援が可能となっている．

津波復興拠点整備事業は，市街地に「一団地の津波防災拠点市街地形成施設」を整備する事業で，今回の東日本大震災後に新たにつくられた事業である．この事業は被災地の復興にむけて市街地を形成する一団地の住宅施設，特定業務施設，公益的施設，公共施設を整備する場合に，復興交付金事業として計画作成費，公共施設等整備費，用地取得造成費を支出することができる事業である．民有地を買収し，土地を造成後に，地権者にその土地を譲渡（再分譲）することもできるが，その場合は，譲渡所得税が繰り延べられ，不動産所得税も免除される．そのため，本事業によって土地の買収が容易になり，復興まちづくりを促進する効果が見込まれている．

集団移転事業

津波は多くの住宅を流出させた災害であり，被災者にとっては住宅の確保や再建が大きな課題となった．避難所での生活を経て，県や自治体が建設した応急仮設住宅に入居できたのは多くの場合 2011 年の夏頃であった．その一方で，本格的な復興を目指して，浸水した地域での住宅再建の是非や安全な高台への住宅や集落等の移転をめぐる政策や住民合意が模索されていた．移転をともなう住宅整備事業は大きく分けて集団移転事業と個別移転事業がある[18]．さらに集団移転事業の手法は防災集団移転促進事業（防集事業）と漁業集落防災機能強化事業（漁集事業）の2つがある．

防災集団移転促進事業（防集事業）は，1972 年制定の「防災のための集団移転促進事業に係る国の財政上の特別措置等に関する法律」に基づいて進められる事業で，災害で被災した住宅の集団移転を円滑に進めるための補助事業である．事業費の4分の3を国が負担し，自治体が残りの4分の1を負担することになっているが，東日本大震災の場合は，自治体負担分は復興交付金や震災復興特別交付税の交付で賄うため，市町村の負担は実質的にはない．2014 年 6 月末時点で 337 地区で大臣同意の手続きが終了している[19]．漁業集落防災機能強化事業（漁集事業）は，被災地の漁業集落において安全・安心な居住環境を確保するための地盤かさ上げ，生活基盤や防災安全施設の整備等を実施し，災害に強く，生産性の高い水産業・漁村づくりを推進することにより，地域水

産業と漁村の復興に資するもので，水産基盤整備事業のメニューとして実施されている[20]。

これらの事業では事業計画の策定に際して事業にともなう土地利用に関するさまざまな許認可等の手続きが必要である。これらの許認可手続きを一括して処理するため，復興特区法は復興整備事業の指定と復興整備協議会の設立を定めている。同法は東日本大震災の被災自治体が行う復興まちづくりに関する事業を進めていくために，自治体の首長や知事，国の関係行政機関が参加する復興整備協議会を設けて，そこで自治体は許認可権者とさまざまな事項を一括して協議し，同意を得ることができる。そのうえで，復興まちづくりに関する事業を復興整備事業として位置づけ，自治体が作成する復興整備計画に事業計画やこれに必要な許認可等の内容を記載して公表することで，計画への同意と許認可を一括して受けたものとみなされるとした。

住宅の整備

復興事業のなかで住民生活の復興に向けた重要な柱は，被災者の住宅の確保である。住宅の確保に向けた復興政策は，土地区画整理事業や集団移転事業などの面的整備事業により住宅区画を供給し，そこに被災者が住宅を建設する民間住宅等用宅地の整備（自力再建）と，経済的な制約等から住宅を自力で再建できない被災者を対象に，県や市町村が整備する災害公営住宅の建設がある。被災者に低廉な家賃で提供する公営住宅は，一般に災害公営住宅と呼ばれているが，この住宅は「公営住宅法」によって規定される公営住宅の一つである[21]。

面的整備事業による民間住宅等用宅地の整備は岩手県，宮城県，福島県で実施され，復興庁によれば2019年3月末時点で合計で1万8226区画の整備が計画されている。このうち宮城県では8892区画の整備が予定され，全体の半分近くの48.8%を占めている。災害公営住宅の整備計画戸数は被災8県全体で3万202戸である。最も戸数が多いのは宮城県で1万5823戸（全体の52.4%），次いで福島県が8122戸（同28.9%），岩手県が5833戸（同19.3%）となっており，岩手，宮城，福島県の3県の戸数は8県合計の98.6%を占めている[22]。

公営住宅の整備計画戸数は被災者の意向調査の結果に基づいて県・市町村が決めているが，整備戸数についてはこれまで何度も見直しや変更があった。また，入居予定であった被災者のなかには，家族の状況の変化や災害公営住宅の完成の遅れ等によって，民間住宅等用宅地に住宅を自力で整備し，入居を見送

るケースも相次ぎ，災害公営住宅に空き家が発生する事例もある[23]。災害公営住宅の維持管理の責任は県・市町村にあり，入居者の確保とともに，長期的な視点から災害公営住宅の活用を図っていく工夫が求められている。

4 産業・生業の再生

グループ補助金による産業基盤の復興

産業基盤の復興についての新しい試みとして，東日本大震災からの復興の新しいメニューである「中小企業組合等共同施設等災害復旧事業（中小企業等グループ補助金）」が始められた。この事業は被災地に多かった地元の小規模な商工業者を対象とするもので，個々の経営者を支援するのではなく，2つ以上の企業等でグループを組ませ，審査を経たうえで，費用の4分の3（国負担2分の1，県負担4分の1）を公的に支援するもので，施設等の復旧・整備等，共同店舗の新設，街区の再配置等に活用することができる。財務省は「地域経済の中核」である地元企業に公益的性格を認め，グループでの再開を条件に，2011年度1次補正予算案に155億円を盛り込んだ。その後も募集を繰り返し，2019年4月時点で北海道，青森県，岩手県，宮城県，福島県，茨城県，栃木県，千葉県の728グループ，1万1400を超える事業者に対して，5163億円（うち国費3442億円）を支援してきた[24]。ただグループ補助金は事業再開までの施設・設備の建設を支援するもので，再開後の運転資金の支援までは含まれておらず，課題を残すことになった。

漁業・農業の復興

漁業復興の支援としては，水産庁は漁業協同組合を通じて「共同利用漁船等復旧支援対策事業」を実施し，漁船1万210隻，定置網418ヶ統の復旧を支援した。そして，「がんばる漁業復興支援事業」および「がんばる養殖業復興支援事業」として，漁船漁業111業者，養殖業981経営体を対象に，養殖漁業の共同利用加工施設の建設補助や小規模漁船の共同購入時に費用の9割を公的資金で補助した[25]。これにより，多くの漁業者は小型の船外機付漁船を調達でき，漁業や養殖再開の目途が立ったが，高齢の漁業者のなかには，船の調達に踏み切れず事業継続を断念するケースもあった。さらに漁業の仕組みを根本から改革する試みとして，復興特区法に基づき，「地元漁業者7人以上で構成される

法人」なども漁協と同等に漁業権を得られる「水産業復興特区」制度が導入された。制度の導入に際しては，漁業協同組合の意義や存在の是非をめぐって，議論が沸き起こった[26]。

　農業の復興については，災害復旧事業として，被災した農地 1 万 5920ha，主要な排水機場 91 カ所等を復旧した。さらに，農地整備事業として 4420ha で農地の大区画化を実施した。また園芸農業の再開時に新規技術の導入を促進するために，新規技術の採用と経営の集団化を条件に初期費用を支援する制度が導入された。宮城県の亘理町と山元町ではイチゴ栽培が盛んであったが，津波によって壊滅的な被害を受けた。震災後は東日本大震災農業生産対策交付金を活用して営農を再開したものの，イチゴの出荷量は，震災前の 5 分の 1 まで落ち込んだ。そこで最先端の「自動栽培管理システム」を用いた巨大なイチゴ団地 40ha を，国の復興交付金を原資とする被災地域農業復興総合支援事業を活用して整備することが決まった。完成後は被災した農家 151 戸が栽培に取り組み始めた。このように震災を機に，技術革新と新しい経営手法に基づいた農業に巨額の復興資金が導入され，競争力の高い効率的な農業経営の実現が目指された[27]。

官民連携プロジェクト「新しい東北」

　民主党の野田内閣から自民党の安倍内閣に替わった 2012 年 12 月に開始されたのが，官民連携の復興プロジェクト「新しい東北」である。「新しい東北」は，これまでの東北地方に付着している旧来の産業地域というイメージを一新し，官主導ではなく官と民が協働して，新たな社会や地域を創りあげるフロントランナーとしての役割を果たすプロジェクトである。

　「新しい東北」は 2012 年 12 月 26 日の安倍内閣の初閣議で基本方針が閣議決定された。復興庁のウェブサイトでは，「単なる『最低限の生活再建』にとどまることなく，創造と可能性の地としての『新しい東北』を作り上げる」と記載されている。そして，「被災地は，日本全国の地域社会が抱える課題（人口減少，高齢化，産業の空洞化等）が顕著」であることから，「インフラや住宅等（ハード）の復旧が進みつつある中，『まちの賑わい』を取り戻すためには，『人々の活動（ソフト）』の復興が必要」で，「具体的には，『産業・なりわいの再生』と『コミュニティの形成・地域づくり』に取り組むことが必要」と述べられている。そのために，「国・自治体のみならず，企業・大学・NPO など，

民間の人材やノウハウを最大限に活用しながら，全国のモデルともなり得る挑戦的な取組を推進してきたところ」であり，「今後は，被災地での普及・展開を図る」とまとめられている。復興庁は「各地域において，各々の課題を解決し，自律的で持続的な地域社会を目指す取組」を「新しい東北」と規定し，「被災地自治体，民間企業，大学，NPOなどの多様な主体が，まちのにぎわいを取り戻すために，これまでの手法や発想にとらわれない新しい挑戦に取り組」むことに対して，さまざまな支援等を実施するとしている[28]。

5　原子力災害からの復興・再生

帰還の促進と生活環境の整備

福島第一原子力発電所の事故から8年余が過ぎた時点でも，高い放射線量に阻まれて原子炉内部に入ることができず，事故原因や損傷状況を正確に把握するに至っていない。また汚染水の発生が相次ぎ収束の目途は立っていない。

政府は2012年4月1日より，放射線量の高さに応じて避難指示区域を再編した。線量が高く立ち入りができない「帰還困難区域」，立ち入りはできるが宿泊はできない「居住制限区域」と「避難指示解除準備区域」に区分した。そして「居住制限区域」と「避難指示解除準備区域」の解消につながる放射性物質の除染作業を行ってきた。除染作業はまず日常生活に必要な区域が優先的に実施され，その後，農地や森林の一部も除染対象になっている。除染作業が進むにつれて，線量が下がるようになってきたことから，政府の避難指示の解除が2014年4月1日の田村市都路地区を皮切りに進められている。2017年4月1日に解除された富岡町まで，避難指示区域の面積は369 km^{2}と当初の32%までに減少している。解除された区域では住民の帰還が可能となり，住宅，事業所，商業施設，医療機関等の整備や再開が進みつつある。

このように制度上は住民の帰還が可能になりつつあるが，実際には思うようには進んでいない。避難者の多くは帰還を躊躇しており，なかには帰還を断念し，避難先での生活を確立していく例も少なくない[29]。一方，2019年4月10日時点で双葉町の全域，そして南相馬市，大熊町，富岡町，浪江町，飯舘村，葛尾村の6市町村の一部では引き続き避難指示が続いており，帰還困難区域が残っている。帰還困難区域については，政府は2017年5月に福島復興再生特別措置法を改正して，居住を可能にする特定復興再生拠点区域を整備し，国費

を投入して除染や道路整備を行い，5年後（2022年）を目途に避難指示を解除する方針を掲げている[30]。

避難先定住者の復興

避難指示区域から福島県内外に避難した避難者の多くは，上述のように被災前に居住していたもとの自治体に戻らずにそのまま避難先で生活を継続している。このような場合はもとの居住地の復興よりは，避難先での生活復興を支援するような復興政策が必要になる。つまり堤防や道路などの生活基盤の復興ではなく，就業支援や居住施設の確保，教育，健康などの面での生活の復興に重点が置かれる。とくに帰還困難区域に居住していた住民はもとの居住地に戻ることができないので，避難先での生活を継続せざるをえない。かれらの生活復興のために，福島県や被災自治体は避難先に災害公営住宅を建設し，生活復興を支援している。

原発避難者は賠償などの問題から，住民票を移さずに別の場所に避難しているケースがほとんどである。また役所や役場自体が別の自治体のなかに設置されている場合もある。避難者は避難先の自治体の発行する住民票がないため，自治体は避難者からの税金等を徴収することなく行政サービスを行う事態に直面している。原発避難者が避難先で定住して生活を継続していくために，「（超）長期待避・将来帰還」という復興のための「第三の道」が日本学術会議から提案された[31]。また行政機関自体が移転していることから，いわゆる仮の街という考え方も提起されているが，避難が長期化している現在，避難者のアイデンティティの確保や避難者どうしのつながりの確保がますます困難になりつつある。

自主避難者への対応

居住制限区域と避難指示解除準備区域の解消にともない，避難指示に基づく避難者は帰還困難区域に居住していた住民に限られることになった。福島県は国の同意を得て，避難指示区域外から避難したいわゆる「自主避難者」に対する住宅の無償提供を2017年3月31日に打ち切った。福島県によれば打ち切り対象は2016年10月末時点で1万524世帯，2万6601名である。このうち首都圏（1都6県）には2187世帯が自主避難している。福島県は民間賃貸住宅で避難生活を送り所得が一定以下の世帯に限り，2019年3月まで家賃の一部を

表1-4　原発被災地等における産業・商業復興政策

事業名	対象（立地企業）	予算総額	交付決定件数
ふくしま産業復興企業立地支援事業	福島県内	2102億円	389件
原子力災害周辺地域産業復興企業立地補助金	宮城県・栃木県・茨城県	140億円	75件
津波・原子力災害被災地域雇用創出企業立地補助金	青森県・岩手県・宮城県・茨城県の津波浸水地域及び福島県	2090億円	344件
自立・帰還支援雇用創出企業立地補助金	福島12市町村の避難指示区域等	585億円	66件

（出所）復興庁（2018a）より作成。2018年2月末現在の数値。

補助するほか，避難先の自治体の公営住宅に優先的に入居できるようにしている。その場合は収入制限や世帯要件があり，家賃も発生する。

　自主避難者は集住しているわけではないので，復興という場合は個人や個々の家族の生活復興あるいは生活再建という意味合いをもっている。安心して持続的に生活していくためには健康，経済，生活環境，社会関係の構築が必要になるが，住宅の無償提供が打ち切られることは経済や生活環境に大きな影響を与えることが想定される[32]。

原発被災地等における産業・商業復興

　政府は企業立地補助金（経産省事業）として，「ふくしま産業復興企業立地支援事業」（2012年度～継続中），「原子力災害周辺地域産業復興企業立地補助金」（2012年度～2014年度），「津波・原子力災害被災地域雇用創出企業立地補助金（製造業等立地支援事業・商業施設等整備支援事業）」（2012年度～継続中），「自立・帰還支援雇用創出企業立地補助金」（2016年度～継続中），を創設した（表1-4）。

　このうち，津波・原子力災害被災地域雇用創出企業立地補助金の事業メニューである商業施設等整備支援事業を活用するには，被災地域の自治体が中心市街地のコンパクトな整備計画等を定めた「まちなか再生計画」を作成・申請し，総理大臣の認定を受けた後に，商業施設を整備・運営する事業者が，当該補助金を申請することが必要である。2018年10月までに女川町，山田町，気仙沼市などの10の自治体がまちなか再生計画の認定を受けて商業施設等の整備事業に取り組んでいる。JR女川駅前に整備されたシーパルピア女川はその一例

であるが，2019 年 4 月時点で福島県内の自治体からのまちなか再生計画の申請はまだない。このほか，「ふくしま産業復興投資促進特区」（福島県および県内 59 市町村による共同申請で 2012 年 4 月 20 日に認定済み）および「ふくしま観光復興促進特区」（福島県および県内 51 市町村による共同申請で 2015 年 3 月 26 日に認定済み）を認定し，税の減免による雇用創出制度もつくられた。

　また政府（経済産業省）は 2013 年 12 月 20 日に閣議決定された「原子力災害からの福島復興の加速に向けて」を踏まえて，原子力災害現地対策本部長（経済産業副大臣）を座長とする「福島・国際研究産業都市（福島イノベーション・コースト）構想研究会」を 2014 年 1 月に立ち上げた。同研究会は福島県浜通り地域等の産業を回復し，新たな産業基盤の構築に向けた「福島・国際研究産業都市（福島イノベーション・コースト）構想」を 2014 年 6 月 23 日に取りまとめた[33]。同構想は翌日の 6 月 24 日に閣議決定された「経済財政運営と改革の基本方針（骨太の方針）2014 について」でも記載された。これを受けて「イノベーション・コースト構想推進会議」が設置され，2014 年 11 月から個別検討会として「ロボット研究・実証拠点整備に関する検討会」「国際産学連携拠点に関する検討会」「スマート・エコパークに関する検討会」が開催され，12 月に全体会合が福島県で開催された。その後，趣旨に賛同する企業を中心に 2016 年 3 月に「福島イノベーション・コースト構想推進起業協議会」が設立され，官民による推進体制が構築された。

　2017 年 5 月 12 日に「改正福島復興再生特別措置法」が国会で成立し，「福島イノベーション・コースト構想」の推進が法律に明記された。これを受けて，福島県は同年 5 月 18 日に庁内に「福島イノベーション・コースト構想推進本部」を設置し，同年 7 月には「公益財団法人福島イノベーション・コースト構想推進機構」を立ち上げて，推進体制を強化した。同構想のもとで，「廃炉」「ロボット・ドローン」「エネルギー・環境」「農林水産」の 4 分野を中心に研究機関の設立や実証事業が行われてきた。具体的には楢葉遠隔技術開発センター，廃炉国際共同研究センター国際共同研究棟が稼働し，大熊分析・研究センター，福島ロボットテストフィールド，国際産学官共同利用施設，情報発信拠点（アーカイブ拠点）施設の整備が進められている[34]。

6 東日本大震災からの復興の課題と今後の展望

東日本大震災からの復興の課題

　本節では東日本大震災からの復興の特徴と課題をまとめたい。政府の実施した復興政策について，政府は ①26兆円を超える復興財源フレーム，②復旧・復興事業の自治体負担ゼロ，③高台移転など，単なる復旧を超えた事業の実施，④きわめて柔軟な復興交付金制度と社会資本整備総合交付金（復興枠）の創設，⑤「グループ補助金」の創設，⑥被災者の健康支援，コミュニティ支援を実施，等を具体的な項目として挙げ，「前例のない幅広く手厚い措置」と自己評価している。すなわち，政府はこれまでにない規模と内容の復興予算を組み，単なる復旧を超えた生活基盤整備を進め，民間企業および被災者支援を実施し，これらについて，きわめて高い自己評価をしている。以下，これらの復興政策の特徴について，4つの観点から課題を述べたい。

　第1は政府直轄による画一的な復興スキームの適用という点である。東日本大震災後，政府は矢継ぎ早に法律を整備し，地方公共団体はそれらの法律に則るかたちで，各種計画や事業を国に申請し，認定された計画や事業について，国が復興交付金を手当てする仕組みが形成された。とくに住宅の確保を中心とする被災者の生活再建にあたっては，県・市町村からの申請を受けた国が，それらを認定して復興を進めるかたちとなったため，国の責任が明確化された一方で，国の一律的，画一的なスキームが完結する復興になっている。復興の現場である県・市町村の裁量の範囲はきわめて狭く，地方自治が十分に尊重されていない。国家主導であればあるほど，被災地の自治体や住民はその政策の対象者，受益者となってしまい，さまざまな判断が現場に委ねられていない。

　さらに今回の震災の被災地が非常に広範囲にわたったことで生じている地域的差異に対する配慮も少ない。今回の被災地には多くの漁業者や漁業関係者が居住していた。彼らの多くは住宅とは別に作業用に寝泊まりできる施設や漁具等を格納する施設をもっていた。しかし，これらは住宅施設とは認められず，被災しても補償の対象にはなっていない。また移転地の居住区画面積は住宅のみの建設が想定されており，震災前の住居に加えて作業スペースや漁業関連施設の建設を可能にするような面積の設定にはなっていない。災害公営住宅を建設する際にも，漁業者の入居が見込まれている場合でも，水洗施設や漁具の収

納施設の設置は認められていない。あくまで純粋に居住のための施設しかつくれないのが現実である。これでは復興はおろか復旧にもなっていない。

今回のスキームは「住宅」が完全に居住のみの施設である都市勤労者の生活様式を基準にしたモデルであり，現実の被災地がそうではないことは明白であったが，画一的な基準が優先され，現地で復興に取り組む自治体や住民に困惑が生じたといえる。

第2は過大になりがちな復興事業という点である。復興のための財源確保は復興税を導入するなどして，政府が責任をもち，かつさまざまな場面で国庫補助率や補助範囲を従来の災害と比べて大幅に拡大している。とくに，産業や経済活動の面では，復興特区制度の導入，グループ補助金制度や「がんばる漁業」「がんばる養殖業」事業の創設，堤防，道路，港湾や市場機能の再建などの面で，従来の復興政策にはなかった手厚い補助政策を導入した。また国庫補助率が高いことから，高台の移転地の造成規模や災害公営住宅の建設戸数も当初の計画段階では最大限の規模を想定していることが多い。被災地は土木建設事業の繰り広げられる場所となっており，それらの事業をめぐって，ナオミ・クラインのいうショック・ドクトリンのような災害資本主義的な動き（クライン 2011）や，過大な復興計画の具現化が進んでいるところもある。

被災地の多くで震災前から人口の高齢化の急速な進行と人口減少が生じていたことから，新しく整備した産業資本やまちの持続可能性についてはどこにも保証のないまま，復興事業が進められているという側面は否めない。新しいまちがつくられたとしても，今後大きくのしかかってくるのは，人口の確保問題であるが，すでに被災地のなかには大幅な人口減に見舞われているところもある。そして，「復興災害」（塩崎 2014）と表現されるような，災害弱者を生み出す従来の生活様式とは接続しないまちの建設や，復興予算の流用といったモラルハザードも発生している。

第3は期限を切った復興という考え方の存在という点である。災害救助法に基づいて設置された応急仮設住宅の供与期間は，建築基準法第85条により，建築工事が完了した日から2年以内と定められている。今回の震災では，建設から2年間が経過した時点で，多くの仮設住宅は解消できず，設置期限が1年間延長され，その後もすでに4回の設置期限の延長がされてきた。まだ多くの人々が仮設住宅で避難生活を送っているのが現実であるが，仮設住宅の設置継続は1年ごとの更新で，次の期限がきたときに撤去される可能性が常にある。

そして，復興の司令塔として設置された復興庁は後継組織の設置が検討されてはいるが，復興庁設置法第21条の規定により，震災発生から10年となる2021年3月31日までには一旦，廃止されることとなっている。福島県での原発被災からの復興はまだまだ先が見通せない状況であるが，政府や自治体の復興計画もすべて年限の区切りがある。行政の立てた復興計画なので期限があるのは当然ともいえるが，未曾有の被害をもたらした今回の大震災に対して，復興や収束を急ぐ姿勢が時間の経過とともにより明確になりつつある。

　第4は復興を達成率で測るという点である。行政の発表に基づく資料やマスコミが報道する資料では，復興は常に「達成率」で計測され，表示される。住宅，船舶，港湾，漁獲高，農地，商店，工場，事業所，観光客数などは2010年あるいは震災前と比べて，どの程度まで回復したかという数値で表され，その割合（回復率）によって復興の度合いを評価することが定着している。私たちはこうした数値に接することに慣れていくうちに，復興を達成率で測ることを当然のように受け入れている。

　復興を達成率で測ることには利点もあるが，疑問もある。まずは目標数値の基準として震災前の数値を掲げていることへの疑問である。震災前から多くの被災地では人口減少が生じ，農業，工業，商業の産業の衰退が指摘されていた。農地は放棄地や荒廃地が増加し，漁獲高や地方魚市場の取り扱い高が低迷していた例もある。すでに工場が撤退し，工業生産額が減少し，商店街はシャッター通りとなっていた例もある。仮に震災が起きなかったとしても，人口をはじめとするさまざまな数値は右肩下がりで推移していた可能性が高い。震災前の値を基準値におき，それへの回復を目標にすることは，過剰な復興計画の策定を誘発し，結果的に過大な復興予算をつけることにつながる。今後は人口の減少から新たに建設した施設や設備が十分に利活用されないことも懸念される。したがって，人口の減少局面で発生した大災害とそこからの復興という場合は，これまでの考え方とは異なる復興観が必要であるし，震災前の数値を一律に目標値とすることは合理性を欠いていると思われる。

　さらに復興を数値で測ることへの根本的な疑問もある。目標となる数値や基準は震災前の状況に準拠していることは上述の通りであるが，それはやはり旧来に復するという枠を抜け出せないことになるのではないだろうか。この限りにおいて，今回の復興はあくまで復旧であり，復興構想会議が提唱した意味での復興とはなりえないといえるのではないだろうか。

復興政策の進行による地域社会の変容

　これまで復興政策を社会生活基盤の復旧・復興，産業基盤と経済活動の復興，原発事故への対応の3つの局面からみてきたが，社会生活基盤の整備は手法的にはほぼ従来の復旧・復興事業のメニューを用いている。その結果，被災地の復興は都市を対象とした地域計画に基づく従来の生活様式に対する都市型の生活様式の置き換えという特徴をもっている。沿岸集落の木造住宅密集地を高台に移し，戸建てあるいは鉄筋・鉄骨造りの高層集合形式の災害公営集合住宅を建設することが生活復興の中心になっている。農業や漁業を営み，家族規模の比較的大きい地域特性への配慮や，漁業に必要な設備や機能をもった職場住宅兼用空間の確保は認められず，建てられた住宅の間取りの多くは都市の小家族を想定したnDKスタイルであった。増加する高齢者の単身世帯どうしが将来的には共同で生活ができるようなフレキシブルな間取りの組み換えはほとんど不可能である。逆に各戸の独立性の高い都市型住宅の建設により，過去や周囲との交わりを遮断するかのような生活環境が創設されつつある。

　一方，産業基盤・経済活動についてはこれまでにない新しい復興政策が展開されている。事業の再開を支援するグループ補助金や，民間と協働する「新しい東北」プロジェクトは今回の復興から開始された手法で，震災復興の名のもとに古い事業モデルを新しい事業モデルに大胆に置き換えていく方向性をもっている。再生エネルギー施設，大型の魚市場や商業施設，野菜工場的な農業用施設の建設に共通していえることは，技術革新を梃子に東北の産業を一気につくり変えていこうとする意図があるように感じられる。こうした手法については日本版ショック・ドクトリンという指摘もあるが，被災地をつくり変えていく非連続型あるいは置き換え（代替）型復興というべき動きである。

　新たな技術・知識・資金による地域産業の置き換えは，新規参入を促進し，新たな主体を形成する契機となる一方で，地域への定着や活動の持続の面では課題が多い。政府の強力なリーダーシップのもとで震災前との連続性を欠く大規模事業が矢継ぎ早に進む状況は，多くの復興に関わる工事需要や新規事業主体を発生させる一方で，既存の事業者や農業協同組合や漁業協同組合との調整を必要とする局面も生んでいる。また「新しい東北」は被災地外の民間の人材・ノウハウ・資金を被災地に投入して，産業面から復興を実現しようとする一連の活動を総称するものであるが，事業の継続性や従来からの事業者や団体との調整は後回しになっている。ここでも過去や周囲との交わりを遮断するか

のような産業環境が用意されつつある。

このように都市型生活様式に置き替えていく社会生活基盤の方向性と，新しい支援策による従来の産業や経済の担い手や組織の大胆な入れ替えという社会経済活動の方向性は，ある面呼応し，ある面互いに意識されないまま進行し，その結果，長い時間をかけてつくられてきた地域の生活・産業・経済構造を一気に変えていく力をもっている。非連続・不連続の復旧を復興というのであれば，これもまさに復興であるが，この結果，被災者である住民の生活の継続性や安定性は軽んじられているのではないか。「生まれ変わる○△市」「未来志向の□○町」というキャッチフレーズのなか，住民の生活や仕事はかえって不安定化しているのではないだろうか。

上がらない復興感

震災から8年以上が経過し，社会基盤の整備が進み，住宅や商店が再建されることで復興は進んでいると考えられるが，周囲の状況が進展することと被災者自身が復興を実感することは同じではないことが，各種調査から明らかになっている。

岩手日報社が震災の犠牲者の遺族や行方不明者の家族を対象に実施したアンケート（2017年1月～2月実施）結果のうち，2013年から5回継続して回答している194名の回答結果をみると，震災から時間がたつにつれて，「生活資金」や「仕事の先行き・確保」に不安を抱える割合が増加していることが明らかになった。「生活資金」については2014年から一貫して上昇し2017年では19.1％，「仕事の先行き・確保」も同様に13.4％に増加している。震災から時間がたつにつれて，不安感は増大している。「犠牲になった家族を思い出し心身の変化はあるか」という問いに対して，強い悲嘆感と解釈できる「非常にある」と「かなりある」を足した割合は，2013年の36.0％から，2017年の14.9％と減少しているが，「時々ある」も加えると74.7％から65.9％と大きくは減少していない。家族を失った悲嘆感は時間が経過しても癒されていない状況がある[35]。

筆者が釜石市内の災害公営住宅の居住者に2017年2月に行った調査（回答者数456人）で，生活面でのさまざまな不安について「あてはまる」という割合は，「今後のことが心配」が78.1％，「体調維持」が63.8％，「震災前を思い出す」が58.0％，「気持ちの整理が付かない」が41.0％，「孤独を感じる」が

34.9% であった。また,「将来の生活の見通し」については,「あまり希望がない」が 52.4%,「希望がない」が 12.6% で,合計すると 65.0% の回答者から「希望がない」という回答が得られ,全体的に厳しい状況がうかがえる結果となった（吉野 2017）。

個人個人の復興に対する気持ちや感覚は異なっているが,前向きに進める人とそうではない人の差は時間の経過とともに広がっている。これらは物的基盤の復興と異なる現実であり,時間の経過とともに解決,解消するものではない。被災者の感情を理解し,気持ちを通じあわせながらともに生きていく人々が近隣にいることが大事になってくるが,地域住民組織や相互支援の枠組みはまだまだ再構築されていないのが現状である。

これらに対して住民生活の安定の局面は,さまざまなケアはあるが,時間の経過とともに過去や周囲との交わりの機会を喪失することで,喪失感や孤独感がむしろ深まっていく傾向がみられる。被災者は順次,仮設住宅から本設住宅に移っているが,近隣との社会関係の再構築はまだまだ十分に達成されておらず,物的社会基盤の建設や新しい農業や漁業そして商業の展開と比べて相対的な剥奪感や不充足感を感じざるをえない構造が拡大しつつあるといえよう。

7 これからの復興に向けて——当事者が復興していくために

被災者間の関係性の再構築

東日本大震災では津波や地震によって人命が失われた人的被害,道路,住宅,学校,工場,事業所などが破壊された物的被害,津波や原発事故によって生活や仕事の場を奪われ,それまでの生活が送れなくなった経済的被害,被災や被曝による心身の不調といった健康被害など,さまざまな被害がでている。これらに加えて,それまでの居住者や事業者のつながりや関係性の喪失や変質,自治会や商店会等の組織の活動休止や解散というような社会関係あるいは社会関係資本の喪失という被害も存在する。

津波や地震の犠牲者と生き残った人たちの関係は一瞬で切断されてしまった。生き残った人たちも避難所や仮設住宅,そして本設住宅へと移動や転居を繰り返したことで,それまでの近隣関係や友人関係が途切れてしまったケースも多い。復興のスキームや手法は基本的にはこれまでの復興手法を踏襲している。高台移転は単なる復旧を超えているかもしれないが,活用した制度は従来から

存在した防災集団移転促進事業（防集事業）と漁業集落防災機能強化事業（漁集事業）である。住宅復旧もまず避難所に収容し，その後被災者向けに仮設住宅を建設し，本設住宅を建設する単線的な住宅復旧（塩崎 2014）の枠組みは変えていない。

　震災直後には町内会や自治会などの住民組織の解散や活動休止という報道がなされていた。住民がバラバラになったり，もとの居住地に戻れなくなったことから，積立金を分配して住民組織を解散したり，リーダー層が被災して犠牲になったことから活動ができなくなっていた。商業者の場合でも，仮設商店街での営業から本設店舗の再建と営業への復興は進んでいる一方で，商業組合や商店会の解散が進んでいる[36]。再構築の気力さえ失われてしまうケースもあるだろう。一度切れてしまった社会関係を再構築することは簡単なことではない。

　復興は物的社会基盤や経済活動ばかりでなく，社会関係の復興も含意されるべきであるが，物的社会基盤や経済活動の回復に関する網羅的なデータは多いものの，社会関係の回復や再構築に関する資料は事例的なものが中心で，網羅的なものは少ない。社会関係をデータ化することは難しい面もあるが，震災前の近隣組織や自治会や町内会などの住民自治組織，商店会や商店街振興組合などの商業者の組織については，行政も状況を把握していたと思われる。住民組織のなかには大きな被害を受け，住民がバラバラになりながらも被災後も組織を維持して，地域の復興計画の策定に主体的に携わり，存続を目指して活動を展開してきた事例もある（吉野 2013）。また，震災を機に多くの支援者やボランティアが被災地を訪れ，その結果，新たな社会関係が結ばれ，新たなネットワークの構築や団体の設立も進んでいる。復興支援やまちの活性化を図るために設立された NPO は，被災地になかった新しい考え方や行動力をもつ場合もあり，地域の復興に大きく寄与した側面がある。しかし，復興庁のウェブサイトには社会関係についてのまとまったデータはない。

　復興の進展と社会関係の再構築は不可分に結びついている。行政の施策としては，仮設住宅が完成し入居が開始されると，コミュニティ形成のために今度は仮設住宅の入居者による仮設団地自治会の設立が推奨され，自治会の設立が進んだ。さらに，集団移転地などが完成し，本設の住宅が建ち始めてからは，新たな居住地での住民組織の設立が進められている。あるいは，災害公営住宅の入居者を単位とした集合住宅での住民組織の設立も進められている[37]。しかし，そこにメンバーの継続性や一貫性はなく，被災者は復興のステージが上が

るごとに新たな社会関係の構築に直面している。災害公営住宅のようにさまざまな地域から被災者が集まって居住しているようなケースでは，近隣とのゆるやかな社会関係の構築も容易ではない（吉野 2017）。社会生活を営む以上は，近隣との関係構築や自治的な地域運営を実現していくために，集合的な意思決定や選択を行う必要性がでてくる。社会関係が希薄なままでは自治的な運営は難しく，これからの生活の持続性の確保は難しくなるといわざるをえない。こうした場面でこそ創造的な復興が求められるのではないだろうか。

「当事者の復興」に向けて

　今後は，定住人口や産業規模を過大に設定することを避けながらも，被災地や被災者の希望を回復していくためのまちづくりや産業振興が求められている。政府の復興政策も過大な復興を抑制しようという側面はあるが，総じて抑えきれていない面がある。復興の内実は生活・生産基盤の物的復興が中心で，官公庁から発表される道路や橋梁あるいは住宅や事業所の復旧・復興の進捗状況が，マスコミを通じて国民に届けられ，必然的に物的復興の状況に意識をむけてしまうことになる。物的復興の主体の中心は政府をはじめとする官公庁あるいは企業であり，復興の進捗状況は復興計画に示された事業の実施率として伝えられている。

　たしかに巨大な災害であるだけに，大きな枠組みに基づく復興計画とその実施を担保する巨額の資金が必要であることはいうまでもない。しかし，そうした側面が強調されすぎることによって，実際の被災地の復興は画一的で融通の利かない枠組みで進められてはいないだろうか。あるいは国費という地元負担のないかたちでの資金投入によって，責任の曖昧化や交付金の目的外使用，不適切利用といった負の現象があらわれてきてはいないだろうか。マクロあるいは外部からの復興論議と復興資金が，復興の当事者性を希薄化させている弊害が生じていないだろうか。つまり，東北地方の当事者にとっての復興論なり復興手法が議論されないまま復興が進められていないだろうか。

　ここでは「当事者の復興」という視点を提案したい。当事者の復興とは，復興計画に示されている事業の進捗率や住宅や事業所の再建率や再開率というような「達成率」で計測することのできない復興である。自分自身から始まって，家族，地域コミュニティと広がっていく身の丈の復興というべき復興である。当事者にとって復興の中心は生命・生活の復興であり，これを支える要素とし

て，人間の復興，家族の復興，地域コミュニティの復興，生活・生産基盤の復興がある。実際の復興はすでに指摘してきたように，政府主導の復興政策と巨額の復興予算によって進められている。そのため，復興が住民の意識や実感から離れたところで進められている。被災した個々人は，自分の身の回りの生活環境の回復を望んでいても，復興のスキームが大きくなるほど，手続きが煩雑になり，時間と費用がかかってしまう。その結果，復興に対して疎外感や期待はずれの感情をもってしまうことがある。あるいは災害弱者を生んでしまう結果をもたらしている。復興政策の結果，新たな産業が創生されても，その成果が被災地外に流出し，外部の人間がその利潤を獲得する事例もみられる。それは復興のメインストリームに被災地や被災者が不在であることを意味している。

　復興の事業計画の策定や実施，収益の分配に被災地や被災者が関与できない状況を変えて，当事者が責任と権限をもって復興を進められるビジョンと手法を確立することが，これからの復興政策には求められよう。そして，当事者のなかから復興の主体をどう育て，次世代にどうつないでいくかをめぐり，当事者たちのメンバーシップ，リーダーシップ，行政との関係を構築し，「新しい東北」という産業の論理だけでなく，生活において自然環境の持続的利用を可能とする地域コミュニティのモデルの提示とその実現について議論を深めていく必要があるのではないか。

注
1) 財務省財政制度等審議会財政制度分科会「財政について聴く会」(2014年11月1日開催の配布資料4-1「復興関係予算」11ページ，財務省主計局〔https://www.mof.go.jp/about_mof/councils/fiscal_system_council/sub-of_fiscal_system/proceedings/material/zaiseia241101/06.pdf，最終閲覧日2017年7月28日〕)。
2) 津波被害や放射能被害の大きかった岩手県，宮城県，福島県の沿岸部をみると，岩手県には5市4町3村の12自治体，宮城県には8市3町の11自治体，福島県には3市7町の10自治体，3県合計で16市，14町，3村の33自治体がある。このうち人口が10万人以上の自治体は仙台市，いわき市，石巻市だけである。沿岸被災地で平成の市町村合併を経験した自治体は，岩手県の洋野町，久慈市，宮古市，大船渡市の3市1町，宮城県の気仙沼市，南三陸町，石巻市，東松島市，仙台市，山元町の4市2町，福島県の相馬市，南相馬市，浪江町，いわき市の3市1町，合計で14自治体が合併を経験している。
　岩手県の場合，直接的な津波被害を受けた自治体は北から南へ洋野町，久慈市，野田村，普代村，田野畑村，岩泉町，宮古市，山田町，大槌町，釜石市，大船渡市，陸前高田市の5市4町3村の12自治体である。人口は多い順に，宮古市が5万9430人

（2010〔平成 22〕年国勢調査，以下同様），大船渡市が 4 万 737 人，釜石市が 3 万 9574 人，最少は普代村の 3088 人である。宮城県では，気仙沼市，南三陸町，石巻市，女川町，東松島市，松島町，利府町，塩釜市，七ヶ浜町，多賀城市，仙台市，名取市，岩沼市，亘理町，山元町の 8 市 7 町の 15 自治体である。人口は多い順に，仙台市が 104 万 5986 人，石巻市が 16 万 826 人，気仙沼市が 7 万 3489 人で，最少は女川町の 1 万 51 人であった。福島県沿岸部は北から新地町，相馬市，南相馬市，浪江町，双葉町，大熊町，富岡町，楢葉町，広野町，いわき市の 3 市 7 町の 10 自治体となっている。人口は多い順に，いわき市が 34 万 2249 人，南相馬市が 7 万 878 人，相馬市が 3 万 7817 人，最少は広野町で 5418 人である。このほか福島県内陸部には放射線の被害の大きい川内村，田村市，川俣町，霊山町，飯舘村があるが，いずれも小規模な自治体である（総務省統計局〔http://www.stat.go.jp/info/today/041.htm，最終閲覧日 2017 年 7 月 28 日〕）。

3) 原発事故の影響により岩手県県南地方と沿岸地方の 13 市町の原木シイタケ生産者が出荷制限を受けている。その補償として東京電力に約 50 億円の賠償請求を行い，9 割程度が支払われているという。放射線量の低減が進み，出荷制限は徐々に解除され，2017 年 2 月末に新たに制限が解除された 27 人を加えて，12 市町 171 名がこれまで解除された。この数は生産再開意向を示した約 330 人の半数になるが，岩手県の原木シイタケの出荷量は震災前の 4 割程度までしか回復していない（2010 年に 201 トンであったのが 2015 年は 83 トン）。岩手県県南地方は原木シイタケの県内有数の産地であったが，原木やほだ木の検査や調達コストの上昇に生産者の高齢化が進み，震災前の水準への回復の見通しは立っていないという（『岩手日報』2017 年 4 月 29 日付）。

4) 1995 年 1 月 17 日の阪神・淡路大震災発災時の内閣も自民党内閣ではなく，日本社会党（現，社民党）の議員であった村山富一を首相とする自民・社会・新党さきがけの連立内閣であった。このとき，自民党は政権与党の一角を占めていたが，東日本大震災は自民党が政権にまったく参加していないときに発生した災害であった。

5) 震災後の 2014 年 5 月に日本創成会議人口減少問題検討分科会（増田寛也分科会長）が発表したいわゆる「増田レポート」は，人口減少や人口の都市集中により，多くの地方（の自治体）が消滅するというショッキングな結果を発表し，一気に注目を集めた。同レポートは国勢調査をもとにした試算で，全国約 1800 市町村のうち 2040 年時点で 20〜39 歳の女性人口が半減する自治体を「消滅可能性都市」，そのうち人口 1 万人を切る 523 の自治体がとりわけ消滅の危険性が高いとし，896 市町村が消滅する，あるいはそのおそれがあると発表し，大きな反響を呼んだ。提言の内容は増田（2014）で紹介されている。日本創成会議については以下のウェブサイトを参照のこと（http://www.policycouncil.jp/）。

6) 福島県「避難区域の変遷について――解説」（https://www.pref.fukushima.lg.jp/site/portal/cat01-more.html，最終閲覧日 2019 年 7 月 7 日）。

7) 復興庁「全国の避難者の数」（http://www.reconstruction.go.jp/topics/main-cat2/sub-cat2-1/hinanshasuu.html，最終閲覧日 2019 年 1 月 5 日）。

8) 東日本大震災復興構想会議は，2011 年 4 月 11 日にその設置が閣議決定され，第 1 回会合が同年 4 月 14 日に開催されている。復興構想 7 原則は以下の通りである。
原則 1：失われたおびただしい「いのち」への追悼と鎮魂こそ，私たち生き残った者

にとって復興の起点である。この観点から，鎮魂の森やモニュメントを含め，大震災の記録を永遠に残し，広く学術関係者により科学的に分析し，その教訓を次世代に伝承し，国内外に発信する。
原則2：被災地の広域性・多様性を踏まえつつ，地域・コミュニティ主体の復興を基本とする。国は，復興の全体方針と制度設計によってそれを支える。
原則3：被災した東北の再生のため，潜在力を活かし，技術革新を伴う復旧・復興を目指す。この地に，来たるべき時代をリードする経済社会の可能性を追求する。
原則4：地域社会の強い絆を守りつつ，災害に強い安全・安心のまち，自然エネルギー活用型地域の建設を進める。
原則5：被災地域の復興なくして日本経済の再生はない。日本経済の再生なくして被災地域の真の復興はない。この認識に立ち，大震災からの復興と日本再生の同時進行を目指す。
原則6：原発事故の早期収束を求めつつ，原発被災地への支援と復興にはより一層のきめ細やかな配慮をつくす。
原則7：今を生きる私たち全てがこの大災害を自らのことと受け止め，国民全体の連帯と分かち合いによって復興を推進するものとする。

9) 内閣法制局「東日本大震災関連の内閣提出法律案及び政令（件名）」によれば，発災から2015年の第189国会までに成立した法律は51本，2017年までに定めた政令は176本に及んでいる（http://www.clb.go.jp/contents/diet_sinsai/law_sinsai.html，最終閲覧日2017年5月21日）。

10) この法律は全24条（うち東日本大震災復興対策本部および復興構想会議等に係る11〜23条は同年12月16日の改正で削除）によって構成されているコンパクトな法律であるが，ポイントとしては，復興の基本理念，国および地方公共団体の責務，国民の努力，復興債の発行，復興特別区域の設定，東日本大震災復興構想会議の設置，復興庁の設置を定めていた。

11) 内閣府（防災担当）「東日本大震災における被災地方公共団体の復興計画の分析調査報告書」2012年3月，4〜5ページ（http://www.bousai.go.jp/kaigirep/houkokusho/hukkousesaku/pdf/201204_higashinihon.pdf，最終閲覧日2017年7月28日）および，復興庁「復興の現状と取組」2012年9月14日（http://www.reconstruction.go.jp/topics/20120914_sankousiryou.pdf，最終閲覧日2017年7月28日）。

12) 原子力損害賠償・廃炉等支援機構のウェブサイトによれば，同機構は「原子力事業者の損害賠償のために必要な資金の交付等の業務を行うことにより，原子力損害賠償の迅速かつ適切な実施及び電気の安定供給等の確保を図ること」を目的として設置された。その後，廃炉等の適正かつ着実な実施の確保を図ることを目的に加え，新たに廃炉等を実施するために必要な技術に関する研究および開発，助言，指導および勧告の業務を加えるため，同法律は2014年8月18日に「原子力損害賠償・廃炉等支援機構法」に改正され，機構の名称も原子力損害賠償・廃炉等支援機構に改組されている。

13) 『産経新聞』2013年1月28日付および『朝日新聞』2013年6月4日付記事。

14) 『岩手日報』2017年3月10日付。

15) 共同通信の調査（2017年1月1日現在）では，岩手県，宮城県，福島県に建設予定の防潮堤約405kmのうち，完成済みは約88km，完成率は33％にとどまり，全体

の 13.3% にあたる 54 km が未着工であることが明らかになった。各県が建設する防潮堤については当初は 2016 年 3 月完成が目指されていたが，岩手県と宮城県は 2021 年 3 月，福島県は 2020 年 3 月完成を予定している。ただ福島県の帰還困難地域では工事に着手できず，完成の目途は立っていない。

16) 東京都「土地区画整理事業とは」(http://www.toshiseibi.metro.tokyo.jp/bosai/tk_seiri.htm，最終閲覧日 2019 年 1 月 5 日)。

17) 宮城県の漁業集落防災機能強化事業の地区数は，宮城県資料に記載がないため，復興庁ウェブサイトにある「住まいの復興工程表」(2018 年 9 月末) を参照した (http://www.reconstruction.go.jp/topics/main-cat1/sub-cat1-12/20181114094606.html，最終閲覧日 2019 年 5 月 1 日)。

18) 個別移転事業の例として，一定数の被災世帯がまとまらない場合でも公費を用いて個別に移転する事業として「がけ地近接等危険住宅移転事業」がある。この事業は，「災害の未然防止を図るため，がけ地の崩壊等による自然災害のおそれの高い土地から，居住者自身の自助努力による住宅の移転を支援し，国民の生命の安全を確保する」ことを目的としており，住宅の除去費や新築する住宅の建設費及び土地の取得費に要する経費の一部が行政から補助される。対象区域は被災市町村の条例で災害危険区域に設定されたことで，住宅の建築が制限される区域（建築基準法第 39 条第 1 項または第 40 条に基づく条例が根拠)，および「土砂災害特別警戒区域」(「土砂災害警戒区域等における土砂災害防止対策の推進に関する法律」第 8 条に基づく指定）で，事業計画に基づく移転であることが必要要件となっている。このほか，「造成宅地滑動崩落緊急対策事業」「災害関連地域防災がけ崩れ対策事業」などを活用する場合もある。

19) 市町村は被災した区域を移転促進区域に指定し，住宅団地の整備，移転者に対する助成等について，国土交通大臣に協議し，その同意を得て，集団移転促進事業計画を定める。移転戸数は最低 10 戸以上と定められているが，東日本大震災では，新潟県中越地震のケースと同様に特例措置として，最低戸数が 5 戸となっている。さらに，住宅団地に関連する公益的施設（公園，集会所など）の用地取得造成費も補助対象となり，住宅団地に住宅建設をする移転者への利子補給の限度額を引き上げる等による移転の促進を図っている。主管は都市局都市安全課（現，都市・地域安全課）である。

20) 漁業集落環境整備事業がもとになった震災復旧は，奥尻島での事例があるが，今回は，漁集事業が復興交付金を使って実施する復興事業のなかの基幹事業の一つとなり，復興特区法を根拠とする事業となった。漁集事業では防集事業の優れた面を取り入れることができるようになり，また，市町村では，地方自治法第 241 条に基づく基金事業で，防集事業に類する事業ができるよう手当てしているところもある。なお，漁集事業は，市町村によっては宅地造成事業を行うこともでき，条件付きではあるが土地の買い取りを行っている。岩手県では 40 地区の漁集事業のうち 36 地区において宅地造成を行っている。

21) 公営住宅法の第 1 条では，「国及び地方公共団体が協力して，健康で文化的な生活を営むに足りる住宅を整備し，これを住宅に困窮する低額所得者に対して低廉な家賃で賃貸し，又は転貸することにより，国民生活の安定と社会福祉の増進に寄与することを目的とする」とあり，第 2 条 2 項では，公営住宅の定義として，「地方公共団体が，

建設，買取り又は借上げを行い，低額所得者に賃貸し，又は転貸するための住宅及びその附帯施設で，この法律の規定による国の補助に係るものをいう」と定めている。通常の公営住宅を建築する場合，国の補助は2分の1に上るが，災害の場合の国の補助は3分の2となる。さらに激甚災害の場合は補助率が引き上がり，国が4分の3を補助することになっているが，東日本大震災の場合は，東日本大震災復興交付金による追加的な国庫補助により，国の負担割合は8分の7（地方負担の4分の1の半額を追加補助）となり，加えて通常補助対象とならない用地取得造成費も補助対象となっているなど，災害公営住宅の建設の背景には手厚い国庫補助が存在している。

22) 共同通信が2017年3月7日にまとめた集計では，被災3県で完成済みの災害公営住宅2万2438戸のうち，1394戸が空き家になっている。空き家率は6％である。自治体にとっては今後の入居者確保の問題や共益費の減収対応や維持管理費の確保が課題になっている（『岩手日報』2017年3月8日付）。

23) 復興庁発表資料「東日本大震災被災者向け災害公営住宅及び民間住宅等用地の供給状況（平成31年3月末）について」(http://www.reconstruction.go.jp/topics/main-cat1/sub-cat1-12/20190524_jutakukyokyu.pdf，最終閲覧日2019年5月26日)。

24) 中小企業庁のウェブサイト（東日本大震災関連情報・「中小企業等グループ施設等復旧整備補助事業」の2019年度の募集期間等を決定しました）における概要の項目を参照した（https://www.chusho.meti.go.jp/earthquake2011/190401Ghojyo.htm，最終閲覧日2019年5月2日）。

25) 漁業・水産業関連の復興支援策については，水産庁「水産業復興へ向けた現状と課題」2016年3月発表，を参照のこと（http://www.jfa.maff.go.jp/pdf/1603kadaigenjou.pdf，最終閲覧日2017年7月29日）。

26) 2013年4月23日に宮城県からの申請に水産庁が同意し，復興庁は同県石巻市桃浦地区において新たな法人に県知事が直接漁業権免許を付与することを決めた。そして同年9月の漁業権の一斉更新時に，「桃浦かき生産者合同会社」に漁協以外で初の漁業権を付与した。この動きは従来，優先権が与えられてきた漁業協同組合による漁業経営に対して，漁協以外の経営体による漁業の経営を認め，従来の方式を打破する試みとして注目されたが，導入した地区は上記の1地区にとどまっている。なお「水産業復興特区」制度の導入については，複数の研究者から異論があり，加瀬（2013），濱田（2013）などから慎重な対応を求める研究論文も発表されている。

27) 農林水産省「東日本大震災 被災地の復旧・復興に向けて」のうち「ハイテク農業設備で，農家をサポート」を参照（http://www.maff.go.jp/j/pr/aff/1401/mf_news_00.html，最終閲覧日2017年5月22日）。

28) 「新しい東北」プロジェクトのなかで，復興に関わる情報の共有・交換を進めるための中心的な組織として2013年12月に設立されたのが，「新しい東北」官民連携推進協議会である。設立発起人には，主要3経済団体（経団連，同友会，日商），主要6金融機関（政投銀，みずほ，BTMU，SMBC，信金中金，全信組連）のトップのほか，被災3県の主要地銀，県知事，主要国立大学，連携復興センターの代表者が名を連ねている。設立後は主要3経済団体のトップが共同代表を務め，副代表にはその他の発起人が就任し，2016年5月時点で，会員数は944名（代表・副代表と団体・法人・大学・関係省庁等の役員等）である。事務局は復興庁にあるが，一部はみずほ総

合研究所株式会社に委託している。事務局では専用ウェブサイトでの情報共有・交換の場を提供するほか交流会も開催している。プロジェクトの具体的な活動としては，(1) 先導的な取り組みの加速化とその横展開として①先導モデル事業（平成25〜27）と②地域づくりネットワーク（平成27.2〜），(2) 民間の人材・ノウハウ・資金の活用として，①WORK FOR 東北（平成25.10〜28.6），②企業連携グループ（平成27.4〜），③復興金融ネットワーク（平成26.7〜）がある。このほか「新しい東北」官民共同 PR 事業（平成27年度），住まいのこだわり設計事例集，復興交付金事業による取り組み例として (1) 海産物等地域ブランドの販売促進事業，(2) 高付加価値化支援事業にも取り組んでいる。さらに「情報共有・連携に向けた場づくり」では，官民連携推進協議会の設立と情報発信に取り組んでいる（復興庁「新しい東北」〔http://www.reconstruction.go.jp/topics/main-cat1/sub-cat1-11/creationnewtohoku.html, 最終閲覧日2017年5月22日〕）。

29) すでに解除されていた田村市・楢葉町・葛尾村・川内村・南相馬市の5市町村の住民の帰還数と対象者数に占める割合は，田村市が227人（69.0%），楢葉町が781人（10.6%），葛尾村が118人（8.7%），川内村が64人（19.9%）であった。南相馬市の帰還予定者数は1432人（13.2%）であった。2017年3月と4月に解除された4町村の解除対象住民は約1万2000世帯，約3万1000人であるが，帰還者数の目安となる，自宅への「準備宿泊」登録者数は2017年3月下旬時点で約750世帯，約1700人にとどまっている。これは解除対象世帯数の6.3%，住民数の5.3%にすぎない（『毎日新聞』2017年3月8日付，『東京新聞』2017年4月1日付）。

30) 復興庁のウェブサイトによれば，福島復興再生特別措置法の一部を改正する法律（公布・施行日2017年5月19日）の概要として，1. 特定復興再生拠点区域の復興及び再生を推進するための計画制度の創設，2. 官民合同チームの体制強化，3.「福島イノベーション・コースト構想」推進の法定化，4. 風評払拭への対応が挙げられている。このほか，①被災12市町村の帰還環境整備に取り組むまちづくり会社等，②子どもへのいじめの防止のための対策，③地域住民の交通手段の確保についても，その後押しを行うため，法律に位置づけると記載されている（https://www.reconstruction.go.jp/topics/main-cat1/sub-cat1-4/20170519_kaiseigaiyo.pdf, 最終閲覧日2019年5月1日）。

31) 日本学術会議社会学委員会東日本大震災の被害構造と日本社会の再建の道を探る分科会（2014：16-19）（http://www.scj.go.jp/ja/info/kohyo/pdf/kohyo-22-t200-1.pdf）。分科会は東日本大震災からの復興政策の改善についての提言として以下の項目を挙げている。①原発事故被害地域の第三の道の実現：1) 二重住民登録と被災者手帳，2) セカンドタウン（町外コミュニティ，仮の町）の再検討，3) 適切な土地の保全と利用を実現するための団体と制度の確立，4) 自治体を軸とした生活再建・地域再生及び健康被害対処のための態勢づくり，②津波被災地の第三の道の実現：1) 被災地の地区防災計画を減災の視点で策定する，2) 住民参加を確立する地域復興再建協議会の設置，3) 各地の復興過程をモニタリングし，改善案を提起する専門家体制の確立，4) 減災庁設置の検討と減災のための事業や制度の確立。

32) 『東京新聞』2017年4月1日付。

33) 福島・国際研究産業都市（福島イノベーション・コースト）構想研究会は，同構想

の主要プロジェクトとして，①廃炉研究開発拠点（放射性物質分析・研究施設），②ロボット開発・実証拠点，③国際産学連携拠点，④廃炉・復興関連産業等の集積促進，⑤その他（生活・交通インフラの整備，「浜通り」エネルギー関連プロジェクトの推進，現場課題に対応した農林水産関連研究の実施，震災遺構の保存整備）を提示している（福島県ウェブサイト「新生ふくしま復興推進本部第17回会議〔2014年1月31日開催〕資料5研究会における検討事項について〔2014年1月21日〕」〔http://www.pref.fukushima.lg.jp/uploaded/attachment/57340.pdf，最終閲覧日2019年5月3日〕）。

34）推進本部は2017年5月18日に第1回会合を開催し，2019年3月までに10回（新生ふくしま復興推進本部会議との合同会議を含む）開催された。また，経済産業省，復興庁，福島県によって2019年3月30日に開催された「原子力災害からの福島復興再生協議会」で，同構想を軸とする地域の自立的・持続的な発展に向けた取り組みの方向性と，2020年度末までの「廃炉」「ロボット・ドローン」「エネルギー・環境」「農林水産」の4分野における具体的方策を盛り込んだ福島県の重点推進計画が示された（福島県ウェブサイト「福島・国際研究産業都市（イノベーション・コースト）構想の動き」〔https://www.pref.fukushima.lg.jp/site/portal/innovation.html，最終閲覧日2019年5月3日〕，および復興庁ウェブサイト「原子力災害からの福島復興再生協議会」〔https://www.reconstruction.go.jp/topics/20190401160653.html，最終閲覧日2019年5月31日〕）。

35）『岩手日報』2017年3月10日付。

36）仮設商店街から基盤整備が完了した地域での営業を進める段階にきているが，ここにきて商業組合の解散が進んでいる。岩手県では地元商業者でつくる商店街振興組合や商店会が震災前の39団体から28団体に減少している。内訳は12団体が解散，2団体が活動停止，3団体が新設された。市街地の被災が大きかった陸前高田市では5つあった団体のすべてが解散した。釜石市では8団体のうち3つが，大槌町では3団体のうち2つが解散した。一方で，山田町では震災後に商業者が新たにグループ（協同組合）をつくって，事業を始める事例がある。陸前高田市ではグループ補助金申請者による新たな連携の可能性もあるというように，既存組織の存続だけでなく震災を機に新たな組織化の動きもある（『岩手日報』2017年3月11日付）。

37）たとえば，岩手県の釜石市役所地域づくり推進課では災害公営住宅での自治会設立を精力的に進めている（釜石市 2018：26）。

参考文献

復興庁，2016，「復興の状況と取組 東日本大震災から5年――新たなステージ 復興・創生へ」。
復興庁，2018a，「産業復興の現状と取組」（2018年3月27日）。
復興庁，2018b，「記者発表資料（平成30年11月16日）『住まいの復興工程表』の更新（平成30年9月末現在）について」。
福島県まちづくり推進課，2019，「福島県津波被災地の復興まちづくり事業進捗状況一覧」。
古川美穂，2015，『東北ショック・ドクトリン』岩波書店。
濱田武士，2013，『漁業と震災』みすず書房。

長谷川公一・保母武彦・尾崎寛直編，2016，『岐路に立つ震災復興——地域の再生か消滅か』東京大学出版会．

東日本大震災復興構想会議，2011，「復興への提言——悲惨のなかの希望」．

岩手県，2019，『いわて復興の歩み——2011.3-2019.3 東日本大震災津波からの復興の記録』．

釜石市，2018，『復旧・復興の歩み』（平成 30 年 1 月）．

加瀬和俊，2013，『漁業「特区」の何が問題か——漁業権「開放」は沿岸漁業をどう変えるか』漁協経営センター出版部．

河相一成，2011，『海が壊れる「水産特区」』光陽出版社．

クライン，ナオミ／幾島幸子・村上由見子訳，2011，『ショック・ドクトリン——惨事便乗型資本主義の正体を暴く』（上下）岩波書店．

増田寛也編，2014，『地方消滅——東京一極集中が招く人口急減』中央公論新社．

宮城県，2019a，『宮城県復興まちづくりのあゆみ——復興まちづくりの完遂に向けて 平成 31 年 3 月』．

宮城県，2019b，『復興の進捗状況 平成 31 年 4 月』．

麦倉哲・吉野英岐，2013，「岩手県における防災と復興の課題」『社会学評論』64(3)．

日本学術会議社会学委員会東日本大震災の被害構造と日本社会の再建の道を探る分科会，2014，「東日本大震災からの復興政策の改善についての提言」．

塩崎賢明，2014，『復興〈災害〉——阪神・淡路大震災と東日本大震災』岩波書店．

吉野英岐，2012a，「東日本大震災後の農山漁村コミュニティの変容と再生——岩手県沿岸地域での調査から（東日本大震災とコミュニティ）」『コミュニティ政策』10．

吉野英岐，2012b，「沿岸被災地の生活を維持するために必要なこと」『農業と経済』78(4)別冊「大震災と農業・農村——どう立ち向かうか，どう支えるか」．

吉野英岐，2013，「復興過程における住民自治のあり方をめぐって——岩手県釜石市の事例から」日本地方自治学会編『参加・分権とガバナンス』地方自治叢書26，敬文堂．

吉野英岐，2017，『震災復興における新しいステークホルダーの合意形成とコミュニティの再生に関する研究(1)——岩手県釜石市における災害公営住宅をめぐって』科学研究費助成事業基盤研究(B)一般 課題番号 25285155．

吉野英岐，2019，「災害公営住宅とその課題」みやぎ震災復興研究センターほか編『東日本大震災100の教訓 地震・津波編』クリエイツかもがわ．

第 **2** 章

災害と復興の歴史

吉野 英岐

　日本列島はたびたび大きな災害に見舞われている。未曾有の大災害であった東日本大震災以降も，2015年の広島市や北関東地方での大規模水害，2016年の熊本地震，台風10号による水害，新潟県柏崎市の火災などは記憶に新しい災害である。今後，東海地震や南海トラフ地震の発生の可能性も指摘されている。

　このようにたびたび大きな災害に見舞われてきたが，多くの被災地は救助，援助，復旧を経て，復興をとげてきた。その背景には近代以降に整備されてきた防災，救済そして復興などの災害対策に関係する法律と制度が存在している。災害の発生を予見することは困難であることから，災害が発生してから必要に迫られて政府が対応するというケースが多く，法律の制定はどうしても後追いにならざるをえなかった。それでも，東日本大震災からの復興および今後の災害復興を考えるうえで，これまでの災害復興の事例と，災害復興に関する法律，制度，政策の展開過程を確認し，その特徴を把握する作業は必要不可欠と考えられる（北原編 2006；津久井 2012）。

　本章ではまず日本の近代における主な災害と被害状況を概観し，災害復興に関わる資料や研究を紹介する。次いで，具体的な災害と復興の事例を4つの時

表 2-1 明治時代以降の日本の災害

	地震・津波	噴火	風水害	火災	その他	計
1868年~1900年	25	8	19	6	8	66
1901年~1950年	56	26	61	30	12	185
1951年~2000年	39	26	63	6	21	155
2001年~	18	1	7	0	1	27
合　計	138	61	150	42	42	433

（出所）　北原ほか編（2012：15）「近現代災害略年表」に掲載されている数値をもとに再集計した数値。

期に分けて取り上げて，それぞれの災害と復興の実態と課題と，それにともなう制度と法律の整備状況を確認する。最後に，これまでの災害および東日本大震災からの復興を踏まえて，新しい復興モデルの必要性を指摘する。

1　近代日本における主な災害と復興の論点

多発する災害

　明治初年から今日までのおよそ 150 年間に日本列島を襲った大きな災害の数は表 2-1 のように 400 件を超えている[1]。そのなかでも数が多いのは風水害（150 件）と地震・津波（138 件）である。このほか，自然災害ではないが都市災害としての大火（火災）も相次いで発生している[2]。次に，近代以降の災害と防災対策や復興政策を年表にまとめたのが表 2-2 である。近代初期の主な自然災害は，1872 年の浜田地震（島根県），1880 年の横浜地震，1888 年の磐梯山噴火，1889 年の明治 22 年大水害（和歌山県・奈良県等）などである。その後は 1891 年の濃尾地震（死者・行方不明者およそ 7000 人）や 1896 年の明治三陸地震津波（同およそ 2 万 2000 人），そして同年の陸羽地震（死者 209 人）と被災規模の大きい地震が続発した。

　20 世紀に入っても大規模な災害が頻発した。1910 年の明治 43 年関東大水害，1917 年の大正 6 年東京湾台風災害と水害が相次ぎ，1923 年には近代災害史上最大の 10 万人を超える犠牲者を出した関東大震災が発生した。さらに 1927 年に北丹後地震が発生し，3000 名近くが犠牲になり，1933 年には昭和三陸地震津波が再度東北地方の太平洋沿岸を襲い，3000 人以上が犠牲となった。1940

表2-2 明治時代以降の日本の災害関連の主な法律や制度（その1）

西暦	主な災害	災害関連法律等
1871年11月		県治条例附則窮民一時救助規則（1875年改正、1880年廃止）
1872年2月	浜田地震	
1877年		凶歳租税延期規則（1880年廃止）
1880年2月	横浜地震	地震後，日本地震学会創設
1880年6月		備荒儲蓄法（20年間の時限立法）
1888年7月	磐梯山噴火	
1889年8月	明治22年大水害	新十津川村の建設
1890年		中央備蓄金の新規蓄積を停止
1891年10月	濃尾地震	
1892年6月		震災予防調査会官制（国設の地震災害予防調査機関）
1894年10月	庄内地震	
1896年4月		河川法
1896年6月	明治三陸地震津波	
1896年8月	陸羽地震	
1897年3月		森林法，砂防法（前年の河川法とあわせて治水三法整備）
1899年3月		罹災救助基金法（備荒儲蓄法廃止）
1902年3月	福井大火	
1907年8月	函館大火	
1909年7月	大阪大火	
1910年5月	青森大火	
1910年8月	明治43年関東大水害	
1911年4月	吉原大火	
1912年1月	大阪大火	
1917年10月	大正6年東京湾台風災害	
1919年4月		都市計画法・市街地建築物法
1923年9月	関東大震災	
1924年6月		市街地建築物法施行令改正（耐震基準の設定）
1927年3月	北丹後地震	
1933年3月	昭和三陸地震津波	県条例による災害危険区域設定実施
1934年3月	函館大火	
1934年9月	室戸台風	
1938年4月		国家総動員法
1940年1月	静岡大火	

年代も災害が多く，1943年の鳥取地震，1944年の東南海地震，1945年の三河地震，1946年の南海地震，1948年の福井地震と地震が相次いだ．また，1945年の枕崎台風，1947年のカスリーン台風，1948年のアイオン台風，1949年のキティ台風と台風による風水害も相次いだ．

　20世紀後半に入ると，1954年の洞爺丸台風と1959年の伊勢湾台風の2つの風水害による被害が大きかった．とくに伊勢湾台風による犠牲者は地震・津波以外の災害としては近代以降最大の5098人に達した．さらに翌年の1960年には日本から遠く離れた南米チリ沖を震源とする地震による津波が日本に到達し，

第2章　災害と復興の歴史

表2-2　明治時代以降の日本の災害関連の主な法律や制度（その2）

西暦	主な災害	災害関連法律等
1943年8月	鳥取地震	
1944年12月	東南海地震	
1945年1月	三河地震	
1945年9月	枕崎台風	
1946年12月	南海地震	
1947年9月	カスリーン台風	
1947年10月		災害救助法
1948年6月	福井地震	
1948年7月		消防法
1948年9月	アイオン台風	
1949年6月		水防法
1949年8月	キティ台風	
1950年5月		漁港漁場整備法（漁業集落防災整備事業） 農林水産業施設災害復旧事業費国庫補助の暫定措置に関する法律 建築基準法（市街地建築物法廃止）
1951年3月		公共土木施設災害復旧事業費国庫負担法
1951年6月		森林法
1952年4月	鳥取大火	
1953年5月		公立学校施設災害復旧事業費国庫負担法
1954年5月		土地区画整理法
1954年9月	洞爺丸台風	
1956年5月		海岸法
1958年3月		地すべり等防止法
1959年9月	伊勢湾台風	
1960年3月		治山治水緊急措置法
1960年5月	チリ津波	
1961年6月		原子力損害賠償法
1961年9月	第2室戸台風	
1961年11月		災害対策基本法（防災会議の設置・防災計画の策定）
1962年9月		激甚災害に対処するための特別の財政援助に関する法律
1962年12月〜63年1月	三八豪雪	
1964年7月		河川法全面改正
1968年6月		都市計画法改正（市街地再開発事業）
1969年6月		都市再開発法

大きな被害をもたらした[3]。その後，20年間近く大きな被害を出した地震と津波は発生しなかったが，1978年の宮城沖地震，1983年の日本海中部地震津波，1993年の北年海道南西沖地震，1995年の阪神・淡路大震災（死者・行方不明者およそ4000人）と大きな地震と津波が再び日本列島を襲っている。

21世紀に入っても地震による大きな被害が発生している。2004年に新潟県中越地震，2007年に新潟県中越沖地震，2008年に岩手宮城内陸地震があった。

表 2-2　明治時代以降の日本の災害関連の主な法律や制度（その 3）

西暦	主な災害	災害関連法律等
1972 年 7 月	昭和 47 年 7 月豪雨	
1972 年 10 月		市町村災害弔慰金補助制度
1972 年 12 月		防災のための集団移転促進事業に係る国の財政上の特別措置等に関する法律（防災集団移転促進事業法）
1973 年 7 月		活動火山周辺地域における避難施設等に係る国の財政上の特別措置に関する法律（1988 年 4 月活動火山対策特別措置法に改正）
1973 年 9 月		災害弔慰金の支給等に関する法律
1976 年 10 月	酒田大火	
1978 年 6 月	宮城沖地震	
1978 年 6 月		大規模地震対策特別措置法
1980 年 5 月		地震防災対策強化地域における地震対策緊急整備事業に係る国の財政上の特別措置に関する法律
1981 年 6 月		建築基準法施行令改正（新耐震基準）
1983 年 5 月	日本海中部地震津波	
1990 年 11 月	雲仙岳噴火	
1993 年 7 月	北海道南西沖地震	
1995 年 1 月	阪神・淡路大震災	
1995 年 2 月		被災市街地復興特別措置法
1995 年 6 月		災害対策基本法改正
1995 年 7 月		地震防災対策特別措置法
1997 年 5 月		密集市街地における防災街区の整備の促進に関する法律
1998 年 5 月		被災者生活再建支援法
1999 年 9 月	東海村ウラン加工施設事故	
1999 年 12 月		原子力災害対策特別措置法
2000 年 7 月	三宅島噴火	
2000 年 10 月	鳥取県西部地震	
2002 年 3 月		社会資本整備重点計画法（2003 年 4 月に治山治水緊急措置法を治山緊急措置法に名称変更の上，同年に廃止）
2002 年 7 月		東南海・南海地震に係る地震防災対策の推進に関する特別措置法
2003 年 9 月	十勝沖地震	
2004 年 3 月		被災者生活再建支援法改正（支援金を 300 万円に増額，住宅解体撤去・ローン利子払い等にも支出可能）
2004 年 4 月		日本海溝・千島海溝周辺海溝型地震に係る地震防災対策の推進に関する特別措置法
2004 年 10 月	新潟県中越地震	
2005 年 3 月	福岡西方沖地震	
2007 年 3 月	能登地震	
2007 年 7 月	新潟県中越沖地震	
2007 年 11 月		被災者生活再建支援法改正（住宅被害程度と再建方法に応じた定額渡し切り方式）
2008 年 3 月	岩手宮城内陸地震	
2011 年 3 月	東日本大震災・長野県北部地震	東日本大震災復興基本法・東日本大震災復興特区法・福島第一原発事故特措法・福島復興再生特別措置法

（出所）　山崎（2012：92-96），津久井（2012），北原ほか編（2012）等から作成。なお法律名が記載されている年は法律が成立した年をあらわす。紙面の関係から 2011 年 3 月までとした。

そして，2011年3月11日にマグニチュード9.0，最大震度7という巨大地震である東日本大震災が発災した。東日本大震災は原子力災害も引き起こし，東日本のきわめて広範な地域に放射性物質が飛散し，深刻な被害を生んでいる[4]。翌日の3月12日には長野栄村を震源とする長野県北部地震，そして2016年には平成28年熊本地震が発生した。

復興に関する記録と研究

災害復興に関する記録や調査研究としては，1923年の関東大震災以降，多数の事例がある。被災の状況に加えて，綿密な調査研究に基づいて収集されたデータから，復興の手法や効果，被災者の意識や態度，行動，動機にまで踏み込んで復興を論じ，提案を行う研究も登場している。

関東大震災とその復興については，当時の内務省等の公的機関による膨大な資料や研究報告がある。また，震災後の復興のあり方を論じた福田徳三の論考や，関東大震災後に設立された調査研究および復興事業の実施機関である同潤会による調査事業もある。これらについては東日本大震災後にも改めて研究者の関心が寄せられている（越澤2012など）。1933年の昭和三陸地震津波の被害と復興については，発災から1～2年後に内務大臣官房都市計画課（1934），岩手縣編（1934），室谷編（1935）等の行政資料のほか，三陸大震災史刊行会編（1933）の記録誌が刊行されている。また，現地調査や取材を通じて，昭和三陸地震津波の実態と復興過程を記録し，その特徴と教訓をまとめた業績として，山口弥一郎の一連の研究（1943a，1943b）がある[5]。そのほか，岩手県の在野の研究者である釜沢勲（1952）や，山下文男（1982）らの研究もある。

1995年の阪神・淡路大震災後にも，自治体や大学等からさまざまな復興記録誌や研究業績が刊行された。さらに復興研究に取り組む機関として阪神・淡路大震災記念「人と防災未来センター」，公益財団法人ひょうご震災記念21世紀研究機構が設立された。また2004年の中越地震のあとには中越支援機構が開設されている。こうした動向を背景に災害復興学会が2007年に設立され，災害復興研究の学術団体も形成された。

東日本大震災からの復興の過程でも，中央省庁，自治体，公的団体，NPO，住民組織，大学，研究機関等は，日々の復興活動に取り組みながら，被害状況や救助や復興の過程を報告書，記録誌，写真集等のかたちでまとめている。被害の大きかった岩手県，宮城県，福島県ばかりでなく，関東地方や近畿地方の

県や市町村でも支援の記録を含めて，多くの記録誌を刊行している。中央省庁，公的団体，大学，研究機関，新聞社等からも報告書，記録集，写真集等が刊行されている。東京にある市政専門図書館には，こうした刊行物が200冊以上も収蔵されている。

復興のあり方をめぐる問題提起

東日本大震災後には復興の記録が数多く刊行されただけでなく，復興のあり方も問われるようになった。そしてこれまでの災害史と復興史の研究業績を検討した結果，注目されるようになったのが，昭和三陸地震津波からの復興である[6]。歴史学者の北原糸子（2014）は「明治三陸津波の際にはほとんど無策とする反省に立ち，昭和三陸津波においては，国の主導で津波対策が企画，実施されることになる経緯である。多くの犠牲を払ってようやく昭和三陸津波では東北漁村の資源的価値が認識され，国家的事業として復興が取り組まれることになった」と述べている。さらに，北原は昭和三陸地震津波の復興事業をみて，昭和三陸地震津波からの「復興は，実は，単に災害からの復興という次元にとどまらず，国家が地域の復興に取り組む契機となった点で，近代日本の災害復興事業の重要なターニングポイントであったことになる」（北原 2014：45）と述べている。このように北原は1933年に発生した昭和三陸地震津波からの復興を一つのターニングポイントとしてみている。

日本建築学会では機関誌である『建築雑誌』で東日本大震災からの復興に関して，「『近代復興』再考——これからの復興のために」と題する特集を組み，これまでの復興史を繙き，従来の復興の理念を近代復興と定義して，その再考を提案している。会誌編集委員会は，近代復興を「わが国の近代において成立し，実装されてきた，災害後の市街地や生活の回復のために対応する思想・取組み・体制，それらの総体を意味する」と定義したうえで，その特徴を，①政府・官僚主導型で開発を前提とし，迅速性をよしとする，②被災地には現状凍結（モラトリアム）を要請し，基盤（インフラ）整備を優先する，③政府が供給する仮設住宅，そして復興住宅へという単線型プロセスが用意される，④政府の（補助金付）事業メニューは標準型であり，しばしば事業ありき，の発想となる，⑤わが国では1961年の災害対策基本法の制定によって枠組みが整えられ，阪神・淡路大震災までに完成した体制，という5点にまとめている（会誌編集委員会 2013：12）。そのうえで，東日本大震災からの復興にあたり，

こうした理念に基づく復興の有効性が限界に達していることから，新たな発想に基づくポスト近代復興の展望に関する論考を紹介している。

さらに建築史家の岡村健太郎は，昭和三陸地震津波からの復興を近代復興の嚆矢と位置づけ，今日の東日本大震災からの復興思想，復興手法の原型をそこに見いだしている。岡村は昭和三陸地震津波からの農山漁村地域の復興の特徴を，計画と資金の両面で政府や県が主導し，政府の関与が強い当時の産業組合を経由した復興方式を「近代復興」の嚆矢とし，その後の復興のスキームを基礎づけた復興と評価する（岡村 2017；2014：107-108）。

本章では，こうした見解を参考にしながら，明治期以降，東日本大震災までの主な災害と復興の歴史を取り上げ，復興の形態を時間順に，前近代型復興として濃尾地震と明治三陸地震津波からの復興，萌芽的（個別型）近代復興として関東大震災と昭和三陸地震津波からの復興，統合型近代復興への転換点となった伊勢湾台風からの復興，近代復興の確立としての北海道南西沖地震と阪神・淡路大震災からの復興，そして最後に脱近代型復興の契機としての新潟県中越地震からの復興を紹介し，東日本大震災からの復興を考える論点を提示する。

2 前近代型復興——濃尾地震・明治三陸地震津波

濃尾地震

明治以降の近代日本において被害が大きかった最初の地震災害は，1891年10月28日に発生した濃尾地震である（北原編 2006：287-304；北原ほか編 2012：363）。濃尾地震は濃尾断層帯が80kmにわたってずれたことで生じたマグニチュード8.0の地震で，最大震度は7相当であった。被害は岐阜県から愛知県にかけて広範囲に及び，地盤沈下，地割れ，液状化現象，建物の倒壊，橋梁の落下，土砂崩落，堤防の破壊などが発生した。この地震は岐阜県と愛知県で死者7360人，倒壊家屋（全焼・全壊・半壊）は42万2428戸であった。なお震災の様子は写真に撮影されて，新聞広告や写真展が東京の各地で開催され，悲惨な状況を追体験する機会がはじめて形成された。学術講演会も開かれ，社会的関心が一気に高まった災害であった（北原ほか編 2012：366-367）。

救済金は皇室より岐阜県，愛知県に各1万4000円，備荒儲蓄法に基づく中央儲蓄金が各10万円，備荒儲蓄金が78万360円と53万383円，全国からの

義援金が22万321円と8万円であった。義捐金のうち11万8789円は全国46の新聞社が募集したものであった（北原編 2006：290-296）。備荒儲蓄金の配分については，国が規定している支援内容枠（食料30日分，小屋掛料，農具・種籾料など）に基づく支給額があったが，必ずしもそのまま実施されたわけではない。また救済金の配分率は各県議会の承認に基づいて決められたため，岐阜県では配分をめぐり，民衆騒動や地域対立や議員間の対立などがあったという（北原編 2006：292）。

インフラの復興については上記の救援金とは別に政府は勅令205号で，震災救済費・土木補助費として，被害箇所の復旧費の積算を根拠に岐阜県150万円，愛知県75万円を支給することになった（北原編 2006：297-300；北原ほか編 2012：365）。この政府案の承認を求めた帝国議会は紛糾し，年末に解散してしまったが，勅令205号の予算執行は議会承認がなくても可能であったため支給された。

こうして支給された多額の土木補助費については，「一種の震災バブル状況を生み出し，その結果は震災疑獄事件に発展した。岐阜県知事は更迭され，会計監査院が調査に入り，後任知事が前任者を告発するという政争に発展し，岐阜県政は混乱が長期にわたって続いた」（北原編 2006：300-302；北原ほか編 2012：365）という評価もある。

明治三陸地震津波

近代日本で被害が甚大な最初の津波災害は，1896年に発生した明治三陸地震津波で，青森県，岩手県，宮城県の3県で死者数が2万1959人，流出戸数6527戸，全半壊戸数1430戸に達する大災害となった[7]。なかでも岩手県の被害が最も甚大で，被災した37町村の合計の死者は1万8158人，流出戸数5183戸，全半壊戸数853戸で，死者の8割以上，流出家屋のほぼ8割を岩手県が占めていた[8]。

三陸沿岸各地にきわめて甚大な被害を与えた明治三陸地震津波ではあるが，国や県が被災地に対して集団移転を促すような復興政策は見られなかった。内務省の『三陸津浪に因る被害町村の復興計画報告書』によれば，宮城県の4カ所，岩手県の6カ所で集団移転が行われたが，国や県が主導した事業ではなく，村や組合組織や篤志家が中心になって行った事業であった。そのほかにも移転が見られたが，多くの町村では集落移動は行われなかった[9]。現地で再建した

場合でも，明治三陸地震津波の翌年の1897年8月5日に，三陸沿岸各地で2～3mの津波が再度来襲し，復旧あるいは建築した護岸や家屋が倒壊，浸水した。それでも人々の多くはあくまで元の土地での住宅の再建に固執した。そして移転が行われた場合でも「元の家跡（屋敷）に次つぎと家が再建され，多くの町村で津波前とほとんど同じような集落が同じ場所に再興されていった」（山下 1990 = 1982：132）。

　水産業については青森，岩手，宮城の3県で全国の水産物販売額の1割を占めていたが，経営規模はきわめて零細であった。当時の政府の復旧支援策であった備荒儲蓄金の配分規則では，漁業が含まれていなかったため，別の財源を活用するしかなく，組織的な支援策は存在しなかった。また漁業法の成立前であったため，漁業組合もなく，漁業権行使の調整も行われなかった。政府からの救助金は土木事業に使えなかったため，橋梁の復旧は県費，市町村費，寄付金で賄った。このように，津波被害に対して政府はほとんど対応策をもちあわせていなかったため，復興は各地域の自主性にまかせられることになった。そのため，磯漁を中心とした近海漁業の継続性や土地の狭隘さから，集落はもとの位置に再建されることが多く，それが1933年の昭和三陸地震津波で再度大きな被害を生む要因になった（釜沢 1952, 1959）。

明治政府の救助・災害対策

　日本では明治政府の樹立以前から，江戸幕府による「七分金積立制度」という救助や救済に関する規則があったことが知られている。しかし，明治政府は樹立直後の庁舎建設などでこの積み立て金を使い切ってしまっていたため，政府は一定の備蓄基準を藩（のちの府県）に提示し，地方が主体となって災害対策を進める方針に改めた。具体的には，1869年に政府は「府県施政順序」を布告し，各藩に対して備蓄を奨励し，1871年11月に廃藩置県とともに，「県治条例」（太政官達623号）の付則として「窮民一時救助規則」を制定し，府県による災害時の米の配給基準，建築費や農具，種もみの貸与基準を定めた。

　政府はその後，1880年に備荒儲蓄法を制定し，翌年に20年間の時限法として施行した。この法律は災害によって一時的に困窮化した住民の救済について，政府と府県の財政出動による基金（中央備蓄金）の設立と配分を決めたものであった。ここに災害備蓄に関する近代的な制度が確立し，応急的な災害対策の第一歩が踏み出されたといえよう。ところが，その後大きな災害がなく，基金

が増えたことから，政府は1890年に中央備蓄金の新規積み立てを停止した。その翌年の1891年に発生したのが濃尾地震であった。

濃尾地震では，応急的な救済枠組みに基づいて，被災者の応急の生活支援と産業・生活基盤の整備が進められた。復興の主体はあくまで政府と県で，復興整備の対象は道路，橋梁，水道，農業，漁業，林業，家屋などの物的基盤であった。こうした枠組みは1896年の明治三陸地震津波の復興においても踏襲された。そのため対応は救助の域にとどまり，計画に基づく本格的な復興ではなく，いわば前近代的手法に基づく復興であった。政府は明治三陸地震津波の対応で，それまでの積み立て金を使い切ってしまったため，1899年に備荒儲蓄法を廃止して罹災救助基金法を制定し，再び府県ごとに罹災救助基金を設置し，避難所，仮設住宅，食料，学用品などを現物で支給する方式にした。しかし，罹災救助基金法は府県ごとに異なる財政力や救済に対する考え方を反映し，災害ごとに異なる対応を認めていたため，政府が統一的スキームに基づく災害対策を行うまでには至らなかった。

3　近代型復興の萌芽・個別的復興
――関東大震災・昭和三陸地震津波

関東大震災

1923年9月1日午前11時58分に発災した関東大震災は，マグニチュード7.9の巨大地震が関東地方を襲った災害である。被災府県は東京府，神奈川県，千葉県，埼玉県，静岡県，山梨県，茨城県の1府6県に及び，死者・行方不明者は10万5385人，全壊・半壊，流出・焼失などを含む住家被害は37万2659棟という大きなものであった。死者・行方不明者の9割が東京市と横浜市に集中し，東京市で6万8660人，横浜市で2万6623人であった。住家被害は東京市16万8902棟，横浜市3万5036棟を数え，地震直後から9月3日の朝まで燃え広がった火災で，東京市の市域面積の44%にあたる3466万4251 m^2 が焼失した。関東大震災はまさに首都東京を瞬時にして壊滅させた都市災害であった[10]。

関東大震災後の復興をめぐっては，後藤新平の復興計画が有名である[11]。震災後，山本権兵衛内閣の内務大臣（内相）に就任した後藤は，9月6日に「帝都復興に関する根本方針」と「帝都復興事業の順序」を起草した。これらに続いて，「帝都復興ノ議」を発表し，そこでは審議機関となる臨時帝都復興調査

会の設置と,復興の企画実施機関として,帝都復興省（後藤案）と帝都復興院（内閣側案）の両論が併記されていた。9月21日に帝都復興審議会（臨時帝都復興調査会から名称変更）の第1回審議会が開催され,そこで後藤案ではなく,内閣直属の帝都復興院の設置が決まった。帝都復興院総裁となった後藤は都市計画法の施行対象地である東京市と横浜市を対象とした都市復興計画の策定を進め,当時の国家予算の約1年分にあたる13億円という復興予算を組んだ。

しかし,後藤の提案した復興予算は財界や帝都復興院内部から反対を受け,結局,帝国議会が承認した予算は5億7500万円で当初の計画の半分にも満たず,当初計画は大幅に縮小されることになった。12月23日に復興計画を推進する特別都市計画法が成立し,本格的に計画が実施されようとした矢先の12月27日に摂政が襲撃される虎の門事件が起こった。その結果,12月29日に山本内閣は総辞職し,後藤も内相を辞任した。翌年の1月7日に清浦奎吾内閣が成立したが,後藤は閣外に去り,新たな内相（兼復興院総裁）として水野錬太郎が就任した。後藤が閣外に去ったことで,復興を進める組織体制も縮小され,帝都復興院は1924年2月25日に廃止され,帝都復興事業は内務省の外局として設置された復興局に引き継がれた。さらに復興局は1930年4月1日に復興事務局に改組され,1932年4月1日に復興事務局も廃止された。帝都復興計画に盛り込まれた国家事業の対象地は東京市と横浜市だけで,それ以外の震災地域は臨時震災救護事務局による救護活動の対象地となり,地方制度の運用と国の助成で復興を図ることになった。この時点でも,財政規律重視派が復興のイニシアティブをとり,復興は従前の制度や体制のなかで行われることになった。

関東大震災からの復興にあたっては,後藤新平によって,都市計画法のもとで帝都東京の都市改造を図ろうとする大規模な帝都復興計画が策定された。この計画に対して厚生経済学の立場から反論したのが福田徳三である[12]。福田は関東大震災直後に東京商科大学の学生たちを引き連れ,1万324世帯（約3万6000人）を対象に8日間かけて失業率の調査を行い,その結果をもとに東京全体の失業率を推計し,国や東京市に対し復職のきめ細かな支援の必要性を訴えた。福田は1924年に『復興経済の原理及若干問題』を刊行し,都市基盤の整備に傾斜した復興を批判的に論じ,すべての人間が固有に有している権利である生存権の重要性を説き,日々の生活や仕事の再興という面から「人間の復興」を論じ,復興経済の厚生的意義を唱えた。福田は同書7章「営生機会の復

興を急げ」のなかで,「復興事業の第一は,人間の復興でなければならない」(福田［1924］2012：133) と述べ,物財の損失よりも,被災した人々の人間性の損失をめぐる論説を展開した。福田徳三の著作は東日本大震災後に復刻され,物的な復興に偏りがちになる復興政策のあり方を批判する先駆的研究として再評価された[13]。

　震災からの住宅復興にあたり,従来の住宅様式とはまったく異なる鉄筋コンクリート造りの集合住宅を建設し,新しいライフスタイルの提案を行ったのが財団法人同潤会である[14]。同潤会は内務省によって関東大震災の義捐金のうち1000万円をもとに震災翌年の1924年に設立された財団法人で,主に東京と横浜で住宅供給事業を行った機関である。同潤会はまず,応急的な対応として東京・横浜に木造バラックの仮設住宅を建設し,次いで,1925年8月から1934年までに同潤会アパートと呼ばれる鉄筋コンクリート造りの集合住宅を16カ所で約1000戸建設した。同潤会アパートは,都市中間層向けに近代的で良質な住宅を供給するもので,当時としてはきわめて珍しい水洗トイレが備えられていた。さらに居住者間のコミュニケーションを図るため,建物の配置を工夫し,食堂,集会室,娯楽室を整備するなど,当時としては画期的な住宅建設やまちづくりの試みも行われた。同潤会が震災復興のために建設した近代的な集合住宅の戸数は,被災者の数からみればきわめて少数であるが,新しい住宅様式やライフスタイルの提案は,本来の意味での創造的復興ともいうべき事例であり,その後の団地や公営住宅の建設にも導入されていった[15]。その業績は東日本大震災後も新しい復興の形を提示した先行事例として研究者によっても再評価されている[16]。

昭和三陸地震津波

　昭和期の1933年3月3日の未明に発生した昭和三陸地震津波は,三陸沿岸に連なる小規模な漁村地域を再度瞬時にして壊滅させた。内務省の調査によれば被害のあった北海道,青森県,岩手県,宮城県,山形県,福島県の総計で,死者・行方不明者3064人,流失・倒潰・焼失家屋6067棟,浸水家屋4018棟,流出・破損船舶8078隻に達した。最も被害が大きかったのは岩手県で,死者・行方不明者の88.5％,流失等家屋の70.1％,浸水家屋の56.2％,流失破損船舶の72.5％を占めている[17]。こうした被害を受けて,岩手県は国防後援統制委員会を招集し,宮城県は臨時災害善後委員会を設置した。陸海軍は当日か

らいち早く救援活動を開始し，内務省も当日のうちに三陸地方震災対策協議会を開催した。農林省は翌日に政府保管米を被災地に発送した。また国は翌日には臨時閣議，帝国議会本会議を招集し，租税減免，米穀無償貸付，低利融通を決定したように，迅速な体制がとられた（北原ほか編 2012：463-464）。

　そして，昭和三陸地震津波からの復興は，明治三陸地震津波後と大きく異なり，国や県が主導する復興政策に基づいて進められた。まず，国からの復興事業費は主として内務省と農林省からの国庫補助金，国庫補給金そして大蔵省預金部による低利資金融資が導入された。内務省関係は罹災住宅復旧資金，災害土木応急費，災害復旧土木事業費（県工事・町村工事），住宅適地造成資金，歳入欠陥補塡資金等，農林省関係は農産復旧資金，耕地復旧資金，水産業復旧資金，漁具復旧資金等である。政府からの補助金・補給金・低利資金融資は，直接地方公共団体に投入されるルートと，当時の町村や地区単位の住民を組合員として設立されていた産業組合に対して 1923 年に設立された産業組合中央金庫を経由して投入されるルートの 2 つのルートが確立していた。とくに被害の大きかった岩手県では県転貸資金を町村，漁業組合，産業組合，耕地整理組合に転貸している。さらに 1933 年から開始された産業組合拡充 5 か年計画に基づいて，岩手県の被災地で多くの産業組合が設立され復興を担う中心的な組織として機能した[18]。

　住宅地および住宅の復旧については，内務省の方針として，被災地を都市的地域と漁業農業地域に分けて，集落ごとに都市的地域では街路復旧事業（内容的には区画整理事業に該当）による原地再建を進め，漁業農業地域では住宅適地造成事業による高地移転を進めた[19]。両県は高地移転を進めるため，罹災地域での集落再建を禁止し，土地買収と高地での敷地造成を進めた。その結果，岩手県では 20 町村の 38 集落の 2199 戸，宮城県では 15 町村の 60 集落（2 集落にまたがる移転 3 件を含む）の 801 戸を高地に移転させた。なお岩手県の移転戸数は 2199 戸で，流失戸数の 2660 戸を下回っているのに対し，宮城県の移転戸数は 801 戸で流出戸数の 612 戸を上回っている[20]。また，住宅再建では産業組合や住宅組合を活用した岩手県に対して，宮城県では町村事業として実施されるなど，被災県の方針で異なる復興手法が用いられた。

　漁業の復旧は県債による転貸補助金制度が導入され，補助金のつかない案件は銀行から低利融資となった。産業組合は生活再建の低利融資を行っていたが，漁業組合は産業組合ではなかったため，当初は産業中央金庫からの融資を受け

ることができなかった。そこで，1936年に産業組合法が改正され漁業組合も産業組合に加入し融資を受けられるようになった[21]。

復興関連法制の整備

近代の災害復興の歴史のなかで，関東大震災と昭和三陸地震津波からの復興手法は，甚大な被害状況を前にして，前近代的手法から大きく転換した特徴をもっている。1923年9月の関東大震災からの復興にあたっては復興院が設置され，政府主導の首都東京と横浜の都市改造が始まった。後藤新平らによって道路，住宅などの都市基盤の整備が本格的に論じられ，巨額の復興財源をもとにした国家主導の都市改造計画（帝都復興計画）が進められた。この計画は計画の過大さや財源不足などもあって，当初の予定通りには実現しなかったが，震災を機に都市基盤の大規模な整備あるいは改造を進めることが復興を象徴することとなった。そして，地方において政府と県が大規模にかつ計画的に復興を進めたはじめてのケースとなった。

災害後の市街地，道路，住宅，漁港，農地などの生活・産業基盤の復興に関する法律については，独立した法律の整備ではなく，開発や整備に関連する既存の法律の適用という方法が用いられた。災害後の市街地の復興についてみると，1923年の関東大震災後の復興にあたっては，1919年に制定した都市計画法に基づく土地区画整理事業が中心的な手法となった。土地区画整理事業は災害復興を想定したものではないが，関東大震災以後，東日本大震災に至るまで都市部（市街地）の復興における復興事業の基本的な枠組みとなった。再建される建築物の強度（耐震基準）については，都市計画法と同時に制定された市街地建築物法に関連する条文がなかったことから，関東大震災後に法律改正が実施された。

関東大震災から9年半後の1933年3月に発災した昭和三陸地震津波からの復興においては，当時の内務省と農林省の事業，そして財源の面では大蔵省の低利資金融資制度が導入された。この復興は政府と県によって本格的に進められた最初の事例である。

昭和三陸地震津波からの復興は住民の対等な関係性に基づく組合形式による復興という面をもつ一方で，当時の経済不況からの脱却を図る農政更生運動，そしてその後の戦時体制との関連を指摘し，世界大恐慌，災害，冷害，病苦によって貧困の度合いを増す地方に対する政府の統治体制の強化，さらには軍国

体制につながっていく戦時体制の構築という側面があったことも指摘されている。このように関東大震災と昭和三陸地震津波からの復興はまさに国民国家の形成過程で生じた災害であり，国家として復興に臨む姿勢が明確に表れた事例である[22]。

4 統合型近代復興への転換——伊勢湾台風

戦後の復興関連法制の整備

1946年に発生した昭和南海地震を受けて，政府は罹災救助基金法を廃止し，1947年に災害救助法を制定した。災害救助法は罹災救助基金法と異なり，災害救助の種類と内容を全国一律で平準化したものであった。また，1948年の福井地震を契機に市街地建築物法が廃止され，1950年に建築基準法が制定され，同法に基づく建築規制がその後の市街地の復興手法の中心となった。

農林水産業等の産業基盤の復興に関連する法律については，1950年に森林法，海岸法，漁港漁場整備法の制定，砂防法の全面改正が実施されたことで，本格的な整備が進んだ。漁港漁場整備法は東日本大震災でも数多く導入された漁業集落防災機能強化事業（漁集事業）の根拠法となった。このほか，農林水産業施設災害復旧事業費国庫補助の暫定措置に関する法律も制定された。

伊勢湾台風

1959年9月26日午後6時過ぎに潮岬に上陸した超大型の台風15号（伊勢湾台風）は伊勢湾周辺，とくに名古屋市に大災害を引き起こした（北原ほか編 2012：573-582）。伊勢湾台風による犠牲者は5098人に達し，近代日本の災害のなかで地震・津波以外では最悪の被害をもたらした。昭和の台風で犠牲者の数が3000人を超えたのは，1934年の室戸台風（死者・行方不明者3036人），1945年の枕崎台風（同3756人）とこの伊勢湾台風しかない。大きな被害は人命にとどまらなかった。市街地は海抜ゼロメートル地帯にまで拡張され，十分な防災対策や堤防もなく，住民の防災意識も希薄なところに台風が襲来したため，市街地にも甚大な被害がでた。この災害をめぐっては，「伊勢湾台風は，想定を超える台風やそれによる高潮が来襲した場合，想定台風や高潮に対して積み上げられてきた対策や過去の被災体験が無実化され，拡大要因をテコに想像を絶する大災害が引き起こされることを2011年東日本大震災の52年前に既に実証

した典型的事例であったといえる」(北原ほか編 2012：574) と位置づけられている。被害の要因としては、堤防の決壊によって流入した高潮の直接的な被害のみならず、貯木場から流出した大量の木材が住宅を破壊したことも指摘されている。被害の大きかった愛知県と三重県の両県だけで全壊と流出を合わせた被災家屋数は2万8796戸に及んだ。被害総額は愛知県と三重県の両県だけで推定5050億円に達し、この金額は当時の日本のGNPの4割近くに相当する金額であった。

　このように大きな被害をもたらした伊勢湾台風は、それまでの日本の災害対策を根本的に見直す契機となった。南海地震やカスリーン台風などを契機に災害救助法 (1947年)、消防法 (1948年)、水防法 (1949年) が成立したが、これらは災害発生のたびに成立した個別法で、所轄官庁や自治体の担当部局ごとに対応がなされ、計画性と統合性が欠如していた。伊勢湾台風のときは、政府が中部日本災害対策本部を設置し、統一方針に基づいて災害対策が実施された。そして体系的な防災および復興体制の構築が求められたことから、その後のチリ地震津波 (1960年) 等への対応も踏まえて、1961年10月に災害対策基本法が成立した。この結果、とくに防災に関して国・地方公共団体・公共機関・住民等の責任を明確化し、防災会議、防災基本計画、防災業務計画、地域防災計画の策定など具体的な対策や措置が明記された。

　伊勢湾台風被害からの復興は市街地に溜まった水の排水と新たな高潮防潮堤の建設が中心であった。防潮堤の建設は時間を要し、被災から5年後の1964年に高さ6.5m、総延長7.6kmの名古屋高潮防波堤が完成したほか、高さ6.5m、延長26kmにわたる防潮壁が建設された。そして、防波堤や防潮壁の建設は伊勢湾台風の被災以降、全国に広まっていき、災害予防のため高さが6mを超える防潮堤で市街地を守る方式が全国に一般化していく。昭和三陸地震津波では津波常襲地である三陸地方に特化していた防潮堤建設が、伊勢湾台風以降は全国で標準化された。東日本大震災からの復興にあたっても防災の象徴である防潮堤の建設がまず議論されたことは、当時確立した防災と復興の理念が今日でも踏襲されていることを意味している。

伊勢湾台風後の大改革

　1959年の伊勢湾台風と1960年のチリ地震津波は、防災行政や災害対策に大きな変革をもたらした。政府は災害ごとに制定されてきた災害関連法の一本化

を目指して，1961年に災害対策基本法を制定し，今日の災害対策の基礎をつくった。さらに翌年の1962年には国庫補助率の標準化を決めた「激甚災害に対処するための特別の財政援助等に関する法律」（激甚災害法）も制定された。このように1960年代になって，その後の防災と復興の枠組みが全国一律的に決定され，国家による災害対策の方向性が定まった。近代以降，日本における災害からの復興のスキームは，発災直後の救済・救援という体制から始まり，生活や産業の再建や再生までを視野に入れる復興という考え方が次第に定着し，その主体として国，都道府県が想定され，法律の整備も進んだ。

　被災者の集団移転を支援する制度については，上述の漁業集落防災機能強化事業（漁集事業）に加えて，1972年に「防災のための集団移転促進事業に係る国の財政上の特別措置等に関する法律」が制定され，同法に基づく防災集団移転促進事業（防集事業）が新たに加わった。この法律は，豪雨，洪水，高潮その他の異常な自然現象による災害が発生した地域または建築基準法の規定により指定された災害危険区域のうち，住民の居住に適当でないと認められる区域内にある住居の集団的移転を促進するため，地方公共団体が行う集団移転促進事業に関する経費に対する国の財政上の特別措置等について定めるものである。集団移転促進事業は，一団の土地を整備して移転促進区域内にある住居の集団的移転を促進する事業で，主体は地方公共団体（市町村）であるが，その費用の4分の3を政府が負担するものである。

　東日本大震災からの復興にあたっては，集団移転の場合は，防集事業と漁集事業が活用された。ただ防集事業を定めた法律には洪水や高波は明記されているが，津波は明記されておらず，この法律が津波災害を想定していたものではないことがうかがえる。

　被災後の経済的支援については，1972年の市町村災害弔慰金補助制度の創設を経て，1973年の「災害弔慰金の支給等に関する法律」（災害弔慰金支給法）が制定された。ただし，個人補償はしないという考え方から災害弔慰金は個々の被災者に支給されるものではなく，市町村に支給された。1995年に発生した阪神・淡路大震災では，被害規模の甚大さから，住宅再建に係る個人補償の必要性を訴える世論が大きくなり，震災から3年後の1998年に，個人補償に道をひらく被災者生活再建支援法が制定された。この法律は2004年の新潟県中越地震，2007年の能登半島地震，同年の新潟県中越沖地震からの復興においても活用された。その後，2007年11月に大きく改正された後に，東日本大

震災が発生した。東日本大震災の被災規模は従来の規模を大きく超えたことから，再度法律が改正された。

5　近代復興の確立——北海道南西沖地震，阪神・淡路大震災

北海道南西沖地震

1993年7月12日の夜に奥尻島北方沖から島の西側を震源とするマグニチュード7.8の地震が発生した。被害は日本海側の広範囲の地域に及び，韓国でも被害が出て，死者は230名にのぼった。そのなかで最大の被災地は推定11mもの津波に襲われた奥尻島であった。奥尻島の青苗地区には地震後10分で津波が到達し，防潮堤を乗り越えて，海岸に近い青苗5区の事業所や住宅を押し流した。さらに津波到達後，火災が発生し，消火手段がないまま，翌朝まで燃え続け，青苗3～4区の住宅や建造物が焼失し，大きな被害が出た。奥尻島だけで198名が犠牲になり，島の被害総額は429億円になった（北原ほか編 2012：684-687）。

被災後の復興事業として，津波の被害の大きかった青苗5区の住宅は高台に移転し，青苗3～4区は8mかさ上げして住宅を建設した。青苗港も修復し，岸壁部には避難にも使える高さ8mの見学者デッキを新築した。また最高で高さ11mの巨大防潮堤を14kmにわたって建設するなど，大規模な復興工事を実施した。これらの復興工事には多額の費用がかかったが，奥尻町の負担はなく国費（国庫補助）で賄われた。また漁業の再開に必要な漁船もほぼ自己負担なしで新造できた。住民の住宅の再建については，全国から届けられた義捐金約190億円が個人に配分されたので，住民は自己負担をしないで住宅を新築することができた。復興工事は短期間で完了し，奥尻島の事例は当初は津波からの復興のモデルケースとなった。

ハード事業や施設の整備は順調に進んだが，生活の復興は思うようにははかどらなかった。青苗地区はもともと漁業と観光業で生計を立てる世帯が多かったが，震災による死亡や転居などで地区の人口は大きく減少してしまった。その後も若い世代は漁業を継がず，進学や就労で島外に出てしまい，高齢者が地区に残される結果となった。また震災後，イカ漁が不振で漁業収入が減少し，観光客数の回復も期待したほど進まなかったこともあり，経済的には苦境が続いている[23]。

奥尻島の復興は大規模な津波被害からの復興としては近年はじめて取り組まれた事例であることから，東日本大震災後には大きな注目を集め，視察者や見学者が増加した。しかしハード中心であった奥尻島の復興に対する評価は，厳しいものもあり，産業や人口が回復しないなかで，巨額の費用をかけて構築した産業・生活基盤の利用状況が低い状況は，人口減少が進む東北の被災地の今後の姿に重なるところもあり，津波からの復興の難しさを物語っている。2016年3月6日の新聞記事によれば，奥尻島では被災から20年余が経過し，災害公営住宅にも空き室が目立つようになっている[24]。後継世代が継続的に生活しなければ，人口は減少し，地域社会の維持も困難になってくる。この現象は被災地に限らないことだが，数百億円の資金を使って復興した街にもかかわらず20数年で人口が減ってしまうことは，復興のあり方を考えさせられる事例である[25]。

阪神・淡路大震災

　1995年1月17日の早朝5時17分，六甲・淡路断層帯を震源とするマグニチュード7.3，最大震度7の都市直下型地震が発生した。建物の倒壊や火災，地滑りにより神戸市を中心に死者6434人，行方不明者3人，被害建物数68万9776棟（うち全壊10万4906棟，半壊14万4274棟），被害総額は約10兆円に達する大災害になった。避難した人は最大で30万人以上に達した。また，震災後の過労や，仮設住宅や新築・再建した住宅での慣れない生活による精神的疲労等で，災害関連死が多発し，900人以上にのぼっている（北原ほか編 2012：688-700）。

　政府は1995年2月に被災市街地復興特別措置法を制定し，用地買収に関わる税制上の特別措置を実施した。また8月には，「住宅復興3か年計画」を策定し，生活困窮者や高齢者等が暮らせる災害復興公営住宅（集合住宅形式）を住宅・都市整備公団が建設した建物を買い取る形で3万8600戸整備した。しかし，個人による住宅再建は貸付制度や融資を使った自助努力で行うしかなく，建設資金がない場合や二重ローン問題を抱える場合が少なくなかった。その後，1998年には個人補償の道を開く被災者生活再建支援法が成立したが，当初はこの制度は住宅再建には使用できなかったため，その後改正されて，住宅再建にも使えるようになった。さらに2005年9月に兵庫県は条例に基づいて住宅再建共済制度を創設し，住宅再建の支援策が整い始めた[26]。

被災地域では土地区画整理事業による大掛かりな市街地再開発事業が始まった。1995年2月に被災市街地復興特別措置法が成立したことで，事業の早期完成を図れるようになった。復旧・復興事業費は復興計画10年間で16兆3000億円となり，内訳は国が6兆980億円，県2兆2960億円，市町2兆9050億円，復興基金3500億円，その他4兆6510億円となった。その一方で国庫補助の補助率アップや補助対象の拡大など，復興事業費についての特別措置は講じなかった。地方は多額の負担を負うことになり，発行した地方債の償還により財政が圧迫されることになった。また，みなし仮設住宅となっている住宅の所有者がその返還を求める事例も，災害から20年目を迎えた2015年に生じている。入居当時に20年間の契約であったため，その後他の住宅に移ることのできなかった被災者は立ち退きを余儀なくされているが，解決の目途は立っていない[27]。

　阪神・淡路大震災の復興の手法と復興の進捗状況については，東日本大震災後の復興においても関心が集まった。そこで重要になってきたことは，復興需要をどれだけ被災地内で賄えるか，被災地内で循環させられるかであるが，阪神・淡路大震災の復興は必ずしもこの点では成功していないという評価が多い。また2015年で震災から20年が経過したことを契機に，復興の検証作業も行われているが，厳しい批判もある。それを「復興災害」として反省の材料とする研究もでてきている[28]。

近代復興の帰結

　20世紀後半はほかの時期と比較すると災害が少ない時期であった。1961年に災害対策基本法が制定されてから発生した災害からの復興は，同法に基づいて行われてきた近代復興の理念や手法に大きな変革を迫るものではなかった。そして，1993年の北海道南西沖地震と1995年の阪神・淡路大震災からの復興は，被災の規模も内容も大きく異なるが，国による災害復興のスキームが確立したなかでの復興という共通点がある。北海道南西沖地震は漁村地域を直撃した災害であったのに対して，阪神・淡路大震災はまさに都市型大災害というように被災地の特徴は大きく異なるが，復興の手法としては共通する点が多い。

　北海道南西沖地震で大きな被害を受けた奥尻島の復興の事例は，まさに漁村改造ともいうべき大掛かりな復興手法が採用されている。高台を削り住宅を移転させ，港湾部には巨大な防潮堤を建設する。また漁港部分にはコンクリート

製の避難デッキを建設し，港の景観が一変してしまうほどの改造が行われた。奥尻島では政府の資金と全国から集まった巨額の義援金を使って，高台の整備や住宅の建設，市街地や漁港の整備が行われた。被災当時の人口が4700人ほどの自治体の復興に190億円という巨額の義捐金が集まり，資金的な余裕もあることから，地震と火災で消失した地域のすべてをつくり変えるような復興となった。しかし，奥尻島ではその後の漁業と観光業の不振もあり，人口減少に歯止めがかかっていない。国勢調査によれば被災前の1990年10月1日の人口は4604人，2015年は2690人で，25年間で2000人近く減少している。震災後に建設した集合住宅から住民が転居し，空き室になっている事例も少なくない。

　阪神・淡路大震災からの復興，とくに神戸市の復興にあたっては，「創造的復興」という言葉が行政のトップから発せられたように，都市復旧ではなく，都市改造，都市復興あるいは都市創造を目指すものであった。巨額の復興資金が投入され，ビルやマンションが建設され，小規模な住宅や事業所の密集地は区画整理等によって大きく変貌し，市街地は見違えるようになった。

　しかし，阪神・淡路大震災から20年以上が経過するなかで，神戸市では，巨額の財政出動による市の負債は大きく膨れ上がり，市財政は厳しい状況が続いている。神戸市は復興事業として既存の住宅や商店街を撤去し，区画された街路と高層ビルを多数建設してきたが，街区によっては震災前の人口の7割程度しか戻らない地域もある。住民間のつながりが希薄化し，地域コミュニティの再建が困難であったり，孤独死などの災害関連死も発生している。また，賃貸料の高騰や客足の変化などがあり，震災前の商業を継続して行うことが困難になった商業者も少なくない。震災後に新たに整備されたショッピング街へ入居する店舗が計画通りにいかず，空き店舗が目立つ商店街もある。みなし仮設住宅に入居している被災者のなかには，入居から20年が経過したため，立ち退き問題が現実化し，生活の継続が脅かされているケースもある。

　このように1990年代に生じた2つの災害からの復興にあたっては，巨額の復興予算を組んで，鉄道，道路，住宅，事業所などを整備し，被災を想起させるような光景はほとんどといっていいほどなくなっている。ともに被災地を大改造するという方針のもと，生産基盤，居住基盤，都市基盤を大幅につくり変えていくものであったが，財政，地域産業，商業集積，地域社会，住民生活などの持続可能性から復興の姿を考えると，大きな課題が残っているといわざる

をえない側面が顕在化しつつある。

6 脱近代復興の試み——新潟県中越地震

新潟県中越地震

　2004年10月23日午後5時56分に新潟県六日町内の断層を震源とするマグニチュード6.8, 最大震度7の地震が発生した。死者は68人であったが, 地震による直接死のほかに, 車中泊等による静脈血栓塞栓症（エコノミークラス症候群）や精神的・身体的ストレスなどによる発病で52名が亡くなっている。建造物の被害については, 建物の全壊が3175棟, 半壊が1万3810棟, 一部損壊は10万4619棟に及んだ。道路の損壊は6064カ所, 崖崩れは442カ所で発生し, 各地で道路が寸断され, 孤立集落が発生した。避難勧告指示区域は23市町村の8万人であったが, 避難者は最大10万3000人に達した。旧山古志村では住民全員が居住地から他の場所へ避難する全村避難が大きく報道された。避難所は全体で603カ所開設されたが, 避難所に入れない被災者も数多くでた（北原ほか編 2012：729-734）。

　政府は地震発生当日に災害対策基本法に基づく非常災害対策本部を設置し, 11月19日までに21回にわたって本部会議が開催された。さらに同日に災害復旧および災害からの復興を支援するため内閣府副大臣を議長に「新潟県中越地震復旧・復興支援会議」を設置した。震災からの復興については, 居住地が災害危険区域に設定されたことから, もとの場所に住むことができなくなり, 集団移転を余儀なくされるケースが発生した。その結果, 防災集団移転促進事業を活用して, 長岡市, 小千谷市, 川口町の2市1町の9地区94戸が集団移転した。この事業は通常は移転先の住宅団地の最低規模を10戸とするものであったが, 小規模な集落からの移転を可能にするために下限を5戸に緩和した（内田 2011：67-68）。

　全村避難指示が2007年4月1日に解除され, 住民は徐々に旧山古志村に戻りつつあるが, 2008年10月1日時点での帰還率は発災時人口の64.9％であった。また, 中山間地で被害の大きかった166集落のうち156集落で営農体制の整備が進み, 農業団体（協業組織）の結成が進んだ。このうち29集落は法人化が図られた（橋詰 2012：104）。

　復興は市町村単位で進められてきたが, 新潟県中越地震後の復興の特徴とし

ては，広域的な組織の設立とそれを可能にした復興基金の設立があげられる。広域的組織は2つあり，1つは社団法人（現公益社団法人）中越防災安全推進機構である。同機構は2006年6月25日に長岡市で設立総会を開催し，設立と事業計画が承認された。同機構の使命として，第1に震災復興，第2に被災体験の市民化・社会化，第3に地域活性化・殖産興業を掲げている。もう1つの組織は公益財団法人山の暮らし再生機構である。山の暮らし再生機構は2007年4月1日に設立された公益法人で，復興を推進するため住民，地元自治体，国，首都圏（企業・住民）を結びつけていくプラットフォーム型の組織である。長岡市に中越地震復興支援センターを置き，サテライトと呼ばれる支所を6つもっている。そして「新潟県中越地震で被災した中山間地域の創造的復興と持続可能な地域経営に向けた地域（住民）が主体となって取り組む活動」を支援する地域復興支援員を採用している[29]。

こうした活動を資金の面で支えているのが新潟県中越大震災復興基金である。政府は2004年度補正予算のうち約3000億円を新潟県中越地震対策として計上した。さらに3000億円規模で10年間に600億円程度の運用益を見込む復興基金造成に必要な地方債の許可とその利子支払額に対する交付税措置を決定した。その結果，基金規模3050億円（基本財産50億円〔新潟県出資〕と新潟県貸付金3000億円）の復興基金が2005年3月に設けられた。この復興基金を管理している団体が2007年10月1日に設立された財団法人（現在は公益財団法人）新潟県中越大震災復興基金で，事務局は新潟県庁震災復興支援課内に置かれている[30]。

同基金は国の補助事業の対象にならない小規模な復旧事業を実施してきた。さらに，同基金による事業は随時追加や見直しが行われ，地域・集落のコミュニティ再建，農林漁業者・商工業者の生業の再建への支援策も追加実施された。地域コミュニティ等再建支援事業では鎮守・神社・堂・祠の再建補助まで盛り込まれるなど，中山間地域の生業である一次産業や生活運営の主体である集落を重視した多様な事業が取り組まれた[31]。

コミュニティ再生への転換

2004年10月の新潟県中越地震の復興の手法は，政府による直轄型の復興から，現場密着型の復興に変化し，復興基金の創設や地区ごとの特性を活かした復興の取り組みなど，きめ細かい復興メニューや手法が用意されている。中越

地震の被災地では，集団移転と集団帰郷を中心とした復興で，地域の大改造を目指さずに，県と市町村とで，広域的な復興体制と支援体制の構築および担い手組織の再構築を図り，社会関係の結び直しを進めている。新潟県では阪神・淡路大震災の経験をもとに政府や自治体による応急対策が比較的迅速に行われ，その後の復興方式も「新潟モデル」と称されるように，各市町村が「被災者の思い」を基本に復興計画を早期にまとめ，それを県の復興計画に反映させるというボトムアップ型のプロセスをとることで，被災地の実情に応じた支援が行われてきたと評価されている。

さらに，公的機関の支援の限界を復興基金が補完することで，より被災者サイドに立ったきめ細かい支援が可能になったとも評価されている。帰村や帰郷の割合は7割程度にとどまり，人口の高齢化は一段と進みつつあるが，各世代が生業（農林業・養鯉業）へ早期復帰することと，コミュニティ単位での住居確保が行われることが，その後のコミュニティの維持にとって非常に重要であることが明らかになっている。そして住民，自治体，支援団体による息の長い復興が現在でも進められている。とくに公益財団法人山の暮らし再生機構は中越地域復興支援センターを被災から14年目を迎えた2017年でも運営し，6つの地域に復興支援センターないしサテライトを置いて活動を続けている。

7 東日本大震災と新しい復興モデルの必要性

東日本大震災からの復興は，被災の規模や範囲がこれまでの災害を大きく超えていることから，地方自治体主導の対応がきわめて難しく，国家直轄型プロジェクトとしての復興という性格を強くもっている。関東大震災後に復興院構想がもちあがったように，東日本大震災後には省庁級の復興担当部局の設置が早くから求められ，発災翌年の2月には復興庁が設置された。そして26兆円を超える巨額の復興資金が投入されたことは第1章でも指摘した通りである。このように復興スキームは国家主導による形が決まったが，復興の中身については，神戸の復興の際に提唱された創造的復興という理念が当初持ち出された。2004年の新潟県中越地震が発生した時点で，中山間地域ではすでに顕著になっていた人口の高齢化と減少，および地場産業や地域商業の衰退が，都市部も含めて幅広くみられるようになった。そこで，復興関連事業を通じた地域再生，産業再生あるいは地域や産業の創造が強く求められ，復興の中身もそうした要

請に応える方向で進められている。大規模な防災対策を前提とした防潮堤，道路等の都市基盤の整備と住宅の高地移転の実施，民間企業を巻き込んだ産業と地域の再生を目指す「新しい東北」プロジェクトなど，これまでの復旧を中心とした復興の進め方を大きく変える方向性が打ち出された。

　しかし，被災地の人口減少は止まらず，高齢化も着実に進行している。都市基盤と産業基盤の整備を活かすためにも，被災地での人口と生活の持続可能性を高めていくことが今まで以上に必要になっている。東日本大震災からの復興は政府主導の色合いが濃いが，今後は地方自治体や住民自身が復興にどのように息長く取り組んでいくことができるのか。最後にその点を指摘して本章を閉じることにしたい。

　北原糸子が分析しているように，災害からの復興は災害の規模だけで決まるわけではなく，発災時の政治的経済的状況，時の為政者の計画や判断，一般的な社会通念や社会思想の状況，そして被災者や同時代の民衆の意識や集団の形成の仕方によって影響される。また，近代以降のマスメディアやジャーナリズムの発達によって，災害を報じる報道機関や報道内容にも左右される（北原 2011，2016）。これまでの災害と復興の歴史を振り返ってわかることは，復興のテーマや災害復興をめぐる論点が，時代の進展に応じて変化している点である。

　全体的な状況を振り返ると，復興をめぐる法律や制度は整備され，中央からの分権化と標準化が進むなかで，政府や自治体の果たす役割や責任の明確化は図られてきたといえよう。これは社会保障政策の動向とほぼ同じ流れであるともいえる。その一方で地域社会や住民が復興に果たす役割や責任は明文化されているわけではない。そのため相対的にみれば，政府や自治体の責任がクローズアップされ，住民や被災者はその政策対象あるいは対象者という側面だけが強くなってきてはいないだろうか。住民発議の復興計画や住民合意はそれほど必要がない状態に置かれてはいないだろうか。昭和三陸地震津波後の岩手県綾里村でみられた住民主体の復興計画づくり（山口［1943b］2011：42-47）のような動きはむしろ減少してきているのではないか。地域社会の個別性や歴史性を踏まえた復興のあり方を議論する場がなくなりつつあるのではないだろうか。東日本大震災はそうした状況のなかで発災した災害のように感じられる。復興の局面で住民が果たすことはどれくらいあるのだろうか。

　今後の持続可能な復興を実現するためには住民参加の度合いが高まり，住民の意思決定過程への参画が高まることが不可欠の要素であろう。災害はこれま

でも，そしてこれからも常に身近なところにあるといっても過言ではない。東日本大震災から7年以上が経過し，被災地では復興事業が進み，新たな生活と産業の基盤が構築されつつある。大規模なかさ上げや道路の付け替えが完了し，鉄道駅，商業施設，災害公営住宅など真新しい構築物が立ち並ぶ被災地の現在の姿をみると，被災前の街の景観，被災時の混乱をきわめた現場の状況は記憶のなかに残像として封じ込められてしまったかのようである。被災から1週間，1カ月，半年，1年と時間が経過していく過程で，応急的な救助，救援から復興計画の策定，復興事業の取り組みへと活動実態や意識が変化していった。政府の体制が整わない災害直後には住民の自主的な活動や対応がかなりみられた。

これからは住民自身がどれだけ復興に関与できるかが課題である。住民が復興支援や見守りの対象者であることは確かではあるが，住民自身の自律的復興のスキームを提示する時期にきている。

注
1) 災害名および被災者の数値は北原ほか編（2012），宇佐美（1975）および被災県や研究者による各種文献に記載されているが，文献によって被災者数，倒潰家屋数，損壊船舶数の数値が異なっている。なお，中央防災会議（事務局・内閣府）が過去の災害の情報収集を進めるため，2003年5月に「災害教訓の継承に関する専門調査会」を設置し，23の災害について4期に分けて報告書を作成している。これらはいずれも中央防災会議のウェブサイトからダウンロードできる。
2) 焼失戸（棟）数が3000を越えるケースだけでも，1902年3月の福井大火（焼失3041戸），1907年8月の函館大火（同8977戸），1909年7月の大阪大火（同11365戸），1910年5月の青森大火（同7519戸），1911年4月の東京・吉原大火（同6555戸），1912年1月の大阪大火（同5268戸），1934年3月の函館大火（同11102戸），1940年1月の静岡大火（同5121棟）などがあった。その後は大火の数は少なくなったが，1952年4月には鳥取大火（同5228住家）が発生している（北原ほか編 2012：824-26）。
3) 1960年5月24日早朝に太平洋沿岸地域は広範囲にわたって津波の来襲を受けた。北海道から沖縄県の太平洋沿岸地域で死者・行方不明者142人で，うち岩手県は62人，宮城県は54人であった。家屋の被害は全壊・半壊・流失の合計が5107棟，岩手県は1888棟，宮城県は2578棟であった。船舶の被害は沈没94艘，流失1043艘であった。被害金額は北海道，青森，岩手，宮城，三重で358億円となった。6月27日に津波対策事業に関する特別措置法が成立した。この結果，チリ津波緊急対策事業が実施され，大船渡湾に世界最初の湾口防波堤が建設されたほか，海岸堤防，津波水門が建設された。
4) これ以前の原子力災害として記憶されているのは，1999年9月30日にJCO東海村事業所で起こった放射性物質の臨界事故である。この事故により従業員が被曝し，2

人が犠牲になった。また一時，半径10 km 圏内の住民（10万世帯，約31万人）に屋内退避要請が出された。

5) 山口弥一郎（1902-2000年）は現在の福島県会津美里町に生まれ，小学校教員，磐城高等女学校教諭として勤務しながら東北の村々の調査を実施し，1960年に理学博士号を取得した後，1963年より亜細亜大学で地理学者として教鞭をとった教育者・研究者である。山口は1935年12月から1943年にかけて三陸地域を調査し，その後は1951年から1955年まで，下北半島北端の青森県東通村から牡鹿半島の南端の宮城県鮎川村（現・石巻市）まで，断続的に調査を継続した。さらに1960年5月に発生したチリ地震津波後も調査を実施している。調査の結果の一部は1943年に刊行された『津浪と村』（恒春閣書房）として発表しているが，数値データなどを盛り込んだ詳細な結果は，1959年に提出し1960年に理学博士を東京文理科大学・東京教育大学から取得した学位請求論文である「津波常習地三陸海岸地域の集落移動——津波災害防御対策実地状態の地理学的検討」（山口〔1972-1981〕の第6巻に収録）に記載されている。

6) 昭和三陸地震津波については東日本大震災後に首藤伸夫（2012），青井哲人（2013），北原糸子（2014），岡村健太郎（2014，2015，2017）らの業績がある。

7) 被害の全体数は中央防災会議・災害教訓の継承に関する専門調査会（2015）による。

8) 岩手県内の被災37町村のうち死亡率が5割を超えたのは田老村（現宮古市）83.1%，唐丹村（現釜石市）66.4%，綾里村（現大船渡市）56.4%，釜石町（現釜石市）53.9%で，37町村の平均死亡率も23.9%と，ほぼ4人に1人が犠牲になった。家屋の被害率が8割を超えたのは，田老村100.0%，大沢村（現山田町）93.4%，崎山村（現宮古市）83.0%，小本村（現岩泉町）82.8%，船越村（現山田町）82.1%，唐丹村81.6%，綾里村80.7%であった。岩手県の被害は山下（[1982] 1990：53-55）を参照した。

9) 内務大臣官房都市計画課（1934：36-39）。山口弥一郎は内務省の報告書に記載されている事例以外でも移動した村があったことを述べている（山口 [1943b] 2011：139-140）。

10) 関東大震災に関する記述は北原（2014）および北原（2011）を参照した。北原（2011：5）によれば，震災の1週間前の8月24日に当時の総理大臣の加藤友三郎が病死した後，内田康哉外相が臨時首相代理を務めていた。1923年9月1日の地震発生後，翌9月2日に内田康哉臨時首相代理によって，暴徒を予見した治安対策として戒厳令と非常徴発令が公布された。その数時間後，山本権兵衛が首相となり，臨時震災救護事務局が設置され，救護活動が始められた。同書には，公設バラックの設置，閉鎖，解体，多額の義捐金の発生，そして12月27日の虎の門事件をはさむ帝都復興計画の策定までの迷走が描かれている。

11) 後藤新平（1857-1929年）は岩手県で生まれ，医学校卒業後に医師としてのキャリアをスタートさせた。その後医療行政職に転じ，1882年に内務省衛生局に入り，衛生局長に昇進したが，台湾に渡り，1998年，台湾総督府民生局長（後に民政長官）となった。1906年からは南満州鉄道の初代総裁，逓信大臣・初代内閣鉄道院総裁，内務大臣，外務大臣を歴任した。1920年から震災直前の1923年4月20日まで第7代の東京市長に就任した。関東大震災の翌日に組閣された第2次山本権兵衛内閣では，内務大臣兼帝都復興院総裁として震災復興計画を立案した。しかし，同年12月に第

2次山本内閣が総辞職すると，総裁は後藤から水野錬太郎に交代した．後藤は退任後，東京放送局（日本放送協会）の初代総裁に就いた．一方で，1919（大正8）年に拓殖大学の第3代学長に就任し，1929（昭和4）年4月に亡くなるまで学長を務めた．

12) 福田徳三（1874-1930年）に関する記述は，井上（2012）を参照した．福田は東京生まれ，高等商業学校（後の東京高等商業）教授就任後，慶應義塾大学教授（1905～18年）東京商科大学（現・一橋大学）教授（1920～30年）を歴任した．関東大震災後，東京商科大学学生を率いて罹災者実地調査を指導．その後，震災復興に関して，「人間復興」の理念をもとに積極的に著作を著した．福田の業績は，大森編（2006），小峯編（2010），NHK取材班編（2012）などでも紹介されている．

13) 山中（2012），井上（2012）を参照のこと．

14) 同潤会の会長は内務大臣（初代会長は後藤新平の後任の内相である水野錬太郎），副会長は内務省社会局長であり，同潤会はきわめて官庁色の強い組織であった．同潤会は震災復興のための住宅供給団体として設立されたが，1925年以降は賃貸普通住宅も建設し，1928年から1938年にかけて，普通住宅事業として，東京郊外を中心に20カ所で分譲地を開発し，計524戸の木造平屋建て分譲住宅を供給した．そのほか，不良住宅改良事業（コンクリート造共同住宅），勤め人向け分譲住宅事業，職工向け分譲住宅事業，軍人遺族家族アパートメント事業も行った．また，1930年代には，深刻な経済不況と昭和三陸地震津波に見舞われた東北地方での住宅建設も担当し，当初の関東大震災の復興機関としての性質は変容していく．同潤会の活動の全体像は同潤会編（1934），宮澤小五郎編（1942）に記載されている．また吉野（1998）も参照のこと．

15) 同潤会アパートの新奇性については内田（2004）などで指摘されている．

16) 同潤会の実績については今回の震災後にも注目されている．公益財団法人ギャラリーエークワッドが開催したシリーズ『都市に住まう』の第1回展覧会（2015年3月20日～5月21日）のテーマが同潤会アパートであった．展覧会のブックレットに掲載されている大月敏雄「同潤会アパートの計画論的意義」，内田（2015）を参照のこと．

17) 被害の総計は北原ほか編（2012：462）および宇佐美（1975：195）の表に掲載されている内務省警保局調査に基づく（ただし調査の詳細は確認できず）．同調査によれば岩手県の被害は死者・行方不明者2713人，流失・倒潰・焼失家屋4251棟，浸水家屋2259棟，流失・破損船舶5860隻，宮城県の被害は死者・行方不明者308人，流失・倒潰・焼失家屋1478棟，浸水家屋1520棟，流失・破損船舶1373隻であるが，各県の報告書（岩手縣編1934，宮城縣編1935）における数値と異なっている場合もあることから，北原ほか編（2012：462）では，岩手県と宮城県の各報告書に記載されている数値もあわせて掲載している．ただ転記箇所の誤り等により原資料の数値とのズレもみられる．岩手県の調査（岩手縣編 1934：60, 110, 122）によれば，岩手県では死者・行方不明者2671人，流失・倒潰・焼失住家4049棟，浸水住家1748棟，流失・破損船舶8304隻となっている．宮城県の調査（宮城縣編 1935：49-50, 63, 108）によれば，宮城県では死者・行方不明者420人，流失倒潰・中潰住家639棟，浸水住家1645棟，沈没・破壊・座礁又は座洲・行方不明・その他の遭難漁船2116隻となっている．このほか被災各県の被害状況については，内務大臣官房都市計画課

（1934：14-20）にも記載がある。また，特に被害の大きかった岩手県の被害状況については，三陸大震災史刊行会編（1933：68-71），釜沢（1952：80），山下（1990：206-212）にも記載がある。

18) 山下（[1982] 1990：285-288）によれば，産業組合は農林省（当時）の所管なので，農林省から震災復旧資金（長期分割支払融資）が産業中央金庫を通じて各産業組合に配分され，被災者へ融資された。産業組合は町村の範囲内に設立されていたが，岩手県では 24 の産業組合が 28 の被災集落に融資を行った。融資総額 72 万 7000 円で，1965 戸分と水道 7 カ所，共同作業所兼集会所 11 棟，共同倉庫 12 棟，浴場 12 棟の建設費用にあてられた。多くは既存の産業組合がそのまま融資主体になって貸し付けるケースが多いが，新たに産業組合を設立して融資を受けるところもあった（吉里吉里住宅信用購買利用組合など）。1 人（1 世帯）あたりの平均貸付額が最高なのは普代村大田名部住宅産業組合で 450 円，最低は広田信用組合で 145 円であった。

19) 内務大臣官房都市計画課（1934）を参照した。

20) 内務大臣官房都市計画課（1934：47，50）によれば岩手県では街路復旧事業は 7 町村，住宅適地造成事業は 19 町村で導入が計画されていた（一部の町村では町村内の別々の集落を対象に両事業の導入を計画していた）。宮城県では，街路復旧事業を実施した町村は 1 つもなく，住宅適地造成事業は 15 町村で導入が予定されていた。

21) 釜沢（1959：105）で，漁業復興資金の導入については低利といえども利子がつくもので，「十万の漁民を，無一文のどん底にたたき落とす」ものと，漁民は反発したと記されている。

22) 青井（2013），岡村（2014, 2015, 2016），青井・岡村・石榑（2017）を参照のこと。

23) 奥尻島青苗地区での筆者による住民インタビューによる（2014 年 4 月 6 日実施）。

24) 『読売新聞』2016 年 3 月 6 日付記事によれば，当初 100% だった復興住宅（90 戸）入居率は 2016 年 3 月には 63% に下がり，今後は一部住宅の解体も進める予定になっている。

25) 「みずほリサーチ」2013 年 9 月号は「津波被災から 20 年の奥尻町の苦境──多額の公的資金による安全・安心の街づくりの限界」というレポートが掲載されている。また清水浩一「北海道奥尻島における災害復興と過疎進行」（明治学院大学社会学部付属研究所『研究所年報』47，2017 年）の論文もある。

26) 兵庫県住宅再建共済制度（フェニックス共済）の概要は以下のホームページで紹介されている（http://phoenix.jutakusaiken.jp/gaiyo/index.html）。

27) 出口俊一「高齢の被災者の健康や安心，そして幸福を脅かす『借上公営住宅』問題 1」の「理不尽な『借上公営住宅』からの強制退去」および，安田秋真「同 2」の「『終の住処』を守るたたかい──震災から五度目の危機を迎えて」，塩崎・西川・出口・兵庫県震災復興研究センター編（2015）所収，を参照。また『毎日新聞』2017 年 1 月 17 日付記事において神足俊輔記者は「阪神大震災 22 年後の住まい」と題した論考を寄せている。

28) 阪神・淡路大震災の復興については，塩崎（2014）および塩崎・西川・出口・兵庫県震災復興研究センター編（2015）が批判的な分析を行っている。

29) 公益財団法人山の暮らし再生機構（LIMO）については以下のホームページを参照のこと（http://www.yamanokurashi.jp/limo2/）。

30) 公益財団法人新潟県中越大震災復興基金については以下のホームページを参照のこと（https://www.chuetsu-fukkoukikin.jp/）。
31) 内田（2011：70）は新潟県中越大震災復興基金の「平成22年度事業報告及び決算等について」を分析し，「事業を開始した2005年は住宅復興，生業の維持再生など被災者の生活設計に直接むすびつくものなど，緊急に実施が必要なものを中心に事業が行われた。例えば，農林水産業対策では被災者の融資への利子補給・助成，避難家畜関連費用・錦鯉養殖業関連費用の補助等のほか，国の補助事業の対象とならない小規模な農地復旧を補助する『手づくり田直し等支援事業』等が実施された」と述べている。

参考文献

青井哲人，2013，「再帰する津波，移動する集落――三陸漁村の破壊と再生」『年報 都市史研究』20。
青井哲人・岡村健太郎・石榑督和，2017，「基盤編成の1930年代――昭和恐慌下の三陸漁村と津波復興」中川理編『近代日本の空間編成史』思文閣出版。
中央防災会議・災害教訓の継承に関する専門調査会，2015，『災害教訓の継承に関する専門調査会報告書』。
同潤会編，1934，『同潤会十年史』同潤会（内田青蔵・藤谷陽悦・吉野英岐編，1998，『近現代都市生活調査 同潤会基礎資料Ⅱ』第3巻，柏書房に収録）。
福田徳三，1916，「生存権ノ社會政策」河津暹編『最近社会政策――金井教授在職二十五年記念』有斐閣出版。
福田徳三，1924，『復興経済の原理及若干問題』同文館（復刻版として，山中茂樹・井上琢智編，2012，『復刻版 復興経済の原理及若干問題』関西学院大学出版会がある）。
ギャラリーエークワッド編，2015，シリーズ『都市に住まう』第1回「同潤会の16の試み――近代日本の新しい住まいへの模索」展覧会ブックレット。
橋詰登，2012，「新潟県中越地震（旧山古志村等）」農林水産政策研究所『過去の復興事例等の分析による東日本大震災復興への示唆――農漁業の再編と集落コミュニティの再生に向けて』震災対応特別プロジェクト研究資料 第1号。
平山洋介・斎藤浩編，2013，『住まいを再生する――東北復興の政策・制度論』岩波書店。
今泉芳邦，2005，『三陸の漁村と漁業組合』東洋書院。
井上琢智，2012，「解説・福田徳三の関東大震災体験と出版の経緯・福田徳三の厚生経済」山中茂樹・井上琢智編『復刻版 復興経済の原理及若干問題』関西学院大学出版会。
五百旗頭真，2016，『大災害の時代――未来の国難に備えて』毎日新聞出版。
岩手縣編，1934，『岩手縣昭和震災誌』岩手縣。
会誌編集委員会，2013，「「近代復興」とは何か」『建築雑誌』128（1642）（2013年3月号）。
釜沢勲，1952，『三陸漁村の研究』高山書店。
釜沢勲，1959，『岩手漁協八十年の歩み』いさな書房。
北原糸子，2011，『関東大震災の社会史』朝日新聞出版。
北原糸子，2014，『津波災害と近代日本』吉川弘文館。
北原糸子，2016，『日本震災史――復旧から復興への歩み』筑摩書房。
北原糸子編，2006，『日本災害史』吉川弘文館。
北原糸子・松浦律子・木村玲欧編，2012，『日本歴史災害事典』吉川弘文館。

小峯敦編，2010，『福祉の経済思想家たち〔増補改訂版〕』ナカニシヤ出版。
越澤明，2011，「昭和8年三陸津波に対する内務省都市計画課の復興計画について」『新都市』65（5月号）。
越澤明，2012，『大災害と復旧・復興計画』岩波書店。
黒石いずみ，2015，『東北の震災復興と今和次郎——ものづくり・くらしづくりの知恵』平凡社。
松井克浩，2008，『中越地震の記憶——人の絆と復興への道』高志書院。
松本武祝編，2015，『東北地方「開発」の系譜——近代の産業振興政策から東日本大震災まで』明石書店。
御厨貴編，2016，『大震災復興過程の政策比較分析——関東，阪神・淡路，東日本三大震災の検証』（検証・防災と復興1）ミネルヴァ書房。
宮城縣，1903，『宮城縣海嘯誌』仙台印刷。
宮城縣編，1935，『宮城縣昭和海嘯誌』宮城縣。
宮澤小五郎編，1942，『同潤会十八年史』同潤会（内田青蔵・大月敏雄・藤谷陽悦編，2004，『近現代都市生活調査 同潤会基礎資料Ⅲ』第2巻，柏書房に収録）。
内務大臣官房都市計画課，1934，『三陸津浪に因る被害町村の復興計画報告書』。
中島直人・田中暁子，2011，「三陸の過去の津波災害と復興計画」『都市計画』291。
中条藍・釜沢勲，1959，『三陸の漁村』新藤武弘（個人発行）。
NHK取材班編，2012，『日本人は何を考えてきたのか 大正編——「一等国」日本の岐路』NHK出版。
西田耕三編，1978，『南三陸災害史——津波・火災と消防の記録』（気仙沼双書第6集）NSK地方出版社。
農山漁村文化協会編，2011，『復興の大義——被災者の尊厳を踏みにじる新自由主義的復興論批判』農山漁村文化協会。
岡村健太郎，2014，「昭和三陸津波後の岩手県大槌町吉里吉里集落の復興に関する研究——農山漁村経済更生運動と復興計画の関連」『日本建築学会計画系論文集』79(698)。
岡村健太郎，2015，「昭和三陸津波後の集落にみるコンパクトな復興」木部暢子編『災害に学ぶ——文化資源の保全と再生』勉誠出版。
岡村健太郎，2016，「［論説］明治三陸津波と昭和三陸津波の災害復興政策に関する比較研究」『歴史地震』31。
岡村健太郎，2017，『「三陸津波」と集落再編——ポスト近代復興に向けて』鹿島出版会。
大門正克・岡田知弘・川内淳史・河西英通・高岡裕之編，2013，『「生存」の東北史——歴史から問う3・11』大月書店。
大曲駒村，1923，『東京灰燼記』東北印刷出版部（1981，『東京灰燼記——関東大震火災』中央公論社）。
大森郁夫編，2006，『経済思想9 日本の経済思想1』日本経済評論社。
大西裕編，2017，『災害に立ち向かう自治体間連携——東日本大震災にみる協力的ガバナンスの実態』（検証・防災と復興3）ミネルヴァ書房。
大月敏雄，2015，「同潤会アパートの計画論的意義」ギャラリーエークワッド編 シリーズ『都市に住まう』第1回「同潤会の16の試み——近代日本の新しい住まいへの模索」展覧会ブックレット。

歴史学研究会編，2012，『震災・核災害の時代と歴史学』青木書店。
三陸大震災史刊行会編，1933，『三陸大震災史』友文堂書房。
塩崎賢明，2014，『復興〈災害〉——阪神・淡路大震災と東日本大震災』岩波書店。
塩崎賢明・西川榮一・出口俊一・兵庫県震災復興研究センター編，2015，『大震災20年と復興災害』クリエイツかもがわ。
首藤伸夫，2012，「昭和三陸地震津波」北原糸子・松浦律子・木村玲欧編『日本歴史災害事典』吉川弘文館。
津久井進，2012，『大災害と法』岩波書店。
綱島不二雄・岡田知弘・塩崎賢明・宮入興一編，2016，『東日本大震災 復興の検証——どのようにして「惨事便乗型復興」を乗り越えるか』合同出版。
内田青蔵，2004，『同潤会に学べ——住まいの理想とそのデザイン』王国社。
内田青蔵，2015，「同潤会から学ぶこと『多様性に込められた意味』」ギャラリーエークワッド編 シリーズ『都市に住まう』第1回『同潤会の16の試み——近代日本の新しい住まいへの模索』展覧会ブックレット。
内田多喜生，2011，「新潟県中越地震における復旧・復興への取組経過について」『農林金融』64（8）。
宇佐美龍夫，1975，『資料 日本被害地震総覧』東京大学出版会。
山口弥一郎，1943a，『東北の村々』恒春閣書房。
山口弥一郎，1943b，『津浪と村』恒春閣書房（石井正己・川島秀一編，2011，『津浪と村』三弥井書店として復刊された）。
山口弥一郎，1972-1981，『山口弥一郎選集』全12巻・別巻1，世界文庫，文化書房博文社。
山中茂樹，2012，「『人間復興』の今日的意義 福田徳三的『市民的災害復興論』を構築しよう」福田徳三（山中茂樹・井上琢智編）『復刻版 復興経済の原理及若干問題』関西学院大学出版会。
山崎栄一，2012，「災害と法律」北原糸子・松浦律子・木村玲欧編『日本歴史災害事典』吉川弘文館。
山下文男，1982，『哀史三陸大津波——歴史の教訓に学ぶ』青磁社（1990，『哀史三陸大津波（普及版）』青磁社）。
山下文男，2008，『津波と防災——三陸津波始末』古今書院。
吉野英岐，1998，「同潤会の生計費調査について」内田青蔵・藤谷陽悦・吉野英岐編『近現代都市生活調査 同潤会基礎資料Ⅱ』第1巻，柏書房。
吉野英岐，2009a，「農山村地域は縮小社会を克服できるか——中山間地域における政策と主体の形成をめぐって」『地域社会学会年報』21。
吉野英岐，2009b，「集落の再生をめぐる論点と課題」日本村落研究学会監修・秋津元輝編『集落再生——農山村・離島の実情と対策』村落社会研究45 農山漁村文化協会。
吉野英岐，2012a，「東日本大震災後の農山漁村コミュニティの変容と再生——岩手沿岸地域での調査から（東日本大震災とコミュニティ）」『コミュニティ政策』10。
吉野英岐，2012b，「沿岸被災地の生活を維持するために必要なこと」『農業と経済』78（4）別冊「東日本大震災と農業・農村——どう立ち向かうか，どう支えるか」。

第3章

記憶のかたち
災害の「まえ」と「あと」をつないで伝える

今井 信雄

　東日本大震災が起きてから，数多くの「記憶を伝える」実践がなされている。東日本大震災が起きる以前から，われわれの社会はさまざまな方法で災害の「記憶」を伝えてきたが，インターネット環境の進展やメディア機器の広がりが，社会における「記憶」をめぐる実践を活発化させてきたのは間違いない。「記憶を伝える」という表現は，もはや一般的となった。

　今，体験者の語り部活動，写真展の開催，インターネット上のデジタルアーカイブ，被災建築物の保存……等々，多岐にわたる人々の営みが，同じ「記憶」という言葉で表されている。これらの災害の「記憶」に関する実践は，被災地内外に生きる人々の実践であると同時に，研究者が積極的に関与する学術的な営み（人々の実践に包含されるかたちで）としてもなされてきた[1]。それは「記憶」というテーマがもつ問いの広さを示しているが，必ずしも同じ営みでないものを「記憶」という言葉で，ひとくくりにして表してしまっているのが現状である。「記憶」は今，その意味する内容が曖昧なまま，社会のなかで用いられている。

　「記憶」そのものは，パソコンの何らかのデータが別のパソコンにコピーされるように人から人へ「伝わる」ことはありえない。にもかかわらず，「記憶

を伝える」という表現は，被災した経験を丸ごと被災していない人々に伝えていく，というようなニュアンスで用いられている場合もあるように思える。「記憶を伝える」実践が重要だと多くの人が指摘し同意していても，その内実が明白でなければ，何が大事なのか曖昧なまま，その実践が行われることになり，結局社会のなかで蓄積されていかないのではないか[2]。

　本論では，まず，われわれの「災害の記憶」というものが，どのように社会的に形成されてきているのかを検討する。そして，そのうえで今までの記憶をめぐる議論で抜け落ちてきた視点を指摘したい。それは端的にいうと，災害のことを伝えることは災害以前と以後のことも伝えることである，ということだ。災害のこと，災害以前のこと，災害以後のこと，それらのことを結びつけるものとして，「記憶を伝える」実践の意義を強調したい。そして，災害の記憶を伝えるために，モニュメントや遺構などの「かたち」が必要になってくるのである。

1　記憶を伝える「動機」とその前提としての「事実」

　さまざまな「記憶を伝える」実践を考えるとき，「なぜ記憶を伝えなければならないのか」という問いが浮かび上がる。このことを，社会学者C. W. ミルズの「動機の語彙」論を手がかりとして考えてみよう（Mills [1940] 1963）。ミルズによれば，社会には「類型的な語彙（typical vocabularies）」が用意されているという。そして，われわれは社会に用意されている「類型的な語彙」によって自分（の動機）を他者に説明する。たとえば「なぜ怒ったのか？」という問いに対して「殴られたから怒ったのだ」という動機の表明がある。あるいは「なぜ勉強しなければならないのか？」という問いに対して「いい大学に行きたいから勉強するのだ」という動機の表明がある。それらは社会のなかで用意されている典型的な言葉のボキャブラリー（語彙）である。それらの語彙は，その言葉を聞いた人に，その人のふるまいに対する疑問「なぜ怒ったのか？」「なぜ勉強しなければらないのか？」に対する答えを与えることになる。そして，それらの語彙は，他者が自分のふるまいを解釈するために用いられるだけでなく，自分が自分のふるまいを解釈するためにも用いられる。「自分が怒ったのは殴られたからだ」と自分で自分を納得させ，「勉強しなければならないのはいい大学に行きたいからだ」と，自分で自分を納得させる。社会のなかに

第3章　記憶のかたち

存在する「類型的な語彙」を用いることで，自分は自分を他者に説明し，また自分自身を理解する。そして，それらの語彙の表明により，自分と他者との社会関係はつくりあげられていく。これが「動機の語彙」論の考え方である。この「動機の語彙」論を解説した井上俊によれば，「予期しなかった行為や，意味を確定しにくい多義的な行為が生じ」たときにこそ，「問題の行為の動機を明らかにすることによって，その行為の意味を理解しようとする」(井上 2008: 14-15) という。まさに大災害という未曾有の出来事が起き，それを記憶し伝えようとするとき，「動機」の表明が必要になってくるのである。災害の「記憶」に関する実践は「つらい記憶をなぜ伝えなければならないのか？」という問いを必然的に含まざるをえない。そこで，「将来起こるかもしれない，地震，津波，地滑りなどの自然災害による被害を軽減するため」に「過去の被災の事実を忘却させずに記憶にとどめる」(阪本ほか 2009: 181) というような言葉として，研究の「動機」が表明される。

そして，このミルズの「動機の語彙」論を手がかりに，次のことを指摘しておきたい。それは，動機を説明するための「類型的な語彙」が成立するとき，その語彙を成立させる前提となるなんらかの事実や出来事が成立してしまっている，ということである[3]。そしてこのことが，われわれの記憶をめぐる実践に大きく関わっている。

たとえば，「いい大学に行きたいから」という「動機の表明」が有効なのは，「いい大学に入ることはよいことだ」と人々に認識されている事実を前提としている。「殴られたから」という動機の表明は，「殴られたら怒るのは当然だ」と人々に認識されている事実を前提としている。「類型的な語彙」が社会のなかで用意されるためには，それが用意されるための事実や出来事が前提とされなければならない。その意味で，たとえば「被害を軽減するため」という動機の表明は，「東日本大震災」によって社会的に甚大な被害があったという社会的な事実を前提としたときに，有効となるのである。

2 動機と事実と記憶

東日本大震災の被災地である岩手県陸前高田市では，津波で残った1本の「松」が「奇跡の一本松」と呼ばれるようになり，保存された。陸前高田市のホームページには，次のように記載されている。

「平成23年3月11日，陸前高田市を地震と大津波が襲いました。死者，行方不明者は2,000人近くにのぼり，市街地や海沿いの集落は壊滅しました。過去の度重なる津波から高田のまちを守ってきた，約7万本と言われる高田松原もほとんどが流されてしまいましたが，その中で唯一耐え残ったのが『奇跡の一本松』です。津波に耐えて奇跡的に残った一本松でしたが，海水により深刻なダメージを受け，平成24年5月に枯死が確認されました。しかし，震災直後から，市民のみならず全世界の人々に復興のシンボルとして親しまれてきた一本松を，今後も後世に受け継いでいくために，陸前高田市ではモニュメントとして保存整備することといたしました。それが『奇跡の一本松保存プロジェクト』です。」[4)]

　この文章は，一本松が残されるための「動機」の表明が示された言葉である。しかし，その動機の表明の内容としては，地域的な被害や一本松が残ったことや人々に親しまれたことなどが記され，そのうえで「今後も後世に受け継いでいくために，陸前高田市ではモニュメントとして保存整備することといたしました」としている。

　この「動機」の表明には前提が存在する。それは，「東日本大震災が起きて未曾有の被災がもたらされた」という社会的な事実である。しかし，その事実はこの「動機」の表明には含まれていない。われわれは「平成23年3月11日」に東日本大震災という大災害が起きたことを知っている。それは，陸前高田市だけではなく，日本や世界を含む社会全体に関わる「記憶」である。言い換えれば，社会全体の側からみた「東日本大震災」という記憶でもある。

　それに対し，紹介した「動機」の文章の大半は，保存される「松」をめぐる人々や松に関わる出来事の側からみた「記憶」のあり方が記されている。津波で唯一残った松が「奇跡の一本松」であり，「復興のシンボル」として人々が親しみを感じ，その後枯死が確認されたがモニュメントとして保存整備されることになった，というような松に関わる記憶のあり方である。

　そのように考えたとき，陸前高田市の被害状況を記述した前述の文章で「平成23年3月11日，陸前高田市を地震と大津波が襲いました。死者，行方不明者は2,000人近くにのぼり，市街地や海沿いの集落は壊滅しました」という，どちらかといえば社会全体に関わる記述と，それ以降の「松」に関わる記述の間に，切れ目があると考えることができる。それは，社会全体から見た事実と，

第3章　記憶のかたち

人々がある事物について何らかの意味を見いだし思いを寄せたという事実，というふたつの事実の認識を分けるような切れ目である。

もう少し説明すると，「平成23年3月11日，陸前高田市を地震と大津波が襲いました。死者，行方不明者は2,000人近くにのぼり，市街地や海沿いの集落は壊滅しました」という記述は，「東日本大震災」という社会全体に関わる出来事に含まれていると考えることができる。なぜなら，「東日本大震災の被災状況」という社会的な事実は，「陸前高田市の被災状況」と「陸前高田市以外の被災状況」をあわせたものといえるからである。それに対し，津波で唯一残った松に意味を見いだすことは，人々の記憶によって成立した「事実」ということができる[5]。人々が記憶しなかったり，思いを寄せなければ，松に関するその「事実」は社会のなかで成立していないだろう。

つまり，記憶を残そうとする実践には，社会全体に関わる事実の認識と，人々が意味を見いだし思いを寄せたことによって成立する事実の認識がある。本章ではこれらふたつの事実をそれぞれ「総体的な事実」「個別的な事実」と捉えておこう。「総体的な事実」は社会全体に関わる事実の認識であり，「個別的な事実」は，ある限られた領域や個々の状況に関わった人々にとって意味が見いだされた事実を指す。つまり，前述の「一本松」を保存することの表明の言葉は，東日本大震災が起きたという社会全体にとっての「総体的な事実」と，地震によって発生した地域的な被害にもかかわらず，1本の松が残ったという人々によって意味を見いだされた「個別的な事実」の双方によってはじめて成立していると考えることができるのである。

3　集積することと拡散すること

「個別的な事実」は個人の体験や記憶そのものではない。「事実」として成立するためには，個人の体験や記憶が，個々の主観的な意味づけの認識を超えて，集合的に人々に記憶され，事実として認められる必要がある。

そのために何が必要か。たとえば，何らかの「かたち」によって，人々に記憶されることがある。「かたち」は，そのままでは曖昧な体験や記憶を人々に共有させ，事実として成立させていく。

1995（平成7）年1月17日に起きた阪神・淡路大震災の被災地では，数多くの記念碑や慰霊碑などの「震災モニュメント」が建てられていた[6]。当時はま

だ,「遺構」という言葉もなく,「記憶を伝える」ことについても社会的に議論はなされていなかった[7]。筆者はこれらの震災モニュメントについて,その性格を調査し社会学的なアプローチで分析したことがあった。そこでわかったのは,多くのモニュメントは「慰霊」のためのものと,「教訓」のためのものに,二分されているということであった（今井 1999）。また,設立する集団の性格によってモニュメントの意味が変わってくるということもわかった（今井 2002）。さらに,それぞれのモニュメントは,託された内容が未来に向けられていたり過去に向けられていたりするが,モニュメントをつくりあげることで,社会そのものをつくりあげようとしている,ということであった（今井 2001）。

　これらの研究を踏まえ,災害の記憶という点から捉え直すと,震災モニュメントは,多くの人々が何らかの記憶を集積させ,それを「かたち」としたものだということもできる。震災モニュメントも,震災の記憶を残そうとする人々の営みのひとつであるのだから,遺構保存をはじめ,多くの災害の記憶を残す営みについても,同じことがいえるかもしれない。

　阪神・淡路大震災のみならず,多くの大規模災害の被災地では,災害の記憶を伝えようと「モニュメント」がつくられたり「遺構」が残されたりしている。前述の東日本大震災の被災地である陸前高田市の「一本松」は最も有名なもののひとつだが,これは,津波によって甚大な被害を受けた地域で,1本残っていた松に,人々がさまざまな思いをはせ,保存して残すことが決められたものである。松を生かしたまま保存することが目指されたが,断念し,モニュメント化され,現地に保存されている。

　人々が,この一本松を見て思い起こす過去は,それぞれ違うだろう。経験した過去が異なるのだから当然だが,それぞれの経験が,やがて保存を求める気持ちとして集積してきたということもいえる。

　別の例を挙げると,長崎県南島原市深江町の大野木場小学校校舎は 1991（平成 3）年 9 月 15 日に起きた雲仙普賢岳の火砕流で焼失したが,鉄筋コンクリート本体は残り,保存されることとなった。大野木場小学校が大野木場地区の「住民の心の拠り所」（高橋 2000: 381）であったとして,住民から保存の要望があったからである。1993（平成 5）年 2 月 22 日に大野木場地区の住民による 1078 人分の署名が添えられ「大野木場小学校の現状保存に関する要望」が深江町長に提出された。その要望書には以下のように記されている。

写真1　保存された旧大野木場小学校[8]

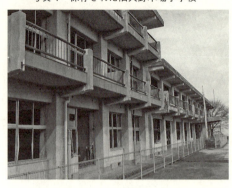

　「平成3年9月15日，火砕流の焔は大野木場地区を広く襲い，私たち大野木場の住民にとって心の拠り所であった大野木場小学校も，無惨に焼け落ちてしまいました。私たちは大野木場の再生を考える時に，新たな校舎を軸に，地域作りを進めたいと願っています。けれどもそのことと同じ様に，現在の被災校舎の現状保存を強く望むものです。大野木場小学校は，公共の建物としては唯一の火砕流被災物です。親と子が，時間空間を超えて共有した学びの場，地域のコミュニティの役割を果たしてきた被災校舎を，今回の災害の教訓と，全国から寄せられた善意を胸に刻むためのメモリアル施設としたいのです（後略）」。（国土交通省九州地方整備局雲仙復興工事事務所編　2001: 169）

　本章の前半で考察した「一本松」の文章と同じく，この言葉も保存の「動機」と捉えることができる。この文章は大野木場地区の大野木場小学校についての記述だが，そこには雲仙普賢岳災害という「総体的な事実」が前提とされ，そのうえで保存されることになった大野木場地区の「個別的な事実」が記される。
　これら，保存することがもつ社会的機能を「記憶の集積機能」と呼びたい。
　人々の記憶によって「松」や「小学校」が保存されるのだが，そこで保存されるのは「松」「小学校」そのものというよりむしろ，個々人の記憶（の集積）ということだ。個々の被災した経験を「松」や「小学校」の物語に託し保存している。残そうと意図する人々は，自分の記憶をそこに残そうとするのであ

る[9]。

　これら，保存された松や，さまざまな遺構や震災モニュメントを前にして，人々は，何らかの過去を思い出すだろう。そのとき，保存されたものによって過去が呼び起こされたということができる。それは過去の「共有」へとつながっていく。たとえば，それらを前にして，他の人と過去を語ったり，文集などのかたちで公表することなどによって，それを経験していない人との「共有」になる。それだけではなく，自分ひとりでその場所に赴き過去を思い出し，気持ちを新たにする場合などは，「過去の自分と今の自分のあいだでの記憶の共有」ということもいえるだろう[10]。

　その意味で，異なる人々の記憶を，ひとつの「かたち」にし社会的に共有しようとするものとして，モニュメントや遺構を捉えることができる。それは，保存されたものや意味づけられ残された場所やものが，さまざまな過去を集積させたということがいえるのである。

　陸前高田市の「一本松」も，大野木場地区の小学校も，人々がその対象に関する「記憶」をもっている。その「記憶」が集められたことによって「個別的な事実」が成立したといえる。

　しかし，集められた記憶は，そこを訪れる人々に伝えられていく。もちろん，集められた意図の通りに（と思えるような伝わり方で）伝わっていく場合もあるだろうが，そうではない場合もある。阪神・淡路大震災の語り部が自身の被災体験を伝えたとき，それを聞いた人が「わしらな，そんな戦争で死んどるもんいっぱい見とんじゃ」（高野・渥美 2007: 190）と意見されることなどもあるという。東日本大震災で広く議論されてきた「震災遺構」がある場所でも，被災した出来事を伝えようと意図される場所であるにもかかわらず，「見学者たちが記念写真を撮ったり，たばこをポイ捨てしたりする」[11]ことなどが，しばしば問題となった。

　保存された記憶は，意図があったとしてもその意図通りに伝わるのではなく，さまざまな伝わり方をする。それは，伝達というより「拡散」に近い。それは「記憶の集積」に対する「記憶の拡散」である。集積機能と拡散機能。この2つが，記憶に「かたち」を与えることで起きることだといえる。

4 「かたち」に何を見いだすか

「個別的な事実」と時間

　繰り返すが，記憶を伝える実践には，その実践の「動機」が表明される。その場合，社会全体に関わる「総体的な事実」と，保存など記憶を伝える実践に関わる「個別的な事実」とがある。個別的な事実が成立することで，何らかの記憶の実践としての「保存」がなされ，その事実に「かたち」が与えられるが，そこで保存されるのは，人々の記憶である。そして，保存されることで，記憶は集積され，拡散される。

　次に，「個別的な事実」とは何か，ということと，そこで与えられる「かたち」について考えてみよう。個別的な事実は，人々がある事物について何らかの意味を見いだしたり思いを寄せたことによる事実と述べた。人はそれらどのような「かたち」に惹かれ，意味を見いだし，自らの経験を記憶として託すのだろうか。このことを「時間」という観点から考えたい。

　まず，「個別的な事実」とは，ある人がある事物について何らかの意味を見いだしたり思いを寄せたりすることによって成立する事実であるとしよう。すると，人々は，どのような事物に自分の記憶を託そうとするのだろうか。筆者は，しばしば災害の記憶を伝える際に，時間が止まっている感覚が要求されることを指摘してきた（たとえば今井 2013 および 2014）。典型的な事例として，止まった時計の保存と被災跡の保存という 2 つの方法がある。

　たとえば，東日本大震災では，千葉県旭市飯岡地区の「5 時 26 分」で止まった旧農協ビル前時計「忘れじの時計」（写真 2），あるいは岩手県大船渡市の「3 時 25 分」で止まったままの時計塔（写真 3）など，被災地の各地で多くの時計が，保存公開されている。阪神・淡路大震災でも，「5 時 46 分」で止まった時計として保存されている兵庫県神戸市中央区の「マリーナ像」（写真 4）など，いくつもの例がある。

　旭市の「5 時 26 分」や大船渡市の「3 時 25 分」は，この地に最大の津波が押し寄せた時間である。また，神戸市の「5 時 46 分」は，阪神・淡路大震災をもたらした兵庫県南部地震が起きた時刻である。それぞれの時計は，いわば時間軸が失効された存在である。

　時間軸の失効は，その災害が起きた時間を区切っていることが重要である。

写真2　千葉県旭市飯岡地区旧農協ビル前時計「忘れじの時計」[12]
写真3　岩手県大船渡市の「3時25分」で止まったままの時計塔[13]
写真4　兵庫県神戸市中央区の東遊園地にある「マリーナ像」[14]

　いくら，被災の影響で止まった時計だとしても，「被災した後，針が何十分も進んで，止まった時計」は，保存の対象とはならない。時間が止まっていないからだ。そして保存される時計がほぼアナログ時計であるということは，われわれが，針が動くことに「時間の流れ」を感じているからだといえる。

　被災物の保存や被災建築物の保存に際しても，それが意図するのは時間軸の失効であるといえる。「あのときのまま」であることが重要とされているのである。たとえば，兵庫県の淡路島には阪神・淡路大震災で隆起した「野島断層」を保存し公開する施設があるが，その断層には土が崩れ落ちないよう定期的に樹脂が塗られていることで「当時のそのまま」であることを保証しているし，断層に隣接するメモリアルハウス（被災した民家が保存された施設）は，被災直後の散乱の様子が保存の際に再現されている（地震の後も居住者が生活していたので，散乱した台所はいったん整理されていた）（今井 2014）。東日本大震災の後，広く知られることとなった陸前高田市の「一本松」についても，8本ある枝を切り払ったあと根元から伐採して県外の加工場や施設に搬送し，カーボン製の心棒を通してから「枝部分をレプリカ」にするなどして復元したもの[15]とされている。福島県富岡市では，津波で被災したパトカーが防錆の処理がなされたうえで，保存展示されている[16]。それらは，「あのときのまま」であり，時間軸が失効されていることを意味する。

「完了した過去」としての記憶

　なぜ，保存されたものが災害が起きた時間で区切られ，時間軸が失効されなければならないのか，ということは，「個別的な事実」の成立に大きく関わる点である。そこで「個別的な事実」について，ひとつの逆説的な論点を述べて

写真5　宮城県女川町の被災建築物[17]

おきたい。
　それは，時間軸の失効こそが時間が動いた感覚をわれわれに与える，ということだ。
　たとえば，東日本大震災の被災地で，写真5の建物を前にして，われわれはどのように感じるだろうか。
　おそらく，われわれはこの対象を「津波によって倒れた建物」として見るだろう。その感覚には，時間的な幅が含まれている。それは，津波が来る前の状態から／津波が来て／倒れた，という時間の流れをともなった過去に対する感覚である。時間軸が失効された状態を目にしたときに，われわれは，「その前」（津波が来る前）の状態から「その後」（津波が来た後）になったという「過去のなかでの時間の流れ」を想起（想像）するのである。その意味で，時間軸の失効は対象の時間が止まったことを意味すると同時に，時間の流れも感じさせる。
　そのとき，対象をめぐる過去は，単なる「過去」というより「過去完了」の時制のように「ある時点から始まりある時点で終わった過去」として感覚される。ある時間が始まって，終わる，という感覚。われわれは，その感覚を前にしたとき，自らの記憶を紐解き，過去を思い出す。そこに，ひとつの記憶が成立する。「完了した過去」としての記憶である。
　完了した過去は，時間の流れをともなった過去であり，保存される対象の「物語」によって成立する。「物語」があるときにこそ「個別的な事実」が成立する。典型的な例は，新潟県中越地震の「妙見メモリアルパーク」である。「地震の影響により，妙見堰上流右岸の『妙見地区』において，大規模岩盤崩

落が発生し，ワゴン車が巻き込まれ，親子3名がその場に取り残されました。このうち，母と女の子の2名は犠牲になってしまったものの，男の子1名が92時間にも及ぶ救出作業の結果，救出されました」[18]という物語として，その出来事が完結しその場所に関する「個別的な事実」が成立している。

完了された過去と，完了されない過去，そして現在

その意味において，その「過去」が「完了」していなければ，伝えるべき「記憶」とされにくいといえる。たとえば，池埜聡と坂口幸弘の調査では，1995年に起きた阪神・淡路大震災から20年以上経過した現在でも，多くの遺族が「生き残ったことへの後ろめたさや自らを責める気持ちを抱いている」[19]という状況が明らかになっている。また，矢守克也は「阪神・淡路大震災の被災者から『もう少し丈夫な家に住んでいれば』『もう一泊していけなどと言わなければ』などと口にされるのを，地震から十数年経った今でも耳にする」と述べ，そこから「自分を責める感情も生じてくる」ことを指摘している（矢守2013: 18-19）。

「あのとき」の過去から始まり今なお続いている「事実」であるが，それはまだ終わっていない。つまり，まだ終わっていない「過去」としての「事実」は，伝えられる「記憶」として選ばれないという問題を指摘することができる。すると「個別的な事実」としての過去をどのように想起するか，ということが，災害の「記憶を伝える」内実に大きな影響を与えるということになる。言い方を変えれば，どのような「個別的な事実」が残されようとしてきたのか，残されようとしてこなかったのか，ということである。

すでに紹介した長崎県の旧大野木場小学校の文章を見返してみよう。注目したいのは，「親と子が，時間空間を超えて共有した学びの場，地域のコミュニティの役割を果たしてきた」の部分である。「親と子が，時間空間を超えて共有した」のはいつだったのか，そして「地域のコミュニティの役割を果たしてきた」のは，いつだったのか。それは，火砕流の被害を受ける前まで，なのである。

つまり，ここで保存されている「個別的な事実」とは，「今回の災害の教訓と，全国から寄せられた善意」という被災時からそれ以後の経緯だけではなく，被災以前の生活や出来事も含まれている。大野木場小学校の事例が示すのは，災害が起きる前の出来事も，そこに住んでいた人々にとっては重要な過去であ

るということだ。その地域の過去は災害がすべてではない、ということである。

　阪神・淡路大震災の後に、淡路島に移設され保存されることとなった「神戸の壁」という被災建築物も、災害の前の過去を保存しうる例としてあげることができるだろう。保存運動に関わった関係者によれば、「昭和2年頃、神戸市長田区の若松市場の延焼防火壁として建てられた。第二次世界大戦の空襲に耐え残り、又、阪神淡路大震災においては、建物は、倒壊全焼したが、この壁だけは『倒れず、焼けず』多くの人を救いに導き、荒廃した中に堂々と建ち残っていた」と記されている（リメンバー神戸プロジェクト編 2000: 3）。

　それは、阪神・淡路大震災以後の過去だけでなく、震災以前の過去をも含む記述であり、その両方が保存されているといえるのである。その意味で、「神戸の壁」は、戦争や災害という運命に対して、その困難を乗り越えてきた「壁」の運命と、それに関わる人々の運命を、感じさせるものとして保存の対象となったのである。

　矢守克也と杉山高志は、災害が起きた「あの日」という出来事を前提にしない語りを「Days-Before」の語りとし、「出来事がおこる前にはたしかにあった語り」（矢守・杉山 2015: 114）の重要さを指摘している。また、宮前良平と渥美公秀は被災写真返却活動を通して、被災者が被災写真を見ることで災害以前の生活を想起する重要性について指摘し、復興のあり方を検証している（宮前・渥美 2017）。

　これらの指摘を踏まえれば、社会のなかでの「記憶」を考えるとき、われわれの社会で被災したことや被災した後の経験を保存し伝えることも重要ではあるが、それと同じく、もしかしたらそれ以上に、「被災前の過去」が保存されることも重要なのではないだろうか[20]。

　麦倉哲は、東日本大震災被災地の岩手県大槌町での「生きた証プロジェクト」に関わりながら、犠牲者の記録を残す活動を通じて生まれてきた被災地の人々の「多様な相互行為」について、以下の3つに整理し意義づける。第1に「忘れない」行為として「故人の人生を記録する（故人の略史。故人にとって価値のあるドキュメント、遺族や関係者からの思い出）」こと。第2に「とむらう」行為としての「故人との（故人へ言葉を送る・贈る、モノを供える、夢にみる、慰霊碑/記念誌をつくるなどを通した）相互行為」。そして第3に「受け継ぐ（引き継ぐ）」行為として、「故人の遺志をつぐ、故人の死亡状況を検証する」「災害の教訓を引き出し後世に残す」こと（麦倉 2016: 39-40）。それらを踏まえ麦倉は「今を

写真6　神戸市長田区日吉町の「あわせの地蔵」[21]

生きる自分と生きる側でつながる人との相互行為は、死者を取り巻いて、三極化・四極化していく」(麦倉 2016: 43) と述べる。麦倉の関わる「生きた証プロジェクト」が示す取り組みもまた、その「証」のプロジェクトそのものが過去と現在、亡き人と生き残った人、地域の人々と地域外の人々との相互行為を生み出し、完了しない過去から現在への記憶を集積させていく、ということがいえるだろう。

　東日本大震災の被災地では被災建築物の保存の是非が各地で起こった。今、その議論を思い起こせば、そこで抜け落ちていた論点のひとつは、「災害以前の人々の記憶をどのように残すのか？」という視点であったといえる。社会にとっての災害（総体的な事実）から見ると、それら被災建築物はすべて災害という出来事を前提とした存在である。しかし、地元に住む人々から見ると、それら「建築物」の意味は災害という出来事にのみ収斂するものではなかったのである。

　阪神・淡路大震災で甚大な被害を受けた神戸市長田区の日吉町の防災公園「ポケットパーク」には、「あわせの地蔵」と名付けられた3体の地蔵が祀られている（写真6）。そのうち2体は被災した地蔵であり、「一体は真っ黒に焼け焦げ、残る一体は頭部がなくなった状態で焼け跡から見つかった」(『神戸新聞』2004年12月2日付) ものである。そしてあとの1体は震災後寄贈された地蔵である。この地蔵について、阪神・淡路大震災の後、地元の関係者は次のように述べていた。

　「このお地蔵さんっちゅうのはな、われわれが生まれる前からあったも

んやからな，ここに．先代からな……おじいちゃんからな」[22]

　災害が起きたとき，どのようにその記憶を伝えるか，ということが盛んに議論されてきた．しかし，被災地の人々は，災害という出来事だけではなく，それより前の出来事も忘れないでおこうとし，それより後のことも忘れないでおこうとしていた．そのことにわれわれ研究者はもっと早く気づき，その重要性を社会的に発信していくべきであった．災害の記憶を伝える実践は，災害の記憶そのものだけではなく，災害の「まえ」と「あと」をつないで伝えていくものとして，その意義を捉え直すことが重要なのである．

5　おわりに——被災の後の小さな記憶

　人々は災害より以前の出来事だけではなく，災害後もまた，多様で個別的な記憶をもって生きてきた．個々の体験を集め，被災した社会，被災した人々の「現実」に対する想像力を与えてくれることに，「記憶を伝える」実践の意義を見いだしたいと思う．それら小さな体験は，多様であるがゆえに，さまざまな被災後の現実を教えてくれる．
　兵庫県西宮市の仁川百合野町は阪神・淡路大震災で34人が犠牲となった地域である．この地域では，震災の後からシバザクラを植えるボランティアグループ「ゆりの会」が活動しているが，そのグループの関係者（インタビュー時は代表者）は震災直後の自身の経験について，次のような体験を語っている．

　　「（土砂で埋まっている家々を見て，埋まった人を助けようとして）土を掘って，バケツでさあ，考えられんことしとったなあ．誰かが声かけて『とても人の手じゃあ（無理だ）……』って．家に帰ったら，煙があがってたんや．『うわー！』って．うちの周りはガスでもうすごかったんや．……で，僕はそれまでたばこ1日2箱吸うてたんやけど，おかげさんで1月17日からたばこゼロになりました（笑）．」「いまでもね，鼻にガスのにおいがついとんねん．怖かった．ほんま怖かった．火が怖かった．」[23]

　この話を筆者が聞いた際，地元の別の人がそばにいたのだが，タバコの話が始まったとき，「この人の持ちネタが始まった」というようなそぶりで，「たば

こゼロになりました」のところで笑っていた．被災した人々の，小さな個々の体験は喜怒哀楽や泣き笑いに満ちている．埋まった家をバケツで掘り起こそうとしたこと，ガスのにおいが怖かったこと，それまでやめられなかったタバコをやめたこと，それらは個人の体験でありながら，人々に話され，共有されていく．

　多様で小さな体験は，被災地の人々の現実や被災した社会の現実に対する想像力を与えてくれる．この地域のシバザクラは，震災で犠牲になった人がかつて住んでいた場所に植えられることから始まり広がった．この地域にとって，シバザクラは犠牲になった人のことを思い出すことができる場でもあり，当時のことを語ることができる場でもある．シバザクラのある風景は，災害の前と，災害と，災害から後の，それぞれの小さな，人々の多様な記憶を集める場となっているのである[24]．

　社会学者のM.アルヴァックスは，集団ごとに固有の記憶があることを指摘したのだが（Halbwachs 1950 = 1989），記憶を伝えるという作業は，その集団や場をつくっていくことなのだろう．そして，その記憶を伝える集団や場では，災害が起きたことだけではなく，そのまえのことやあとのことが伝えられる．われわれ研究者は，その意義を学術的に根拠づけ，社会に発信し，蓄積させていくことが求められていると言えるだろう．

注

1) 長坂（2012），金菱編（2012），東北大学震災体験記録プロジェクト編（2012），東北学院大学トポフィリアプロジェクト編（2013），柴田ほか編（2014），溝口（2014）など研究者が関わった「記憶」に関する実践が多くなされている．
2) 本論とは異なる観点から，高野・渥美（2007）では，語り部と聞き手の間での「対話」について，ズレが生じ「綻び」がみられることで，聞き手が「震災が自分にも起こるかもしれない」と思い至る可能性について指摘している（高野・渥美 2007: 185-197）．
3) このような視点について，筆者は浜日出夫の「羅生門問題」に関する論考（浜 2006）より示唆を受けている．浜は，ホッブズ問題に関するパーソンズやガーフィンケルの議論を検討し，「闘争に先立って，あらかじめある秩序が存在していることを暗黙の前提としている」（浜 2006: 273）ことを「羅生門問題」と名付け社会科学的な問題とした．
4) 陸前高田市ホームページ内「高田松原と奇跡の一本松」（http://www.city.rikuzentakata.iwate.jp/kategorie/fukkou/ipponmatu/takata-ipponmatu/takataipponmatu.html，アクセス日時 2015 年 9 月 7 日）．

5) ここで「事実」と「記憶」の関係を問うべきであるが，本章では「事実」と「記憶」を相対的なものと捉え，「記憶」をより可変的なもの，「事実」をより固定的なものと，暫定的に捉えておきたい。「記憶」によって「事実」が成立し，「事実」によって「記憶」が生み出される，という過程を本章では指摘している。
6) NPO法人阪神淡路大震災「1.17希望の灯り」(hands)のホームページ (http://117kibounoakari.jp/) には，2019年1月18日現在で，288の「震災モニュメント」が紹介されている。
7) 「震災遺構」という言葉の社会的な広がりについて，社会学者の小川伸彦は詳細に検討し「さまざまな被災構造物をひとつにくくるという，大きな一元化作用を有している」(小川 2015: 79) と指摘する。
8) 2013年3月7日筆者撮影。
9) 東日本大震災で議論された多くの「震災遺構」では，賛否が分かれた事例が多く見られたが，それは，保存によってそれぞれのもつ記憶が残されるがゆえに，その記憶を残したい場合と，残したくない場合との違いとして理解できる。つまり，この場合も保存されるのは，個々の記憶の「集積」である。
10) 岩手県大槌町の「生きる証プロジェクト」に関わる社会学者の麦倉哲は「生者は生きている他者とのみ対話しているわけではなく，亡くなった方とも対話しているのです。そこから供養する，捧げる，受け継ぐなどの相互行為が生まれます」(麦倉 2017: 22) と述べる。死者と生者とのあいだでの共有という側面も指摘できる。
11) 『朝日新聞』2015年3月2日付 (朝日新聞データベース聞蔵Ⅱビジュアルより)。
12) 旭市提供。
13) 毎日新聞社提供。
14) 2015年5月14日筆者撮影。
15) 『朝日新聞』2012年09月06日付岩手版 (朝日新聞データベース「聞蔵Ⅱビジュアル」より)。
16) 『朝日新聞』2014年12月17日付福島版 (朝日新聞データベース聞蔵Ⅱビジュアルより)。
17) 2011年8月9日，筆者撮影。
18) 消防防災博物館ホームページより (http://www.bousaihaku.com/cgi-bin/hp/index.cgi?ac1=R533&ac2=&ac3=6363&Page=hpd_view，アクセス日時2015年9月18日)。
19) 『朝日新聞』2015年1月10日付朝刊。
20) 東北学院大学トポフィリアプロジェクト編 (2013) では，被災前の「記憶」を記録することが意図された，貴重な「記憶を伝える」実践である。そして本章では被災前に限らず，被災前と被災時と被災の後をつなぐことの重要性を強調したい。
21) 『神戸新聞』2004年12月2日付 (神戸新聞社提供)。なお，現在は新潟県山古志村から寄贈された「童地蔵」も，あわせ地蔵の横に安置されている。
22) 1999年10月25日の地元関係者への聞き取り調査より。
23) 2015年4月7日のボランティアグループ代表者への聞き取り調査より。
24) なお，震災後，被災地で桜が植えられている事例については，鳥越 (2003) に紹介されている。

参考文献

Halbwachs., M., 1950, "La mémoire collective", Presses Universitaires de France.（＝1989，小関藤一郎訳『集合的記憶』行路社）．

浜日出夫，2006，「羅生門問題——エスノメソドロジーの理論的含意」富永健一編『理論社会学の可能性——客観主義から主観主義まで』新曜社．

今井信雄，1999，「さまざまな『震災モニュメント』が意味するもの」神戸大学〈震災研究会〉編『大震災5年の歳月』阪神大震災研究4 神戸新聞総合出版センター：298-312．

今井信雄，2001，「死と近代と記念行為——阪神・淡路大震災の『モニュメント』にみるリアリティ」『社会学評論』51(4)：412-429．

今井信雄，2002，「阪神大震災の『記憶』に関する社会学的考察——被災地につくられたモニュメントを事例として」『ソシオロジ』47(2)：89-104．

今井信雄，2013，「震災を忘れているのは誰か——被災遺物の保存の社会学」『フォーラム現代社会学』12：98-103．

今井信雄，2014，「災害の記憶——写真・保存・時間」荻野昌弘・蘭信三編『3.11以前の社会学——阪神・淡路大震災から東日本大震災へ』生活書院：223-245．

井上俊，2008，「動機のボキャブラリー C.W.ミルズ『状況化された行為と動機の語彙』」井上俊・伊藤公雄編『自己・他者・関係』世界思想社：23-32．

金菱清編，2012，『3.11慟哭の記録——71人が体感した大津波・原発・巨大地震』新曜社．

金菱清編，2017，『悲愛——あの日のあなたへ手紙をつづる』新曜社．

国土交通省九州地方整備局雲仙復興工事事務所編，2001，『雲仙・普賢岳噴火災害復興10年のあゆみ』．

Mills., C. W., [1940] 1963, "Situated Actions and Vocabularies of Motive," *American Sociological Reviews*, 5(6), L. L. Horowitz (ed), *Power, Politics, and People: The Collected Essays of C. Wright Mills*, Oxford University Press.（＝1971，田中義久訳／青井和夫・本間康平監訳「状況化された行為と動機の語彙」『権力・政治・民衆』みすず書房）

宮前良平・渥美公秀，2017，「被災写真返却活動における第2の喪失についての実践研究」『実験社会心理学研究』56(2)：122-136．

溝口佑爾，2014，「情報化社会における災害ボランティアの一様態——被災写真救済活動を事例として」『災後の社会学 No.2』震災科研プロジェクト2013年度報告書：42-57．

麦倉哲，2016，「大災害犠牲者の記録を残す活動の社会的意義に関する研究——岩手県大槌町『生きた証プロジェクト』を事例として」『岩手大学教育学部研究年報』75：31-47．

麦倉哲，2017，「死者との相互行為」『震災学』10，21-25．

長坂俊成，2012，『記憶と記録——311まるごとアーカイブス』岩波書店．

小川伸彦，2015，「言葉としての『震災遺構』——東日本大震災の被災構造物保存問題の文化社会学」『奈良女子大学文学部研究教育年報』12：67-82．

リメンバー神戸プロジェクト編，2000，『『神戸の壁』保存活動記録——震災を決して忘れないためにVol.2（1998年4月～2000年3月）』リメンバー神戸プロジェクト発行．

阪本真由美・木村周平・松多信尚・松岡格・矢守克也，2009，「地震の記憶とその語り継ぎに関する国際比較研究――トルコ・台湾・インドネシアの地域間比較研究から」『京都大学防災研究所年報』52B: 181-193。

柴田邦臣・吉田寛・服部哲・松本早野香編，2014，『「思い出」をつなぐネットワーク――日本社会情報学会・災害情報支援チームの挑戦』昭和堂。

杉山高志・矢守克也，2015，「『Days-Before』の語りの可能性についての一考察――阪神・淡路大震災，新潟県中越地震，昭和南海地震の語りの比較分析」『復興』13: 34-41。

髙橋和雄，2000，『雲仙火山災害における防災対策と復興対策――火山工学の確立を目指して』九州大学出版会。

高野尚子・渥美公秀，2007，「阪神・淡路大震災の語り部と聞き手の対話に関する一考察――対話の綻びをめぐって」『実験社会心理学研究』46(2): 185-197。

東北大学震災体験記録プロジェクト編，2012，『聞き書き震災体験――東北大学90人が語る3.11』新泉社。

東北学院大学トポフィリアプロジェクト編，2013，『更地の向こう側――解散する集落「宿」の記憶地図』かもがわ出版。

鳥越皓之，2003，『花をたずねて吉野山――その歴史とエコロジー』集英社。

矢守克也，2013，「社会・文化からみた災害・危機」日本発達心理学会編『災害・危機と人間――発達科学ハンドブック7』新曜社。

矢守克也・杉山高志，2015，「『Days-Before』の語りに関する理論的考察」『質的心理学研究』14：110-127。

第 **2** 部

津波被害からの回復と再生

第**4**章

公共土木施設「復旧」に回収されるまちとくらしの再生
宮城県気仙沼市・岩手県陸前高田市を中心に

中澤 秀雄

　災害からの単なる「復旧」ではなく「復興」とは何か，政策的にも学問的にも実践的にも，論争の的となっている。復興とは何か，誰が担うべきものなのかということ自体が，本シリーズのテーマであるといってもよい。しかし，概念定義が曖昧であればあるほどゴールが見えない被災地は苦しむ。本章は東日本大震災の津波被災地を舞台に，このテーマを扱い，日本の現状の法制度や慣行（レジーム）のもとでは，東日本大震災からの復興とは名ばかりで，実際に行われていることは公共土木施設の復旧にしかなっていないことを主張する。

　筆者なりの復興の定義とは「まちとくらしの持続可能性の再建」である。本章が念頭に置く牡鹿半島以北の三陸沿岸は，津波によって激甚被害を受けたエリアであるのみならず，3.11以前から過疎という問題によって「被災」していたので，これらの地域における復興は災害に先立つ地域課題への対応も含めた困難なミッションとなる。この点，仙台平野以南や岩手県北部などとは事情が異なるので，読者は注意されたい。本章に限らず東日本大震災に関する議論は「どの地域を念頭に置くか」によって相当様相が異なる。

　筆者は基本的に気仙沼・陸前高田との関わりをもってきたので，これらの地域を念頭に，まちの再建の困難とその制度的・文化的原因，そして少しでもま

しな復興の方向性とは何か，議論する。まずは現状を「裏切られた復興」と捉えてその様相を記述する（第1節）。そのうえで，この「裏切り」は何によって生じてしまったのか，その構造的由来を分析する。誰か特定の悪者がいるわけではなく，1950年代に固定化された災害復旧レジームというべき法制度や，「工程表の物象化」（後述）が得意な土木国家の慣性が行政や地域をがんじがらめにしているというのが筆者の見立てである（第2節）。このような問題構造の摘出をしたうえで，はじめて提言をすることができる。今後の復興はどのように進めていけばよいのか，何を目指しどんなデザインが必要なのか論じる（第3節）。これは東日本大震災からの再建についての提言でもあり，今後ありうる首都直下型地震等の事前復興に向けた教訓でもある。

1 気仙沼・陸前高田の概要と裏切られた「復興」

気仙沼の概要と被災状況

宮城県気仙沼市は，特定第三種漁港を抱える「魚の町」である。第三種漁港は漁業の世界では最大規模の港湾を意味し，地元で多くのマグロ延縄（はえなわ）漁船やイカ釣り漁船を抱えるのみならず，黒潮を追って北上する全国の漁船が投錨する。カツオの水揚げ量22年連続日本一という記録をもつ遠洋漁業基地であり，地元新聞『三陸新報』には漁船動静の欄がある。気仙沼市は，隣接していた本吉町・唐桑町との合併を経て震災直前の2011年2月には7万4247人の人口を抱えていた。しかし2018年10月現在の人口は6万4050人であり，同年3月末に発表された国立社会保障・人口問題研究所の将来人口予測では，2045年に3万3396人と半減すると予測されている。つまり，牡鹿半島以北の三陸リアス地域において最大規模の人口を抱える気仙沼においてすら，震災前から人口減という被災をしており，そのスピードは震災後，さらに加速しているということになる。

震災による死者数は1034人，行方不明者は220人，震災関連死は108人である（2018年12月現在）。震災時人口に占める被害者の割合は1.7%となり，後述する陸前高田に比べ5分の1である。これは，海から山が直ぐ駆け上がる地形のため，地震のあと津波を予測して高台に待避さえすれば助かったためである。魚市場の屋上や近くの県合同庁舎，さらに2階まで浸水した南気仙沼小学校など，気仙沼内湾の近傍でも多くの救助者があった。浸水面積は18.65 km²，

市域全体の 5.6% にすぎない。

しかしながら，被害を住居・事業所統計として見ると深刻さが実感される。被災家屋は 2 万 6124 棟で全家屋の 40.9% である（うち全壊 1 万 6459 棟，大規模半壊 2307 棟，半壊 1893 棟，一部損壊 5465 棟）。さらに，被災事業所は 4102 で全事業所の 80.7% に当たり，家屋の倍の被害率である。港の周辺に立地する水産関連産業——水産加工業，造船業，製氷業，漁具店，等々——が気仙沼の産業の核であったことを意味する。被災従業者数も 2 万 5236 人，全従業員の 83.5% となる。すなわち，気仙沼市民は親類縁者まで広げて考えれば，間違いなく何らかの被災経験をもっている[1]。

被災の年の秋には「海と生きる」を標語とする震災復興計画が策定された。生命線である魚市場や関連産業の復興が優先されつつ，市民もそれぞれの生活再建に全力を注いでいた。後述する防潮堤など公共土木事業については，震災後 1〜2 年のタイミングでは市民の関心の外にあったと言える。

陸前高田の概要と被災状況

岩手県陸前高田市は，気仙沼市の北隣に位置する。市内は昭和期に合併した 3 町 5 村の旧名で呼ばれる 8 地域に分かれるが，そのうち数少ない平野部であった高田地域と今泉地域に人口が集中していた。震災前の 2011 年 3 月 1 日人口は 2 万 3221 人（岩手県毎月人口推計による）であったが，まさに高田・今泉地域を呑み込んだと言える津波被害により，人的被害は甚大であった。死者・行方不明者 1757 人，震災関連死 42 人（2014 年 6 月時点）という数字は，3.11 に人口の 7.5% が失われたことを意味する。2018 年 10 月時点の人口は 1 万 9916 人で，すでに震災前の 8 割の人口水準となってしまった。高田の中心部にあった市民会館・中央公民館や市役所は全壊し，そこに避難していた人々も犠牲になった。とりわけ，市役所や各種地域組織の中堅であった 30〜40 代の若手職員は，そのまま消防団員として避難を呼びかけていたケースが多く，まちづくり主力の年齢層を大量に失ったことは，その後の陸前高田にとって痛恨と言わねばならない。流失棟数 7701 棟，「地震と津波により本市の全世帯の 99.5% が被害にあった」と市ホームページ上の「被害情報」は記録している[2]。

律令期以来，この地域は「気仙郡」と呼ばれ，今泉には肝入がおかれて，伊達藩北端地域の政治・文化の中心的役割を担ってきた。しかし現代史のなかでは，第三種漁港をもつ気仙沼・大船渡に挟まれ近海漁業に甘んじた結果，近代

化に遅れをとったという意識を住民はもつようになる。企業立地も進まず，市が積極的に事業を起こして経済の活性化を図ってきたことから，住民の間では「陸前高田市株式会社」と言い習わしていたという（宮崎 2017）。そのため，「いつもいつも，まちを二分する選挙が行われてきており」と現市長の戸羽太が振り返るほど（戸羽 2013：79），政争のまちという側面ももっていた。その戸羽がはじめて市長になってわずか2カ月後に，震災が起きたのである。

曖昧な「復興」の定義

　2011年当時，未曾有の災害規模に誰もが圧倒される一方，日本は変わるという期待も大きかった。2011年6月に出された復興構想会議報告書のサブタイトルは「悲惨のなかの希望」である。そのため阪神・淡路大震災の災後と同様に「創造的復興」という言葉も盛んに使われた。復興の学問的中心と自らを定義した東北大学などでは「創造的復興に失敗すれば東北経済の未来はない」というような使われ方がなされた（増田 2013）。さらに，医療特区や漁業特区のような，震災とは直接関係なく，おそらくは震災前から実施したかった新趣向の「成長政策」を「創造的復興」と定義して推し進める[3]ような傾向も宮城県庁などに見られた（古川 2015）。この「創造的復興」という言葉を使うかどうかはともかく，単なる復旧を超えた復興への期待は，仙台平野とは状況が異なる三陸沿岸についても同じであった。この地域は3.11以前から過疎・高齢化という人災を被っていたから，大震災以降に外部の人・モノ・カネが大量に流入してきたことを「災い転じて福となす」にしたいという希望も現地住民には多かった。筆者なりに定義すれば，三陸被災者にとっての「復興」とは「2011年3月10日の状態に戻すのではなく，地域社会が抱える根本的な問題を改善して，3.10時点よりも持続可能な社会を創出すること」だった。

　以上のような「単なる復旧ではない復興」への期待の高まりに対して法政策はどう応答したか。2011年6月に成立した「東日本大震災復興基本法」の第2条を見ると，「復興」の定義は次のようなものである。「被害を受けた施設を原形に復旧すること等の単なる災害復旧にとどまらない活力ある日本の再生を視野に入れた抜本的な対策及び一人一人の人間が災害を乗り越えて豊かな人生を送ることができるようにすることを旨として行われる復興」。とくに後段は曖昧模糊としており，つきつめると「単なる原形復旧ではない」ということしか定義されていない。もう一つの特徴は，「日本の再生」とか「一人一人」とい

図4-1 宮城県気仙沼市・岩手県陸前高田市の位置

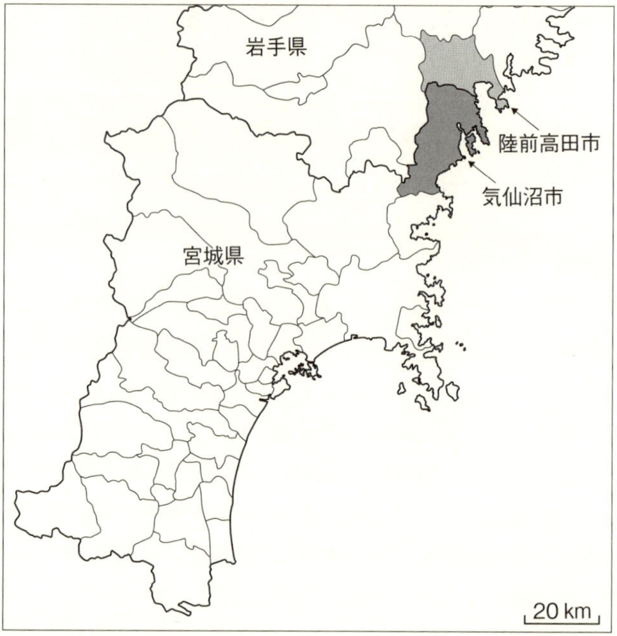

う，東北被災地に限定されないロジックが強く入ってきていることだ。東日本大震災を「第三の敗戦」とか「第二次世界大戦以降最大の危機」と呼ぶ人が当初多かったように，この大災害が国民的トラウマとなったことから，「日本全体の復興」というロジックが強く入ってきて，中央での各種デザインは東北沿岸の再生を場所や生業に即して考え抜いたものにはならなかった。東京で「オールジャパン」の名のもとに交わされるコミュニケーション――たとえば「つながろうニッポン」「がんばろうニッポン」などなど――は東北の再生を考えているというよりは，東京人が自らのトラウマを癒やすためのわかりやすいスローガンという側面をもっていたのではないだろうか。

　震災直後に立ち上がった国の復興構想会議も，このような国民的トラウマに情緒的に流された部分があったように思われる。また宮城県の復興計画策定プロセスも，4回の会合のうち2回が東京開催だったことが象徴するように，このような雰囲気のもと，中央主導で策定されていった。宮城県の復興計画策定メンバーでもあった石川幹子・中央大学教授（2011年当時は東京大学工学系研究

図 4-2　高台移転・区画整理・防潮堤関係の概念図

（出所）　気仙沼市資料より。

科教授。同県岩沼市出身）は次のように回想する。「私は，このような巨大な災害時に，復興の前提としてグランドデザインをつくることは，当たり前だと思っていたものですから，3月に地震が起こった後，すぐ準備に入りました。ところが，周辺の自治体をみましても一向に出てこない。8月になっても9月になっても出てこない。待っている状況でした。国においては，東日本大震災復興構想会議による『復興への提言～悲惨の中の希望』（6月25日）が出されておりましたが，言葉だけで，場所と対応させた計画が全くなかったため，これをグランドデザインということは，できません。これは，私が委員を務めておりました宮城県でも同様でした。つまり，国，県，自治体，いずれにおいてもグランドデザインのない復興が，現在でも続いているという現実があります」（東京大学社会科学研究所編　2012：24）。

　唯一，当初からあったデザインの議論は図4-2にあるような「高台移転を前提にした区画整理と防潮堤建設」の話であるが，これは個別の場所性を無視した一般論として語られた。石川教授のいう「場所と対応させたデザイン」と判断することはできない。

　こうして復興をめぐる議論は具体的な空間デザインをもたない修辞に流れがちになった。このような傾向に関しては，「東北被災地」を一括して漠然としたイメージのもとに語りがちだったメディアの責任も大きい。その一方で，被災各自治体の復興計画が2011年11月から12月に集中して策定されたのは，国の第三次補正予算の成立を待っていたからである（東京大学社会科学研究所編　2012：9）。それに先立つ2011年夏，国土交通省は災害復旧のいつものオペレーションを実施することに決定し，三陸沿岸に東京の総合研究所などのコンサルタントを送り込んで（後述する「直轄調査」），復興計画の基本線を決めた[4]。

もともと中央の出方待ち体質の強かった東北自治体が，平成大合併によってさらに体力を落としていた不運もある。こうして後出の室崎益輝教授が厳しく批判するとおり（室崎・幸田編 2013），災害復興や現地の事情に必ずしも詳しくないコンサルタントが策定した天下り的で過大想定気味の復興計画が，話の出発点となってしまった。生活再建に忙しかった個別住民が十分に認識していなかった，これら「復興計画」が具体化され町の風景が変わるなかで，「まちとくらしの持続可能性の再建」という意味での「復興」に期待していた地元住民は生業や住宅の再建プロセスがなかなか見えてこず，「裏切られた」感覚が強まっていく[5]。

加えて重要なのは，復興構想会議や東日本大震災復興基本法が中身のない「復興」を唱える一方で，1951 年に制定された「公共土木施設災害復旧事業費国庫負担法」をはじめとして 1950 年代に確立した災害復旧法制の基本思想（これを災害復旧レジームと呼ぼう）は更新されなかったことだ。これらの法体系に基づき，今回のようなケースでは公共土木施設の復旧には 100％ 国費が手当される[6]。海岸線に近い地主から見れば，計画される防潮堤の底地となる広大な浸水被災地を全額国費で買い取ってくれるのだから，この話に乗らなければ損なのである（経済学でいうところのモラルハザード現象）。そのメンテナンス費用や，昭和型土建事業によって毀損される自然資本（のマイナス）は次世代へのツケ回しとなるが，地主は「そんなことは知らない」となりがちだ。

大半の人々が災害スケールに呆然とし「一日でも早い復興」を唱えていた最初の 1 年のうちに大枠は机上で決定してしまい，1000 年に 1 回の大災害からの復興をそれにふさわしい長いタイムスパンで考える機会は失われたのである。現地の徒労感は深いものがある[7]。しかし，被災現地の住民も被災自治体職員も，なぜこれほどの徒労感に襲われるのか明確にはわからない[8]。この当惑は問題の本質が誰か悪人の存在にあるのではなく，すでに示唆したように「ものごとの進め方やその根本にある発想」すなわち「レジーム」に根ざしていることを傍証している。このような状況のもとでの学問の役割は，複雑な事態の構造的解剖を行い，何を改善すれば希望が見えるのかを指し示すところにある。

順応的管理の失敗と自然毀損型事業の突出

時間が経過すれば地元社会の世論は変わる。これだけ巨大な災害なのだから当然のことだ。心理学者は災害からの回復に関して，図 4-3 のような心理曲線

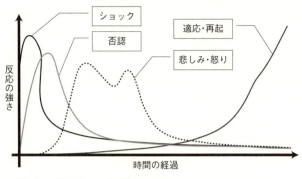

図4-3 被災からの回復に関する災害心理学の知見

(出所) 中央大学・山科満教授による。

を描いている。ここでいう「否認」や「悲しみ・怒り」の段階では，被災者が行政窓口等で詰め寄ったり泣き叫ぶ場面が多く見られ，混乱のなかで「一日でも早い復興」が地域の総意になる。だから時間を惜しんで，合意形成を省略してでも役所が当初導入した工程表通り進めろ，となりやすい。しかし，「適応・再起」のフェーズに入ってくる人が増えれば，個人の事情を離れて地域社会を取り巻く事態を直視し，地域社会を真に持続可能にするためにはどうすればよいか考えるようになる。

　筆者の実感としては，瓦礫撤去もほぼ終わった震災一周年前後から，被災地住民の意識はかなり変わったように思える。地元紙『河北新報』の論調も3年ほど経過したのちに変化した。後述する防潮堤問題について，かなり明確に建設への疑問を呈するようになったのがその象徴である[9]。2～3年経過すれば，被災程度の激しい近隣者に遠慮して発言を控えていたような，比較的被災程度の浅かった地域住民も地域づくりについて意見を言えるようになる。また，深刻な被害を被った人も，「一日も早い復興」を目指すあまり地域が崩壊しては何の意味もないと理解できるようになる。そんななかで沿岸被災地では，それまでの東北の上意下達文化のもとではなかなか発言できなかったような若手世代が台頭してきた。これは中小企業の起業や，地元経済界・自治体議員等の各種リーダーの輩出ぶりなどの趨勢を観察していれば，関係者誰もが指摘できることである。こうした新世代のリーダーは，総じて上記してきたような過大計画には批判的である（後述する気仙沼の「防潮堤を考える会」に結集した中堅世代の人々が典型である）。

第4章　公共土木施設「復旧」に回収されるまちとくらしの再生

4年経過した時点で，過大さが指摘されるタイプの復興計画から多くの問題点が洗い出されつつある。確かに一部自治体では，かなり根本的な見直し作業も行われた（宮城県女川町などは，新たな都市計画コンサルタントに委託して当初の広大な復興まちづくり計画を縮小した）。しかし根本的な段取りを見直す制度的余地は小さい。いわば，環境学でいうところの順応的管理[10]，マネジメント学の用語を使うなら PDCA サイクル（とりわけ Check-Action のプロセス）が機能しにくいのである。このことを第2節2項で「工程表の物象化」と言い表したい。

　予算面では阪神・淡路大震災との対照が著しい。東日本大震災では5年間の「集中復興期間」における復興予算は食い荒らされ，生活面の課題は不十分なまま終了したからだ。阪神・淡路大震災時のような大規模な基金化ができなかったのか？　という疑問については第2節2項で考察したい。

　それにしても阪神・淡路大震災と東日本大震災との決定的な違いは，被災自治体の基礎体力である。三陸にはもともと大きな工業系資本が存在せず，兵庫県・神戸市のように財政的体力のある自治体はなく，市場や巨大投資の力で爆発的に回復を図ることはそもそも難しい。東北被災地を見渡すと政令指定都市仙台圏域と，宮城県第2の都市（仙台市に次ぐ人口規模）である石巻市の中心部に，資本力が集中しているので，仙台・石巻中心部とそれ以外の地域との格差は今や誰の目にも明らかになっている[11]。仙台平野中心部では阪神・淡路大震災後の神戸と同じように，さまざまな公共工事も一段落しつつあり，震災の爪痕は見えにくくなっている。しかし，それ以外の地域では，仙台・関東への中堅世代の人口流出が進むなか，震災前の人口や市街地を基準に策定された復興計画が，時間が経過すればするほど過大であることを露見させている。

修正されない過大計画

　こうして，すでに示唆したように4年経過した本稿執筆時点では，防潮堤を含めオーバースペックの土建事業が進行し，それら事業の進行による資材・作業員不足が被災者の自主的生活再建をも妨げる事態に陥っている[12]。強調しておくが，誰かを批判して悦に入りたいわけではない。代替案も初期段階で提案されているのに一顧だにされない現実を知ってもらいたいというだけである。過大計画を学問的に擁護するような人が見当たらないということも改めて指摘しなければならない。以下例示する具体的事例については，公共経済学者・政策学者・行政学者などが執筆した諸論考において，計画の見直しを求めこそす

図4-4 震災4年後の陸前高田市今泉・高田地区

れ，現状の過大計画を支持するような論文は見られない。計画策定に関わった学者自身すら，当初計画を修正すべきだという態度を（論文上は）見せている[13]。

　陸前高田市の旧高田市街地における区画整理事業を見てみよう。よく知られているように，震災前の今泉・高田地区は広大な市域における唯一の低地であり，人口や都市機能が集中する市街地が形成されていたが，津波はこの低地全体に襲いかかり，震災前の人口2万4000人の1割が亡くなった。2011年暮れに策定された市の復興計画によれば，この高田市街地（今泉・高田地区）を再び，陸前高田市の中心として再建するとしている。そのためこの広大な低地全体を8〜10mも土盛りし，念入りなことに海側には防潮堤も第一線堤，第二線堤と建設するという。土盛りのための土砂はどうするのかというと，低地を囲むように存在する山々を切り崩して運ぶが，その土砂運搬を効率よく行うため，120億円をかけてベルトコンベアを建設した。このベルトコンベアを開発したのは，足尾銅山や海外で蓄積した掘削技術をもつ古河機械金属（株）である。なお土砂運搬が完了したのち，ベルトコンベアは2016年までに撤去された。

　以上の事業を請け負うのはスーパーゼネコンしかありえず，今回の津波被災地全体を見渡しても，陸前高田の土建スケールは最大規模である[14]。しかし一方で，住民説明会では高田・今泉地区の狭小な低地をとりかこむ高台地区（竹駒・米崎など）への移転の選択肢も提示されてきた（図4-5）。自主再建として，あるいはコミュニティ単位で防災集団移転事業プランをつくって，高台に移転する住民も多い。震災後2年目くらいからは，有名な竹駒の「未来商店街」や大規模SC（イオン米崎店など）といった商業集積も低地ではなく竹駒・米崎といった小高い場所につくられている。4年経った時点では，陸前高田の生活圏

図4-5 陸前高田市が当初示した高台移転イメージ

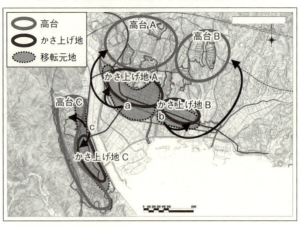

（出所） 2012年10月，陸前高田市「高田地区・今泉地区土地利用計画等説明会」配布資料（http://www.city.rikuzentakata.iwate.jp/kategorie/fukkou/toshikei/totiriyou/setumeikai.pdf，2015年5月アクセス）。

や人々の生活行動は，ダンプトラックが行き交う今泉・高田低地を迂回して小高い場所を結ぶように再構成されている（そもそも低地に行ったところで，震災遺構もすべて取り壊し更地だけが広がっているのだから，何もすることがないのだ）。さらなる問題は人口の急減だ。震災前に2万3221人（2011年3月1日現在）だった人口は，震災の甚大な痛手の影響もあって，1万9267人（2015年2月1日現在）と2万人を割るまでに減少してしまった[15]。かさ上げされた高田低地（2013年11月段階での計画人口は4300人とされている[16]）に改めて住もうという人が最終的にどのくらいいるのだろうか。高田を訪れた観光客も「奇跡の一本松」しか見るものがなく，そのままバスに乗って他の町に行ってしまう。土砂を運んでいるベルトコンベアが，どんな新しい町をつくり地域経済を起動させることになるのか，視界不良である。国の外郭機関に所属する専門家の一人は「実現するあてのない夢のような計画」と当該区画整理事業を評したが[17]，国の外郭機関であるURは当初計画通りに粛々と事業を進めている。

　市民アンケートをとるたびに想定よりも移転希望者が減少するのを見た市は，ついに2015年に入ってから区画整理計画を縮小することにしたが（図4-6）[18]，巨大土木事業の骨格は今さら変えられない。その一方では，高田地区での高台

図4-6 陸前高田市街地の区画整理計画（2015年1月現在）

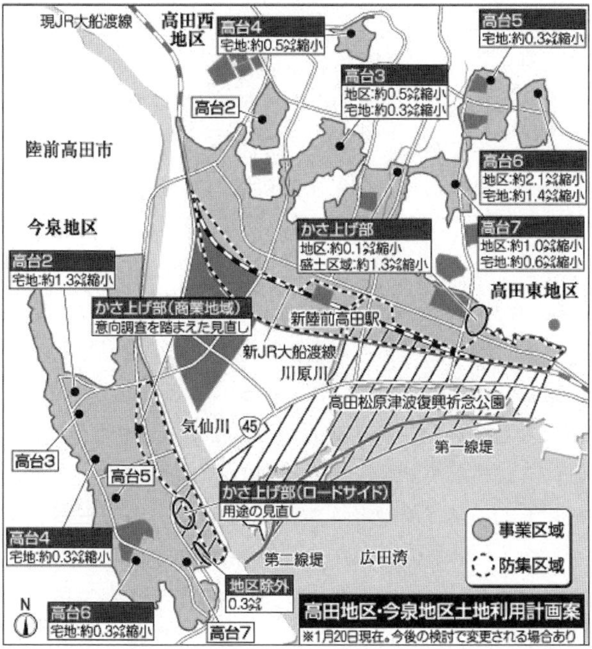

（出所）『岩手日報』2015年1月21日。

移転をあてにしていた数少ない市民の生活再建はさらに遅れることになった。「一日も早い復興」を旗印に異論を押さえ込んできた3年間は何だったのかという思いが去来する。さらに2015年に入ってから市当局は、国の津波立地補助金獲得を前提に中心市街地に大型商業施設を建設し、図書館等もここに包摂するという計画を発表したが[19]、人口2万人を切っているばかりか高台に人口が移転している小規模自治体の、しかも盛土がいつ終わるともしれない場所で経営が成立するのか、まちづくりの常識から見て不安といわざるをえない。宮城県第2位の人口をもつ石巻市ですら、津波で中心市街地が壊滅したあとの客離れに苦しみ、計画を考えあぐねているのである。フィージビリティ（実現可能性）がどのくらいあるのかわからない「夢のような」計画が4年経過しても出てくる一方で、市民の生活再建は遅れ続けている。

防潮堤事業をめぐる膠着

　陸前高田の復興計画においても，海側に巨大な防潮堤が計画されていた。これは「復旧防災事業」として建設される構造物だが，現地住民がその問題性に気づくようになった震災後2年目頃からメディアでも大きく報道されるようになった。

　わが国の法体系では，海岸は国・県の複数の部局（国土交通省・県港湾局・県土木事務所・林野庁など）が管理しており，防潮堤[20]などの構造物もこれら担当部署が管理し建設する。1999年に大改正された海岸法第2条の3第5項では，「関係海岸管理者は，前項の案を作成しようとする場合において必要があると認めるときは，あらかじめ公聴会の開催等関係住民の意見を反映させるために必要な措置を講じなければならない」とある。ただ，住民の意見に拘束されるような決め方になっていないのは文面からわかるとおりだ。「住民の意見を反映させた」という言い訳ができれば，あとは海岸管理者が決定すればよい。そもそも，多岐にわたる海岸管理者（部局）はそれぞれの担当事業の視野のなかでしか事業を計画していないし，ヨコの調整は不在であり，それらを調整するような組織も存在しない。気仙沼出身の公共経済学者，長峯純一氏は次のように指摘する。「国も県も縦割り構造の中で，海岸・河川・港湾・森林等の担当者は，それぞれ自分たちが所管する事業の防災のことしか考えない。県の職員は国から指示されたことを忠実に守ることを使命と考え，市の職員は県から指示されたことを忠実に守ることを使命と考える。それぞれ縦割り構造の中で，一段上の官僚機構から指示されたことを忠実に守ろうとする」「これは『無謬性』と言われる官僚の体質。彼らには別段悪気はなく，そうすることが正しいことだと信じて行動している。個人的には話しが分かる人であっても，組織の中ではまったく動かない」「常に上を向いて仕事を全うしようとし，同じ組織でも他の部局との横の連携・調整にも消極的」[21]であると。

　まさに長峯氏の指摘通りに防潮堤事業をめぐる事態は展開した。国の中央防災会議は2011年6月26日の第4回会合後に「中間とりまとめ」を発表した。その内容は，数千年に一度の津波（レベル2：L2）と比較的頻度の高い津波（L1）で対応を分け，後者は海岸堤防で防ぐというものだった。翌6月27日には「海岸における津波対策会議」の第2回会合が開かれ，L1に対応するための予測水位の設定方法などが議論された。7月8日には国土交通省・農林水産省・水産庁の課室長連名で「設計津波の水位の設定方法等について」[22]という

通知が出されている。これを受け，海底地形などをもとに机上でシミュレーション計算された結果の数値が，各自治体が発表した防潮堤高である。宮城県の場合には，2011年9月に公表された「宮城県沿岸における海岸堤防高さの設定について（案）」に示されている[23]。この素早さの原因を探ると，国の復興構想会議に一因があるようだ。次の津波被害を防ぐため現状よりもはるかに高い防潮堤で押さえ込むことが必要という議論になった（松本 2012：194）。海とともに暮らす三陸の現実を知らない中央の人々は，万里の長城と言われた宮古市田老の防潮堤のようなハードウェアのみに頼る防災がいかに危ういか，外力を超えたときいかに指数関数的に被害が拡大するか，想像できなかったようだ。既存の枠組みのなかで構想されているという意味で，これは「復興」ではなく，「復旧」事業そのものである（旧来より構造物は大きくなるので，厳密な復旧ではないが）。

　天下り的に各海岸に適用された数字は，海とともに生きてきた人々には思いもかけない高さだった。気仙沼内湾では漁業・食品などの分野で市を代表するリーダーとみなされている商工業者をはじめ，若手・中堅の呼びかけ人20人以上が「防潮堤を勉強する会」を結成した（代表の菅原昭彦氏は，地元の蔵元「男山酒造」の社長であり，2013年からは気仙沼商工会議所会頭となった，地元の名士である）。2012年夏から半年間，集中的に議論を展開した（この年の8月から10月にかけて20回以上の会合を開いている）。防潮堤に賛成・反対の議論が激化するなか，まずは中立な立場で防潮堤計画を勉強することを目的とし2012年7月気仙沼全域を対象とした住民組織からなる「防潮堤を勉強する会」が結成。各行政機関の方や専門家の方を講師に招き，8月から10月半ばまでに13回の勉強会を開催し，延べ2500人以上が参加したとのことである。13回目には気仙沼市長を招き，事前に渡しておいた質問事項をもとに意見交換を行った。また地元選出の小野寺五典代議士も一度参加して話をしている。

　この勉強会では宮城県側と市民との間で話がすれ違うことが多かったが，2014年になってようやくT. P.（東京湾平均海面高）5.2ｍにまで堤防高を下げるという合意が成立した。貴重な時間をこの問題に費やした住民は疲れ果てているというのが実感である。しかもリアス海岸地形のため同市内にたくさんある海岸（浜）のうちの象徴的事例——気仙沼を代表する景観であり，上記の商工業者の多くが直接関係をもっている「内湾」地区——の話が決着したにすぎない。内湾地区から南に10km以上離れた大谷海岸，小泉海岸といった場所では，

図4-7 大谷海岸と防潮堤計画図

（筆者撮影）

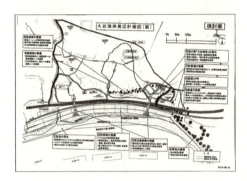

議論はさらに長期化した。震災から4年経過した頃に出された結論は対照的なものになったので，この2つの事例を取り上げることには意味があろう。

大谷海岸の場合

大谷海岸は震災前，環境省から「日本の渚百選」に選ばれる美しい砂浜を擁し，気仙沼を代表する海水浴場であった。チリ地震津波でも大きな被害を受けなかったが，地形が山肌から急傾斜で海岸に落ち込む境目にある帯状平野部にあった住宅は，今回の津波ではすべて破壊された。その後，大谷地区で震災前に住宅があった箇所はほとんど建築基準法第39条の災害危険区域に指定され，もはや住居用地として使えないことになっている。ところがシミュレーション通りにここに9.8mの防潮堤が建設されるという案（図4-7）が示され，地元には混乱がもたらされた。これだけの高さの防潮堤が建設されれば底面幅は40mほどになり，わずかな帯状平地は堤で埋め尽くされてしまう。地域住民の誇りだった美しい砂浜も失われるのは明らかである。その一方，こうして堤をつくったとしてもその背後にあるのは国道45号とJRの線路だけである。「この防潮堤はいったい何を守るのか」と宮城県議会で質問した畠山和純県議（気仙沼選出）に対して，村井嘉浩知事は「たまたま通過した人だって守らねばならない」と答弁した[24]。念のため確認しておくが，津波はほとんどが地震を前触れにして襲ってくるものであり，海岸からすぐに山が駆け上がる地形の大谷海岸において，歩ける人ならば確実に避難できる。東日本大震災時，この海岸で命を失った人は，過去大丈夫だったという「正常性バイアス」[25]にとらわれて自宅を動かなかっ

たか，寝たきり・高齢で動きにくかった人である。

　大谷海岸のある地域ではもともと上意下達的な文化が強かったが，若い世代の住民による粘り強い運動により，宮城県は震災から3年後にようやく防潮堤セットバック（後退させること）案を提示した。しかしJRの線路がどうなるか（鉄路を復旧するのか，それともBus Rapid Transit〔BRT〕と呼ばれるバスシステムになるのか），なかなか着地点が見えず，集中復興期間の終わりが近づく苦しい状況に追い込まれながらも，地元住民の議論は続いている[26]。2015年9月には，住民組織「大谷里海づくり検討委員会」[27]により，国道を防潮堤と兼用化することで防潮堤を当初計画よりセットバックし，砂浜を保存しようとする案が示された（2017年には，宮城県もこの案に基づいた新たな計画を示し，今次被災地ではきわめて珍しい，住民主導の防潮堤計画見直しが実現した）。このようなボトムアップの計画・合意形成が，多くの地区で行われたならば，東日本大震災は災害対策・防災政策の新たな局面を示すものだと自信をもって記述できたのだが。

小泉海岸の場合

　大谷よりもさらに南に位置する当地区も陸地奥側に深く侵入した津波により大きな被害を受け，海岸では農地が浸水して海面下に沈む事象が見られた。ここでは県内最大の高さ14.7 m，幅90 mの防潮堤が計画されたが，大谷と同様，何を守るかが不明確であった（浸水域には人家はなく，事実上，農地と国道を守るための防潮堤および河川堤防となっているが，それにもかかわらず県内最大規模なのである）。九州大学の清野教授ら専門家グループの力を借りながら，地元住民による修正提案もなされたが，最終的に受け入れられず，当初案通りの計画が決まった。最後の説明会では，見直しを求めて発言しようとする高校生に対して「高校生は黙ってろ」と怒号が飛んだという。海面下に沈んだ農地や水際になって使い物にならなくなった土地を防潮堤用地として買い上げてもらい，それを生活再建資金にしたい地主が多かったといわれている[28]。事実上の生活再建補償のために226億円をかけて防潮堤を建設するのだとすれば，まさに手段と目的の転倒ということになろう。これら十数人の地主に住宅再建に必要な補償を全額国費で手当したとしても，これほどの額は必要とされないはずだ[29]。

「復旧」に回収されるまちとくらし

　この時点で導ける知見として，人々が期待した「創造的復興」はいつの間に

か「公共土木施設復旧」に化けてしまった。これだけの大規模災害であり，価値観を見直す機会だったのに，誰もが「どこかおかしい」と思いながら実態としては通常の復旧オペレーションだけが突出しているのである。これが「『復旧』に回収される」という本章タイトルの意味である。

　このような一連のプロセスが，集落の消滅という悪循環に向かうこともある。「地区によっては震災前の9割の世帯が町を出ていくという選択をしている。逆に言えば，巨大な防潮堤ができるのであれば町を出ていく，町を出ていくから巨大な防潮堤に同意する，という住民意思の循環構図ができあがっているのである。この結果，この町ではほとんど人が住んでいない地域を巨大な防潮堤が守るという将来が待ち受けている。つまり『復興を急げ』という世論を背景とした政治側の意図が復興を遅らせ，復興とは縁遠い地域の将来を招来しようとしているのである」（今井 2014：64）[30]。

　念のために再度強調しておくが，現場に悪人がいるわけではない。とくに被災自治体の職員は人間としての限界を超えるような仕事をしているが，「復興」全体の方向性が見失われているため，ともすれば本人も仕事の意義を見いだせないような状態に陥ることがある。東日本大震災以降，被災地をくまなく回っている室崎益輝は次のように述べている。「被災自治体の職員が報告書の作成などの雑務に追われて，最も大切な被災者に向き合う時間も姿勢も失っている」「派遣された職員の血のにじむような努力にもかかわらず，形だけの支援になってしまっている。その結果，与える支援であっても引き出す支援にはなっていないのである。それは，自治体職員が生き生きと復興の仕事に取り組めているかどうかを見れば，すぐにわかることである」（室崎・幸田編 2013：148-49）。

　このように復興（実態は復旧）事業をめぐる構造はもつれて地域の力を落とす方向に働いている。なぜこのような，裏切られたかのような事態に陥っているのだろうか。事態の原因を解剖するために，第2節では法制度および復興現場の分析をしてみたい。すでに何回か言及しているように，1960年前後から更新されていない法制度にかなり大きな責任があると思われるからである。こうした分析をきちんと果たし，東日本大震災からの復興にも，そして次の災害への事前復興にも活かしていくべきだと信じて，次節に筆を進める。

2 1950年代型復旧レジームの限界

1950年代に整備された防災法制と人口減少社会

　何度か言及しているように，現在の復興・復旧を司っている法制度（災害復旧レジーム）は1950年代に形成され，1961年の災害対策基本法（災対法）制定により，ほぼ完成したものである（小熊 2014：87-89）。昭和20年代には，乱伐によって保水力が弱まっていた森林から大雨が下流に一気に流れ込むこともあって，風水害が相次いだ。人為的な空襲で平野部も壊滅していたのだから，ゼロからの国土再建という状況を前提につくられた法制である。

　その第1の特徴は，土地区画整理事業をはじめとするさまざまな法制度を組み合わせて一気に町を改変しようとすることである。しかし「復興計画でドラスティックな提案は結構だが，住民の理解が十分得られない状態でスタートすると途中で反対が起こり頓挫する」（岩手県立大学・元田良孝氏，2011年)[31]という心配も当初からされていた。

　第2に，何度か指摘した「一日も早い復旧（復興）」というセンチメントに基づく合意形成手続きの省略である。災害復旧事業は，原則的には3年以内（東日本大震災では特例で5年）の予算執行によって原形を復旧する事業であり，日時のかかる環境アセスメントは省略できる。しかも，今回の防潮堤問題のようにもとあった構造物が巨大化する場合でも，災害復旧事業とみなすことができる[32]。土木学者自身が，時計の針が20年戻ってしまったと嘆いている。「バブル崩壊以降，『無駄な公共事業』に対する世論を受けて，土木工学分野では費用便益分析・環境影響評価といった社会環境アセスメントの手法を開発してきた。しかし東日本大震災の災害復旧事業また復興交付金対象事業は，こうした社会環境アセスメントがなされないまま行われている」（谷下雅義・中央大学教授[33]）。

　こうした災害復旧レジームの限界は，関東大震災後の東京を急速に再建したとして称賛されている後藤新平が実施したような，トップダウン型・途上国型復旧が時代に合わなくなったことを象徴している。後藤を称揚し，再び後藤のような人材が出でよとする声は東日本大震災直後にも多かった。しかし1923（大正12）年の後藤による東京市再建プランは，その後大幅縮小されたとはいえ財政に負荷をかけ，震災手形が乱発され，鈴木商店倒産を引き金とする昭和

恐慌の遠因になった側面がある。またインフラストラクチャーに重点を置いた復興計画が被災者の生活再建にとってどのような意味をもっていたかの分析が必要だろう。1923（大正12）年当時，後藤に反対する経済学者・福田徳三がいたことが知られている。「私は復興事業の第一は，人間の復興でなければならぬと主張する。人間の復興とは大災によって破壊せられた生存の機会の復興を意味する。今日の人間は，生存するために生活し，営業し，労働せねばならぬ。すなわち生存機会の復興は，生活・営業及び労働機会（これを総称して営生という）の復興を意味する。道路や建物は，この営生の機会を維持し，擁護する道具立てに過ぎない。それらを復興しても本体たり実質たる営生の機会が復興せられなければ何にもならないのである」（福田 2012：133）。残念ながら，今回の東日本大震災の復興はこの福田の指摘から無縁だとは，とてもいえない。

　一方，昭和三陸地震津波の徹底的な調査を行った『津浪と村』（山口［1943］2011）で有名な山口弥一郎が提唱した高台移転は昭和初期に行っておくべきものだったが，その後の十五年戦争によって十分な予算が確保されず，中途半端になってしまったといえよう。だから，昭和三陸地震津波後に戦争を挟んで高度成長期に入ると，昭和三陸地震津波で洗われたはずの平野部に所帯分離した新しい住宅が密集するような町も増えてくる。しかし一方で，高台移転の先導的事例が広田半島の根岬地区にある。昭和三陸地震津波を教訓にして高台移転を済ませ，「これより下に家を作るべからず」という石碑の教えを守った。東日本大震災時には，半島の先端として海に付き出した地区であるにもかかわらず一人の死者も出さなかったのである。やるべきことを高度成長期にやっておけば，今次震災で，これほど関係者が苦労することもなかったろう。

　そもそも，戦後の焼け跡の時代に設計された災害復旧レジームは「次の災害に備えた強靱化」を復興計画にビルトインするように構想されている。今回の東日本大震災後もまた高台移転と土地区画整理と防潮堤の組み合わせという，「強靱化という意味でやれることを全部やる」計画になった（図4-2を再参照）。しかし今回は人口減少社会に入ってはじめての大規模災害である。昭和三陸地震津波から東日本大震災までの間の人口増は，日本列島の時間軸から見れば例外的な姿である。とりわけ三陸リアス地域の場合には，無理に平野部に張り出した形での住居建設は，漁業が隆盛を極めた昭和30年前後に限定された，地域史上はじめてのことであり，人口衰退局面の今後は起こらないだろう。

　たとえば陸前高田では，縄文期から中世までの遺跡や城館はすべて高田平野

図4-8 陸前高田における遺跡・城館跡の配置

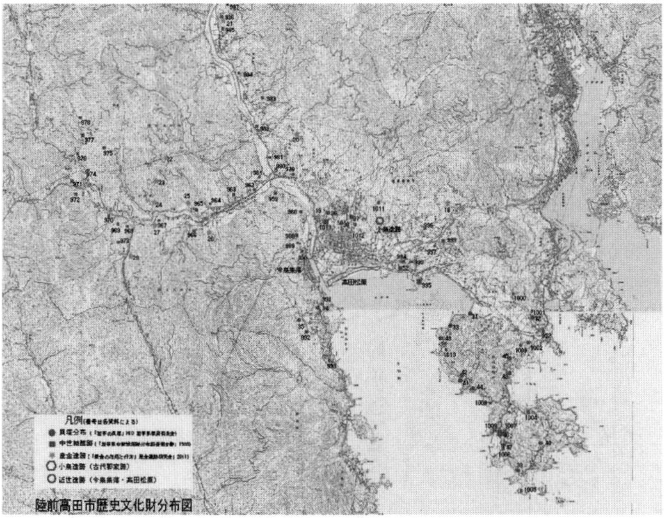

（出所）　谷下雅義「陸前高田ふるさと再生の支援」http://www.yomiuri.co.jp/adv/chuo/opinion/20120423.html（2015年5月24日アクセス）。

を避けた高台にあることが知られている。先人たちは，もともと高台移転していたのである（図4-8）。そして第1節で記述したように，震災から4年経過した陸前高田では，商業集積や住宅もこれら先人たちが暮らした高台に事実上集中しつつある。盛土がいつになったら安定するのかわからない[34]高田低地に戻ろうとする人がいるのか，ますます不透明になりつつある。

　そもそも今回の被災地では，個人の生活再建の諸事情と，人口減少を組み込んだコンパクトで合理的な空間デザインなしには，未来が展望できない。冒頭に取り上げた石川教授が指摘しているような，空間の歴史と機能に見合った都市計画デザインである。それに失敗して過大投資に陥ると自治体が消滅しかねないという窮地に立たされている。三大都市圏・政令市以外の，縮小傾向にある場所が被災したあと「空間デザイン」をサポートする仕組みが決定的に不足しているというのが，今回の復興が露わにした事態である（能登地震・中越地震などは規模が限定的であり，また原状復旧すればよかった）。

　ただし，後にこのデザインの問題について言及する前に，大規模災害に限らず，土建行政の根本にあると思われる問題を次項で指摘しておきたい。「自治

体の裁量権の小ささと専門家選定の問題」、そしてこの点にも影響された「工程表の物象化」だ。

自治を疎外する専門家と工程表の物象化

「今回の復興における大きな問題は、救援や復興に関しての基礎自治体の裁量権が、きわめて限定されていることである」「運用面にも大きな問題がある。被災者や被災地の実態やニーズに寄り添って、制度を弾力的に運用しようとする姿勢が、上部の機関に欠けている」（室崎・幸田編 2013：148)。「被災県の首長として痛感するが、基礎自治体が発想したものをセカンドしてもらう仕組みになっていない。相変わらず、下々のものが基準に合わせてやっていくやり方だ。もっと風通しのいい復興予算の使い方をさせてくださいと、学者さんたちが共同で輿論形成してください」（小沢昌記奥州市長。2013年4月、筆者との面会時の発言)。この種の指摘は震災以降今日まで繰り返されている。

そもそも日本の都市計画・土建計画では、法制度に描き込まれていないことも含めた「段取り＝工程表」と「工程表の作り方」が固定化されてしまっている（植田 2008)。上記のように自治体の裁量権が小さい実情では、今回のような想定外・大規模の事態に対応できないのだから、今回は固定化を外した新たな段取りが必要だったはずだ。

しかし現実に工程表の作成を担うのはほとんどの場合、自治体職員ではなく国・県・市町村に雇われたコンサルタントである。今回のように自治体規模が小さく職員余力が少ない場合、この法則はより強く当てはまる。既述のように国土交通省は発災の年の夏に、「直轄調査」として沿岸自治体にコンサルタントを派遣して計画の下書きをつくらせたが[35]、そのコンサルタントのなかには防災まちづくりの経験のない業者、これまで漁村や三陸沿岸地域に何ら関わりがなく土地勘もない業者、あるいはその後の土木事業受注を見込んで仕事を請けた業者が多数含まれていたと指摘されている。2011年暮れにかけて各被災自治体が復興計画を策定するときには大学所属の都市計画・土木専門家などが委員長を務めることが多かったが、これら専門家のなかには、三陸沿岸の生活実態を知らない人、農漁業を含めた他分野の知見を学ぼうともしない人が混ざっていた。極論すると、復興計画策定時のコンサルタントや専門家の選び方が、その後の自治体の経路を決めてしまっている側面がある。

阪神・淡路大震災時には、「神戸市株式会社」とすら通称される神戸市が日

常的に住宅開発プロジェクトを手がけ，自治体に設計監理能力があったので，少なくとも人々の生活実態と計画とのミスマッチは起きなかった（自治体の目論見そのものが，とくに新長田駅南側開発などで過大であったという指摘は常識化している。注3も参照）。阪神・淡路と東日本の両方の災害を見てきた室崎教授は固有名詞への言及を避けながら次のように述べる。重要な指摘なので長めに引用する。「今回の復興では，防災まちづくりの経験がないにもかかわらず，無数のコンサルや専門家が潤沢な復興予算に群がるように，自治体の周りにやってきた。その押し売り的な集団に翻弄されている自治体が少なくないのである。その専門家集団が，防災のことも地域の実情も解らないままに復興の設計図を描くものだから，とんでもない計画ができて取り返しのつかない混乱が生まれている。ここでは，週に1回も被災地に入ることもせず，内外の復興の事例を学ぶこともせず，一人ひとりの被災者の生の声を聞くこともせず，粗雑な復興計画の作成に携わった専門家集団の責任が，何よりもまず厳しく問われる。それに加えて，こうした外部の専門家集団を正しく指導しチェックできない自治体の側にも問題があろう」（室崎・幸田編 2013：156）。

　このようなコンサルタントが横行した理由の一つは，2011〜12年度の短い期間に巨額の単年度復興予算がついたためである（先述した予算規模71億円の「直轄調査」はその典型であった）。自治体首長・担当者を含めて復興計画に関わる地元リーダーの間には，「早く予算計画を立てて申請しないと他の被災自治体に使い切られてしまう」とか「万一，首都直下や南海トラフ地震があった場合にはそちらの復興が優先され，予算は東北に回ってこなくなる」「東日本大震災が忘れられていくにつれて，巨額の復興予算をつけることへの理解が低下していく」というような焦りがあったといわれているし，地元キーパーソンによるこの種の発言を筆者も何度か聞いている。このような焦りが錯綜し予算申請が殺到するなかで，2011年から12年にかけては，東北被災地以外の事業に復興予算が使われていたという「予算の流用問題」が生じ大きく報道されたのは周知の通りである（詳細は，塩崎 2014を参照）。たしかに，そもそも財政法第11条は，財政民主主義の観点から単年度主義を定めており，納税者が集めた予算はその年度で使い切って納税者のチェックを受けるのが原則である。震災の悲惨さを踏まえて当初は世論が寛大に巨額復興予算を許したとしても，次第に納税を渋るようになるだろうという予測も復興関係者の間にはあり，この財政民主主義の観点からも巨額予算が当初2年に集中した側面がある。

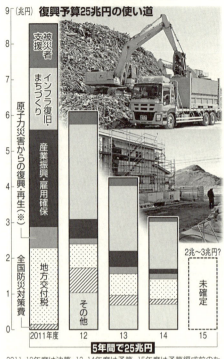

図4-9 復興特別予算の使途
(出所)『朝日新聞』2014年3月12日。

いずれにしても2012年度からの所得税・法人税の特別増税等によって確保された復興特別予算25兆円は、5年間の期限付きであるばかりか、驚くべきことに最初の2年でその7割強を費消してしまった（図4-9）。「集中復興期間」の5年間が明けた2016（平成28）年度以降、各沿岸自治体は拡大してしまった財政規模のマネジメントに四苦八苦することが予想されている。これに対して阪神・淡路大震災時には、兵庫県が「阪神・淡路大震災復興基金」を準備した。この基金はいまだに果実を生んでおり、神戸から東北に応援に来たNPO等でもこの基金を頼りにしている団体がある。それでは東日本大震災復興基金をつくることはできなかったのか。中央防災会議で委員長を務める河田惠昭氏は「復興まちづくりが遅れているのは、被災県が復興基金を作らず、すべての事業を国費による復興特別交付金で支弁しようとしたところにも大きな問題がある。しかし、被災3県ともその認識がきわめて低いと言わざるを得ない」(室崎・幸田編 2013：15) と県を強く批判している。正確にいえば復興基金はつくられている（東日本大震災復興基金、2011年10月17日)[36]。しかし、これは取り崩し型基金でかつ自治体予算に組み込まれ、交付金の一種とみなされて費消されていった。設立後11年間活発に活動し現在も存続する「阪神・淡路大震災復興基金」とは相当性質が異なる。河田氏が指摘しているのは、被災県自身のイニシアティブで阪神・淡路大震災型の基金を設置すべきだったということだ[37]。取り崩される基金であれば、腰を定めないまま自治体間競争のように急いで支出へと走ることは避けられな

い。

　なお，こうした不必要な競争を調整し，被災自治体に「ワンストップサービス」を提供するのが震災翌年に設置された復興庁であるはずだった。しかし大きな権限をもたない復興庁の実態は各省庁が作成した個別メニューを「ホチキスで留め」るにすぎなかったと指摘されている。単なる情報の中継点にしかならなかったということだ。時限的に解散するだろうことが自明な復興庁に総合調整権限を与えるとか，エース級の人材を送り込むとかしない限り，経済官庁の間に埋没することは目に見えていた。

　これらの事情が絡み合いながら，震災直後に拙速・過大に机上で決まった工程表が被災地の現実を規定してしまうという，「工程表の物象化」と呼べるような事態が現出したのである。被災者や居住者のリアルタイムの意見・合意形成よりも，遠いところにいる誰かがつくった紙切れが優位になり，あたかも神聖不可侵な契約であるかのように人々を拘束する（物象化）という転倒である。

デザインとコーディネーションをどう導入するか

　筆者は collegial という言葉を最近知った。風通しのよさ，気取らず上下関係のない相互批判，その一方では専門知に対する敬意，といった文化・雰囲気のことである。欧米の良質な大学に共通して見られる雰囲気とされる。こうした雰囲気で討議が行われれば，いわゆる熟議型民主主義（Deliberative Democracy, 篠原 2000）に近づくであろう。

　しかし，これまで記述してきたような諸事業に関して被災自治体現地で行われた合意形成は，しばしば，このような collegial な理想的合意形成から限りなく遠いものだった。説明会ではしばしば質問が一切出ず，また質問が出ないことをもって「合意形成がなされた」と行政が解釈することも多かった。前述した気仙沼市小泉海岸の防潮堤説明会に至っては，事前に地権者と海岸管理者との間で進行シナリオができていて，異論を封じ込める工夫がなされていたと疑われても仕方のないような進行ぶりが，テレビカメラに記録されている[38]。

　このような形ばかりの説明会で行政の計画をゴリ押しする時代は20世紀に終わったはずであったが，まるで土建国家の最盛期のような風景を現地で何度も見せられた。行政が唯一解であるかのように詳細まで固まった計画を提示し，形ばかりの説明会において住民は言葉少なに案を承認する。このような儀式が繰り返される風景を乗り越えるためには，合意形成のデザインとコーディネー

ションについての経験を，各市町村が積む必要がある。とりわけ大事なのは，住民と行政の間に入って合意形成を担う専門職能（ファシリテーション，ファシリテーター）を認め，優れた職能者を目利きし適正な対価を払う仕組みである。これは東京都世田谷区などの先進自治体を筆頭に，政令指定都市等で1980年代から取り入れられてきた方式だが，日本全体ではコーディネーション経験不足であることが，図らずも露呈してしまった。

それでも気仙沼内湾地区において「防潮堤を勉強する会」が合意形成を図り宮城県知事の譲歩を引き出せたのは，進取の気性に富む気仙沼では商工業リーダーらが早くからワークショップ等の合意形成手法を導入し，NPO業界の先進的な取り組みから学ぶ雰囲気があり，外部からの講演なども多かったためである。震災復興で国から称賛されることの多い宮城県岩沼町や女川町も，先進的手法や専門家の導入が上手だ。しかし残念ながら，このような自治体は沿岸被災市町村のなかでは少数派に属する。

3 復興のデザインと制度を再定置する

第2節で展開した課題抽出は読者にとって気落ちさせられるものだろう。人によっては「批判のための批判だ」とか「後付けだ」とか，怒り出すかもしれないので改めて強調するが，代替案はあった。人口減少社会を見据えた順応型管理にあたる計画だ。そう呼びたいならコンパクトシティ計画といってもよい。復興予算周辺に群がってきたようなコンサルタントやスーパーゼネコンから一線を画す都市計画家たちは，そのような専門家集団を形成し，さまざまな提案を行っていた（日本都市計画家協会webなどを参照すれば[39]，その立ち上がりの早さがわかる）。しかし，国から一定の距離を置き，国の審議会等からは敬遠されるタイプの専門家集団による代替案が，公的な政策案として吸収されるプロセスは不在のままである（前述のように，女川町などごく一部の自治体だけがこれを行った）。また，霞ヶ関や虎ノ門にも第2節で説明したような状況に違和感をもつ人物はかなり多く存在したが，立場的に声をあげることはできなかったか，あるいは声をあげても法制度上影響力をもちえなかった。

たとえば陸前高田に関しては，谷下雅義教授らが早い段階から「1000年先」を見通した緑のグリーン・インフラ構想を提唱し（図4-10），2012年には陸前高田市議会に請願も行ったが，大した議論もなく却下された。今さらこうした

図 4-10　陸前高田グリーン・インフラ構想

（出所）　図 4-8 に同じ。

話をしても，もはや「工程表の物象化」によって事態はポイント・オブ・ノーリターンを過ぎているので空しいが，記録のために書かねばならない。ただし一方では，気仙沼舞根地区のように，住民合意で高台移転を済ませ，市と交渉して防潮堤計画を撤回させたコミュニティも存在する。今後に向けたリーディングケースである。この点を含め，これ以降のセクションでは生業復興への取り組みを紹介するとともに，それらを助長していくために今からでも東北においてできることは何かを論ずるとともに，復興の制度と実践をどのように変えていくべきか，考察する。

気仙沼市舞根の 4 年間

舞根は「海は山の恋人運動」のリーダーである牡蠣養殖家，畠山重篤氏を擁することで全国的に著名な集落である。グリーンツーリズムと養殖を組み合わせたスモールビジネスによって地域経済を成立させており，後継者も確保している。震災によって海辺の作業場所等は破壊され，犠牲者も出たが，畠山重篤氏やその息子世代の三兄弟などは高台の住宅に避難して一命をとりとめた。震災直後から多くの支援者が集まり，専門家集団が海の実態を調査するほか，高

台移転に関しても行政案を修正し，土木事業を少なくする工夫が行われた。牡蠣養殖再開にあたっては震災前から交流のあった仏ルイ・ヴィトン社も支援を行っている[40]。

　集落全部の高台移転を合意（2012年3月）して低地に守るべき財産がなくなり，また海辺に新たな汽水域が発生していることを見た舞根集落は，防潮堤計画を撤回する総意を形成して2012年4月には市に働きかけた。このとき，行政側は舞根地区に9.9mの防潮堤を建設する方針を提示したという（小熊2014：173）。舞根地区にとって幸いだったのは，舞根海岸の管理者は県ではなく気仙沼市であったことである。防潮堤計画撤回要望書は同年6月に市に提出され，市長も撤回の考えを示した。そのため計画撤回は2012年中になされ，畠山重篤氏の息子である信氏は「これでこの地区を出ていかなくてよくなった」と語っている。津波被災でできた湿地（汽水域）ではアサリなど新たな種類の貝が採取されるようになり，畠山家はその商品化を検討している。このように，震災後に新たな地域資源を発掘し編集するような取り組みは，被災地全域で自生的・同時多発的に見られるもので，まさに「新しい東北」に向けた希望になっている。

生業をつくりなおし助長する

　本章の趣旨からいって，以下に記述するような内容はメインコンテンツにはできなかったが，3.11後に地域資源の発掘や六次産業化[41]を目指す多くの取り組みが叢生していることはさまざまな媒体で取り上げられており元気の出る話である。これらは今回の震災から生まれた希望であり，とくに震災後の東北移住者も含めた若い層が前面に立つようになっている。たとえば，岩手県議会議員から事業家に転身した髙橋博之氏が始めた『東北食べる通信』という月刊新聞，というよりは食材つき新聞がある。新聞には，その月に届く食材の生産者に関するストーリーや料理方法などが書かれており，購読料は月2700円（ただし大抵の購読者は増量注文している）で広告費はゼロだが，東京を中心に購読者は1500名に達している。1週間でクラウドファンディングにより500万円の市民出資を集めたことも，共感者の多さを示す挿話である。またここから生産者を囲むCSA（Community Supported Agriculture）に発展した事例も多い。髙橋博之編集長はこういう。「もし，都会と東北の日常的関係が確立したならば，3.11からの風化など恐れるに足りません」「交流会での生産者は消費者の

羨望のまなざしにさらされ輝いていました」。長い間指摘されてきた，都市と農村との対立関係を変え，東北の生産者を勇気づける取り組みとなっていることがわかる。

生業をつくり出し持続可能な地域にしていくためにも，本章が主張してきた「順応的な」まちづくりのためにも，こうした取り組みをさらにプロモートしていく必要がある。こうした事例は関・松永（2011-2015）等で非常に多く紹介されている。また本シリーズの他章においても適宜紹介されるものと思う。

復興プロセスに「デザイン」を埋め込む

こうして見てくると，復興とは何かという問いが改めて浮かび上がってくる。冒頭に触れたように「まちとくらしの持続可能性の再建」こそ復興であると筆者は考えている。これは阪神・淡路大震災の経験を踏まえてもそうであろう。木造賃貸密集地区であった新長田駅南口地区を高層化し再開発した「復興」事業はまちとくらしの持続性を再建したとは言いがたい（塩崎ほか編 2015；小熊 2014）。残念ながら，このままいくと同じような苦い教訓を得なければならない地区が東日本大震災被災地にも現れそうである。これに対して，前々項で紹介した気仙沼市舞根地区は，それ以前から存在していた学習力およびcollegialityにも助けられて，合意形成によって生業の再建と，さらなる展望を得ることができた。復興とはこのような状態をいうと筆者は考える。被災者や外部から関わった人々の参加の力がうまくデザインされ編みあわされた状態である。ここで「計画」ではなくデザインというのは，創発的なコミュニケーションが時間をかけて重ね合わされた結果出てきた空間設計が大事だからである。計画は誰かが天下り的につくることができるし，今回もそうだった。しかしデザインは，関係主体の声にならない声を聴き，多くのコミュニケーションを重ねた結果として立ち上がるものである。

復興という多義的な事柄を，法律で定義するのはおそらく無理である[42]。しかし，復興とは何かを，関係者が集まって早い段階でいったん定義し，その定義を時間の経過に応じて住民参加型で順応的に修正していくような，合意形成のアリーナをあらかじめ決めておくことは，可能である。今後の震災に備えてそのようなアリーナを定義しておくことが，最大の事前復興である。また，合意形成の専門職能を備えたよいコーディネーターを各地域がいかに発掘しておくか，それを住民と結びつけておく回路をいかに用意しておくか，ということ

もそれに劣らず重要である。それがないと,「いつものオペレーション」に頼り,復興事業の教訓や現地の事情に疎いコンサルタントが天下り的・機械的に計画策定するという失敗が三度繰り返されてしまうことになる。

4 結語にかえて

こうして本章全体を通して,公共土木施設復旧に陥ってしまった東日本大震災被災地の一断面を紹介し,このような状態に陥ってしまった原因として,現状の災害復旧レジームに促進された過大計画が修正されなかったという問題点を指摘した。

本章ではあまり触れなかったが,そもそも防災について現状のマッチョ志向の考え方を維持し続けることも限界に達していると考える。レジリエンスという言葉が震災後流行になったが,これについて「自然を押さえ込む構造物をさらにつくること」を「強靱化＝レジリエンス」と強弁する,まさにマッチョ志向の政治家やコンサルタントも多いのが現実なのである。実際,この考え方に基づき「国土強靱化基本法」が成立し,コンクリートで固める(グリーンに対比してグレーな,と表現することがある)タイプの防災がさらに強化される方針も打ち出された。第1節で触れた防潮堤問題も単純化していえば,マッチョ志向防災思想に対して,海と自然をよく知る地元住民が,「自律回復性」という言葉の本来の意味でのレジリエンスを示した構図と理解することもできる。ゾリとヒーリーによれば,レジリエンスとは「混乱を予知し,破壊されたら自律回復し,激変する状況においても基本的な目的を見失うことなく体勢を立て直す能力を備えたシステム」のことである。自然を押さえ込むのではない。破壊されたあと状況に適応しながら自律回復する能力もまたレジリエンスの一部である。「レジリエンスの向上は,二つの方法で実現できる。一つは,回復不能なダメージを被りかねない領域に押しやられないよう抵抗力を身につけること。そしてもう一つは,閾値を越えてしまったときに,システムが健全に適応できる領域を拡張することだ」(Zolli and Healy 2012＝2013：12)。

このような力を高めるために,制度をどのように変えるか,何よりもマインドセットをどう変化させればよいか。人口減少局面に入った日本は,災害対応という意味でも,新たな時代を迎えている。東日本大震災と,その後の混乱する復興はそのことを痛感させられる出来事だった。今からでも,少しでもまし

な復興に近づけるために，的外れな教訓と提言とならないよう，筆者なりに努力したつもりである。ご批判を仰ぎたい。

注
1) 以上の被害状況統計は，気仙沼市震災復興・企画室作成の2018年10月現在データによる。
2) http://www.city.rikuzentakata.iwate.jp/shinsai/oshirase/hazard1.pdf（2019年3月1日アクセス）
3) この点に阪神・淡路大震災との共通性を見いだす論者は非常に多い。塩崎（2014）など。
4) 「がれきの処理，行方不明者の捜索，大量の避難者の生活維持など緊急課題が地域に山積している最中に，国土交通省は岩手，宮城の津波被災地にいち早くコンサルタントを派遣し，自治体の復興計画づくりを先導する。2011年6月には東北3県に対して防潮堤に関する通知が出され，これをもとに各県で防潮堤計画が作成されている」（今井 2014：62-63）。
5) 地元新聞社の調査によれば，2013年3月時点で気仙沼の仮設住宅で暮らす市民の89.3%が「復興が遅い」と感じており，これは県内沿岸12市町（南三陸・石巻・東松島・多賀城・仙台・名取・岩沼）のなかで最大の数字であった（『リアスの風』2013年3月16日号）。
6) この法体系のもとでは自治体の規模によって国費負担割合が異なる。阪神・淡路大震災の際には神戸市等には地元負担が発生したが，東日本大震災被災地は小規模で財政余力のない自治体が多かったので，100%国費が適用された。しかし，集中復興期間の5年間が終了したのちは地元自治体に一部負担を求める方針が，2015年5月7日に内閣総理大臣と復興大臣との折衝で了承され，5月12日に正式発表された。緊急雇用事業など，被災地においてこれまで有意義な支えとなっていた，いくつかの事業も2015年度で打ち切るとされた。この方針転換により，被災自治体には新たな混乱が生じている。
7) 筆者が気仙沼に定期的に通っていた実感では，2012年夏過ぎくらいから，この「疲れ」は顕著になっていった。「復興などと言わず，復旧を目的にしたほうがよかったのかもしれない」（2012年9月，地元新聞記者へのインタビュー）。
8) 被災自治体への応援職員が自殺に至る不幸な事例は，このような「見通しのつかない不全感」が一因であろうと推察される。兵庫県宝塚市から岩手県大槌町に派遣されていた技術系応援職員が2013年正月に宿舎で自殺したケース（『大槌みらい新聞』http://otsuchinews.net/article/20130221/372，2013年7月21日アクセス）が大きく報道された。『毎日新聞』2013年3月4日の記事によれば「『復興の役に立っているのか』と自問していたという」。陸前高田では2012年7月，盛岡市から派遣された応援職員が「希望して被災地に行ったが，役に立てず申し訳ない」という内容の遺書を残して自殺したことが，1カ月後に明らかにされた（http://www.47news.jp/47topics/e/233839.php）。
9) 象徴的なのは2014年6月23日のトップ記事「津波犠牲者率　海が見える地区『低

い』防潮堤議論に一石」である（http://www.kahoku.co.jp/tohokunews/201406/20140623_13025.html）。その後，『河北新報』紙上では防潮堤建設の前提を問い直すような特集が多く組まれた。2014年7月の4回シリーズ記事「かすむ復興　巨大防潮堤の足元」など（2015年5月24日アクセス）。

10）　順応的管理とは「不確実性を伴う対象を取り扱うための考え方・システムで，特に野生生物や生態系の保護管理に用いられる。……当初の予測がはずれる事態が起こり得ることを，あらかじめ管理システムに組み込み，常にモニタリングを行いながらその結果に合わせて対応を変えるフィードバック管理」のことである（http://www.eic.or.jp/ecoterm/?act=view&ecoword=%8F%87%89%9E%93I%8A%C7%97%9D）。

11）　石巻市の場合には，震災前に吸収合併されていた6町（河北・河南・北上・牡鹿・雄勝・桃生）の各旧町で総合支所（旧役場）の人員が削減されていたことが，震災被害を大きくし，また復興を困難にしたという衆目の一致する指摘がある。「石巻現象」と呼ばれている。この点については室崎・幸田編（2013）に詳しい。しかし，その石巻中心部ですら，2015年5月になって立町1丁目4, 5番地区再開発計画が断念（5月22日『河北新報』）されたように，決して再建が順調に進んでいるわけではない。

12）　この資材・作業員不足は公共工事の入札不調が被災地自治体で頻発している事実から知ることができる。復興庁の資料によれば，すでに2012年度に入ってから不調が増加していたが（http://www.reconstruction.go.jp/topics/20121202_03_siryou.pdf），東京オリンピック誘致が決定した2013年度にはさらに悪化している。たとえば，『毎日新聞』2013年2月19日付の記事「東日本大震災　公共工事の入札不調相次ぐ　復興遅れ懸念」では次のように指摘されている。「国土交通省が19日の入札不調対策を検討する連絡協議会に示したデータでは，宮城県は今年度の道路建設など土木工事の入札の38％が不調に終わり，仙台市では49％に達していた。岩手県は15％，福島県は24％だった。復旧・復興工事の本格化に伴う資材価格や建設作業員の人件費の高騰で落札しても利益が上がらないことが要因とみられ，復興の遅れが懸念される」。2014年3月7日の『東京新聞』は「東京五輪の関連施設工事が本格化すれば，被災地が置き去りにされるとの懸念も現地では強い」と指摘している（http://www.tokyo-np.co.jp/article/kakushin/list/CK2014030702000139.html, 2015年5月12日アクセス）。

13）　陸前高田市の復興計画策定に関与した都市計画学者の中井検裕は次のように述べている。「振り返って考えると，被災都市における安全に対する考え方と，都市としての復興・再生の両立のさせ方について，復興計画の策定段階ではまだ市民合意が得られていなかったということだと思う。したがって，復興計画段階のイメージ図において，少なくとも住居系については土地利用計画的には（意図されて）過大な計画となっており，平地部にせよ高台にせよ具体的な事業化の段階でこれをスリムにしていかねばならないという課題が残されることになった」（中井 2013：10）。

14）　2014年3月にこのベルトコンベアは完成した。毎時6000 m^3 の運搬能力で14カ月かけ，640万 m^3 の土砂を運搬するという。「開催式典で戸羽太市長は『復興を実感するためには希望につながる出来事が欠かせない。元の町に戻すだけではなく，新しい街をわくわくしながら作っていくことが大事。コンベヤーの稼働はまさに市民の懸け橋となる』と，復興事業の前進を参列者に伝えた。復興庁岩手復興局の今井良伸局長

も『被災者の方々が一日も早く元の生活に戻れることを願い，工事の進ちょくに期待したい』と述べた。都市機構の岩手震災復興局の佐々木功局長は『本事業は，12年9月に陸前高田市から委託され，12月に工事施工のCM契約を行った。土砂搬送は日量2万立方メートルを計画している。14年度からは今泉，高田両地区での宅地供用を開始する予定だ』とあいさつした。CMRを代表し，清水建設土木事業本部の井手和雄専務執行役員は『1時間当たり6000トンという国内最大級の土砂搬送を展開する。復興工事の加速を実現し，企業体一同誠意を持って事業に取り組みたい』と決意表明した」。以上のデータとコメントは『建設工業新聞』2014年3月26日（http://www.decn.co.jp/?p=9510，2015年5月9日アクセス）。なお，CMとは注12にある入札不調を受けて国土交通省・復興庁が奨励したConstruction Management方式，CMRとはそのマネージャーのことである。

15) 人口のデータは岩手県人口問題対策本部『人口問題に関する報告』による（http://www.pref.iwate.jp/seisaku/suishin/026546.html，2015年5月12日アクセス）。

16) http://www.city.rikuzentakata.iwate.jp/kategorie/fukkou/toshikei/totikukakuseiri/25-11/shiryou.pdf（2015年5月12日アクセス）

17) 筆者のインタビュー，2013年9月。

18) 『岩手日報』WEB（2015年1月21日）によれば次のような事情である。「陸前高田市は20日の市議会全員協議会で，高田地区，今泉地区の土地区画整理事業（区画整理）について事業区域を一部縮小する見直し計画を示した。高田地区の高台で，宅地に道路や緑地も含めた地区面積を計3.6ヘクタール縮小し，今泉地区は宅地の造成面積を計1.9ヘクタール縮小する。地権者の移転先が判明する仮換地案の供覧については当初予定の2015年度初めから，数カ月遅れる見通しを明らかにした。市は事業計画の変更を県と協議し3月以降に住民説明会を開く。市は昨年9月まで，地権者を対象に高台かさ上げ地かを選択する意向確認を実施。高台移転の条件に『宅地引き渡し後，2年以内に工務店と建築契約』が加わったことなどから，高台への希望が当初計画を下回り，事業区域を見直した。48.6ヘクタール整備する予定だった高田地区の高台は，地区面積を計3.6ヘクタール減らす。宅地の造成面積は6カ所中5カ所で計3.1ヘクタール縮小する。60.8ヘクタールを予定する今泉地区の高台は地区面積を変更しないが，6カ所中3カ所で宅地面積を計1.9ヘクタール縮小する。事業計画の見直しに伴い，仮換地案の供覧，15年度半ばを予定していた仮換地指定は，それぞれ数カ月ずれ込む」（http://www.iwate-np.co.jp/311shinsai/y2015/m01/sh1501211.htm，2015年5月12日アクセス）。

19) 以下，『東海新報』web（2015年1月21日）からの引用である。「陸前高田市は20日に行われた市議会全員協議会で，高田地区の中心市街地再生の核となる大型商業施設内に，図書館を設置する方向で検討を進めていることを明らかにした。商業施設，図書館双方の来訪増につなげ，市街地の活性化を図る考え。市は新規事業者の参画も見据えた商業施設整備に向け，津波・原子力災害被災地域雇用創出企業立地補助金（津波立地補助金）の導入を図るべく『市まちなか再生計画』の策定を進める。…（中略）…被災後，市は施政方針演説などで『市立図書館，博物館を併設した市民文化会館』との整備構想を掲げてきた。この日の全員協議会で山田市雄教育長は『商業施設との一体型の方が，子どもからお年寄りまで，より活用しやすいと考えた』と述

べた。現段階では，大型商業施設内にテナントとして図書館が入る形を描く。"自前"で整備するよりも建設費用が抑えられ，財源を他事業に充てられるといったメリットもあるという。これまで中心市街地のあり方については，便利で活気ある魅力的な形成を目指し，陸前高田商工会などとの協議をふまえながら検討を重ねてきた。核となる大型商業施設整備では津波立地補助金の導入を見据え『まちなか再生計画』認定を目指す。…（中略）…被災事業者の多くが利用し，復旧費の4分の3で補助が受けられるグループ補助金は，新規出店事業者などは対象外。津波立地補助金は各テナントによって割合が異なるが，最大4分の3を支援する。被災した中小事業所にとどまらない形での進出を支える」(http://www.tohkaishimpo.com/scripts/index_main.cgi?mode=kiji_zoom&cd=nws10443，2015年1月21日付記事，2015年5月9日アクセス)。しかし注6にあるように，国の100％事業費補助が打ち切られることから，この計画も再度見直さざるをえない状況にある。

20) 「防潮堤」は高潮や津波を防ぐために波打ち際に建設される構造物であり，港内の波浪を鎮めて船の発着を容易にする目的で港の沖合に建設される「防波堤」とは異なる。

21) 「防潮堤を勉強する会」での長峯氏配付資料より (http://seawall.info/pdf/06-20120829-nagamine-01.pdf，2015年1月12日アクセス)。

22) http://www2.mlit.go.jp/common/000149774.pdf（2015年5月25日アクセス)。ちなみに複数の省庁の課室長が連名で出す行政文書のステイタスは，行政法上，必ずしも明確ではない。問い合わせても部局間で「たらい回し」にされることも多い。

23) http://www.thr.mlit.go.jp/Bumon/B00097/K00360/taiheiyoukijishinn/kaigann/kaigann2.pdf（2015年5月25日アクセス）。

24) 『週刊東洋経済』2012年9月22日号の記事「気仙沼市を揺るがす巨大海岸堤防計画」(pp. 88-91)によると次のようなやりとりである。（畠山議員）「何でこんなに高い堤防が必要なのかと住民から疑問の声が出ている。高さ10メートルといっても，海岸が広いところならばある程度容認できるものの，同じ基準でやると景観も入り江も台なしになる」（村井知事）「今の畠山議員の質問はそこに住む人（の利益）が中心だが，たまたま通過した人も守らないといけない。この計画をやめてしまうと，これからどんな理由があっても建設ができなくなる」。このやりとりに対して同記事中のインタビューでは畠山議員が次のように述べたとある。「たまたま通りかかった人のために10メートルの堤防を造るなんてばかな話はない。そもそも造る必然性がない。人が住む所と住まない所を同じ高さにすることにも整合性がない」(p. 90)。

25) 正常性バイアスとは災害心理学の用語である。「軽微な災害など自身の先行体験が，その後の災害リスクを過小評価させる傾向があったり，周囲の人が逃げなかったら自分も大丈夫と思ってしまう感覚など，このような心のメカニズムを正常性バイアスと呼ぶ」(http://info.coe-cnas.jp/mdawiki/index.php/%E6%AD%A3%E5%B8%B8%E6%80%A7%E3%83%90%E3%82%A4%E3%82%A2%E3%82%B9，2015年1月12日アクセス)。

26) 『河北新報』電子版，2015年3月4日「被災地のいま(3)街づくり／集中期間の壁議論阻む」(http://www.kahoku.co.jp/tohokunews/201503/20150304_13013.html，2015年1月12日アクセス)。

27) http://oyakaigan.com/（2015年12月12日アクセス）

28) この見方は注38に引用したNHKスペシャルのなかでも，地元住民の解釈として紹介されていた。
29) 似た展開をたどりながらも，なお動きが続いている事例として仙台市蒲生の事例がある。高校生でつくる「仙台の高校生で考える防潮堤の会」は2014年度から自然保護協会が始めた「自然保護大賞」において，「東北復興貢献部門」の大賞を受賞した。同会は2015年3月の第3回国連防災世界会議のパブリックフォーラムにおいても発表を行っている。
30) 2015年4月28日の『河北新報』みやぎ版は次のように報じている。「石巻市は27日，東日本大震災の津波で甚大な被害を受けた同市雄勝地区で，2016年度以降の人口が，震災前の約3割にまで減少するとの推計を明らかにした。市議会まちづくり促進特別委員会で示した」。
31) http://p-www.iwate-pu.ac.jp/~motoda/takadaiiten.pdf（2015年1月12日アクセス）
32) 災害対策基本法第88条2項。「再度災害の防止のため災害復旧事業と併せて施行することを必要とする施設の新設又は改良に関する事業」。
33) 『地域社会学会会報』182（http://jarcs.sakura.ne.jp/main/newsletter/，2015年1月12日アクセス）。
34) 土木の常識では，盛土された土が落ち着き，上物を建てられる状態になるには数年かかる。その前に造成を始めてしまうと地盤沈下が起こり，防災上問題があるばかりでなく，日常的にも周囲の道路と落差ができるなど不便がある。三陸沿岸の盛土工事が終わった地区で，すでにこうした事象が多く指摘されている。
35) この調査のため2011年度第1次補正予算で71億円が措置された（中井 2013：4）。
36) 被災9県に対して計1960億円が，特別交付税により配分された。2013年3月には，沿岸部の住宅再建のため1047億円が追加配分された（塩崎ほか編 2015：132-135）。総務省のサイトにも記者発表資料がある（http://www.soumu.go.jp/main_content/000132404.pdf，2015年5月24日アクセス）。
37) なお，阪神・淡路大震災復興基金は兵庫県が認可・出資して財団法人として設立しているが，この基金に国から利子補給を行うための法的根拠は地方交付税法附則第6条である。
38) 2014年9月放映の『NHKスペシャル 防潮堤400キロ 命とくらしを守れるか』に記録がある。
39) 日本都市計画家協会ウェブサイトでは2012年11月から「防潮堤問題連続インタビュー」を掲載していた（2015年5月25日アクセス）。
40) 朝日新聞デジタル「ヴィトンがつなぐ気仙沼カキの未来（2012年11月19日）」http://www.asahi.com/fashion/topics/TKY201211180237.html（2015年5月24日アクセス）。
41) これは東北被災地の復興や，それ以前から農山村まちづくり活動に関わっている人々にとっては常識的な言葉であるが，知らない読者もいるかもしれない。一次産業から三次産業までを掛け合わせるというのが「六次」の意味であるが，これまで付加価値を他業者に渡していた一次産業の担い手が，製造やサービスまで手がけることによって付加価値をあげ，地域に経済循環をつくり出すような取り組みのことをいう。
42) ただし，東日本大震災において復興の段取りを定めた法律が存在しなかったことを

教訓に、「大規模災害からの復興に関する法律」が 2013 年 6 月に成立した。同法の第 3 条には以下のように基本理念が定義されている。「大規模な災害からの復興は、国と地方公共団体とが適切な役割分担の下に地域住民の意向を尊重しつつ協同して、当該災害を受けた地域における生活の再建及び経済の復興を図る」。「復興」という言葉の定義は回避されているが、復興の段取りに関しては福田徳三ばりの「生活の再建」という用語が登場していることが注目される。

参考文献

福田徳三著／山中茂樹・井上琢智編，2012，『復刻版 復興経済の原理及若干問題』関西学院大学出版会。

古川美穂，2015，『東北ショック・ドクトリン』岩波書店。

林敏彦，2007，「阪神・淡路大震災復興基金とわが国立法府の役割」ひょうご大震災記念 21 世紀研究機構安全安心社会研究所ワーキングペーパー（http://www.hemri21.jp/kenkyusyo/katsudo/pdf/wp2007001j.pdf）

今井照，2014，「『関係の自治体』の再建に向けて――東日本大震災と市町村合併の経験から」宮本太郎編『地域包括ケアと生活保障の再編――新しい「支え合い」システムを創る』明石書店。

Klein, N., 2007, *The Shock Doctrine: The Rise of Disaster Capitalism*, Metropolitan Books.（＝2011，幾島幸子・村上由見子訳『ショック・ドクトリン――惨事便乗型資本主義の正体を暴く』上・下，岩波書店）

増田聡，2013，「東日本大震災からの経済・産業復興二ヶ年の中間評価」東北大学大学院経済学研究科地域産業復興調査研究プロジェクト編『東日本大震災復興研究 2 東北地域の産業・社会の復興と再生への提言――復興過程の現実に向き合い、地域の可能性を探る』河北新報出版センター。

松本健一，2012，『海岸線は語る――東日本大震災のあとで』ミシマ社。

宮ів汐里，2017，「陸前高田市ではなぜ過大事業が進行し続けるのか――膠着した災害対策スキームと自治体の政策能力の関係に注目して」中央大学法学研究科提出 2016 年度修士論文。

室﨑益輝・幸田雅治編，2013，『市町村合併による防災力空洞化――東日本大震災で露呈した弊害』ミネルヴァ書房。

長峯純一，2013，「東北被災地の復興事業に見る政策の失敗」『公共政策研究』13：3-5。

中井検裕，2013，「津波被災地の都市計画――一都市計画技術者としての報告」『自治研究』89(1)：3-20。

小熊英二，2014，「ゴーストタウンから死者は出ない」『世界』2014 年 4 月号（85-96/5 月号）：163-177。

岡本正，2014，『災害復興法学』慶應義塾大学出版会。

Samuels, R. J., 2013, *3. 11: Disaster and Change in Japan*, Cornell University Press.

関満博・松永桂子，2011-15，『東日本大震災と地域産業復興（1～5）』新評論。

篠原一，2000，『討議型民主主義とは何か』岩波書店。

塩崎賢明，2014，『復興〈災害〉――阪神・淡路大震災と東日本大震災』岩波書店。

塩崎賢明・西川榮一・出口俊一・兵庫県震災復興研究センター編，2015，『大震災 20 年と

復興災害』クリエイツかもがわ.
Solnit, R., 2010, *A Paradise Built in Hell: The Extraordinary Communities that Arise in Disaster*, Penguin Books.（＝2010, 高月園子訳『災害ユートピア——なぜそのとき特別な共同体が立ち上がるのか』亜紀書房）
谷下雅義, 2014,『都市・地域計画学』コロナ社.
戸羽太, 2013,『がんばっぺし！ ぺしぺしぺし！——陸前高田市長が綴る"復興を支える仲間"との732日』大和出版.
東京大学社会科学研究所編, 2012,「震災復興のガバナンス」東京大学社会科学研究所全所的プロジェクト研究「ガバナンスを問い直す」第2回臨時セミナー記録.
植田剛史, 2008,「高度経済成長期における『都市計画コンサルタント』の形成」『日本都市社会学会年報』26：153-168.
山口弥一郎,［1943］2011,『津浪と村』(石井正己・川島秀一編) 三弥井書店.
Zolli, A. and A. M. Healy, 2012, *Resilience: Why Things Bounce Back*, Free Press.（＝2013, 須川綾子訳『レジリエンス 復活力——あらゆるシステムの破綻と回復を分けるものは何か』ダイヤモンド社）

（謝辞）本章は,復興の現場で奮闘している方々の間をうろちょろしているうちに「門前の小僧」状態で知り得た事柄を整理した側面が強く,筆者のオリジナリティはごく小さなものである.したがって本章の筆者はきわめて多くの方々に感謝しなければならない.気仙沼・陸前高田でお世話になっている方々（差し障りがあるので個別のお名前をあげることは控える）,谷下雅義教授,防潮堤を勉強する会,赤瀬智彦氏主宰の3.11研究会,土木学会トークサロン,社会学系三学会における震災問題特別委員会や連絡会,その他東北と震災復興に関わる皆様から多くの知識と知恵をいただいた.感謝申し上げる.なお本章は,2015年秋時点で脱稿したものである.その後,第1節などに加筆を加えたが,震災後4年時点での情報を基盤にしていることをお断りしておきたい.

第5章

もう一つのコミュニティ形成
「みなし仮設」と「同郷サロン」から考える仙台の復興

齊藤　康則

1　はじめに——〈被災地＝避難先・仙台〉という問題系

　マグニチュード9.0の東北地方太平洋沖地震に見舞われた仙台市では，沿岸部の津波浸水，内陸部のがけ崩れにより，死者・行方不明者930名，全壊・大規模半壊5万7050棟を数えた。まもなく策定された「仙台市震災復興計画」には津波防災・住まい再建から震災メモリアルに至る10のプロジェクトが盛り込まれ，行政当局は沿岸部・内陸部の住宅再建について独自の支援策を設ける一方，経済面・健康面に不安を抱える被災者へと公的支援を集中させる（仙台市 2017）。こうして2016年10月には市内すべてのプレハブ仮設から入居者が退去したが，それは宮城県内では岩沼市に次ぐ2番目のスピードとされる。
　発災直後より市中心部の繁華街・国分町が「復興バブル」と揶揄されたように，たしかに〈被災地・仙台〉の復興には惨事便乗型資本主義の影が見え隠れしている。長らく塩漬けが続いていた再開発地域には槌音が響きわたり，あすと長町（太白区）では大手デベロッパーによる中高層マンションの建設が相次ぐ。荒井（若林区）には地下鉄東西線の開通に前後して700戸規模の災害公営住宅が建設され，防災集団移転用地も集約された。津波被災した農村地帯では

圃場整備による大規模化，農業者の法人化，外部資本を組み込んだ六次産業化が進められる一方，臨海部の工業地帯では石炭火力発電所が営業運転を開始し，津波被災から再生しつつある蒲生干潟など自然環境への影響も懸念される。

　だが，この間の復旧・復興が〈被災地・仙台〉だけでなく〈避難先・仙台〉というもう1つの側面をともなっていた点については，残念ながら多くの論者によって忘却されている。この〈避難先・仙台〉とは民間賃貸住宅を転用した「みなし仮設」の本格導入，そして自治体の境界線を越えた避難行動を背景として，相当数の被災者が個々別々に流入したことに由来している。だが，それがひとり東日本大震災，仙台市に限られた特異な現象ではないことも付け加えておこう。熊本地震（2016年），平成30年7月豪雨（以下，西日本豪雨）など近年の大規模災害では「みなし仮設」の活用が進められ，そこでは東日本大震災と同様に多くの〈見えない被災者〉が生み出されている。それゆえ政令指定都市・中核市クラスの都市自治体は住民票を有する被災住民だけでなく，周辺の被災自治体からの避難者をどのような枠組みにより中長期的に支援するか，それを事前復興の1つとして地域防災計画などに書き込んでおくことも必要となろう。この点にこそ次なる大災害に向けた〈被災地＝避難先・仙台〉の教訓がある。

　「複線型住宅復興」が出来しつつある今日，復旧・復興期のコミュニティ形成というテーマは，プレハブ仮設から「みなし仮設」へ，仮設自治会から点在する市外・県外避難者の組織体へ，フィールドを拡張しなければならない。このようなスタンスのもと，本章は東日本大震災の特徴の1つである「みなし仮設」に照準を当てながら仙台市の被災者支援体制について記述分析するとともに，多様な主体の企画により広域避難者が邂逅する場となった「同郷サロン」についての事例研究に赴くものである[1]。

2　東日本大震災と住宅復興──単線型から複線型への転換

重点施策となったプレハブ仮設のコミュニティ形成

　戦後最大規模の都市型災害となった阪神・淡路大震災（1995年）の住宅復興は「避難所→応急仮設住宅→恒久住宅」の段階的移行を標準型とする「単線型」であったといわれる（塩崎2009；伊藤2015）（図5-1）。この「単線型住宅復興」の問題点は周知のように，避難所からプレハブ仮設，その後の災害公営住

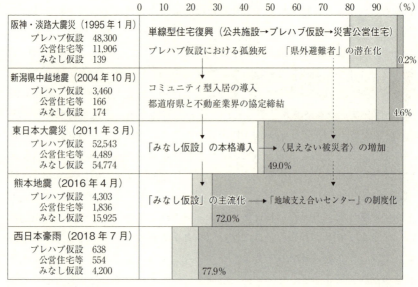

図 5-1　平成年間の仮設住宅の件数推移と政策展開

(注)　1　阪神・淡路大震災は兵庫県「復興 10 年総括検証・提言データベース」(https://web.pref.hyogo.lg.jp/kk41/wd33_000000126.html)、新潟県中越地震は新潟県「建築・住宅関係災害復旧関連資料集成」(http://www.pref.niigata.lg.jp/jutaku/special_page.html)、東日本大震災は会計検査院「東日本大震災等の被災者を救助するために設置するなどした応急仮設住宅の供与等の状況について」(http://report.jbaudit.go.jp/org/h23/ZUIJI7/2011-h23-3800-0.htm)、熊本地震は内閣府「熊本県熊本地方を震源とする地震に係る被害状況等について」(http://www.bousai.go.jp/updates/h280414jishin/pdf/h280414jishin_53.pdf)、西日本豪雨については『朝日新聞』2019 年 1 月 6 日朝刊「みなし仮設見守り急務　西日本豪雨仮住まいの 8 割が分散入居」により作成。なお、西日本豪雨については発災 6 カ月後の数字である。
　　　2　阪神・淡路大震災は兵庫県、新潟県中越地震は新潟県、東日本大震災は岩手県・宮城県・福島県、熊本地震は熊本県、西日本豪雨は岡山県・広島県・愛媛県の件数のみカウントしている。
　　　3　プレハブ仮設の件数は建築戸数、公営住宅等、みなし仮設の件数は入居戸数による。
　　　4　公営住宅等には県営住宅・市町村営住宅のほか、公務員宿舎、UR 賃貸住宅、雇用促進住宅、さらに民間企業から提供された社宅を含めている。

宅への移行に際し、被災した人々がそれ以前のコミュニティから切断されざるをえない点にあった。というのも、被災者間の公平性を考慮する必要のある自治体は高齢者・障害者など災害弱者の優先入居を行う一方、それ以外の入居者については基本的に抽選で決定するからである。こうして「超高齢社会の縮

図」「要援護者のコミュニティ」とも形容された仮設住宅では233名，その後の災害公営住宅でも1000名近い「孤独死」（額田 1999）が現在に至るまで続いている。

　それだけではない。ひとたび被災者がこの標準型から外れた場合には十分な公的支援を受けることができないというデメリットもあった。その象徴的存在が兵庫県外で避難生活を送っていた「県外避難者」に他ならない（田並 2012）。阪神・淡路大震災では5万4700人とも推計される県外避難者が，支援が不要な被災者と誤認されるだけでなく，行政サイドからの情報不足により「(兵庫県に) 戻りたいが戻れない」状況に留め置かれたのである。自助努力による住宅再建が原則とされていた当時，「単線型」以外の道を選択した被災者への支援メニューはきわめて貧弱であった。コープこうべ等が担い手となった被災地発の市民運動を受けて，議員立法により被災者生活再建支援法が成立したのは震災から3年後の1998年である。

　一方，中山間地域を襲った新潟県中越地震（2004年）では阪神・淡路大震災で相次いだ「孤独死」への反省から，被災集落の近くに仮設団地を建設して集落単位の入居を推進するなどコミュニティ重視の住宅復興政策が敷かれることになった[2]。生活支援相談員，地域復興支援員といった人的資源の本格的な導入もこの新潟県中越地震がはじまりである。この延長線上に，被災地域に占める農山漁村の割合が多かった東日本大震災の住宅復興を位置づけることができよう。当時の民主党政権が従前のコミュニティの維持を掲げたこともあり，仮設住宅コミュニティは〈上からの組織化〉という様相さえ帯びたのである。

> 　特にコミュニティーというものを保持した形でのもの（＝仮設住宅への移転〔筆者注〕）が大変大事だろうと思います……被災した人の立場に立てば，自分の家族があって，仕事があって，近所，隣があって，ずっとそこで長い歴史の中で暮らしてきたわけです。急にこういう状況になったときに，では自分だったらどうしようと思えば，やはり家族単位で，できれば地域の単位で，そして仕事も得る中で今後の道筋を考えたい，こういうことになると思います。(2011年3月，大畠章宏国土交通大臣〔当時〕)[3]

　東日本大震災では仮設住宅におけるコミュニティ形成が重点施策となり，発災翌日に出された厚生労働省の連絡文書には「応急仮設住宅団地を設置したと

きには，団地内の地域社会づくりを進めるために自治会などの育成を図ること」という文字が並んだ。実際に災害復興を経験した兵庫県，新潟県からの応援職員のアドバイスもあり，被災自治体のなかには町内会，行政区など震災以前の人間関係に基づいてプレハブ仮設に入居する，いわゆる「コミュニティ型入居」を導入したところも少なくない。こうして被災3県（岩手県，宮城県，福島県）における仮設自治会の組織率は100％近い数字を示すことになったが[4]，仮設住宅におけるコミュニティ形成が意味するところは，それまでの生活経験と被災状況を異にする人々が混住するなかでの仮設自治会の結成，リーダー層ほど仮設住宅から早く退去する状況下での防災福祉機能の維持といった，入居期と退去期の課題群に縮減されたきらいもある。入居者同士が親密となり仮設住宅コミュニティが独り立ちする時期，被災状況と住宅再建の方向性の違いが顕在化するなかで生じる関係性の危機は，災害看護学が言うところの「ハネムーン期→幻滅期」の転換局面と重なるにもかかわらず，ほとんど論じられてこなかった。

　「キャッシュ・フォー・ワーク」の旗印のもと，緊急雇用創出基金などを充当して行われた〈支援の事業化〉についても東日本大震災の特徴として指摘する必要があろう。仮設住宅における高齢者ケアなど生活支援がNPO等に事業委託されることには，有償雇用されたスタッフが研修を通して半・専門化し，入居者と中長期的な関係を構築できるというメリットがある。その反面，場合によっては受託団体以外のボランティアグループの自由な活動が難しくなり，仮設自治会がガバナンス能力を低下させるデメリットもまた存在したのである。委託事業は発災から3〜5年のタイミングで終わりを迎えるが，受託団体の多くは自主事業として引き継ぐことなく仮設団地を後にしていく。その撤退は仮設住宅からの入居者の退去が始まる時期と重なるだけに深刻である。

予期せず主流化した「みなし仮設」と分断された被災者

　東日本大震災では宿泊施設への二次避難，自治体が民間賃貸住宅を借り上げた「みなし仮設」の提供など災害救助法が弾力的に運用された結果，住宅復興は意図せずして「複線型」となった。国を挙げて仮設住宅におけるコミュニティ形成を重視してきたこの間の展開を踏まえると，地域社会に点在する「みなし仮設」の主流化は逆説的に聞こえるかもしれない。だが，そこには既存の住宅ストックを活用するため建設用地が不要であり，提供までに時間がかからな

いというメリットが大きかったのである。また，プレハブ仮設を1戸建設するのに730万円要した（宮城県の場合）のに対し，4名入居できる3LDKの「みなし仮設」を5年間借り上げたとしても500万円前後にまで費用を圧縮することができる。このような理由により，国土交通省や厚生労働省は首都直下型地震や南海トラフ連動型地震を念頭に，従来のプレハブ仮設に代わる手段として「みなし仮設」に期待を寄せるのである[5]。

　「みなし仮設」は改正公営住宅法（1996年）における「借り上げ公営住宅」の導入，その後の厚生省告示第144号「災害救助法による救助の程度，方法及び期間並びに実費弁償の基準」（2000年3月）における「賃貸住宅の居室の借上げを実施し，これらに収容することができる」を法的，制度的根拠としている。170戸の民間賃貸住宅を活用した新潟県中越地震から東日本大震災までの6年半に，大規模災害時の物件情報の提供，無償の仲介・媒介をめぐって30都府県が不動産業界団体と協定を締結していたという経緯もある[6]。なお，この時点の標準型は県が民間賃貸住宅を借り上げて家賃などを負担し，その物件を無償で被災者に提供する「県・貸主・入居者」の三者契約であった点に注意しよう。それに対して東日本大震災で少なからず見られたのは，被災者がアパートに自費で入居（＝貸主・入居者の二者契約）し，事後的に三者契約へと切り替えられたケースである。仙台市では「みなし仮設」の4割以上がこの切替契約であったといわれている（2012年6月，仙台市復興事業局ヒアリング）。

　このような契約手法が被災者間にある種の分断をもたらした点はあまり知られていない。二者契約を三者契約に切り替える行政手続きには数カ月の時間を要したが，その間の家賃を入居者自身が立て替えざるをえなかったことから，彼ら彼女らには「お金のある人がアパートを先に見つけて入ったのではないか」（2011年9月，若林区六郷地区住民ヒアリング）という視線が投げかけられたのである。政策形成サイドからも「被災者が自力で賃貸住宅を見つけられたということは，自らの資力で家賃を払って居住することができたとも考えられる」（大水 2013: 103），「もともとは仮設住宅が不要な被災者のモラルハザードを招いた可能性がある」（津久井・鳥井 2013: 102）といった指摘が散見される[7]。

　しかしなぜ発災から数週間という早い時期に，彼ら彼女らはアパートに自力入居したのか。その背後にある主観的な意味づけにこそ耳を傾けるべきではないだろうか。たとえば，ある入居者は「高校生の子どもは周囲の目が気になるようで，夜になると不安定になりがちだった。主人は仕事が再開して夜遅く帰

ってくるのに，避難所の消灯は夜9時だった」（2014年3月，若林区六郷地区住民ヒアリング），別の入居者は「赤ちゃんが夜泣きしたら周りに迷惑がかかると思い，避難所には連れていけなかった。障害者や高齢者のいる家庭も現実的には無理だろう」（2014年2月，若林区七郷地区住民ヒアリング）という。避難所生活は一般的な世帯にとっても多くの困難と制約をともなうものである。まして災害弱者を抱えた世帯の場合，以上のような懸念により（実家や親族宅へ二次避難する代わりに）アパートに入居したケースも少なくない。ただし，それは被災者自身にとって一時的な対処として位置づけられ，その後プレハブ仮設に入居するという選択肢も保持されていたのではないだろうか。いずれにせよ，わずか数カ月間の家賃支払い能力をもって彼ら彼女らを「仮設住宅が不要な被災者」と断じるのは，いささか早計だと思われる。

3 「複線型住宅復興」をいかに支援するか──仙台市の場合

被災者間の〈支援格差〉と公的機関の役割分担

　東日本大震災による仙台市の被害は沿岸部の宮城野区・若林区では津波による農村集落の流出，内陸部の青葉区・太白区・泉区では地震による丘陵団地のがけ崩れというように状況が大きく異なる。プレハブ仮設は2011年3月下旬以降，都市再開発の遅れにより大規模な空地が残されていたあすと長町（太白区）を皮切りとして1505戸建設されたが（図5-2），被災状況の違いを反映して区ごとに異なる体制が敷かれている。このうち宮城野区と若林区では区内の被災世帯による「コミュニティ型入居」が大半を占めたことから，その後の復興まちづくりを見据えて区役所が主導権を握ることになった。宮城野区では地域連携担当職員がプレハブ仮設団地を巡回し，若林区では臨時職員が集会室に常駐するスタイルが採られている。一方，津波の影響を受けなかった太白区では「コミュニティ型入居」によらず個別に入居した世帯が多かった経緯もあり，「被災者雇用による被災者支援」を合言葉とする福祉NPOの共同事業体が行政委託を受けて生活支援を展開してきた。

　他方，1000世帯程度という当初の予想に反して激増した「みなし仮設」9838世帯（2012年3月時点）への制度的対応は遅れていた。「みなし仮設」は仙台市内の被災者だけでなく，身内を頼りあるいは仕事を求め，仙台市外，宮城県外から避難した人々の受け皿となったことから，行政サイドは全体像の把握

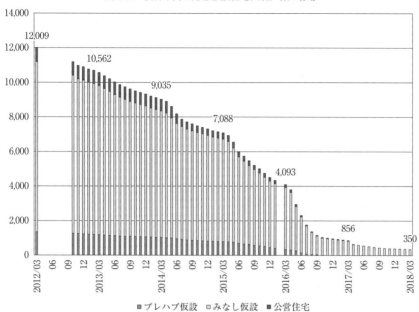

図 5-2　仙台市内の応急仮設住宅入居戸数の推移

■ プレハブ仮設　□ みなし仮設　■ 公営住宅

（注）1　2016年1月までは仙台市「仙台復興リポート」（http://www.city.sendai.jp/shinsaifukko/shise/daishinsai/fukko/backnumber.html），同年3月からは仙台市「生活再建リポート」（http://www.city.sendai.jp/saiken-kikaku/shise/daishinsai/fukko/sekatsu/sekatsu.html）により作成。
　　2　2012年4月から同年9月，2016年2月のデータは欠損。

から始めなければならなかったという事情もある。市役所が調査に乗り出した2011年8月はまさにプレハブ仮設と「みなし仮設」の〈支援格差〉が争点化した時期に他ならない。夏休みを迎えた仮設団地では毎週末のように炊き出し等のイベントが開かれ，日用品や食料品が段ボールで届けられ，その光景は仮設住宅コミュニティ，被災者支援の象徴として，たびたびニュース番組に取り上げられた。それとは対照的に「みなし仮設」は災害ボランティアにとって〈見えない仮設〉であり，その入居者は〈見えない被災者〉であった。「みなし仮設」入居者が支援物資をストックしてある仮設団地に「物資をもらいに行きたくても，行ける雰囲気ではなかった」（2011年9月，若林区六郷地区住民ヒアリング）。この間，ある「みなし仮設」入居者が手にできた支援物資といえば暖房器具，寝具，米数合，それから何点かの日用品に限られていたという。

このような〈支援格差〉が生じたのはなぜだろうか。ある「みなし仮設」入居者が「仮設に私たちが行ける集会室が欲しかった。(集会室が) 窓口になってくれれば，情報も物資も提供してもらえたのではないか」(2014 年 3 月，若林区六郷地区住民ヒアリング) と述懐するように，誰かと交流しようにも支援物資を受け取ろうにも，この時点では「みなし仮設」入居者にとっての結節点が存在しなかったのである。プレハブ仮設団地に併設された集会室は広義の被災者ではなく，あくまで入居者の集会室として機能したにすぎなかった[8]。だが，問題は支援物資の多寡にとどまらない。「同じ集合住宅の別のフロアに (被災者が) 複数入居していたケースもあるが，周囲との接点がないようでお互いに面識がなかった」(2011 年 10 月，仙台市市民協働推進課ヒアリング) とされるように，隣近所との「お茶っこ飲み」を常としてきた人々が「みなし仮設」の一室で，家族以外とコミュニケートできない孤独な境遇に陥っていた点こそ，メンタルヘルスへの影響を考えれば深刻であった。

　折から実施されていた市役所の訪問・郵送調査が明らかにしたのも，「プレハブ仮設ばかりに物が行って」「情報が届かない」(同ヒアリング) というように，プレハブ仮設の入居者に比してニーズが充足されていないと感じていた〈見えない被災者〉の「見捨てられた境遇」(Arendt 1962 = 1974) であった。こうして市震災復興本部は「被災地区コミュニティ情報サポート事業」(震災復興地域かわら版「みらいん」の発行)，「地域支えあいセンター事業」など「みなし仮設」に照準した政策を相次いで打ち出し，このうち後者について災害ボランティアセンターを運営してきた仙台市社会福祉協議会 (以下，社協) に担当を依頼する。地域社会に点在する「みなし仮設」だからこそ，小地域福祉ネットワークに象徴される地域の福祉力を管轄する市社協に期待を寄せたと見ることもできよう。「プレハブ仮設＝市役所，みなし仮設＝市社協」という被災者支援体制が確定したのは，発災から実に 9 カ月後のことであった。

　仙台市社協は「みなし仮設」入居者への相談援助・情報提供などを柱とする「地域支えあいセンター事業」を展開するにあたり，市社協本部の「中核支えあいセンター」と各区の社協事務所に併設された「常設支えあいセンター」からなる二層体制を構築している (仙台市社会福祉協議会 2017)。市社協が各区にセンターを設置し 6〜8 名の生活支援相談員を配置したことの意味は，次のような〈分権化〉と〈地域化〉という点にある。すなわち高齢者世帯・障害者世帯の戸別訪問は各区のセンターから出動するほうが効率的であることにくわえ，

具体的な支援が必要とされるケースは各区の社協事務所と連携してこそ実効的となる。また，住民にとって身近な区にセンターが設置されれば，地区社協やボランティアグループなどの地域福祉資源を被災者支援活動に活かすことも容易となろう。各区の社協事務所への〈分権化〉，地域住民組織や市民活動団体への〈地域化〉は，復旧・復興期に限定された「地域支えあいセンター事業」のその後を見据えた事業継続計画であったと見ることもできる。

　ここで仙台市若林区の取り組みを一瞥しよう。区の社協事務所と「支えあいセンターわかばやし」は2012年1月より「復興の輪ミーティング」（支援者ネットワーク会議）を開催して既存の社協系列団体との関係強化，新顔の被災者支援団体との関係構築を図り，これらの団体のサポートを得ながら「いぐねおぢゃっこの会」「ぽっかぽか」「まざらいん若林」など「みなし仮設」対象のサロンを展開してきた[9]。社協系列団体や被災者支援団体からすれば「地域支えあいセンター事業」を通して〈見えない被災者〉に初めてアクセスできた格好である。また，生活支援相談員には福祉関係業務に従事したことがない人も多く，戸別／来所相談時の傾聴には未経験者ゆえの難しさがともなっていたという。そこで「復興の輪ミーティング」に参加していた一般社団法人「日本産業カウンセラー協会東北支部」と連携し，生活支援相談員と協会スタッフが一緒に相談業務にあたるなどOJT形式で人材育成を図った経緯もある。

少なかった「みなし仮設」入居者によるグループ結成

　仙台市内ほぼすべての仮設団地で自治会が結成されたのとは対照的に，震災以前から市内に居住していた「みなし仮設」入居者が独自にグループを結成したケースはきわめて少ない。それは「みなし仮設」がプレハブ仮設の集会室のような活動拠点を欠いており，かりに彼ら彼女らが〈支援格差〉を感じたとしてもニーズを集合化するハードル自体が高かったからである。また，遅ればせながら「地域支えあいセンター事業」がスタートし，「みなし仮設」入居者の生活条件が一定程度改善されたと見ることもできよう。わずかな事例として挙げられるのが，多世代の生活支援に取り組んだ「若松会」と少人数のサークル型活動を展開した「マートル」である。仮設自治会，復興まちづくり協議会など男性家長を中心とする組織体が俎上に載せきれなかった「みなし仮設」入居者の生活課題について，「元PTA」「ママ友」など子育て期に形成された女性のネットワークが取り組んだことは特筆すべき点だと思われる。

震災から半年後，かつて若林区荒浜に住んでいたHさん（50歳代女性）が友人数名とともに設立した「若松会」は「誰かの家に行ってお茶を飲むなど横のつながりのある土地」（2014年2月，「若松会」ヒアリング）であった半農半漁の地域性を反映し，口コミ等により0歳から100歳までの元住民150名が参加する大集団へと発展した。その出発点には「みなし仮設」入居者ならではの次のような「取り残され感」があったという。

　　（ある団体に）学習ボランティアをお願いしたところ「人を集める場所がないからプレハブに混ざってください」と言われた。でも，（プレハブ仮設の入居者には）「ここに住んでいる者以外は来るな」と言われ，行けなかった。子どもたちは学校で（プレハブ仮設の）話を聞き，イベントをうらやましがる。そこでプレハブ仮設でやっていることを私たち「若松会」でもやろうと考えた。（同ヒアリング）

　しばらくの間，市民センターを間借りして「みなし仮設」入居者の旧交を温めてきた「若松会」は，こうして子ども向け「学習サポート」や高齢者向け「お茶のみサロン」などプレハブ仮設と同様の取り組みを企画するようになる。だが，イベント型から365日型へと活動方針を転換するには常設型の活動拠点が必要である。「若松会」は「宮城県新しい公共支援事業」の一環として中古住宅を借りることができたが，この補助事業の終了後，スポンサーが首都圏の企業，篤志家を点々とするなど不安定な運営を余儀なくされた。このようにプレハブ仮設のビルトイン型の集会室と苦労の末に開設できた「みなし仮設」の活動拠点とでは，行政職員のコミットの状況を含めて前提条件が大きく異なっている。

　一方，若林区井土に住んでいた40～50歳代の女性10名による「マートル」は災害危険区域の線引きが二転三転するなか，「お互いの苦しい思いを言い合い，たわいもない話をする」（2014年3月，「マートル」ヒアリング）インフォーマルな場として始まった。その後の「みなし仮設」入居者の手仕事サークルとしての再出発（2012年1月）は，プレハブ仮設で手仕事のワークショップが開かれることを知ったKさん（50歳代女性）が「そのような場面が（「みなし仮設」入居者に対しても）あったらいいのに」（同ヒアリング）と思ったことに由来する。彼女らが制作した手芸作品はこれまで委託販売店への出品，企業のノベルティ

への採用などの実績があるものの,「集まって話をすることが大切だと思った。『作れないから「マートル」に入れない』ではいけない」（同ヒアリング）と，手仕事サークルである以前にメンバー同士のコミュニケーションの場であることを大事にした活動を続けている。

　以上のように，プレハブ仮設との〈支援格差〉をきっかけとして組織された両団体は当初，メンバーを同じ地域で被災した「みなし仮設」入居者に限定していたが，やがて自身の生活が落ち着きを取り戻していくなか，次のように成員条件が問い直されていく。

　　最初（こうした活動は）知っている人同士でないと続かないと思った。みんなが不安なときに「エッ」という思いを持ちたくなかった。でも，同じ被災者であるはずなのに，被災者のグループは地域によって限定されてしまう。他の地域から仙台にやって来た人は，どうすればよいのだろうと思った。（同ヒアリング）

　市外・県外から来た避難者は彼女らの目に，「同じ被災者」でありながらプレハブ仮設の入居者と疎遠化し，見知らぬ隣近所のなかで孤独を感じていた震災当初の自らの姿と重なって映じたのであろう。時間経過とともに生活が回復していくなかで可能となった，メンバーシップをめぐる問い直しを通して，両団体には口コミや掲示板により活動の様子を知った石巻市，名取市からの避難者なども参加するようになった点を付け加えておきたい。

4　市外・県外避難者をいかに支援するか──「同郷サロン」の登場

叢生する「同郷サロン」と〈自主グループ化〉の壁

　東日本大震災における二次避難は災害救助法の弾力運用を背景とした市外・県外への広域避難，そして被災地域内の政令市・中核市への避難者の流入を特徴とする。そのうち仙台市では仮設住宅入居者の3分の1にあたる3362世帯（2012年11月時点）を市外・県外からの避難者が占めたが[10]，彼ら彼女らに対する公的支援は「みなし仮設」の場合以上に遅れていた。その最初の動きとなったのが青葉区保健福祉センターによる「こころの健康づくり交流会」（2012年2月）である[11]。青葉区にはプレハブ仮設こそ建設されなかったものの,「み

なし仮設」は1643世帯，借り上げ公営住宅は182世帯，他の市町村から避難してきた人々は762名を数えていた。この「こころの健康づくり交流会」を企画した保健師には避難者のメンタルヘルス，生活習慣病，認知症の進行など職能者としての懸念もさることながら，市外・県外避難者の「点と点をつなぎたい」「同郷の方が交流する機会を作り，将来的には同郷者同士の集まりができたらよい」（2016年10月，青葉区保健福祉センターヒアリング）との思いがあったとされる。

「（震災後）ここで初めて会えたので，集まりたい気持ちが消えないうちにやりたい」——「こころの健康づくり交流会」参加者の声を受けて，青葉区保健福祉センターは「ふるさと別交流会」の開催にむけて気仙沼・南三陸，石巻，東松島，そして福島という4つの地域にターゲットを絞り，グループごとに企画委員を募っていった。特筆すべきはリーダーシップがとれそうな人だけでなく，戸別訪問やアンケート調査において喪失感から鬱傾向を示していた人にも企画委員の話をもちかけた点であろう。そこには「ふるさと別交流会」の企画という役割を獲得することで心身の健康を維持，回復できるのではないかという保健師ならではの思いが看取される。こうして青葉区では「気三来会（きさくかい）」「いしのまき交流会」「東松島交流会」「福島の会」という「同郷サロン」が相次いでスタートする。

「同郷サロン」は第一義的には地元を離れて避難生活を送る人々の孤独感を癒やす「ノスタルジア・ネットワーク」（小林1996）である。それだけでなく，避難元の自治体職員が顔を見せて復興状況を説明するなど，避難者の「望郷の念」をつなぎ留めることにも目的があったと見ることができる。だからこそというべきか，避難者その人の立ち位置が移住者へと転換するにつれて「同郷サロン」には次のような変容が求められることになる。

> （避難元の）町に帰ることから（避難先の）地域の中に溶け込んで暮らしを維持することに（目標を）変えなければならない。○○町という枠に閉じるのではなく，（避難先自治体の）社協やボランティアに入ってもらい，地域との関係を深めていく必要がある。（「同郷サロン」を）やりすぎると，逆に地域に馴染めない環境を作ってしまう。（2017年4月，宮城県社協復興支援福祉アドバイザーヒアリング）

時間経過とともに「同郷サロン」は〈自主グループ化〉という壁にも直面する。行政は災害公営住宅など「終の棲家」における自治組織の結成を，社協はそこでのサロンの自主的な運営を，それぞれ被災者の自立のメルクマールとし，次第に公的支援を縮小させるからである。それに対して，ある宗教立の災害ボランティアセンターの担当者は次のような異議を唱える。

　　社協はサロンを手放し，どんどん住民に委ねていくが，自主的に集まりを開催できることだけが自立ではない。何気ない会話の中から進む方向性が見えてくれば，心も定まっていく。そのような自立への第一歩を用意することが「心の支援」だと思う。直接的に自立に持っていこうとしない集まりがあっても良いのではないか。（2017年5月，「東北教区災害ボランティアセンター」ヒアリング）

　仙台市内ではこの間，地域的共同性，被災状況の共通性などを背景として20を超える「同郷サロン」が結成されてきたが（図5-3），およそ半数が現在までに活動を収束させている。以下では今なお精力的な活動を続けている「気仙沼はまらいんや会」「鳴瀬サロン」「きびたん's」という3つの「同郷サロン」がどのような問題意識から組織され，これまでどのような取り組みを展開し，目下どのような課題に直面しているのかを明らかにしたい。

公的機関主導型からの転換とその後の細道──「気仙沼はまらいんや会」

　2012年4月より「ふるさと別交流会」を開催してきた青葉区保健福祉センターは，半年後に「気三来会」「いしのまき交流会」および「東松島交流会」の一部を「みやぎ・いわて沿岸部交流会」へと再編統合する。その際，避難元の市町社協と避難先の仙台市社協「中核支えあいセンター」が「ふるさと別交流会」の運営を引き継いでいる。気仙沼市と南三陸町からの避難者が参加する「気三来会」の場合には，こうして「気仙沼はまらいんや交流会」と「南三陸町再会さろん」の2つに分割されることになった。
　気仙沼市社協が南三陸町社協経由で「気三来会」の存在を知り，初めて社協職員が参加したのは2012年9月のことである。社協事務所や介護事業所が津波被災した気仙沼市社協では2011年度前半は災害ボランティアセンターの運営，そして年度後半は気仙沼地区の仮設入居者を対象としたサポートセンター

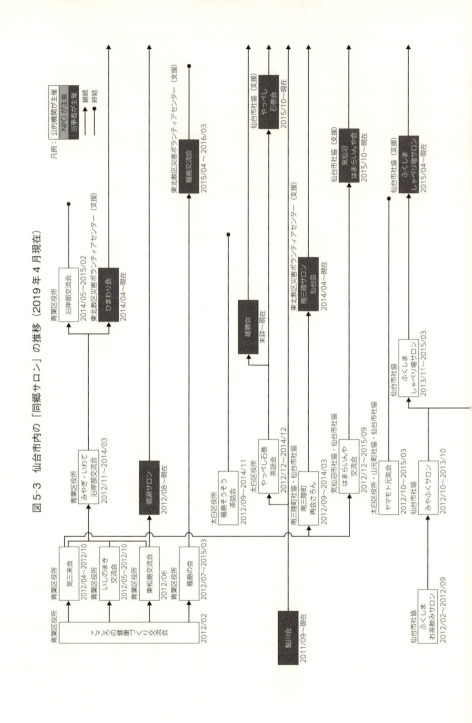

図5-3 仙台市内の「同郷サロン」の推移（2019年4月現在）

142　第2部　津波被害からの回復と再生

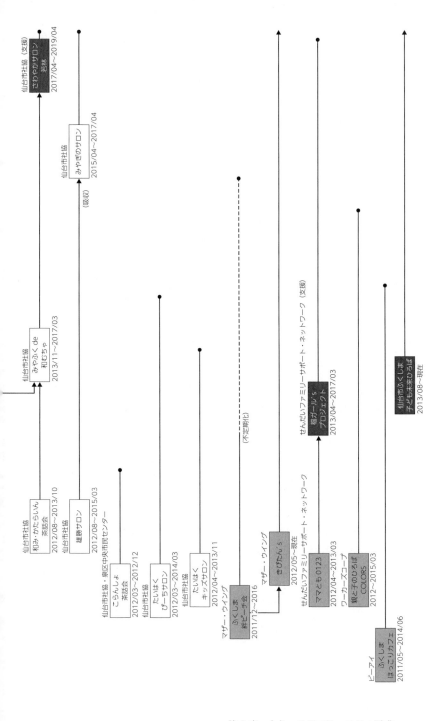

(注) ヒアリングにより作成。

第5章 もう一つのコミュニティ形成 143

の運営に忙殺されていたという。発災から1年が過ぎて組織体制も落ち着きを取り戻した頃、隣接する岩手県一関市に避難した人々の「ふるさとお茶っこ交流会」（一関市社協が主催）や前述の「気三来会」に参加し、ようやく市外・県外避難者のネットワークの再構築に着手できたのである。

さて、気仙沼市社協が市外・県外避難者を支援するうえでアドバンテージになったと思われるのが、震災後の利用者減少により介護部門の職員が復興支援コーディネーターにスライドするとともに[12]、市内16地区すべてから生活支援相談員が選出されていた点である。彼ら彼女らと「気三来会」参加者は顔馴染みであることが少なくなく、このような「顔の見える関係」が、気仙沼との生活環境の違いにより大変な思いをしている点、高齢避難者はサロン以外に誰かと話せる場所が見つからない点など、参加者が吐露しやすい雰囲気を醸成したのである。ちょうどこの時期には仙台市社協が被災自治体の社協に対して「同郷サロン」のサポートが可能であると情報提供していた経緯もあり、気仙沼市社協は仙台市社協のバックアップを得て「気仙沼はまらいんや交流会」の開催（2012年12月）に漕ぎつけている。

当時、仙台市への避難者は200世帯前後と想定されていたが、個人情報保護法の関係上、気仙沼市社協が避難先の住所を把握しているわけではなかった。そこで気仙沼市社協は2つのルートにより交流会の開催を知らせるべく動きはじめる。1つは全国避難者情報システムに登録した避難者に郵送される気仙沼市の広報紙に、案内状を同封してもらう方法である。もう1つは仙台市社協「中核支えあいセンター」の生活支援相談員が気仙沼市からの避難者を訪問する際に、開催を伝えてもらうやり方である。こうして第1回交流会は70名の参加者を集め、それ以降も半年ごとの開催が続けられている。

この「気仙沼はまらいんや交流会」では参加者同士が話しやすいよう鹿折・唐桑・大島など気仙沼時代の地区割りによってテーブルを編成し、同席する生活支援相談員が復興状況について説明するのを常としてきた。過去のプログラムを紐解くと「七福神舞」「浪板虎舞」のような無形文化の上演、気仙沼銘菓や有名寿司の会食、縁起物の金のわらじや抜穂祭の稲穂のプレゼント、ご当地ソング「おいらの船は300トン」「気仙沼音頭」の合唱など、異郷の地にあって「気仙沼の風と時間」（2016年9月、気仙沼市社協ヒアリング）を感じられる内容が並んでいることに気づかされる。回を追うごとに日本舞踊やフラダンスなど参加者による出し物も見られるようになるなど、交流会は打ち解けた雰囲気

に変わっていったという。

　だが，次第にメンバーが仙台圏での生活再建を決意するなか，気仙沼市社協サイドに「ぜんぶ社協がお膳立てした会ではなく，自分たちのつながりがあったほうが何かあったときに日々（対応できるのではないか），という気持ち」（同ヒアリング）が生まれてきたことも事実である。そこで気仙沼市社協はアンケートにより参加者の意向を確認しつつ，〈自主グループ化〉の第一歩としてメンバーのなかから「お世話係」を募り，当日の会場設営を担ってもらうようになる。並行して団体職員，学校教員，自治会長，商店街リーダーの経歴をもつ4名の発起人の関係づくりを進めていき，2015年10月に新生「気仙沼はまらいんや会」が誕生する。もちろん〈自主グループ化〉により気仙沼市社協との関係が途切れたわけではなく，その後も気仙沼の今を伝える重要な来賓であり続けているという。

　仙台市内の「同郷サロン」のなかでは最も規模が大きく，スムーズな〈自主グループ化〉が図られた「気仙沼はまらいんや会」にあっても前途が明るいわけではない。会の登録者こそ100世帯，140名を数えるものの平均年齢は80歳代と高齢化が進んでおり，最盛期に100名近かった交流会の参加者数は70名前後と停滞気味である。〈自主グループ化〉により社協サイドからの支援は減少し，運営資金が十分とはいえない状況も続いている。

　　だんだん参加者が少なくなるなか，今後どうするか。皆が（仙台市中心部で開かれる）交流会に集まってくるのは，やがて難しくなるのではないか。年2回の会報紙など事務的なものは補助金で賄っているが，それがなくなったときどうするか。現在の財政状況からすると，震災から10年ぐらいが（会を閉じる）メドになるのではないかと感じる。(2018年5月，「気仙沼はまらいんや会」会長ヒアリング）

　だが，一人暮らしの高齢メンバーが転居先の老人クラブに容易に入れるかといえば，それは難しい相談であろう。〈自主グループ化〉から3年が経過した今日もなお，地方紙やNPOの広報誌に掲載された活動の様子を目にした，郷里を同じくする避難者，移住者から入会申し込みが寄せられている現状もある。「年2回だけど会えるのが楽しみ」「具合が悪くなった等の情報がわかるから半年に一遍でも必要」（2016年9月，同ヒアリング）といったメンバーの声に応え

ようと，会長のHさん（60歳代男性）が仕事の合間に事務手続きに奔走しているのが実情である。

今日，「気仙沼はまらいんや会」は移住者コミュニティへの本格的な移行に合わせ，ノスタルジア・ネットワークから地域福祉ネットワークへの質的転換を図ろうとしている。その具体的な現れが現在の居住地をベースとした5つのブロックの設定に他ならない。メンバーに現住地での人間関係を深めてもらえるよう，この新たなブロックにより交流会のテーブルを編成し直すとともに，各ブロック選出の地区連絡員が月1回のペースで一人暮らしのメンバーに電話連絡する仕組みを構築したのである。同時に，メンバー自身による関係づくりも進展しつつある。富谷市に自宅兼店舗を構えた美容師（70歳代女性）は気仙沼時代の客が訪れるたびに近場の同郷者に声をかけてお茶会を催す一方，宮城野区在住の地区連絡員（80歳代女性）は仙石線沿線の同郷者に呼びかけて食事会を開くという。以上のようなフォーマルなサブグループの設定と，それと軌を一にするインフォーマルな関係の形成には，場合によっては「気仙沼はまらいんや会」本体の存続が難しくなる「震災から10年」を見据え，時間をかけながら自生可能なユニットへと分割・縮小していく方向性を読み取れよう。

問題解決の経験を共有する避難者の自助グループ——「鳴瀬サロン」

2012年から毎月の開催を続けてきた「鳴瀬サロン」は震災8年目の夏，初めて地元に里帰りすることになった。この日，防災集団移転先である野蒜ヶ丘（東松島市）の市民センターに集まった25名は，いつものように車座となりお互いの近況報告をはじめた。すでにこの地で自宅を再建したメンバーからは「おかえりなさい」と歓迎の声が聞かれる一方，他の地域に移り住んだメンバーは「野蒜を出たことに引け目を感じていた。どうすれば野蒜に帰ることができるか，そればかり考えてきた」「亡骸になれば野蒜に帰れると思っていた。しかし今日，こうやって故郷に帰ることができた」と涙ながらに語る。仙台から野蒜までは仙石線で1時間ほどの距離である。しかし，この隔たりを埋めるのに7年の歳月を要するほど東松島市の被災状況は甚大であった。野蒜地区だけでも500名以上が犠牲となり，「鳴瀬サロン」のメンバーもほとんどが津波で身内や自宅を喪っている。

この「鳴瀬サロン」の誕生は青葉区保健福祉センターが主催し，3名の企画委員が呼びかけた「東松島交流会」からわずか2カ月後の2012年8月である。

〈自主グループ化〉に要した期間は「気仙沼はまらいんや会」の3年と比べても短い。中心メンバーは「東松島交流会」の話が浮上する以前から，避難先となった仙台に同郷者が気軽に集える場所が必要ではないかと考えていたという。その直接的なきっかけが事務局を担うTさん夫妻（ともに60歳代）の往時の隣人の，震災9カ月後の自死であった。Tさん（妻）はこの出来事を通して，「本当のことを話せる場があれば，いろいろなことが起こったとしても，自殺するまで追い込まれなかったのではないか。安心して自分の体験を語ったり相手の体験を聞いたりする場所，自助グループのようなものが必要ではないか」（2018年5月，「鳴瀬サロン」事務局ヒアリング）と思うようになった。

　「鳴瀬サロン」はその名が示す通り「平成の大合併」（2005年）により廃止された旧鳴瀬町，なかでも野蒜地区の亀岡・東名・新町などに長年住んでいた人々から構成される。メンバーは行政区・老人クラブといったフォーマルな組織，文化やスポーツ等のサークル活動，さらに日々の通勤電車のようなインフォーマルな場面で震災以前から多かれ少なかれ面識を有していた。なかでも人間関係が密接になったエピソードとして語られるのが，今から20年ほど前の親子合同のバレーボールに他ならない。彼ら彼女らの子どもが入学しようとしていた中学校は当時，東北一と噂されるほど荒れた学校であった。そこで同級生の親同士が「子どもは地域の宝，皆で何とかしよう」という問題意識から毎週日曜日の夜に体育館に集まり，父親も母親も女子も男子も，皆で一緒にバレーボールを打ち合ったというのである。こうして地域の子どもたちの成長を親同士で見守る環境がつくられたことがプラスに作用したのであろうか，当の中学校は子女の在学中にすっかり落ち着きを取り戻したという。

　メンバーは以上のような問題解決の経験を共有するだけでなく，定年退職後に共同で惣菜屋をオープンするといった将来構想を描き合うなど，子女の成長後も一定の関係性を維持してきた。こうした「地域の歴史」（同ヒアリング）を踏まえるならば，青葉区保健福祉センターによる「東松島交流会」の企画を口コミで知った元住民が他区，他市町からも駆けつけ，その勢いのまま「鳴瀬サロン」が立ち上げられた経緯もよく理解できるものとなろう。50世帯（60名）のメンバーには仙台圏に移住した人々が多いが，仙台市内の「みなし仮設」を退去し東松島市の災害公営住宅に入居してからも，月1回のサロンを楽しみにはるばる通ってくるメンバーが存在するくらいである。

　毎月第2土曜日に仙台市中心部の市民センターで開かれるサロンは，前半が

参加者一人ひとりのフリートーク，後半は音楽・劇などの鑑賞，ダンス・体操，ものづくりなど参加型のプログラムから構成される。「サロンのなかで語られたことを外に持ち出さない」「喋りたいときに喋り，喋りたくないときは喋らなくてよい」「後で余計な詮索をしたり，話された内容の批判をしない」等をルールとするフリートークは現在まで欠かすことなく続けられているが，こうした自助グループの支援技法が被災者の交流場面に持ち込まれることは珍しいだろう。そこには事務局のTさん夫妻の経歴——夫は依存症からの回復過程で自助グループに参加した経験をもち，保健師資格を有する妻は看護学校で災害看護について講じてきた——が大きく影響している。

　毎月決まった曜日の決まった時間，決まった場所でやることが非常に重要だった。行けば必ず私たちがそこにいるという，場の共有からスタートした。他人の話を聞くことで自分の過去・現在・将来がつながり，自分に起きたことの意味を言語化できる。それを一人ひとりが体験し，他人に話を聞いてもらえることの嬉しさがわかる。自分の感情が語れ，安心して泣けるようになるまでには半年かかった。(同ヒアリング)

参加者は回を重ねるうちに「人と話せばぶつかることもあるが，わかり合う一番の素」というように「言いっ放し，聞きっ放し」の技法を体感していったが，このやり方があらゆるサロンに応用可能というわけではなかったことも事実である。別の「同郷サロン」の〈自主グループ化〉に際して世話人を引き受けたTさん（夫）は，「鳴瀬サロン」と同様のフリートークの導入を試みたものの失敗に終わったという。理由として，そのサロンでは数年にわたって健康講話・介護予防体操など医療・福祉領域のプログラムを中心とした運営がなされてきた点，そして同じ沿岸部であっても多様な被災状況ゆえ自身の経験を語りづらく，災害公営住宅に当選しないなど生活上の不満に話題が終始してしまった点が挙げられる。対照的に「鳴瀬サロン」ではメンバーがプログラムの講師役を引き受けるとともに，フリートークでは被災に向き合おうとする自身の内面が紡ぎ出されてきたのである。
　「仙台で野蒜のことを話しても誰もわかってくれないが，ここでは話が通じる」——「鳴瀬サロン」が異境の被災者のシェルター機能を果たしてきた背景に，それまでの地域的共同性と被災状況の共通性が存することは疑いない。だ

が同時に，避難者が帰還者となった後も「鳴瀬サロン」に通い続けている事実は，この「同郷サロン」の別の側面も示唆しているように思われる。災害復興のプロセスでは住宅再建や財産分割をめぐって家族内，地域内で意見が対立することもあるが，「地域や家のしがらみがあって地元では話せないことも，仙台にいるからこそ話すことができる」(2017年4月，同ヒアリング)。地域的共同性を根拠として成立しながらも，被災現地からの物理的な距離，自助グループ流の支援技法を通して当の共同性を相対化し，家族や地域の（復興の）論理から自由な「個，個人」(2018年5月，同ヒアリング)としての現れを保障された安全な場所であること（への共通了解）こそ，「鳴瀬サロン」が長期にわたり避難者（移住者）と帰還者双方の居場所となっている理由だといえよう。

仙台で子育てをする「一緒の仲間」として関わり続ける──「きびたん's」

青葉区保健福祉センターによる「福島の会」，太白区区民生活課による「福島そうそう茶話会」など，福島県からの避難者を組織的に支援しようとする公的機関の動きが震災1年半のタイミングで現れたのとは対照的に，仙台市内で子育て支援に取り組んできたNPOは早くも発災数カ月後には動き始めていた。そこには「福島の会」「福島そうそう茶話会」の主な参加者が津波により自宅が流出するか，原発事故後の「警戒区域」指定により避難を余儀なくされた高齢世代であるのに対し，子育てNPOの支援対象は原発事故により福島県から（自主）避難してきた母子であったという違いも見られる。

その1つ，子育て支援ひろば「のびすく泉中央」を運営する「マザー・ウイング」(2008年〜)は指定管理施設が被害を受けたことから，公共スペースを間借りして母親の心のケアに従事してきた一般社団法人である。原発避難者支援に取り組むきっかけは，母親同士のネットワーク形成のために災前より実施している「ママカフェα」であった。7月の「転勤ママあつまれ！」では福島県からの避難者が参加者の7〜8割を占め，「福島県の母親同士で集まりたい」という声を受けて急遽開かれた「あつまれ！ ふくしまママ」には20組を超える親子が参加したという。そこで従来の「ママカフェα」とはまったく異なる状況──「子どもたちは落ち着かず暴れて叫び，お母さんたちは喋りたくて仕方なく，子どもを見ようとしない」(2017年4月，「マザー・ウイング」理事〔当時〕ヒアリング)──に遭遇した副館長のOさん(40歳代女性)は「このままでは終われない」との思いを強くし，母子避難者を対象とした「ふくしま絆ピーチ

会」の組織化支援を決意する。

　通常の「ママカフェα」であればスタッフの働きかけにより母親たちが〈自主グループ化〉し，館内のスペースで自由に活動を展開することになるが，「ふくしま絆ピーチ会」の場合はその後もスタッフが関わり続けたという。それは自主避難により「24時間，自分以外に子どもを守る『目』がない状況」（2018年5月，同スタッフヒアリング）を余儀なくされた母親にとって，〈自主グループ化〉によるピアサポートの展開以前に，託児サービスを活用して子どもの世話から解放される時間を確保するのが先ではないか，というスタッフの思いがあったからである。さらにいえば，避難先への定住か福島県への帰還かを見通せず，学校の始業・終業に合わせてメンバーが流出入するため母親自身が会を主宰するのが難しい，原発避難特有の問題構造も大きな影を落としていた。

　当時の仙台市内には母子避難者を支援する場がほとんどなかったことから，2011年12月に発足した「ふくしま絆ピーチ会」には多くの参加者が駆けつけた。そこには同じ境遇に置かれた避難者が出会う機会が増えるというメリットの反面，顔馴染みの母親同士でゆっくり話すことが難しくなるデメリットもあったとされる。何人かの母親から「ここに来たときは子どもと楽しみたい」という声が寄せられたこともあり，「マザー・ウイング」は「ふくしま絆ピーチ会」と並んで避難者支援サロン「きびたん's」を泉区・太白区の市民センターでスタートさせる（2012年5月）。福島県の鳥キビタキにちなんで名付けられたこのサロンは前半がグループトーク，後半はふれあい遊び，読み聞かせなど親子一緒に楽しめるプログラムから構成され，現在でも20組前後が参加登録している。

　さて，原発避難者を対象とした公的機関主導型のサロンは被災地域（浜通り／中通り）や避難類型（計画避難／自主避難）により参加者を限定する傾向が見られる。それに対して「マザー・ウイング」は「自主事業だからこそ，そこには捕らわれず他にないものをやっていきたい。（参加者同士が）揉めないやり方があるはず」（2018年5月，同代表ヒアリング）との思いから，「震災の影響で福島県から仙台市に編入してきた親子」が誰でも自由に「きびたん's」に参加できるという条件にこだわった。そのため当初は空間や食品中の放射線量の判断，避難指示が解除された後の帰還の可否などがグループトークの話題となり，母親同士が対立的となる場面も見られたという。津波被災者とは事情が異なる原発被災者の支援のあり方についてスタッフは思い悩み，支援者ネットワーク会

議に参加するなどして避難の状況や放射線の影響に関する知識を獲得してきたが、次第に「私たちが原発事故についてすべてわからなくてもいいのではないか。お母さんたちがここで過ごすという選択を応援するだけで十分ではないか」（2017年5月、同ヒアリング）と思うように変化したとされる。

　こうした葛藤を通して「きびたん's」のミッションに据えられたのが「同じ時期に仙台で子育てをする母親同士支えあいつながり合いましょう」である。それは子育て支援という「マザー・ウイング」そのものの出発点に立ち戻り、原発避難者支援のあり方を捉え直そうというポテンシャルを有している。しばらくの間スタッフはサロンの冒頭でこのミッションを丁寧に説明し、参加者の理解を得るように心掛けていた。もちろん原発事故にともなう損害賠償、今後の生活再建のあり方を訊ねる声についても排除することなく、個別に福島県内のNPO法人のスタッフにつなぐ形式を採ったという。原発避難者を性急に〈自主グループ化〉するのでも彼女らを「支援される側」に固定するのでもなく、学生ボランティアから高齢ボランティアに至る多様な人々が仙台で子育てする「一緒の仲間」として、「同じ目線」（2018年5月、同ヒアリング）で関わり続けることを「マザー・ウイング」は基本理念としたのである。

　仙台市内の原発避難者支援が相次いで終了するなか、「きびたん's」は2019年で8年目を迎えている。自主事業として始まったプログラムが「ふるさとふくしま交流・相談支援事業」として位置づけられた経緯もさりながら、そこには交流機会の減少、支援団体の撤退が避難者その人に「自分たちが置いてきぼりにされる」「話を聞いてくれる人がいなくなる」（同ヒアリング）というメッセージとして伝わってしまうことへの危機感もあった。ただし、サロンの意味合いは変化している。現在ではチラシからは「震災の影響」の5文字が消え、代わりに「福島をふるさとに持つ乳幼児の親子」への呼びかけが掲載されるようになった。たしかに時間経過とともに避難者は減少したものの、しかし水面下には次のようなケースが潜んでいるという。それは「マザー・ウイング」が発災直後からボランタリーに関わり続けたからこそ発見できた、支援の臨界に置かれた被災者の実情でもある。

　　長く苦しんでいるお母さんたちは「震災が原因ではない」「原発避難ではない」と言うものの、話をしてみると、東日本大震災の影響、原発事故の影響に気づいていない人もいることが分かる。津波、避難区域のような

直接の被害だけで重い，軽いを判断することはできない。これまでのような「震災の影響」という入り口だけでは，複雑な事情を抱えた人々を拾いきれなくなっている。(同ヒアリング)

5 おわりに――〈仮住まいの形態によらないコミュニティ〉の可能性

　阪神・淡路大震災の復旧・復興過程で相次いだ「孤独死」の衝撃を受け，多くの災害研究は災前，災後のコミュニティを空間的に連接させることに腐心してきた。新潟県中越地震ではプレハブ仮設，東日本大震災では災害公営住宅への「コミュニティ型入居」が行われたことは，その1つの到達点だといえる。だが，東日本大震災を契機とした「みなし仮設」の活用により住宅復興が複線型へと転換しつつある今日，私たちはコミュニティ形成についても複数の場面，多様な技法を準備しなければならない[13]。「みなし仮設」入居者のグループ，市外・県外避難者の「同郷サロン」など〈仮住まいの形態によらないコミィニティ〉に照準した本章は，そのための中間総括として位置づけられよう。

　東日本大震災の経験が物語るように，プレハブ仮設以外で被災生活を送る〈見えない被災者〉は同定すること自体が難しい。公的機関の取り組みにより可視化されるとはいえ，一定数の被災者は不可視のまま残り続けてしまう。そこには避難所から親戚宅へと二次避難した後，仮設住宅に入ることなく自宅を再建した人々，自主避難したものの仮設住宅の入居要件に該当するとみなされず，独力で賃貸住宅に入居した人々なども含まれよう。このように行政手続き上，被災者ではなく転入者として取り扱われる人々を包摂したかたちで〈見えない被災者〉を組織することは，いかに可能だろうか。これまで述べてきたように，社会教育施設，保健福祉施設など一定の空間に立地し，〈見えない被災者〉にとってランドマークとなりうる既存施設の運営主体（行政・社協・NPOなど）が情報共有を図りながら多重多層のセーフティーネットを構築し，そこに被災者自身がアクセスできる仕組みを創出する必要がある。場合によっては出身市町村ごとに組織された郷友会，大学などの同窓会のネットワークも有用となろう。

　合わせて〈仮住まいの形態によらないコミュニティ〉が「地縁型／テーマ型」という従来の社会学的な二分法では掴みきれないかたちで地域的共同性に言及している点にも注意が必要であろう。たしかに初期段階では他の被災者と

の〈支援格差〉を感じ，異境の地で孤独を募らせている〈見えない被災者〉が（再び）心理的安定性を得ることが目的となる以上，地域的共同性（「平成の大合併」以前の旧町村単位）や被災状況の共通性などを条件としてリジッドに組織化されざるをえない。しかし，「みなし仮設」入居者のグループが生活条件の改善につれて〈もう一人の被災者〉の存在を覚知し，次第に成員資格を開放していった点を想起しよう。「同郷サロン」の場合にも移住者コミュニティへの転換，現住地への活動の拡がりとともに（概念としての）地縁は避難元（帰還先）と避難先（移住先）の双方を指し示すようになった。このように〈仮住まいの形態によらないコミュニティ〉は時間経過とともに編成原理を複数化し，閉鎖的な共同性から開放的な共同性へと動態的なプロセスをたどることになる。それは災害発の組織が復旧・復興期を超えて存在しつづけ，通常の社会構造に係留・浸透していくことの一端でもあろう。

　改正災害救助法の施行（2019年4月）により都道府県から政令指定都市への権限委譲が進められようとしている。その背景に東日本大震災の発生当時，政令市のパワーを活かして迅速にプレハブ仮設を建設しようとした仙台市と，全県一律の対応により被災自治体間のバランスを図ろうとした宮城県の，災害救助法の事務委任をめぐる対立関係があったことは周知の通りである[14]。この企てが不首尾に終わった仙台市はその後，指定都市市長会をアリーナとして災害救助法制の見直しの機運を醸成していった。上位組織からより多くの権限を獲得し住民ニーズによりよく応答しようとすることは，平常時であるか災害時であるかを問わず行政官僚制組織にとっては自明の理であろう。
　だが，災害初期局面の仮設住宅整備をめぐる権限拡大の一方では，仮設住宅入居者の3分の1を占めた市外・県外避難者に対し，この市が制度の平面というよりは規範の平面において，どこまで応答責任を果たせたのかという論点もまた存在するように思われる。自住民の生活再建への対応を第一に求められる被災自治体が，同時に他市町民，他県民にとっての避難先自治体となることの困難は決して小さくない。しかし，「地域支えあいセンター事業」や「こころの健康づくり交流会」が本格始動するまでの期間，この市に点在する〈見えない被災者〉が募らせていた孤独感は如何ばかりであろうか。それだけではない。仮設住宅の供給戸数に比して災害公営住宅の建設戸数（3206戸）が少ない状況のなか，市外・県外避難者が仙台市内の災害公営住宅への入居を希望しても抽

第5章　もう一つのコミュニティ形成

選時の優先順位は低くならざるをえなかった。場合によっては数十倍の狭き門になったケースもあるという。

そこには東北地方の最大都市として，災害を契機とした周辺自治体からの人口増加に対する慎重姿勢を読み取ることもできなくはないだろう。だが，発災からの時間経過につれて〈避難先・仙台〉での新たな生活設計を立てはじめていた避難者＝移住者のなかには，故郷を離れるという当時の決断と仮設後の行き先が見えない目下の窮状のあいだで，被災直後と同じように宙づりにされてしまった人々も少なくないのである。他方では被災自治体のなかに（期間限定であるものの）復興基金を原資として生活再建困難層を対象とする家賃補助制度を設けたところもあると聞く。被災地最多の避難者流入都市として，被災自治体間の調整を重視しつつも市外・県外避難者をより包摂するような政策形成は不可能であったのか。それには，どのような主体によるどのような実践が不可欠であったのか――こうした論点をめぐる〈被災地＝避難先・仙台〉の総括は緒に就いたばかりである。

注

1) 第2～3節については既発表論文（齊藤 2014, 2016）と論旨が重複する部分があることを，あらかじめお断りしておきたい。
2) 長谷川ほか（2007）は同じ集落の人々，趣味と目的を共有する人々から構成された「サークル形成型コミュニティ」の問題点として閉鎖性・排他性・相互監視の3つを指摘している。
3) 衆議院ホームページ会議録議事情報「第177回国会 国土交通委員会 第6号」（http://www.shugiin.go.jp/internet/itdb_kaigirokua.nsf/html/kaigirokua/009917720110330006.htm）を参照。
4) 厚生労働省ホームページ「応急仮設住宅の居住環境等に関するプロジェクトチーム」（http://www.mhlw.go.jp/stf/shingi/other-syakai_141319.html）を参照。
5) 『朝日新聞』2012年1月28日夕刊「みなし仮設の確保重視 国，契約指針を作成へ」を参照。
6) 全国宅地建物取引業協会連合会・全国宅地建物取引業保証協会『平成25年度大規模災害時等における被災者への住まい確保方策に関する調査研究』（2014年）を参照。
7) 大水敏弘は国土交通省から岩手県庁への出向中に東日本大震災を経験し，仮設住宅の建設を陣頭指揮した後，大槌町副町長を務めた。一方，鳥井静夫は東京都の応援職員として仙台市に数カ月間派遣された。両者の見解はこの間の業務経験を踏まえたものと見ることができる。
　筆者は両者の指摘内容について仙台市復興事業局の課長級職員に2度ほど確認した経緯がある。「被災者感情に配慮するため公平性を大事にした。津波で家を流された

人とアパートの退去を求められた人では被災状況の違いはあるが，家を失くしたという点では変わらない……当時は仙台市民全員が被災者であり分け隔てようがなかった」(2014年8月，仙台市復興事業局ヒアリング)，「賃貸住宅から賃貸住宅である『みなし仮設』に移った点で『本当に必要なのか』という疑問点が出てくるかもしれないが，持家であれ賃貸であれ災害救助法による救助のあり方が変わるわけではない」(2016年7月，同健康福祉局ヒアリング)．

　今日では事実上，希望者全員に仮設住宅を提供するという考え方が採られており，災害救助法にある「自らの資力では住家を得ることができない者」という文言は多くの場合，不問に付されている．かりに「みなし仮設」入居者に資力要件を差し向けるのであれば，プレハブ仮設入居者に対しても同様でなければ著しく公平性を欠くことになろう．それ以前に，両者の指摘は仮設住宅政策を救貧主義的なものに（再）転倒させかねない点で大いに問題を含んでいる．

8) 仮設団地の集会室は入居者のみならず（震災前の居住地を同じくする）他の被災者のコモンスペースでもあること，個人・企業からの支援物資は便宜上，プレハブ仮設に送られてきたコモンズであることについて，あらかじめ行政サイドが整理しておくべきであったと思われる．
9) 若林区では震災前の居住地をベースとして「みなし仮設」のサロンが構成された．なお，「まざらいん若林」は若林地区の「みなし仮設」入居者と同地区の高齢者を対象とした融合型である．
10) 仙台市ホームページ「仙台復興リポート」Vol. 1（2012/11/15, http://www.city.sendai.jp/shinsaifukko/shise/daishinsai/fukko/documents/report1.pdf）を参照．
11) 広域避難者のネットワーク形成にとって行政の働きかけが重要である点は，埼玉県内の原発避難者の組織化について検討した西城戸らの研究でも指摘された通りである（原田・西城戸 2013）．
12) 職員のスライドには異論もある．熊本地震では市町村社協が被災者支援にあたる「地域支え合いセンター」の委託先となったが，介護部門からスライドした職員からは「地域のじいちゃん，ばあちゃんの顔はわかるが，民生委員は分からない」との声が寄せられたという．「介護職員としての意識やスキルは高いものの，地域支援のワーカーとしての観点が弱い」(2017年2月，熊本県社協ヒアリング）とされる背景には，1990年代中葉の「事業型社協」の推進と（雇用形態・賃金体系の違いによる）各部門への職員の固定化があるように思われる．
13) 「みなし仮設」に入居する高齢者・障害者など移動制約者を対象とした有償・無償のモビリティ支援は喫緊の課題だといえる．なお，最大被災地と形容される宮城県石巻市では非営利組織による移動支援，社会的企業によるカーシェアリングなどの取り組みが展開されている．
14) 『河北新報』2012年2月14日朝刊「『災後』の地方自治　宮城県・仙台市　問われる連携(上)／震災対応」を参照．

参考文献

Arendt, H., 1962, *Elemente und Ursprünge totaler Herrschaft*, Europäische Verlagsanstalt.（= 1974, 大久保和郎・大島かおり訳『全体主義の起源3』みすず書房）

原田峻・西城戸誠, 2013,「原発・県外避難者のネットワークの形成条件――埼玉県下の8市町を事例として」『地域社会学会年報』25: 143-156.

長谷川崇ほか, 2007,「応急仮設住宅における居住環境改変とその支援――『仮設カフェ』による実践的研究」『日本建築学会計画系論文集』72(622): 9-16.

伊藤亜都子, 2015,「仮設住宅・復興公営住宅と地域コミュニティ」『都市問題』106(1): 27-32.

小林多寿子, 1996,「都市におけるノスタルジア・ネットワーク」『統計』47(3): 20-24.

額田勲, 1999,『孤独死――被災地で考える人間の復興』岩波書店.

大水敏弘, 2013,『実証・仮設住宅――東日本大震災の現場から』学芸出版社.

齊藤康則, 2014,「みなし仮設と生活支援――東日本大震災・仙台市における災後3年間の制度と活動の展開」『復興（日本災害復興学会）』10: 35-45.

齊藤康則, 2016,「仮設住宅におけるコミュニティ形成を再考する――東日本大震災『あすと長町仮設住宅』における生活課題とネットワークの展開」『地域社会学会年報』28: 61-75.

仙台市, 2017,『東日本大震災仙台市復興五年記録誌』.

仙台市社会福祉協議会, 2017,『希望をつなぐ明日へ――東日本大震災における「地域支えあいセンター事業」の記録』.

塩崎賢明, 2009,『住宅復興とコミュニティ』日本経済評論社.

田並尚恵, 2012,「阪神・淡路大震災における県外避難者」阪神・淡路大震災記念人と防災未来センター資料室編『阪神・淡路大震災における住まいの再建――論説と資料』, 16-22.

津久井進・鳥井静夫, 2013,「仮設住宅政策の新局面」平山洋介・斉藤浩編『住まいを再生する――東北復興の政策・制度論』岩波書店: 85-106.

第6章

宮城県名取市・岩沼市における住環境の復興過程
名取市閖上地区・下増田地区・岩沼市沿岸部を事例として

内田 龍史

　東北地方の中心都市，仙台市を中心とする「仙台都市圏」の沿岸地域は，東日本大震災の際7〜8mの大津波が襲来し，甚大な人的・物的被害に見舞われた（図6-1）。仙台市の南に隣接する名取市では，漁港として栄えた閖上地区，仙台空港が立地する下増田地区など27 km^{2}が浸水し，死者954名・行方不明者38名，そして岩沼市では29 km^{2}が浸水，死者186名・行方不明者1名という被害状況である（宮城県 2017）。

　名取市と岩沼市は隣接自治体であり，ほぼ同時期に復興計画を策定しているが，復興土地区画整理事業や防災集団移転促進事業などの面で，相当に異なる復興まちづくりの過程をたどってきた。

　本章では，仙台都市圏南部の名取市・岩沼市を事例として，災害からの復興過程の鍵ともいえる「住民合意」の視点から，主に住環境の復興まちづくり過程に着目し，進捗の差異が生じた要因について考察を行う。

1　復興過程における合意形成

　日本では通常，大規模な災害の後には行政による復興都市計画事業が実施さ

図6-1　浸水範囲概況図

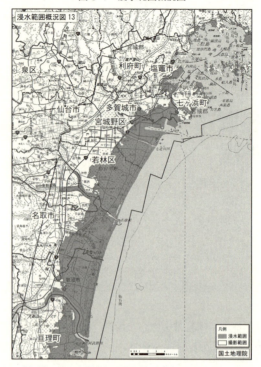

（出所）　国土交通省国土地理院 2011。

れるが，土地の所有権をめぐる問題をはらむだけに，事業を推し進めようとする行政と，当該地域住民との間で利害が対立することが多く，これまでも合意形成の難しさが取り上げられてきた（吉川 2007）。

　今回の東日本大震災においても，復興土地区画整理事業や高台移転等の防災集団移転促進事業が被災地域各地で実施されてきたが，現地再建・集団移転・防潮堤の整備など，各被災地域がどのように復興していくのかについて，行政・住民間の，さらには住民同士での合意形成をめぐる困難がしばしば報告されてきた。

　本章で事例として取り上げる名取市・岩沼市はともに仙台都市圏に位置し，仙台市の南部に隣り合う市であるが，行政・住民間の合意形成を含め，それぞれの地域状況を反映して相当に異なる復興過程をたどっている。たとえば，名取市・閖上地区は，住民の合意形成が困難であった地域として，他方で岩沼市

表 6-1　宮城県の災害（復興）公営住宅の整備状況（2015 年 3 月 31 日現在）

市町名	計画戸数	事業着手戸数	進捗率	うち，工事着手戸数	進捗率	うち，工事完了戸数	進捗率
01　仙台市	3,179 戸	3,179 戸	100.0%	3,117 戸	98.0%	1,946 戸	61.2%
02　石巻市	4,000 戸	3,299 戸	82.5%	2,393 戸	59.8%	930 戸	23.3%
03　塩竈市	420 戸	416 戸	99.0%	350 戸	83.3%	94 戸	22.4%
04　気仙沼市	2,155 戸	2,155 戸	100.0%	1,107 戸	51.4%	185 戸	8.6%
05　名取市	716 戸	420 戸	58.7%	92 戸	12.8%	42 戸	5.9%
06　多賀城市	532 戸	532 戸	100.0%	482 戸	90.6%	160 戸	30.1%
07　岩沼市	210 戸	210 戸	100.0%	210 戸	100.0%	210 戸	100.0%
08　登米市	84 戸	60 戸	71.4%	60 戸	71.4%	60 戸	71.4%
09　栗原市	15 戸	15 戸	100.0%	15 戸	100.0%	15 戸	100.0%
10　東松島市	1,010 戸	840 戸	83.2%	621 戸	61.5%	321 戸	31.8%
11　大崎市	170 戸	170 戸	100.0%	170 戸	100.0%	105 戸	61.8%
12　亘理町	477 戸	477 戸	100.0%	477 戸	100.0%	447 戸	93.7%
13　山元町	484 戸	417 戸	86.2%	364 戸	75.2%	246 戸	50.8%
14　松島町	52 戸	52 戸	100.0%	52 戸	100.0%	40 戸	76.9%
15　七ヶ浜町	212 戸	212 戸	100.0%	212 戸	100.0%	38 戸	17.9%
16　利府町	25 戸	25 戸	100.0%	25 戸	100.0%	25 戸	100.0%
17　大郷町	3 戸	3 戸	100.0%	3 戸	100.0%	3 戸	100.0%
18　涌谷町	48 戸	48 戸	100.0%	48 戸	100.0%	48 戸	100.0%
19　美里町	40 戸	40 戸	100.0%	40 戸	100.0%	40 戸	100.0%
20　女川町	918 戸	537 戸	58.5%	230 戸	25.1%	230 戸	25.1%
21　南三陸町	738 戸	738 戸	100.0%	224 戸	30.4%	104 戸	14.1%
計	15,488 戸	13,845 戸	89.4%	10,292 戸	66.5%	5,289 戸	34.1%

（出所）　宮城県 2015。

　沿岸部は，早期の合意形成による「復興のトップランナー」として報道等で取り上げられることが多い。
　実際，宮城県が「住宅地」「災害（復興）公営住宅」「産業・公益施設用地」の 3 分野で，発災後 3 年強が経過した 2014 年 6 月時点での復興状況の進行率を数値化したところ，岩沼市は 73% と県内自治体で最も進捗が早く，2 番目に早い亘理町の 58%，5 番目となる仙台市の 48% をはるかに上回っていた。

他方で名取市は最も進捗が遅く，18% であり，2 番目に遅い塩竈市の 27% を 10 ポイント近く下回っていた[1]。

また，住環境復興の目安となる災害（復興）公営住宅の整備状況を見ても，2015 年 3 月段階において，岩沼市では計画戸数 210 戸が 100% 整備完了していたのに対し，名取市では計画戸数 716 戸のうち，整備完了戸数は 42 戸，わずか 5.9% にとどまっていたのである（表 6-1）。

次節以降では，災害からの復興過程の鍵ともいえる「住民合意」の視点から，主に住環境の復興まちづくり過程を振り返り，なぜこのような進捗の差異が生じたのかを明らかにすることで，今後の復興まちづくりの教訓を見いだしたい。

2　名取市・岩沼市の概況と被災者支援

復興過程についての検討を行う前に，名取市・岩沼市の概況（図 6-2）と，震災後の被災者支援活動について紹介しておきたい。

名取市の概況と被災者支援

名取市は，1955 年に 6 町村（増田町・閖上町・下増田村・館腰村・愛島村・高舘村）が合併した名取町を前身とし，58 年に市政に移行した。東北地方の中枢都市である仙台市の南に隣接し，東北の空の玄関口である仙台空港が所在，鉄道では JR 東北本線，仙台空港アクセス鉄道，道路では東北縦貫自動車道，仙台東部道路などが走る，交通アクセスに恵まれた都市である。

震災前の 2010 年の国勢調査によれば，人口は 7 万 3134 人，2 万 5124 世帯であり，1980 年代以降の西部の団地整備や，2000 年代以降の東部の仙台空港アクセス線沿線の開発などにより，仙台都市圏のベッドタウンとして人口・世帯ともに右肩上がりの増加を遂げてきた。東洋経済新報社による全国の市を対象とする「住みよさランキング」においては，2010 年以降，北海道・東北ブロック 7 回連続でトップ，全国ランキングにおいても 2010 年 25 位，2012 年 12 位，2013 年 31 位，2014 年 10 位，2015 年 4 位，2016 年 8 位，2017 年 11 位となっており，住みよい都市であるとの評価を受けている（東洋経済新報社 2010, 2012, 2013, 2014, 2015, 2016, 2017）。

震災後の 2015 年の国勢調査においても，人口は 7 万 6668 人，2 万 7529 世帯，市全体としては 2010 年と比較して 3534 人・2405 世帯増加している。岩手県

図6-2 宮城県と名取市・岩沼市の位置

（出所）宮城県 2012 を一部加工。

など多くの沿岸部被災自治体が人口減に苦しむなか，東日本大震災はむしろ名取市の人口の増加に拍車をかけたといえよう。

　名取市には，旧町村を基礎とし，仙台都市圏のベッドタウンとして開発した地区が増加するかたちで小学校区を単位とする11地区が存在し，各地区に公民館が設置されている。東日本大震災においては，これらの地区のうち，閖上地区（2011年2月末段階で2551世帯7013人）が壊滅的な被害を受けたほか，北釜地区（2011年2月末段階で123世帯396人）など，下増田地区沿岸部も被災した（名取市 2011e）。

　名取市（2015）によれば，避難所は震災当初40ヵ所を超え，最大1万715人が避難した。プレハブの応急仮設住宅は2011年3月28日から着工され，市内8ヵ所に889戸が整備された（図6-3）。当年5月3日からプレハブ仮設への入居が始まり，避難所は2011年6月23日に閉鎖された。市内の応急仮設住宅入居者数は，ピーク時にはプレハブ仮設・みなし仮設でおおむね半数ずつ，全体で2000世帯強，6000人弱にのぼった。なお，仮設住宅への入居は，美田園第二・第三仮設住宅は下増田地区，それ以外は閖上地区住民が主となっていた

図6-3 名取市仮設住宅の位置図

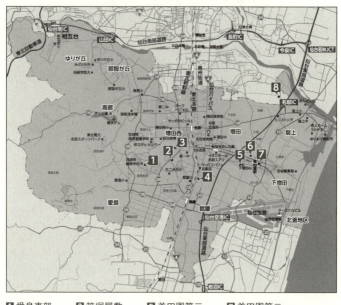

1 愛島東部　3 箱塚屋敷　5 美田園第三　7 美田園第二
2 箱塚桜　　4 植松入生　6 美田園第一　8 グループホームゆりあげ

（出所）名取市 2015: 9。

ほか，おおむね震災前の町内会単位を反映したものとなっている。

災害発生直後から「名取市災害ボランティアセンター」を運営してきた名取市社会福祉協議会は，2011年8月から生活支援を中心とした復興支援活動を行うための「なとり復興支援センターひより」を開設し，そこから各プレハブ仮設集会所に生活支援相談員を配置し，仮設住宅自治会との連携や見守りなどの活動を続けてきた。また，みなし仮設については，12年10月からJOCA（青年海外協力協会）が交流サロンを開設するなど，支援活動を行ってきた。

岩沼市の概況と被災者支援

岩沼市は，1955年に3町村（岩沼町・千貫村・玉浦村）が合併し，新制の岩沼町となったのち，71年に市制に移行した。JR東北本線と常盤線の分岐点，国道4号・6号の合流点であり，仙台空港が名取市との市境である北端に所在するなど，交通の要衝となっている。臨空工業地帯として企業が進出し，商工業

図 6-4 岩沼市仮設住宅位置図

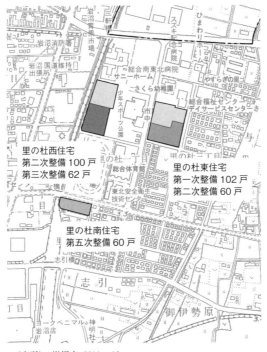

(出所) 岩沼市 2011a: 19。

都市として発展してきた。

2010年の国勢調査によれば，人口は4万4187人，1万5519世帯であり，人口・世帯ともに増加傾向にある。先述した「住みよさランキング」において，2017年では宮城県内で名取市・富谷市に次ぐ3位（全国168位）となっている（東洋経済新報社 2017）。

地域組織については，2015年7月31日現在，旧千貫村の西部地区に35，旧岩沼町の中部地区に40，旧玉浦村の東部地区に24の行政区があり，震災後に状況が変化した地域があるものの，おおむね行政区単位で町内会が組織されている。東日本大震災で甚大な被害が発生したのは，沿岸部に位置する相野釜・藤曽根・二の倉・長谷釜・蒲崎・新浜の6地区（行政区）である。

最大避難者数はおよそ6800人だったが，市民会館等公共施設の駐車場として利用されていた里の杜地区の一帯に384戸のプレハブ仮設を整備した（図6-4）。2011年6月5日には避難所が閉鎖され，希望全世帯が入居した。避難所

段階から地区単位での生活に再編し，プレハブ仮設住宅にも地区単位で入居している。

被災者の生活支援は，市の被災者生活支援室が中心となり，市の各機関が連携して仮設住宅・みなし仮設入居者への支援を行ってきた。仮設住宅の支援を行うために 2011 年 7 月に開設された里の杜サポートセンターの生活支援員には，海外での支援経験をもつ JOCA からの派遣職員があたっており，見守り活動・イベント活動・集会所の管理支援などを行ってきた。また，みなし仮設への支援については，災害発生直後から「岩沼市災害ボランティアセンター」を運営してきた岩沼市社会福祉協議会が，11 年 8 月に「岩沼市復興支援センタースマイル」を開設し，交流会サロン開催などの支援活動を行ってきた（2016 年 3 月 31 日閉所）。

これらの機関はプレハブ仮設に近接する総合福祉センター内に設置されており，行政・サポートセンター・社会福祉協議会と，仮設住宅住民間の物理的距離が近いことが岩沼市の特徴といえよう。

3　名取市の復興過程

本節では，内田（2015, 2017a）などももとに，名取市の復興まちづくりの過程を振り返る。

名取市の復興まちづくり

名取市は，震災復興計画の策定にあたり，市民の意向を反映させた提言を行うために「名取市新たな未来会議」を設置した（名取市 2011a）。メンバーは 24 名からなる。会長は元大学院教授，副会長 2 名は大学院教授であり，さらにほか 6 名が大学関係の学識経験者，4 名の国家公務員・県職員がおり，外部の専門家が過半数を占めている。地元関係者は，町内会（閖上 2 名）・行政区長（北釜 1 名）で 3 名，地元小中学校父母教師会 2 名ほか，農協・漁協・商工会などの役員で構成されていた。同会議は 2011 年 5 月 22 日に第 1 回目の会合を開催，以降 8 回の会合が開催され，同年 8 月 23 日に未来会議より名取市震災復興計画の策定に向けた提言書（案）が市長に提出された（名取市 2011b）。

本会議の議事録を振り返ると，被害の大きかった閖上地区の復興をめぐって，仮設住宅での意見交換会で，安全を重視して西部の別の場所に住みたい人と，

早く閖上に戻りたい人がいることが確認されており，これら住民間で合意形成ができず，住民がばらばらになってしまうのではないかという懸念がすでに見られていた。しかし，提案をまとめるにあたり，第6回会議で地元委員の賛成が現地再建案5人，集団移転案3人となったため，現地再建による復興まちづくり案が採用されることとなった（名取市復興まちづくり課 2011）。

この提言書（案）をもとに，9月に地域懇談会や「震災復興に関する市民意向調査」（名取市 2011c）が行われ，最終的に 2011 年 10 月に「名取市震災復興計画」（2011～2017 年度）が作成された（名取市 2011d）。

閖上地区の復興過程①――度重なる計画変更と復興事業の遅れ

この計画で，閖上地区は「被災市街地復興土地区画整理事業」により，防災対策のため，沿岸部には T. P.（東京湾平均海面）7.2 m の堤防を設置，居住地 70 ha を T. P. 5 m かさ上げしたうえでの現地再建が目指された。以降の閖上のまちづくりにおいて，復興計画を具体化するために「閖上復興まちづくり推進協議会」が 2011 年 12 月に立ち上げられた（名取市 2012）。メンバーは 15 名，構成は，閖上地区内町内会関係 4 名，公募委員 5 名，産業団体関係 3 名，まちづくり団体 3 名となっており，事務局は名取市震災復興部復興まちづくり課が担っていた。市は 12 年 7 月に復興事業の認可を目指していたため，協議会も 12 年 6 月までの開催予定だった。しかし，津波への不安などにより，現地再建への反対意見も多いことから，今後の事業計画について，全世帯を対象とする個別面談を行うことになり，12 年 7 月から 8 月にかけて実施された。

意向調査の結果，閖上地区内での再建希望が約 34％，土地売却希望が約 56％ となった（名取市震災復興部 2013）ため，市では閖上地区での現地再建による「復興土地区画整理事業」と，地区外に移転する「防災集団移転促進事業」の併用を検討したが，両事業では対象となる被災者への支援内容に大きな格差が生まれることに加え，現地再建に必要なかさ上げについて，国は 1 ha 当たり 40 人以上の計画人口密度を国庫補助の要件にしていたことから，財政的にも防災集団移転促進事業の併用は困難となった。

そこで市は，2013 年 2 月にかさ上げ面積を 45 ha に縮小し，さらに非居住区域に設定された沿岸の世帯を防災集団移転促進事業で閖上の災害（復興）公営住宅に受け入れる併用案を提示した[2]。

市は，これらの計画変更を受けて，2013 年 4 月から 5 月にかけて再度住民

意向調査を実施したが，閖上地区内での再建希望は約25％とさらに減少する（名取市 2013）。この間，各種メディア等でも閖上地区の今後の展望に対する合意形成が困難な状況にあることが取り上げられるなどした（NHKスペシャル取材班 2013）[3]。

最終的に，復興事業についてはさらに規模を縮小し，被災市街地復興土地区画整理事業と，防災集団移転促進事業の併用で推進されることとなった。まず，2013年9月11日に，閖上東部の約65 haが災害危険区域とされ，防災集団移転促進事業の国土交通大臣の同意を得た。さらに，同年11月22日には復興土地区画整理事業と防災集団移転促進事業の併用による復興事業が宮城県より認可され，11月25日に約57 haの土地区画整理事業の事業計画が決定された。うち，約32 haを海抜5 mの高さになるよう平均3 mかさ上げすることとなった[4]。

土地区画整理事業の起工式は2014年10月20日に行われ，当初は18年3月の事業完了が目指されていた。計画人口は約2100人である。災害公営住宅は15年秋に募集開始，戸建て住宅は16年春，集合住宅は17年春に入居予定となっていたが，実際の閖上第1期の着工は15年12月23日であり，予定されていた閖上第1期の戸建て住宅（90戸）は，16年6月に25戸，10月に52戸，17年12月に13戸がようやく完成した。集合住宅については，高柳地区に50戸（17年6月完成），閖上第1期に140戸（17年7月完成），閖上第2期に40戸（17年11月）が完成している。18年3月現在，名取市内では後述する下増田地区を含め，最終的に戸建て住宅270戸，集合住宅が385戸，計655戸が18年12月までに整備される予定である（名取市 2018）（表6-2）。

なお，こうした度重なる復興計画の変更と事業の遅れは，皮肉にも共にスムーズな復興を求めている行政と住民の間に大きな亀裂をもたらすことになる。その典型的な例として，2014年5月に生じた愛島東部仮設住宅の土地の返還問題がある。愛島東部仮設住宅は，市が民有地を借り上げて建設されたが，当初予定よりも復興事業が遅れたことから，借り上げ延長ができなかったために，他の仮設住宅等に住民の半数を移転させる計画が持ち上がったのである。この計画は，仮設住宅でのコミュニティ形成に尽力してきた自治会や住民の猛反発を受け，最終的には市が民有地を買い上げることで決着した[5]が，住民と行政との信頼関係をさらに損ねるものとなってしまった。

表6-2 名取市における災害(復興)公営住宅の整備状況

戸建て住宅		
整備地区	建設計画戸数	完成予定時期
下増田地区(美田園北団地)	42戸	2015年3月完成・入居済
高柳地区(高柳西団地)	50戸	2017年1月完成・入居済
閖上第1期(閖上西第一団地)	90戸	25戸:2016年6月完成・入居済
		52戸:2016年10月完成・入居済
		13戸:2017年12月完成・入居済
閖上第2期(閖上中央第二団地 他)	72戸	47戸:2017年5月完成・入居済
		25戸:2018年3月完成・入居済
閖上第3期(閖上中央第二団地 他)	16戸	2018年12月完成予定
合計	270戸	

集合住宅		
整備地区	建設計画戸数	完成予定時期
下増田地区(美田園北団地)	50戸	2015年7月完成・入居済
高柳地区(高柳東団地)	50戸	2017年6月完成・入居済
閖上第1期(閖上中央第一団地)	140戸	2017年7月完成・入居済
閖上第2期(閖上中央第一団地)	40戸	2017年11月完成・入居済
閖上第3期(閖上中央第二団地)	105戸	2018年11月完成予定
合計	385戸	

(出所) 名取市 2018。

閖上地区の復興過程②――住民によるまちづくりの動き

　先に紹介した「閖上復興まちづくり推進協議会」は,これら合意形成の困難から,復興事業の大臣同意を得る2013年9月まで20回にわたって開催されることとなった。その後,行政主導であったという反省もあり,組織を拡充するためにいったん協議会は解散する。以降,新たな組織を設立するために14年1月から意見交換会が開催され,自薦・他薦で集まった準備世話役会のメンバーの尽力のもと,同年5月11日に新たに「閖上地区まちづくり協議会」が設立された(閖上地区まちづくり協議会 2014)。

　同協議会は,閖上地区のまちづくりに関して,住民同士の意見交換を通じて,まちづくりビジョンやまちのイメージ等を作成し,名取市や関係機関との窓口として,まちの具体的な計画の協議・提案を行うことを目的としている。会員

資格は「閖上地区に居住・再建希望の方，閖上地区の災害公営住宅に入居希望の方，閖上地区の土地をお持ちの方，閖上地区で事業を行う個人・法人等，閖上の皆さん」（閖上地区まちづくり協議会ホームページ「協議会について」）となっており，2018年8月現在，会員数は370世帯である。役員として，代表・副代表を含む世話役が8名以上15名以内，幹事が2名であり，役員はすべて震災時に閖上地区住民であった人々で構成される住民主体の組織となっている。また，設立当時，代表が50代前半，事務局長が40代後半といった若い世代であることも特徴である。

実際の運営については，まちづくりコンサルタントが事務局補助となり，市職員などがオブザーバーとして参加するかたちで，おおむね週1回のペースで世話役会が開催されている[6]。かさ上げなどの閖上地区の復興事業工事が進むなか，2014年9月の第1次提案から18年5月の第7次提案まで，名取市に対して7回にわたるまちづくり提案書を提出しており，名取市もその要望をおおむね受け入れるかたちでまちづくりが進んできた。

下増田地区の復興過程――「防災集団移転促進事業」による移転

他方で，下増田の農業地帯に位置する北釜・広浦・杉ヶ袋南・杉ヶ袋北の各地区は，早くから「防災集団移転促進事業」による移転を柱として，被災地域の復旧・復興の検討を進めてきた。2012年4月22日にはその主軸となる北釜地区防災集団移転協議会が設立され，同協議会は仙台空港アクセス線美田園駅北側を集団移転先として要望した[7]。その結果，同年9月10日には，美田園駅北側の約5.5 haの農地を転用し，防災集団移転促進事業を進める国土交通大臣・農林水産大臣の同意を得た。

2013年10月28日には162世帯（宅地70区画，災害公営住宅92戸）の移転先造成工事が起工された。14年7月23日には災害公営住宅の起工式が行われ，集合住宅50戸，戸建て住宅42戸が建設された。集合住宅は15年3月，戸建て住宅は15年8月に入居が開始，10月4日にはまちびらきが開催され，同日，美田園北町内会が設立された。

4　岩沼市の復興過程

本節では，岩沼市（2014）などをもとに，岩沼市の復興まちづくり過程を振

り返る。

　岩沼市は，2011年4月25日に，岩沼市震災復興本部を設置，同日「岩沼市震災復興基本方針」を決定し，同市の復興のスローガンである「スピード感とコスト意識を持って復興に取り組む」ことになる。同年5月には大学教授等の学識経験者5名，商工会・農協役員である産業関係者2名，被災者代表2名，市民代表3名の計12名からなる震災復興会議を開催する。同年8月7日の第4回目の同会議で，震災復興会議としての「岩沼市震災復興計画グランドデザイン」が決定され，岩沼市長へ提言，同日「岩沼市震災復興計画グランドデザイン」を被災地で最も早く決定する。

　2011年9月にはこの計画を7年間の取り組みに落とし込んだ「岩沼市震災復興計画マスタープラン」（2011〜2017年度）を作成した（岩沼市2011b）。13年9月には，事業の進捗状況や方向性を整理した「岩沼市震災復興計画マスタープラン（改訂版）」（岩沼市2013）を策定し，具現化に向けた取り組みを進めた。

　岩沼市の復興まちづくりは，「防災集団移転促進事業」によって新たに形成された玉浦西地区への集団移転を主とした。2012年3月23日には，集団移転事業としては初となる国土交通大臣・農林水産大臣の同意を得る。同年8月5日には被災地ではじめて「集団移転造成工事起工式」を行い，宅地158区画，災害公営住宅178戸建設のための本格的な造成工事に着手した。

　集団移転先である玉浦西地区のまちづくりについては，2012年6月11日に「玉浦西地区まちづくり検討委員会」を設置し，検討を続けてきた。同委員会23名のメンバーは，会長・副会長は学識経験者であるが，それ以外は被災6地区から3名ずつ，さらに集団移転先周辺地区の市民3名で構成された。13年3月26日には「岩沼市復興推進計画（玉浦西地区復興まちづくり特区）」が内閣総理大臣より認定を受け，医療や子育て・高齢者支援機能の確保など，居住者のニーズに対応する小売業等の商業関連産業および生活に直結するサービス産業の集積を促進することとなった。

　移転先の玉浦西地区においても，かつての町内会のつながりを重視し，住民間の話し合いのなかでどの区域に住みたいのか議論が行われ，2013年12月21日に，震災後の国の大規模造成集団移転地としてははじめて第一期宅地引き渡し式が行われた。14年3月29日には第二期の宅地引き渡し，同年4月27日には第三期の宅地引き渡しが行われ，集団移転地の宅地引き渡しを終了した。

　2014年4月16日には，災害公営住宅起工式が行われ，10月頃には一部入居

が開始された。15年7月19日には「玉浦西まち開き」イベントが開催され，名実ともに新たなまちが誕生することとなった。

5 復興への展望と行政不信

　第3・4節で見てきたこうした復興まちづくりの進捗の違いは，住民の行政不信といったかたちで顕著にあらわれる。筆者らが2012年10〜12月に岩沼市の仮設住宅全世帯ならびに閖上地区の住民が居住する名取市の仮設住宅2カ所（以下，名取A・名取Bと略）の仮設住宅住民に対して行った調査（内田 2013）では，国と自治体に対する復興の取り組みへの満足度をたずねている。

　国の復興への取り組みに関しては（図6-5），名取では「満足している」「少し満足している」を合わせた割合が2割強（名取A 25.0%・名取B 22.4%）にとどまる一方で，岩沼では42.2%と4割を超えており，岩沼のほうが，国の復興の取り組みに対する評価が高くなっていた。

　他方で，自治体への評価について（図6-6）は，「満足している」「少し満足している」を合わせた割合が名取では2割（名取A 16.2%・名取B 17.2%）に満たず，国への評価よりも低くなっているのに対し，岩沼では54.9%と過半数を占め，逆に国への評価よりも自治体への評価のほうが高くなるというきわめて対照的な結果となっている。

　その要因として考えられるのは，この当時，名取市では復興への展望がほとんど見えない状況にあったことがあげられる。他方で岩沼市の場合は，「防災集団移転事業」による移転先が確保される時期にあった。この結果からいえるのは，今後の展望が見えることの重要性である。

　今後の展望に関する自由記述では，名取市の仮設住民では，「わからない」「考えられない」「展望がない」「不安だらけ」「考えないようにしている」といった展望のなさや，不安が頻出する。また，移転するという展望の場合では，若年層を中心に「住宅を購入する」，高齢層を中心に「災害公営住宅に入る」とする傾向が見られる。さらに，住民合意の困難を示すかのように，「閖上に戻りたくない」という意見もあれば，「かさ上げした土地（閖上）に家を建てたい」という現地再建を支持する意見も見られる。

　他方で岩沼では，「土地を購入した」「家を建てる」「集団移転する」などと先が見えている人のなかには「前向きに進んでいきたい」といったポジティブ

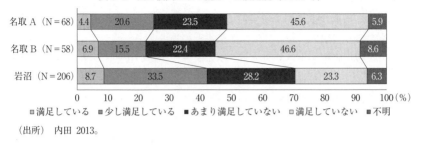

図6-5 国の復興の取り組みへの満足度（2012年）

（出所）内田 2013。

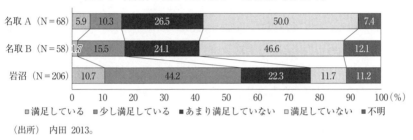

図6-6 自治体の復興の取り組みへの満足度（2012年）

（出所）内田 2013。

な意見が見られ，この点においても名取とは異なる。とはいえ，数は多くはないものの，「考えられない」「移転先での生活が不安」といった意見があったこともあわせて指摘しておきたい。

6 考　察

　第1節で述べたように，災害からの復興過程においては，しばしば「住民合意」の必要性がクローズアップされる。また，第3・4節でも紹介したように，同じ宮城県南部の太平洋岸に位置する名取市・岩沼市であるが，名取市では復興が遅く，岩沼市では早いという印象を受ける。そこに「住民合意」形成という要因が大きく左右していることは疑いない。では，両市における「住民合意」と住環境面での復興のまちづくりの進捗の差異をもたらした要因はいかなるものなのか。以下ではその要因に関する若干の考察を行いたい。

すばやい住環境復興をもたらした要因

　岩沼市，名取市下増田地区において，「住民合意」形成とすばやい住環境復興をもたらした要因については，①被災前の地区が小規模でまとまりがあったこと，②被災規模が小さくステークホルダーが少ないこと，③被災後の仮設住宅でコミュニティが維持できたことなど3つの側面から指摘することができる。

　①被災前の地区が小規模でまとまりがあったことについて，先に名取市閖上地区についてみると，震災前は2551世帯7103人（名取市 2011e）の人口規模であった。なかでも閖上1〜7丁目はほぼ人口集中地区であり，2010年の国勢調査によれば，1656世帯，4905人で，市街化区域として整備されてきた。産業については，かつては閖上港を拠点とする漁業のまちとして漁業・水産加工業で栄えたものの，人口のピークは1955年，以降はゆるやかに減少傾向にあり，近年は仙台市近郊という立地条件から，職業構成も多様となっていた[8]。

　このように，市街化区域として整備されてきた閖上地区の規模を考えると，防災集団移転促進事業を実施し，内陸の土地を農地転用によって確保するには手続き上のハードルが高いうえに膨大なコストが生じる。さらに，閖上港で育まれた独特の文化をもつ閖上のまちが，港から離れる防災集団移転促進事業を選択することは，文化の継承を困難とする側面もあり，現地再建を希望する人が，震災が生じて時間が経過するにつれて減少したとはいえ，まったくの少数派ではないことも事実である。さらには，こうした港町・閖上の歴史に愛着をもつ層と，職場が仙台にあり，閖上はあくまでもベッドタウンにすぎないと考える層とでは，現地再建と移転との間で合意が困難であることはいうまでもない。

　他方，岩沼市の被災6地区は，それぞれが20〜132世帯の規模であり，すべてあわせても497世帯1697人である。農村部であり，町内会による地域の結束も強かったと各所でうかがっている[9]。とくに，最初期に避難所となった玉浦小学校では，その段階で地域ごとに住民をふりわけ，各種要望は区長・町内会長などがまとめて市職員に伝えるといったプロセスをその時点からとることができたという事実は，地域の自治と行政とのスムーズな連携を示す証左といえよう。

　同様に農村部であった名取市北釜地区は，2010年の国勢調査によれば，107世帯390人程度の規模であり，「農業」が産業分類・職業分類ともに39.9％，自宅で従業が46.8％と，地域のまとまりの強さが示唆される産業構成となっ

ていた。

②被災規模が小さくステークホルダーが少ないことについては，名取市・岩沼市のいずれの被災地域も壊滅的な被害を受けたが，前述した人口規模の違いにより，被災の規模も閖上地区が最も大きい。被災規模が大きければ，その後の復興事業も規模が大きくなる。先述したように，通常，多様で人口が多い地域よりも，同質で人口が少ない地域のほうが，集落としての住民合意形成が容易である。岩沼市の被災地域と比較してそもそもの人口規模が大きく，したがってステークホルダーも多い閖上地区の合意形成は，より困難かつそのプロセスも複雑なものにならざるをえなかったと考えられる。

③被害後の仮設住宅でコミュニティが維持できたことについては，名取市では上述した被災規模の大きさもあって，公営住宅も含む応急仮設住宅を10カ所に設置したが，まとまった土地を確保できなかった。そのために，それぞれの仮設住宅への入居は，おおむね旧来の町内会を配慮したものとなっているものの，ばらばらの立地環境とせざるをえず，仮設住宅の住民間の交流を促せるような環境には恵まれていなかった（図6-3）。

他方で岩沼市は，震災前年に宮城県の主導によって災害時に仮設住宅を確保するためのシミュレーションがなされており，先述したように，そのシミュレーション通りに公共施設が多数立地する里の杜地区の駐車場を仮設住宅用地として確保することができた[10]。また，仮設住宅への入居に際しては，先述したように，避難所の段階から地区単位で生活することができるように配慮したうえで，行政区ごとに入居することができた。

加えて，そうした地理的条件や行政区長・行政職員の尽力もあり，任意組織である仮設住宅事務連絡会が2011年内に設置され，公的な場ではないものの，月に1回，行政・里の杜サポートセンター・社会福祉協議会・行政区長が一堂に会して仮設住宅の運営，ボランティアの受け入れ，行政への各種要望などを集約する場が整備され，その取り組みは仮設住宅が閉所される16年3月まで続いた。これらの環境要件と，そこでの取り組みが仮設住宅住民の合意を容易にしたと考えられる。閖上地区でそのような場を設定することは，仮設住宅の立地条件ゆえにありえないことであった[11]。

先述したように，メディアの報道に代表的に見られるように，岩沼市は復興が進み，名取市では復興が遅れているというイメージが定着しているように思われるが，それは必ずしも行政や住民の努力不足によってもたらされたもので

はない．現に，復興が遅いというイメージを抱かれがちな名取市においても，農村部の北釜地域を含む下増田地区は，先に紹介したように，住環境の整備は岩沼市とさほど変わらないほどの進捗状況なのである．これら環境的・社会的要件を丁寧に検証していく試みがなければ，安易な住民批判・行政批判に陥り，住民間あるいは住民と行政との合意がますます進まないといった状況を惹起してしまうように思われる．

本事例から導かれる教訓

　近年，被災後の復興の難しさから，災害が起こる前に復興計画を策定すること，さらにはその過程に住民が参加する「事前復興」の重要性が指摘されている（大矢根 2007）．本事例から導かれる教訓として，住民不合意の状況を生み出さないための「事前復興」のために，①事前のきめ細かな住民組織の整備，②減災という視点の重要性，③被災後の連帯を可能とする避難生活への備えの3つを指摘しておきたい．

　①事前のきめ細かな住民組織ならびに②減災という視点の重要性についてはいうまでもないだろう．日常的に緊密な関係にある少世帯・少人数単位の自治組織のあり方は，被災後の復興過程における住民合意を容易にすると考えられる．また，そもそも論として，減災という視点から被災規模を可能な限り小さくすることが可能であれば，復興への合意形成のハードルは低くなる．

　③被災後の連帯を可能とする避難生活への備えは，岩沼市の仮設住宅が1カ所に集約されたことから導き出される教訓である．孤独死を防ぐためのコミュニティ単位での仮設住宅入居は，阪神・淡路大震災以降強調された教訓であり，こうした入居のありようは，程度の差はあれ名取市でも岩沼市でも行われたことである．しかし，公共施設に近い場所にプレハブ仮設住宅を設置することができたこと，そうした立地条件のもと，行政・支援者・仮設住宅住民間の連携を可能とする場が形成されたことは，岩沼市の復興過程において，特筆すべき点である．

　東日本大震災においては，仮設住宅の整備・集団移転などにともなって，土地の確保の難しさが指摘されてきた．ある意味で岩沼市は幸運であったといえるが，以前のコミュニティを維持できるだけの災害時における公共の土地の確保は，改めて重要な視点になると思われる．

今後の課題

 ところで,先に住環境復興が進んでいるとして紹介した岩沼市や名取市下増田地区であるが,課題がまったく見られないわけではない。これからの課題として,移転後のコミュニティ形成がある。

 とくに岩沼市は,集団移転によって玉浦西地区に新たなまちが誕生したが,仮設住宅住民と,みなし仮設住民が同じ地域コミュニティに居住している。もとは同じ地域の出身者であるとはいえ,被災後3~4年間に,異なった場所で生活した住民間の連帯が,スムーズに進むかどうかが注目される。また,新住民となった玉浦西地区住民と,旧住民である近隣地域住民との関係性についてもどのように展開していくのか,着目する必要があるだろう。こうした課題は,下増田地区の集団移転先となった美田園北地区においても同様である[12]。

 こうした移転後の新しい課題について,地域住民・行政・市民団体等がどのように対応していくのか,今後も調査を継続していく予定である。

注

1) 「東日本大震災／宮城沿岸14市町の復興状況,独自に数値化／岩沼73%,名取18% 県,重点支援の指標に」『河北新報』2014年7月16日付。
2) 「焦点／被災3県復興区画整理／かさ上げ,人口要件が壁」『河北新報』2013年5月19日付。
3) たとえば,東北Zスペシャル「住民合意への道~誰もがいち早い復興を願っていた~」(2012年11月30日,NHK),NHKスペシャル「東日本大震災『故郷を取り戻すために~3年目への課題~』復興3年目で"住民合意"の壁」(2013年3月11日,NHK),「住民合意 800日 葛藤の記録」(2013年6月28日,NHK)など,マスメディアにおいても閖上地区の復興に向けて,住民間の合意形成が困難とする報道がなされている。現地再建・集団移転など,複数の立場の人たちを取り上げ,住民合意が困難であるとするこれらマスメディアの報道が,さらに閖上地区住民の合意形成の困難を促進した可能性は否めない。
4) 「名取・閖上の区画整理が着工／集団移転併用,現地再建」『河北新報』2014年10月21日付。
5) 「東日本大震災／名取・愛島東部仮設用地返還／市,仮設用地買い取り表明 愛島東部2.5ヘクタール」『河北新報』2014年6月21日付。
6) 筆者は2015年5月11日にオブザーバーとして参加した。
7) 元協議会長へのインタビュー(2015年12月23日)。「美田園駅北を要望／集団移転先で決着／名取・北釜」『河北新報』2012年6月29日。
8) 2010年国勢調査によれば,閖上1~7丁目において,産業分類における「漁業」は1.6%,職業分類における「農林漁業」は2.8%とほんのわずかである。

9) 被災地域に居住し，避難所運営にあたった岩沼市職員へのインタビュー（2016 年 8 月 18 日）などのほか，後述する仮設住宅事務連絡会へのオブザーバー参加などによる．

10) 岩沼市被災者生活支援室・介護福祉課職員へのインタビュー（2014 年 12 月 2 日），仮設住宅担当職員へのインタビュー（2016 年 8 月 31 日）．いずれも当時．

11) ほかにも，前述した，避難所運営にあたった岩沼市職員へのインタビュー（2016 年 8 月 18 日）によれば，国土（地籍）調査が完了し比較的早期に GIS が導入されていたため，固定資産税データや地権者検索が可能であったことも，岩沼市の早期の復興の要因の 1 つであるという．今後の検証が必要である．

12) こうした課題については内田（2017a, b）などを参照．

参考文献

岩沼市，2011a，「岩沼市震災復興計画グランドデザイン──愛と希望の復興」（http://www.city.iwanuma.miyagi.jp/kakuka/kurasi/seikatu/matidukuri/documents/grand.pdf）．

岩沼市，2011b，「岩沼市震災復興計画マスタープラン」（http://www.city.iwanuma.miyagi.jp/kakuka/kurasi/seikatu/matidukuri/documents/master.pdf）．

岩沼市，2013，「岩沼市震災復興計画マスタープラン（改定版）」（http://www.pref.miyagi.jp/uploaded/attachment/228586.pdf）．

岩沼市，2014，『2011.3.11 東日本大震災　岩沼市の記録──震災から 3 年　地域再生と復興への軌跡』．

国土交通省国土地理院，2011，「浸水範囲概況図 13」（http://www.gsi.go.jp/common/000060133.pdf）．

宮城県，2012，「宮城県地域マップ」（http://www.pref.miyagi.jp/site/access/ken.html）．

宮城県，2015，「災害公営住宅の整備状況について」（平成 27 年 3 月 31 日現在）（H27.04.11 発表資料）（https://www.pref.miyagi.jp/uploaded/attachment/303418.pdf）．

宮城県，2017，「東日本大震災における被害状況平成 29 年 3 月 31 日現在」（https://www.pref.miyagi.jp/uploaded/attachment/621067.pdf）．

名取市，2011a，「第 1 回名取市新たな未来会議が開催されました」（http://www.city.natori.miyagi.jp/shinsai/fukkoukeikaku/node_31410/node_33424）．

名取市，2011b，「名取市新たな未来会議より提言書が提出されました」（http://www.city.natori.miyagi.jp/shinsai/fukkoukeikaku/node_31410/node_33434）．

名取市，2011c，「名取市震災復興に関する市民意向調査集計結果」．

名取市，2011d，「名取市震災復興計画」．

名取市，2011e，「地区別人口　平成 23 年 2 月末」（http://www.city.natori.miyagi.jp/soshiki/soumu/shisei/toukei/tikubetsu/node_10280）．

名取市，2012，「第 1 回閖上復興まちづくり推進協議会が開催されました」（http://www.city.natori.miyagi.jp/shinsai/fukkoukeikaku/node_31405/node_33455）．

名取市，2013，「個別面談集計結果（平成 25 年 5 月 11 日版）」．

名取市，2015，「名取市における東日本大震災の概要」．

名取市，2018,「復興公営住宅の整備について」(http://www.city.natori.miyagi.jp/shinsai/fukkoukeikaku/node_31402/node_33938)。
名取市復興まちづくり課，2011,「第6回名取市新たな未来会議議事要旨」(http://www.city.natori.miyagi.jp/fukkoukeikaku/node_13257/node_13337)。
名取市震災復興部，2013,「名取市復興だより」(第15号)。
NHKスペシャル取材班，2013,『巨大津波——その時ひとはどう動いたか』岩波書店。
大矢根淳，2007,「生活再建と復興」大矢根淳・浦野正樹・田中淳・吉井博明編『災害社会学入門』弘文堂：152-158。
東洋経済新報社，2010,『東洋経済別冊　都市データパック2010年版』。
東洋経済新報社，2012,『東洋経済別冊　都市データパック2012年版』。
東洋経済新報社，2013,『東洋経済別冊　都市データパック2013年版』。
東洋経済新報社，2014,『東洋経済別冊　都市データパック2014年版』。
東洋経済新報社，2015,『東洋経済別冊　都市データパック2015年版』。
東洋経済新報社，2016,『東洋経済別冊　都市データパック2016年版』。
東洋経済新報社，2017,『東洋経済別冊　都市データパック2017年版』。
内田龍史，2013,「仮設住宅住民の現状と今後の展望——名取市・岩沼市を事例として」『尚絅学院大学紀要』66: 105-118。
内田龍史，2015,「名取市民の復興感の規定要因——名取市民への質問紙調査から」『尚絅学院大学紀要』70：35-50。
内田龍史，2017a,「宮城県名取市・岩沼市の東日本大震災からの復興過程に関する研究」『科学研究費助成事業基盤研究(B)一般　課題番号25285155「震災復興における新しいステークホルダーの合意形成とコミュニティの再生に関する研究」(平成25年度～平成28年度) 報告書 研究代表者 吉野英岐』岩手県立大学総合政策学部吉野英岐研究室：23-33。
内田龍史，2017b,「東日本大震災後の住宅復興におけるコミュニティの形成 (2)——宮城県名取市美田園北地区における防災集団移転後のコミュニティ形成」日本社会学会第90回大会報告資料。
吉川忠寛，2007,「復興都市計画事業」大矢根淳・浦野正樹・田中淳・吉井博明編『災害社会学入門』弘文堂：159-167。
閖上地区まちづくり協議会，2014,「設立総会を開催しました」(http://yuriage-machikyo.net/archives/527)。
閖上地区まちづくり協議会「協議会について」(http://yuriage-machikyo.net/about)。

※本章は，Ryushi UCHIDA, 2016 (New Research in Post-Disaster Reconstruction on Building Stakeholder Consensus and Community Revitalization-The Evolution of Reconstruction Plans in the Cities of Natori and Iwanuma in Miyagi Prefecture, 高橋誠・室井研二・田中重好編著『巨大災害の国際比較研究報告書-1』名古屋大学大学院環境学研究科：11-27) を大幅に改訂したものである。また,「東日本大震災後の仮設住宅の規模, 地域性, リーダーシップ及び集団活動等が居住者の集団帰属感及び集団効力感に及ぼす影響」(尚絅学院大学総合人間科学研究所・水田恵三研究代表者)・「東日本大震災と日本社会の再建——地震, 津波, 原発震災の被害とその克服の道」(基盤研究

(A), 課題番号 60261559, 加藤眞義研究代表者・研究分担者)・「震災復興における新しいステークホルダーの合意形成とコミュニティの再生に関する研究」(基盤研究 (B), 課題番号 25285155, 吉野英岐研究代表者・研究分担者) の研究成果の一部でもある。

第7章

小規模漁業集落の復興
生業と暮らしの復興をめぐって

吉野 英岐

　東日本大震災津波はきわめて広範な地域に，大きな被害を及ぼした災害である。東日本大震災の津波被害は本州の北端である青森県東通村の尻屋埼から宮城県岩沼市の阿武隈川河口に至る総延長約 700 km に達する三陸沿岸地域のほぼ全域，さらには阿武隈川河口以南の宮城県，福島県，茨城県，千葉県の沿岸地域でも大きな被害が発生している。加えて東京電力福島第一原子力発電所の爆発事故によっても，広範な地域や海域が甚大な被害を受けた。
　津波は過去幾度も三陸沿岸地域を襲ってきた。近代に入ってからも明治三陸地震津波（1896 年），昭和三陸地震津波（1933 年），チリ地震津波（1960 年）と 3 回の大きな津波が来襲し，そのたびに多くの人命が失われ，多くの家屋や建物が流されてきた。被災地はそのたびごとに復興を果たし，その後の港湾整備を経て，東日本大震災前の沿岸地域の漁業・水産業関連施設の大型化や近代化はかつてとは比べものにならないほど進んでいた。そこにかつてないほどの大きな津波が来襲した結果，被災規模はこれまでを大きく上回り，復興には多額の費用が必要となった。岩手県だけでも，水産業・漁港の被害は 5649 億円（うち漁港・漁場・漁村・漁港関係で 4527 億円）に達しており，農林業の被害額 984 億円，商工業の被害額 1335 億円と比べても突出している[1]。

とはいえ,沿岸地域の多くの漁業集落[2]は人口規模が小さく,漁業の内容もかつて繁栄した遠洋漁業ではなく,比較的小規模な沖合・沿岸漁業と養殖業が中心で,漁業専業従事者の割合も低下していた。2016年3月31日現在で,岩手県沿岸には12の市町村に111もの漁港が存在する。そして漁村集落数は183,集落人口は7万7845人,漁業就業者数は1万645人なので,1集落数あたりの平均人口は425人,平均漁業就業者数は58人である[3]。さらに人口全体と漁業就業者の高齢化が進行し,漁業や地域社会の維持や継承が困難になりつつあった。

被災後,菅直人内閣は,津波被害のあった居住地の高台移転と漁業・水産業を中心とする産業再生を掲げ,復興構想会議を設置した。同会議は被災から3カ月後の2011年6月には,「悲惨のなかの希望」と題する報告書を公表した。そして,大規模な補正予算ならびに復興増税を財源とする復興予算が組まれ,翌年2月には復興庁が設置された。このように政府直轄の復興体制と予算措置が決まり,「創造的復興」あるいは「新しい東北」というビジョンのもとで,官民連携で地域産業や地域生活の再構築が目指された。小規模な漁業集落が点在する状況,そして地域社会や産業の復興には大きな費用と時間が必要なことから,地域の将来像を吟味したうえで,どこをどのように復興すべきかについて,大きな議論がわきあがってもおかしくない状況にあったといえる。実際に宮城県ではそうした議論が進行したが,岩手県では被災した111のすべての漁港と漁業集落の復興が目指された。

大きな復興のビジョンが語られ,巨額の復興予算がつくなかで,人口規模が小さい漁業集落は,どのように復興まちづくりを進めてきたのであろうか。本章では,漁業集落のこれまでの発展と変容を確認したうえで,東日本大震災後の岩手県の小規模漁業集落におけるくらしと漁業の復興について,事例をもとに明らかにしていく。なお,今回の被災では,津波の被害と原子力発電所の事故による放射線による被害を切り離すことは現実的にはできないが,ここでは議論の焦点を絞るために,津波被害からの復興事例を取り上げる。

1　東日本大震災の津波被災地域の特徴

津波被災地の人口と地理的特徴

東日本の太平洋沿岸地域は,青森県東通村から八戸市までは平坦な海岸線で

あるが，八戸市から岩手県沿岸地域を経て宮城県石巻市まではリアス海岸が続く。そして入り組んだ松島海岸以南は，宮城県塩釜市から仙台市や山元町を経て，福島県新地町からいわき市に続く相双・常磐地域の比較的平坦な海岸線が続いている。さらにその南の関東地方の茨城県から千葉県にかけても平坦な沿岸地域が続き，九十九里浜に至っている。

　青森県から千葉県まで続く東日本の太平洋沿岸地域の人口分布は，東京都から川崎市，横浜市，静岡市，浜松市そして名古屋市と多数の大都市が連なる太平洋ベルト地帯とは大きく異なっている。今回のとくに被災規模が大きかった青森県，岩手県，宮城県，福島県の被災4県の沿岸地域には合計で43の市町村がある。このうち，震災前（2010年）の人口が100万人を超える大都市は，政令指定都市である仙台市（104万5986人）だけである。仙台市に次いで人口が多い都市は，いわき市（34万2198人），八戸市（23万7615人），石巻市（16万826人），気仙沼市（7万3489人），南相馬市（7万878人），宮古市（5万9430人）の順で，人口が5万人を超える都市は，仙台市を含めても上記の7市にすぎない[4]。また，工業・貿易港としての機能をもつ港湾はごく一部しかなく，全国の上位に入るような大規模な港湾はない。

三陸沿岸地域と津波

　三陸の沿岸地域には津波常襲地が多い。約1000年前の貞観大地震による津波をはじめ，これまで何度も津波の被害にあっている[5]。深く入り組んだ湾は津波の遡上高を高くしてしまう効果があり，今回の津波では，リアス海岸地域では湾口の狭いところで津波の高さが30mにも達し，防潮堤を乗り越え，多くの建造物を破壊した。また，仙台平野以南の内陸部まで平地が続くところでは，海岸線からかなり離れた内陸まで津波が到達し，農地が浸水するなど広い範囲で被害をもたらした。

　津波で被害を受けた沿岸地域の漁村は，一部は明治の大津波から，本格的には昭和の大津波以降，集落の高台移転が試みられてきた。また，地形的要因等で高台に移転できない場合は高さ5mほどの防潮堤によって，集落を津波から守り，迅速に逃げることで人命を守る方法を選択した。こうしてたびたび津波に襲われながらも，三陸地域の漁業集落の人々は海辺での生活を放棄せずに，生活を続けてきた。一方，人口が集積する沿岸市街地では，巨大な防潮堤を建設して市街地を守ってきた岩手県宮古市田老町のような例や，巨大津波から漁

港施設と市街地を守るため，海上に巨大な湾口防波堤を建設した釜石市の例もある。

津波被災地の漁港

　岩手県，宮城県，福島県に青森県を加えた東北地方の被災4県の沿岸部には，小規模な漁業集落や農業集落が，湾や入り江をとりまくように，あるいは海岸の防風林に守られながら数珠つなぎのように続いている。リアス海岸の続く三陸地方は豊かな漁場を目前にし，かつ入り組んだ地形から天然の良港を形成しやすく，多くの漁港が存在していた。それでも1950年代までは小規模な漁業集落がほとんどで，漁港の近代化は未整備のままであった[6]。防波堤や陸揚岸壁整備を有する漁港は岩手県全体でも30港たらずであった。

　こうした状況が大きく変わったのは1950年に漁港漁場整備法（昭和25年法律第137号）が公布されてからである。この法律に基づき，1951年から第1次漁港整備計画が決定され，三陸沿岸地域においても近代的な漁港整備が進んだ[7]。この整備計画で指定された漁港が指定漁港として位置づけられることになった[8]。2018年4月1日現在で，全国には2823の指定漁港がある。都道府県別では長崎県が248で最も多く，北海道243（2位），愛媛県195（3位），宮城県142（4位），鹿児島県139（5位），岩手県111（6位）の順となっている。なお，青森県の漁港数は86（12位）であるが，仙台平野以南は漁港が少なく，福島県の漁港は10にすぎない。岩手県と宮城県の漁港は小規模な漁港の割合が高いが，漁獲高が全国上位に入る大規模な漁港も存在する[9]。

岩手県の漁業

　1949年の漁業法の公布以降，岩手県の漁業は発展期を迎えた[10]。漁船の大型化や漁撈技術の高度化が進み，北洋漁業の再開によって漁業は活況を呈した（岩手県漁港三十年史編集委員会編 1982：4）。1960年代は日本の漁業の中心は北洋漁業あるいは遠洋漁業であり，大きな船団を組んで太平洋や大西洋で操業を行う形態が中心であった。乗組員は3カ月から半年程度は居住地に戻らずに世界各地で漁業に従事していた。一方で岩手県では，養殖漁業としては1933年にカキ養殖，1954年にワカメ養殖が始まり，それ以降，ホタテ養殖やサケの稚魚放流事業の急増がみられ，「採る漁業」から「育てる漁業」へ移行しつつあった（岩手県漁港三十年史編集委員会編 1982：4）。漁港の整備にともない，

1952年度の岩手県の稼働動力漁船は2241隻,無動力漁船は8152隻であったが,1979年にはそれぞれ1万7698隻,2189隻となり,この時期に漁船の動力化が一気に進んだ(岩手県漁港三十年史編集委員会編 1982：30)。

しかし,1970年代以降の200海里漁業水域の設定(以下200海里規制)で漁業構造は大きく変化した。漁獲地域や漁獲量の規制が厳しくなったことで,自由に操業することができなくなり,栽培漁業や養殖業が漁業の中心になっていった。漁業形態も遠洋漁業から沿岸漁業,養殖漁業へと大きく様変わりした。近年では海外から安価な水産物の輸入が増加し,漁獲高や漁業従事者は大幅にその数を減らした。岩手県の漁業就業者数の推移(「国勢調査」)を見ると1970年には2万5147人いたが,2010年では8800人となり,この40年間で3分の1近くまで減少している。宮城県では1970年には3万6361人いたが,2010年では8900人となり,やはりこの40年間で4分の1以下まで減少している[11]。

漁業従事者が減少したことにより,漁業従事や漁業生産が地域社会や地域経済の中心ではなくなっていったと推測されるが,青森県,岩手県,宮城県は震災前までは相対的には漁業従事者が多く,沿岸地域は漁業に関する習俗や慣習,祭礼や文化が今日でも色濃く残っていた。

漁業協同組合と漁業権

2015年3月31日現在で,都道府県知事認可の水産業協同組合のうち沿海地区出資漁業協同組合(いわゆる漁業協同組合)は,全国で972ある。青森県は49,岩手県は24,宮城県は8,福島県は5である[12]。宮城県の漁協数が8と少ないのは,2007年4月に県内の沿海にあった31の漁協が合併して宮城県漁業協同組合(本所は石巻市)が設立されたことによる。宮城県漁業協同組合に参加しなかった気仙沼,牡鹿,塩釜,石巻市の4つの漁協と,宮城県北部,宮城県中部,宮城県南部の3つの施設保有漁業協同組合を加えて全体で8漁協となっている。一方,岩手県では小規模の漁業協同組合が併存している。同じ自治体内に複数の漁協が存在する例もあり,洋野町には5,宮古市に3,山田町に2,釜石市に3,大船渡市に4の漁協が存在する。このうち今回の震災によって14の漁協の本所が流出または全壊という大きな被害を受けた。

漁協の最大の特徴は一定の水域において排他的に一定の漁業を営む権利である漁業権を所有・管理している点である。漁業権には共同漁業権,区画漁業権,定置漁業権の3種類があるが,漁協はこのうち共同漁業権と特定区画漁業権を

所有・管理しており，地域における漁業の管理や参入についての意思決定を独占的に行う機関である[13]。

　漁業従事者が上記のように大きく減少しただけでなく，漁業形態も漁船漁業から沿岸漁業や養殖業へ中心が移った結果，船主と乗組員という関係が弱体化して，漁業は家族経営に基づく個別独立的な経営に移行した。こうした変化は地域社会の意思決定のあり方にも変化をもたらしたと考えられる。漁業に従事しない世帯が増えることで，漁業従事者が加入する漁業協同組合の発言力も従来と同じではなく，低下した地域もある。またかつてのように船主―船員といった上下関係やメンバーシップが明確な集団が解体し，家族の独立性が強くなることで，船主など一部の上層だけによる意思決定は困難になってきた。したがって，漁協内部の意思決定もこれまでとは大きく異なっていると思われる。それでも，漁協が排他的，独占的に当該管轄区域内の漁業の決定権をもっていることは変わっていない。

　復興をめぐって宮城県はこうした漁協の排他性・独占性に対して，水産業復興特区を政府に申請し，認可を受けることで漁協組合員以外の参入を促進する政策を実行した。一方，岩手県は従来通り漁協の権限を認めたうえで，漁協中心の復興政策を進めている。これらの政策をめぐる評価については漁業経済学者等の間で大きな論争を呼んでいる（濱田 2014；加瀬 2013）。

2　漁業・漁村集落の被害と復興スキーム

被　害

　東日本大震災・津波による水産関係施設の被害総額は1兆2637億円で，このほか，民間企業が所有する水産加工施設や製氷冷凍冷蔵施設等についても約1600億円の被害が発生している。都道府県別の被害額を見ると，宮城県が最も多く6680億円，次いで岩手県が3973億円，福島県が824億円となっており，これら3県で全体の被害額の91％を占めている（水産庁編 2012：6）。漁獲物の販売面から被害を見てみる。震災前の2010年4〜12月と震災後の2011年4〜12月を比較すると，岩手県では販売金額の合計が94億8271万円から20億7845万円へと8割近くも減少した（減少率は78％）。宮城県では販売金額の合計が101億2270万円から4億3654万円へと96％減となった。

　津波による浸水のあった漁港背後集落は361集落で，全体（418集落）の86

％に達していた。県別には岩手県では74％，宮城県では96％，福島県では100％の集落で浸水があった。浸水した361集落のうち回答のあった353集落を見ると，全壊家屋の割合が8割以上の集落は207集落で59％に達している。岩手県では36％，宮城県では74％，福島県では54％と県によって被害の差があった。また，当該集落内で人的被害（死亡または行方不明）が発生した集落数は259集落で，全体の62％であった。岩手県では60％，宮城県では59％，福島県では96％に達した。なお調査時点で宮城県では被害不明が43集落あるので，単純な比較はできないが，多くの集落で甚大な被害があったことが確認できよう[14]。

漁業集落の復興スキーム

甚大な被害を受けた漁業集落は復興をどのように進めてきたのであろうか。国が漁業協同組合への制度的な補助を決定したことで，漁業の生産基盤の復興スキームは一定の形態で進行した[15]。ただ岩手県ではすべての漁港をもとに戻す方針で復興を進めたのに対して，宮城県では重点的に復興する漁港を選別し，水産業復興特区の設置を行うなど，復興方針に大きな違いが見られた。

また，被災した漁業集落の住宅やコミュニティの復興に向けた国のスキームは，防災集団移転促進事業と漁業集落防災機能強化事業の2つがある。防災集団移転促進事業は10戸以上の被災世帯（東日本大震災では5戸以上）が集団で一団の団地に移転するもので，もともとは土砂災害などで，もとの居住地が危険で住めない状態のときに使う移転支援スキームである。また漁業集落防災機能強化事業も津波のための移転事業ではなく，崖崩れなどで，もとの居住地の安全が確保できない場合に使用するものである。防災集団移転促進事業は国土交通大臣，漁業集落防災機能強化事業は農林水産大臣の事業認可が必要で，事業主体は都道府県である。当該都道府県は被災した地域（民有地）を地権者から買い上げて，地権者はその代金を新たな移転地の土地の購入や建物の建設資金とする。また，経済的な余裕がない場合は，災害復興公営住宅を県または市町村が移転地内に整備して，そこに被災者が移住することもある。

岩手県，宮城県，福島県の被災地のうち，計画されている防災集団移転促進事業は328地区，漁業集落防災機能強化事業は42地区である。これらの移転事業は基本的には住宅の整備を目指したものであるが，集団で新しい土地に移住し，戸建てあるいは集合住宅に居住することになる。したがって住まいだけ

でなく，生活を成り立たせるさまざまな施設が必要になる。各世帯用の駐車場はもとより，集会所，郵便局，食料品などの販売店，公園，あるいは家庭用菜園，寺社なども必要になる。また，農業であればもともとの住宅に付随していた農業用器具の格納庫や作業施設，漁業であれば，漁具を収納する場所や水洗い場などの再建が必要になる。しかし，住宅建設というスキームであるため産業用施設の建設は原則的には認められていない。

周知のように住宅の復興を中心とした生活再建スキームとは別に，産業用施設の復興支援メニューが用意されており，それらは漁港周辺に共同の漁業関連施設として建設されることが多い。復興のスキームはこのように生活用と産業用に分かれていることが，被災漁村集落の復興の現場で齟齬をきたしている場合も少なくない。漁村の復興は漁業の復興と不可分であり，また住宅と産業を二分して進めることには困難な面がある。以下，岩手県釜石市の4つの漁業集落における被災と復興の事例を見ながら，小規模漁村集落の復興のあり方を検証する[16]。

3　漁業集落の復興事例——岩手県釜石市の事例から

釜石市の概況[17]

岩手県釜石市は1937年に盛岡市に次いで岩手県内で2番目に市制が敷かれ，1955年に当時の釜石市と周辺4村（甲子村，鵜住居村，栗橋村，唐丹村）が合併して，今日の範域の釜石市が誕生した。釜石市の中心市街地には今日でも新日本製鐵（現・新日鐵住金）釜石製鐵所が立地し，工業都市のイメージが強い。製鉄所が全盛であった1963年の人口は9万2123人にも達したが，製鉄所の規模縮小や高炉の休止とともに減少し，震災前の2010年の国勢調査による人口は3万9574人であった。また，太平洋に接する海岸線はリアス海岸と呼ばれる入り組んだ地形を形成し，半島部に区切られるかたちで北から大槌湾，両石湾，釜石湾，唐丹湾という4つの湾が存在している。沿岸地区に比較的小規模の漁業集落が連なっており，北部の大槌湾と両石湾の沿岸部には室浜，根浜，箱崎，箱崎白浜，仮宿，桑の浜，両石，水海，南部の釜石湾と唐丹湾の沿岸部には尾崎白浜，佐須，唐丹片岸，小白浜，本郷，荒川，花露辺，大石という漁業集落が連なっている。

今回の津波で釜石市では，死者888名，行方不明159名，家屋倒壊数3648

棟という甚大な被害を受けた。とくに市内北部の大槌湾に注ぐ鵜住居川の河口部を中心とする鵜住居町は被害が大きく，人口6630人のうち死亡者・行方不明者数は586人，地震と津波による被災住宅数は1690戸で，全住宅数2517戸の67.1%に達している。中心市街地をもつ釜石地区も被害が大きく，人口6971人のうち死亡者・行方不明者数は229人，地震と津波による被災住宅数は1512戸で，全住宅数3291戸の45.9%に達している。一方，明治・昭和の大津波で大きな被害を受けた唐丹湾を囲む唐丹町は今回の震災では人口2106人のうち死亡者・行方不明者数は21人と他地域よりは少なかった。ただ地震と津波による被災住宅数は390戸で，全住宅数956戸の40.8%に達している。

釜石市では市内の被災区域を21地区に分けて，それぞれに復興計画を策定している。他の被災地と同様に，市街地（5地区）では土地区画整理事業，津波防災拠点支援事業，漁業集落（16地区）では防災集団移転促進事業と漁業集落防災機能強化事業を導入している。また，防潮堤の建設については，かさ上げを図る地区が18地区，現状維持が3地区であった。かさ上げを図るうち堤防の高さを14.5mとするのが10地区（大槌湾5，唐丹湾5），12.0mとするのが4地区（両石湾），6.1mとするのが4地区（釜石湾）である。一方，現状維持の3地区のうち，従来の5.6mとするのが1地区（大槌湾根浜地区），堤防を建設しないのが2地区（いずれも唐丹湾の花露辺地区と大石地区）であった。

本章では16の漁業集落のうち，防潮堤を現状維持とした3地区（鵜住居町根浜地区，唐丹町花露辺地区，唐丹町大石地区），および14.5mとした1地区（鵜住居町箱崎白浜地区）を取り上げる。いずれも，復興計画に対する集落住民の合意形成が早く，集落活動が盛んな地区である。現地での聞き取り調査は2014年1月と6月および2017年12月に実施し，地域の漁業や生活と震災の影響について質問をした[18]。

唐丹町花露辺地区[19]

花露辺地区は漁業集落で，1980年の人口は349人，世帯数は82世帯，2010年の人口は201人，世帯数は66世帯であった（人口と世帯数は国勢調査による。以下各地区とも同じ）。30年間で人口が148人，世帯数が16世帯減少した。世帯数に比べて人口の減少幅が大きく，世帯規模の縮小が進行していた。

花露辺では，町内会長（2014年1月調査時点，2017年12月調査時点では交代）のSM氏に話をきいた。花露辺はもともとはイカ釣り船を中心とした漁船漁業

の集落であったが，1970年代後半の200海里規制以降は，ワカメやホタテの養殖業を中心とする漁業に転換し，若い世代では勤労者として釜石市中心部に通勤するかたちが大部分になった。2014年の町内会の調査によれば，花露辺には震災当時68世帯，198人が暮らしていた。幸いにも津波による犠牲者は1人だけだった。地震後，集落内の漁村センターに避難したのは134人で，隣の本郷地区からも1世帯4人が避難してきていた。震災から5日目に，SM氏は「どうやればここに住めるか，またいろいろ国で検討することだと思うけれども，みんな，ここさ帰ってきて死ぬべしね」と住民に語った。避難していた住民は「おう，そうだ，そうだ」と応えたが，SM氏は続けて「俺のやり方でここに住むためにいろんなことをやるから，俺の土地が10センチ狭くなったとか，ここは俺の土地だとか，そんなことを言うようなら俺はやらないぞ。いろんなことをやるから，文句は言うな。文句があるやつは，はっきり喋れ」と述べたという。

　SM氏の描く復興の目標は「ここに帰ってくる」ことだった。そして，「ここに帰ってくるために，どうやって住むのか。ここに住むということはなんなのか。（それは）漁師を続けるためだ」ということを確認したうえで，復興計画を立てるという方向に進んだ。その結果，SM氏は花露辺にはもともと防潮堤がなかったが，今後も巨大防潮堤は不要と考えた。SM氏は「漁師をするためのものを造ってくれと（言ったんだ）。漁をするためには防潮堤なんかいらないよと。防潮堤に代わる波を防ぐ施設がある程度なきゃならないよと。その代わりとして道路を造ってくれよ」と関係者に伝えたという。そして，2011年4月中旬の町内会総会で，「防潮堤は造らないぞ。いままで通りでいい」と決めたという。防潮堤を建設した場合，完成するまで5年が必要で，それまで漁業をやれなくなる可能性があったことや，基礎工事で集落内の平坦地が失われてしまうだけでなく，14mの高さでは海が見えなくなってしまうことになる。SM氏は防潮堤を建設したら「どうやって漁師をやるんだという疑問があった」という。むしろ，「津波が来たら逃げるべしと決めて，避難道をきちっと整備してもらう」ことと，「1週間くらいは電気が点かなくても暮らせるような，そういう避難所を造ってもらうという要求にした」という。

　この結果，花露辺では被災地としてはほとんど例のない防潮堤を建設しないこととなった。さらに，漁業集落としては珍しいことだが，漁村センター跡地に集会所機能を備えた集合形式の災害公営住宅を釜石市内で最も早く建設した。

花露辺では住宅再建として防災集団移転促進事業を使って，自力再建4戸と13世帯分の災害公営住宅を整備し，道路建設として漁業集落防災機能強化事業を活用した。

　SM氏は1949年に花露辺で生まれた。父親はイカ釣り船の乗組員だったが，SM氏が15歳のときに亡くなり，母と弟と3人暮らしだった。高校在学中はイカ釣り船にも手伝いで乗っていたが，卒業後は郵便局に入った。1968年当時の郵便局員の初任給は月額1万2000円であった。一方，イカ釣りが盛んなときは，一晩で8000円くらいの収入になるため，多くの若者は学校を出たら，漁師になったという。昭和40年代までは，イカ釣り船が10隻くらいあって，1つの船に10人くらい乗り組んでいた。その後，200海里規制と漁船の更新の問題もあり，漁船は次々に廃船になり，震災前では20トン級の船が1隻あるだけになったという。その代わりに，SM氏が高校生の頃から唐丹町でも養殖業が始まった。ワカメが主体で，ホタテ，コンブの養殖も入ってきた。漁船漁業は冬期には漁に出られないことから，養殖の導入で周年漁業が可能になった。そして漁船漁業の縮小とともに，花露辺は養殖漁業とウニやアワビの採取を中心とした漁業集落に変容した。SM氏は「1年いっぱい仕事があるので，生活は安定しているけれども，逆に昔の漁師のような余裕がないというか，ゆとりがなくなった」という。

　SM氏自身はウニやアワビの漁を続けながら51歳になる2000年まで郵便局員として勤務した。なかでも唐丹郵便局での勤務期間が長く，その結果，地域の住民や住宅はほとんど頭に入っていたという。専業の漁師ではなかったが，公務員として周囲からの信頼も厚く，震災前から地域のリーダーとして活躍していた。花露辺では1933年の津波で低い区域にあった10軒くらいが流され，そのうちのほとんどが，高い区域にも所有地があって引っ越しをしたが，宅地のない人たちのために，集落の住民が自力で市の土地を切り開いて，そこにバラックの家を建てたという。その地域を地元では「復興地（ふっこうち）」と呼んでいた。東日本大震災後に高台に移転することに対しても，そんなに抵抗感がなかったのは「俺たち昔やったよ」という感覚が残っていたからではないかとSM氏は推測する。また昭和の大津波のときは唐丹町全域で「流れて浮いているものを，名前が書いていないものは全部集めてこいと。全部集めてきて，名前が書いてあるものは，名前が書いてある人に返せと。あとの集めたものは全部，被災した漁業者で分けたんです。ここでは昔，そういうふうなことをやっていたんで

す」とSM氏は語った。

　2017年に再度，SM氏に話をきいた。同年11月時点で，花露辺には64世帯が住んでおり，震災前と比べて4世帯減少したが，ほとんどの世帯は集落に戻ってきた。ただ，人口は198人から140人に減少した。震災後6年で加齢によって20人ほどが亡くなったほか，集落外に転居した住民も出ているという。2015年7月に主な復興工事が終了し，夏祭りを開催して復興完成感謝会を開いた。なお集合形式の災害公営住宅では23戸中，空き室は3戸分にとどまっている。

　震災以降，水産庁の復興支援事業である「がんばる漁業・養殖復興支援事業」の導入により，倉庫や養殖施設は共同利用のかたちで復旧した。しかし，高齢化もあり，養殖で2次加工まで行う世帯は震災前の34世帯から18世帯に減少し，そのうち17世帯が共同加工施設を使用している。養殖ワカメとホタテは2017年にグループ経営から個別経営に移行した。作業用小屋もあるが仮設のままなので，電気や水道をひくことができず不便なところもあるという。またここ数年のサケの不漁に加えて，2017年は唐丹湾内各地で「磯焼け」という現象が起き，ウニとアワビがまったくの不漁となった。漁業者にとって貴重な臨時収入が入らず，経済的には厳しい状況が続いている。

　復興について，SM氏は建物が建設されれば復興は終わりというような風潮に疑問を感じている。とくに災害公営住宅に居住する世帯の場合，4年を経過した後に収入超過となった場合に，大幅に家賃が増額されるが，花露辺ではいち早く災害公営住宅が建設されたことから，早い段階でこの問題に直面するケースがあるという。漁業集落で50〜60 m^{2}ほどの賃貸の2LDKの家賃が収入額によっては14万円以上になることから，画一的な基準を被災世帯に当てはめることについてSM氏は憤りをもっている。地域の将来を担う働き盛りの世代が安心して地元で生活できない現実や，従来の集落から遠く離れた高台に集団移転した地区への移転世帯が減少し，賑わいが再生できない姿から，土地造成や住宅整備がすんだことで復興が完了したとは到底いえず，射程の長い復興の議論をすべきではないかとSM氏は訴えた。

　災害公営住宅の家賃については，各地で問題が顕在化したため，岩手県庁が調整に乗り出し，収入超過世帯に対する県営の公営住宅の家賃の上限を7万7400円に抑えることが，2018年1月に決まった。その後，釜石市を含む岩手県内の多くの基礎自治体がこの決定を受け入れ，基礎自治体が建設した災害公

営住宅でも同じ基準が適用されることになった。

唐丹町大石地区[20]

　大石地区は唐丹湾を囲む漁業集落のなかでも南部の突端にある小規模な漁業集落である。1980年の人口は257人，世帯数は65世帯，2010年の人口は113人，世帯数は47世帯で，30年間で人口が144人，世帯数が18世帯減少していた。

　大石では漁業者で町内会長のHK氏に話をきいた。大石の被災時の世帯数は46世帯，うち地震または津波で8戸の住宅が全壊し，12〜13戸が一部損壊した。そのほか空家や作業小屋，集会場として利用していた林業センターが流されたが，人命の被害はなかったという。震災後に，高台にある旧大石小学校の敷地内に仮設住宅が5戸建設された。その後，仮設住宅に入った2世帯が家族の事情などで出たため，44世帯となった。大石では比較的被災規模が小さかったことと，地区住民の合意形成が早く進み，復興計画に基づいて導入した漁業集落防災機能強化事業により，旧大石小学校跡地内に戸建ての災害公営住宅を釜石市内で最も早く3棟建設した。2014年6月の調査時点では地区内の世帯数は44世帯であったが，2017年12月の時点では，釜石市唐丹町内の別の地区に住宅を建設し転居した例や，岩手県内の内陸部に転居した例，県外の親族宅に転居した例，そして亡くなったことにより，39世帯，人口はおよそ80人に減少した。2010年と比べると，8世帯，33名ほど減少した。

　大石の漁業形態も花露辺と同様に，かつてはイカ釣り漁業が盛んであった。1960年代半ばには大石に12〜15トン級のイカ釣り船が6隻あり，1隻に10人ほどが乗船して作業をしていたという。しかし，200海里規制の影響や就業人口の減少もあり，1980年頃に更新期を迎えたイカ釣り木造船の更新が進まず，漁船，乗船員が次第に減少し，イカ釣り漁は結局終了することになった。そして沖合でのサケなどを獲る定置網漁業と養殖が漁業の中心になっていった。養殖については1960年代まではノリ養殖が行われていたが，その後は下火になり，代わって，ホタテとワカメ養殖が始まった。定置網漁業については，1984年にもともと大石のワカメ養殖の海域を定置網漁業用の漁場に転換し，大石は優先的に定置網漁業に参加できる権利を得ていた。最初の5年は大石から18名，同じ唐丹町の小白浜地区から12名の合計30名でスタートした定置網漁業は，1993年頃まで活況を呈し，大石からの参加者を含めて唐丹町全体で50名

弱が参加していた。定置網にはサケのほか，イカ，イナダ，マグロもかかり，イカ釣りに比べて収入も増え，作業も夜の仕事であったイカ釣りに比べて，昼の仕事となったことで楽になったという。また，イカ釣り漁業では地区内の個人が所有する船や民間の漁業会社が所有する船もあったが，定置網漁業では船は漁協（唐丹町漁協）所有の船となり，乗組員は漁協と契約して乗船し，最低保障の固定給と歩合からなる給料の支払いとなった。大石では定置網漁業に従事する漁師のうち半数ほどは，ホタテ養殖にも従事していた。ただ漁協との契約により定置網漁船での就労は65歳が定年であり，その後は船には乗れないことになったので，定置網を定年でやめた漁師は養殖業に専念することになった。

　HK氏は大石の出身で1949年に生まれた。地元の高校を卒業後，漁業に従事し，最初はイカ釣り漁船に乗っていた。乗組員の多くは船主の親族や親戚（かまど）で，親族や親戚の人数の多寡が船の大きさを決定していたという。地区の漁業形態の変容に合わせて，HK氏自身もイカ釣り漁から定置網漁業に転換し，漁協との契約である65歳まで船に乗った後に養殖漁業専業になった。

　大石では震災により養殖用の漁船の多くが流され，残された船は10隻だった。そこで水産庁の復興支援事業である「がんばる漁業・養殖復興支援事業」を導入し，漁協の管理のもとで，漁船や漁業施設の共同導入と共同利用を進めた。震災後1～2年ほどは共同で作業し，漁協から一定の報酬を得る給料制を導入したが，それまで個別で作業を行ってきたことからやりづらさを感じるようになり，共同作業を解消した。そして事業期間の5年が経過した2016年で，給料制も終了した。事業の終了にともない，漁船や漁業施設については買い取りも可能になったが，当面は漁協から借り受けて利用する形態を続けている。給料制をやめたことで養殖技術や市況によって収入額が大きく変動するが，本来このかたちであったため，はりあいもあるという。

　震災後，施設は回復したが加齢や従事員不足で，養殖に取り組む漁業者は減少することが多く，大石でも自前の船をもって養殖業に従事している世帯は15世帯ほどになり，経営規模が縮小している例もある。震災後に高齢のため3世帯が養殖業をやめた。そして自立して養殖業を行うには2人以上の人出が必要であり，震災で家族を失った場合は1人では続けられないことから，船をもたず別の世帯の手伝いにいくケースもある。そのため漁場も空いてきているが，人手不足で経営規模を広げるところはないという。ホタテやワカメの価格も震

災後は以前よりも高値になり，2～3割ほど取引価格が上昇している。経営規模が縮小しても単価が上昇していることから経営は安定しているという。経営的には安定しているが，大石では後継者世代がいる世帯は15世帯のうち1世帯だけである。

　加えて，唐丹湾では「磯焼け」という現象がひろがり，ウニやアワビの収獲が大幅に減少している。2016年よりも2017年がひどく，前年比3分の1，全盛期の8分の1程度まで減少した。磯焼けの原因は明らかではないが，これだけ減少してしまうと，漁業者の士気が大きく下がってしまうことが懸念される。

　大石の地域運営は花露辺と同様，町内会が主導する形で進められてきた。その基盤になってきたのが共有地や共有林および学校林の存在である。共有地は地区内に数か所あり，そのうちの1か所は70戸分の墓地である。大石地区では墓地へ続く道路を改修する費用として，震災前に町内会の臨時総会を開いて，均等に改修費を徴収した。転居した世帯も含めて60世帯から集めた。

　共有林は全体では5か所，20ヘクタールほどあり，所有形態は記名共有である。大石には47人会という共有林を管理する団体があり，HK氏が代表を務めてきた。大石では植林された立木を管理，伐採，売却することで集落自前の資金を確保し，それを活用して地域整備をしてきた。また共有山林には一定の固定資産税がかかることから，地区外の人を含む所有者48人の連絡先を調べて集金と積み立てをして固定資産税を支払っていた。その積立金が減ってきたところで，電話会社が携帯電話の基地局を共有林の中に設置することになり，その貸借料が入ることで，固定資産税を賄えるようになった。そのため，共有林の処分は行わないこととした。賃借料は固定資産税の支払いのほか，地区内の石垣を修繕する費用や除雪機の購入にあてた。また以前は共有林内に採石場があり，石の販売金額の10分の1に相当する額を，各世帯に配分していたという。

　学校林は旧大石小学校の学校林であったが，学校が閉校になったため，震災後に立木を処分し，その収入に町内会の資金を加えて，自前で地区内に防災無線を整備した。地区内にはもともと防災無線があったが，難聴地域があることからその解消を図った。

　震災直後の道路の復旧作業については，町内会が市から作業を受託したが，だれがどれだけ作業したかを把握していなかったこともあり，作業収入を個人には分配せず町内会の一般会計にいれた。HK氏は今後しばらくの間，住民か

ら町内会費を徴収することが困難になることがわかっていたので,「大仲」と同じ感覚で行ったという。そして集まった資金で共同作業のための除雪機を購入した。

大石には3つの神社がある。八幡神社は旧暦8月15日に例大祭を行ってきた。以前は船主が管理していたが,現在は町内会が各種の連絡を担当する。金毘羅神社の旧暦3月10日の例大祭も町内会が案内を出すが,いずれも祭りの運営は震災前から別当と呼ばれる世帯が担当している。毘沙門神社も旧暦8月15日に例大祭を行う。

大石では虎舞(釜石・大槌地方を中心に広く行われている郷土芸能)は途絶えていたが,1952年に出し物がなかったために復活させた。震災で道具が流されたが,ナショナルトラストから40万円,明治安田生命から70万円,岩手県から90万円の助成を受け,2014年3月に道具をそろえた。虎舞の運営はもともとは別当の世帯が担当していたが,震災後は町内会が運営を担当している。

鵜住居町根浜地区[21]

根浜は大槌湾の最深部にある観光とマリンスポーツと漁業の拠点集落である。震災前は集落の前に砂浜と松林が広がる風光明媚な地区で,海水浴客や釣り客が訪れていた。レジャー用ヨットの係留施設(マリーナ)もあり,トライアスロンの大会も開かれていた。地区内には1970年の岩手国体の開催前後に4軒の宿泊施設が開業し,大槌湾内でも屈指の観光地であった。またほとんどの世帯は釜石東部漁協組合員として,ウニやアワビの採取を行っていたほか,数軒はホタテの養殖業に従事していた。

1980年の人口は274人,世帯数は65世帯,2010年の人口は160人,世帯数は61世帯で,30年間で人口が114人,世帯数が4世帯減少した。この地区も世帯数の減少幅に比べて,人口の減少が大きく,1世帯平均で4人以上いた家族数が,2人弱に減少している。高齢者世代の死亡や,後継者世代の他出などが原因と思われる。

根浜地区では町内会(根浜親交会)の事務局長であるSY氏に2014年1月と2017年12月に話を聞いた。震災時は集落に64世帯あったが,津波で15人が犠牲になり,すべての住宅が流されるなど集落は壊滅的な被害を受けたという。住民は地区外の避難所にばらばらになって避難した。一部の住民はかろうじて使えた旅館の2階以上の部分で避難生活を送っていたが,2011年3月26日に

は全員が避難所や岩手県内陸部の宿泊施設に移動した。その後，釜石市内の応急仮設住宅や市外の親戚宅等に避難し，集落は無人となった。

　震災直後にSY氏は，「まず，誰がどこにいるかということを（集落自ら）調査しましょうと。それでみんなから情報をもらいながら，安否確認も含めて名簿をとにかくつくったんですよ。仮設住宅がある地区に連絡員を設けて，地区を全部調べた。電話番号を全部調べて。64世帯ありましたが，月に1回とかは（根浜に）来ていたので，そういうときにつかまえて連絡先を教えてくれといった」というように，ばらばらになった住民の情報収集を行った。

　震災後のまちづくりについては，「根浜は全部，町内会一本でやることにした。複数の組織を仮につくらなければならないのであればつくるけれども，そういうのをつくると必ず混乱のもとになるから，根浜町内会として一本でやりますからねと。行政が復興計画をつくるんですけれども，それに対してやっぱり地域としてね，きちっとした考え方を要望として出す。たとえば，いま防潮堤の高さの問題であちこちでもめていますが，根浜はいち早くそれを意見としてまとめたんですね」と述べた。そして「防潮堤について言えば，根浜はいらないと。根浜は，防潮堤で防ぐということはもう無理なんだから，防潮堤はいまのままでいいというか，壊れたところを復旧してもらえばいいと。その代わり高台移転させてくれ」という内容を文書にして行政当局に伝えた。SY氏は「根浜が他の地域と違う点は，観光地なんですよ。海水浴場だとか，グリーンツーリズム，あるいはトライアスロンをやってきているので，それを無視して高い堤防を造ることは，根浜としてはよくないと。なので，根浜のよさを残しつつ，安全な町をどうつくるかという観点でいけば，堤防はいまのままでいい」と考えていたという。

　こうした発想から，根浜では全戸が高台に移転する復興計画を策定した。住宅再建として防災集団移転促進事業を使って自力再建27戸，漁業集落防災機能強化事業を活用して自力再建4戸，さらに13戸分の災害公営住宅を整備する計画を策定した。SY氏は「私がいちばん大事にしたのは，早くみんなを地元に戻らせるためには，何を優先すべきかということなんですよ。ということはやっぱり，住むところを確保することと，そこへの道路，アクセスをつくること。これがいちばんの優先事項なんです。堤防とかは後でいいんです。道路と住宅。防潮堤は3番目。まさにこの通りなんですよ。だから，我々はとにかく，みんなで根浜に早く戻りましょうねと。そのためには何をしましょうか。

町内会でまずまとまりましょうね。要望はこういうことで出すよと。最初から，基本はなんなのやというところから考えれば，まず住むところを確保しようと。それは前の土地にこだわる人もいたけれども，津波が来た場所だから，そこには住めないんだ，あきらめろと」というかたちで，集落全体での高台移転の住民合意を成し遂げた。

町内会としては 2012 年 1 月 3 日に震災後のはじめての総会を開催し，40 名以上が出席した。「根浜は居住者の移動が少なかったこともあり，よその地域より結束は非常に固いと思っています」と SY 氏は述べた。町内会の活動としては 2012 年 2 月 12 日に第 1 回のお茶会を開き，その後は毎月第 2 日曜日をお茶会開催日に設定したという。SY 氏は「その日は何がなくとも根浜に集まろうと決めた。仮設にみんなばらばらになっているが，やっぱり故郷が心配だと。でも，行く手段がない人もいますので，車をもっている人たちが月 1 回，まあ，月命日じゃないけれども，お墓参りもかねて，まず集まろうと。何もなくてもいいから，まず顔を見ることが大事だよねということで，こういう会を始めました。それで，市のほうも復興計画とかがいろいろ進んでくるので，そこに合わせて説明会をしてもらった。町内会は，サラリーマンもいれば漁師もいるし，自営業もいるし，年金生活者もいる。みんな違う。だから，あまり強制的に来いとかっていうことはやっぱり無理，できないですよ。そういうことをしては必ず壊れることになるから。だから，最低限のところでというか，まあ，最大公約数で，この指にとまれる人はとまって，みたいなくらいでやらないと，いけないんじゃないかなと思いますけどね」と 2014 年の調査時点で振り返った。

2017 年 12 月の調査時点では，もとの集落の後背地の高台への集落移転はほぼ完了していた。住宅はほぼ建設され，集会場も同年 9 月には完成していた。移転地の区画は 44 世帯分あるが，実際に区画内に住宅を建設したのは 38 世帯であった。震災を機に，岩手県内外のさまざまな団体から支援をいただいたという。岡山県の玉島信用金庫は根浜に 200 万円の寄附をしてくれた。この寄附金をもとに町内会では津波祈念碑を建設し，共通の郵便受けを購入して，学生ボランティアの力を借りて 2017 年に各戸に設置した。岡山県総社市からもボランティアの方々が毎年 10 人以上根浜に来ているという。イギリスからはレスキュースクールの専門家が数回来日して根浜でボートによる海難救助の実演をし，その様子がヨットの専門誌に取り上げられるなど注目を集めている。自然の水域で行われる長距離の水泳競技であるオープンウォータースイミングの

大会も開催された。SY 氏は再度マリンスポーツやマリンレジャーの拠点となるために，地区内に新しい団体（一般社団法人根浜 MIND）を設立し，地域の再生に向けた活動に取り組み始めている。

　SY 氏は 1956 年に根浜で生まれ，釜石市内の高校を卒業後，新日本製鐵（現・日本製鉄，以下新日鉄）に就職した。新日鉄に長年務めながら，漁にも出ていたという。「根浜の漁業は専業の漁師さんもいますが，私は半分半分で，サラリーマンと漁師をやってきた。アワビやウニをとったりしました。10 年くらい前までは，私も現役漁師としてやってきましたね」というように，漁業の技術と体験ももっている。唐丹湾同様，大槌湾でもここ数年，アワビの不漁が続いていることを SY 氏は懸念している。海の再生に向けて，新日鉄で出てくる鉄鋼スラグの活用など新しい発想ももっている。根浜の復興，再生に向けて，高台に移転地を整備し，住宅を建設し，住民が戻ってきただけでは復旧にすぎないと SY 氏は語る。現在の高齢者の世代の次の世代が根浜で生活し，ここで暮らしていけるような就業機会や自然環境の再生が必要であり，それができるまでは復興は完成しないと述べた。

鵜住居町箱崎白浜地区[22]

　箱崎白浜は大槌湾の最深部から南側にひろがる箱崎半島の先端に位置する漁業集落である。1980 年の人口は 504 人，世帯数は 120 世帯，2010 年の人口は 364 人，世帯数は 118 世帯で，30 年間で人口が 140 人，世帯数が 2 世帯減少した。

　箱崎白浜地区では 2014 年 6 月と 2017 年 12 月に，漁業者で町内会長の SK 氏に話を聞いた。SK 氏によれば，震災で 40 人の地区住民が犠牲になり，うち 35 人は漁師だった。震災時の 115 世帯のうち被災世帯は 45 世帯に及んだ。震災によって道路が寸断され，集落が孤立してしまったため，住民は 3 月 13 日に他の地区の住民とともに自衛隊のヘリコプターで救助され，避難所に避難した。その後，数名は箱崎白浜に戻り，旧白浜小学校を避難施設として避難生活を始めた。そして 7 月 12 日に避難施設を閉鎖するまで，SK 氏はリーダーとして避難生活の運営にあたった。

　箱崎白浜の世帯数は 2014 年にはおよそ 80 世帯に減少し，2017 年でもほぼ同じである。震災後に高齢者が亡くなったほか，若い世代が地区外に転居したことで，世代の継承は難しくなりつつある。箱崎白浜では防災集団移転促進事

業と漁業集落防災機能強化事業の2つの集団移転事業を活用して住宅復興を進めてきた。防集事業により，自力再建住宅を7戸，漁集事業により自力再建住宅を3戸整備するほか，地区内に9戸の戸建ての災害公営住宅を整備する計画をもっていた。災害公営住宅は2013年のうちに完成し，2014年6月の調査時点では入居も完了していた。また自力再建の住宅も建設が進みつつあり，SK氏のインタビューも新築された自宅で行った。2017年12月の調査は地区内に新たに建設された集会所で行った。

箱崎白浜地区の津波の高さは17mにも及んだため，SK氏は，防潮堤の建設ではなく，当初は土盛りをして20mのかさ上げを望んでいた。しかし，県から提示された計画は高さ14.5mの堤防の建設であった。また堤防の設計は以前からの堤防の高さを拡大することとして，陸側に土手（法面）を拡張しない方式であった。法面をのばさないことで堤防の陸地側に空地ができるが，この空間は複数の地権者の私有地なので，地域としては手が出せないということだった。「できれば市に買い取ってもらって公園のように整備してもらいたい。そうでないと地権者はなにもせずに，ほったらかしになってしまい，草ぼうぼうになる」とSK氏は危惧していた。2017年の調査時点では新しい堤防は完成し，その内側の3mまでの土地は市が買い取った。しかし活用しないままになっていたことから，2018年度から堤防の内側をかさ上げすることになった。

震災前は70世帯ほどあった養殖漁家のうち，震災後に養殖を再開した漁家は35〜36世帯まで減ってしまった。そのうちワカメとホタテの両方を行っているのが9割，残り1割はワカメだけである。作業小屋は仮設テントと集合形式の共同倉庫があり，建設費用の9分の8は国庫補助である。ただ，震災前の設備よりも面積が小さく使いづらい面があるという。養殖用の漁船も流されたが，釜石東部漁協が漁協所有の船として購入し，最初の1年間は共同で利用していた。この事業についても国が9分の8を負担し，個人の負担は9分の1ですみ，その後，5年間のローンを完済したら自分の船になる。さっぱ船（小型の磯舟）なら船外機付きで200万円程度の価格なので，年間約5万円を5年間，計25万円を払えば自分の船になることになった。その結果，船は60隻まで回復し，主にウニやアワビ獲りに使われている。

2017年の時点では個人負担のローンは完済しているが，個人所有とすると税金がかかるため，船は漁協の管理のままになっている。養殖に従事している

世帯は33世帯で震災後に再開した数からはいくぶん減少している。これにアワビ獲りだけを行う10世帯を加えて，漁業に携わっている世帯数は43世帯となっている。養殖作業の場合は2人以上が必要であり，震災で家族が犠牲になった世帯は養殖をあきらめて，アワビ獲りだけに従事していることもあるという。また養殖の規模も労働力不足から縮小しているケースもある。2017年はホタテの成育が十分ではないものの，販売単価は20%程度高いことから収入は悪くなかったという。ただアワビとウニはほかの地域同様，2017年は不漁で，アワビは2016年の収穫高の4分の1程度に減少しているという。漁業の最も若い担い手は50歳代であるが，中心は65～74歳であと5～6年は維持できるし，十分生活できるだけの収入は確保できているという。

　集落には神社があり，震災前は3年ごとに例大祭を実施し，神輿も出していたが，震災後は道路工事によって，神輿が通る道がなくなってしまい，神輿は出せなかった。道路ができあがった2015年には神輿を出したが，2018年も出したいという。箱崎白浜にも虎舞があり2017年に虎舞会館も再建した。虎舞の披露は神輿の練り歩きのときに行ってきた。そのほか獅子舞もあった。

　SK氏は1948年に箱埼白浜で生まれた。釜石市内の高校を卒業後，漁協の専門学校（3年制）へ進学した。専門学校卒業後は千葉県内の漁協に就職し，1975（昭和50）年の27歳のときに箱崎漁協に職員として戻ってきた。1976（昭和51）年に箱崎・白浜・両石・鵜片浦（室浜・根浜・片岸）の4漁協が合併して釜石東部漁協になった。その後も漁協職員として勤務し，57歳で漁協を退職した。SK氏が中学・高校に在学していた1960年代前半は，4～6トンのイカ釣り船に乗っていた。イカ釣り船は10トンから2トン程度まであり，かまど（親族組織）ごとに乗る。福島沖に行っていたこともあるという。最初は近海で操業していたが，次第に日本海まで行き，佐渡沖まで行っていた例もあるという。当時は両石地区がイカ釣り漁業の拠点で，25～26トンの船があり，遠洋でサケ・マス漁もやっていた。1964（昭和39）年に39トンの船が遭難事故にあい，大勢が亡くなった。その後，イカ釣りから定置網漁へ変化し，SK氏が中学校を卒業する頃には養殖が入ってきた。最初はノリ養殖で，同じ大槌湾の対岸の大槌町安渡から入ってきた。ノリ養殖は刺し棒をするため遠浅でないとだめだったが，箱崎沖は遠浅だったため合っていた。ノリ養殖は10年しか続かなかったが，その後ワカメ，ホタテ，ホヤが入ってきた。ホタテの収穫は周年，ワカメは3～4月で，箱崎では70人（世帯）くらいが養殖に従事した。箱

崎地区が組合員数・台数とも最大で，当時は養殖組合に100人程度が加入し，船主会もあった。シーズンにはアワビやカキも獲った。ホタテは系統出荷した。SK氏自身も震災前はワカメとホタテの養殖を行っていた。地域の平均よりは少し規模が大きかったが，以前はその数倍も大きな規模で養殖を行っており，多忙期は2〜3人を雇用していた。

2017年12月時点で，SK氏が町内会長になって8年近くが経過した。町内会役員は会長1人，副会長1人，理事5人，監事2人，事務局長1人，事務局次長1人で，地区内の集落代表が4集落から2人ずつ出て合計8人である。総会は毎年3月に開催している。町内会の主な仕事は清掃，道路補修（6月・8月），溝上げ，側溝清掃などで，側溝清掃は高齢化ですべての箇所について行うことができなくなった。このほか毎年9月19日にイカやタコをトラックに載せて行う手踊りがある。

震災後の町内会費は世帯数が減少したことから月額1200円を2014年の時点では1800円に値上げした。会費収入は80世帯なので合計で14万4000円となるが，このうち地区内の防犯灯の電気代が年間9万円かかり，収入の3分の2を占めている。その後2017年の時点では会費は2000円になっていた。世帯数は80世帯のままである。

共有財産としては，白浜に部落有林があり，中学校があった頃は立木を切ってストーブの薪として使用していたが，その後25石分の立木を売ったという。

4　漁業集落の復興——暮らしと生業の再生に向けて

地域社会がもっていた独特の漁業経営システム

本章で取り上げてきた岩手県釜石市の漁業集落は，大規模な水産加工業が展開する地域ではなく，いずれも小規模な漁業集落である。そして被災した岩手県や宮城県の漁業集落の大半は，今回取り上げた集落と同じような小規模な漁業集落である。

今回の事例集落では，既存の地域住民組織（町内会や自治会等）のリーダーを中心に，住民自身が主体的に集落の復興計画づくりに関与し，自分たちの描く復興のあり方を実現してきたケースが見られた。そこでは産業復興の論理や効率性を重視する復興の論理よりは，生活維持や地域社会の持続を優先する論理によって，集落の復興計画が作成されていた。高台移転をともないながらも集

落の成員をできるだけ離散させずに，従来のメンバーシップをもとに集落を再構築する特徴が見られた。復興計画には今後の新たな産業誘致や漁業再興への期待はあるが，より具体的に描かれているのは生活の復旧である。新たな産業や雇用の創出よりは，従来の生活を取り戻すことに復興の力点が置かれていた。

また新たな住宅地の形成場所については，事例地では高台移転を選択しているケースがほとんどである。これは『津浪と村』（山口［1943］2011）で昭和三陸地震津波後の漁業集落を調査した山口弥一郎の主張に沿うもので，集落の規模が小さい場合は，浸水区域の住宅を高台に移転することが受け入れられていることを示している。そこには高台に移転することで防潮堤の高さを低く抑え，海と地域社会との関係性を継続する姿勢が見られる。

従来の経験知の活用

震災後の漁業集落における生活再建の議論を進める過程では，それぞれの地域社会がもっている履歴や経験知の活用が見られた。釜石市の漁業集落のなかには，かつてイカ釣り船やマグロ漁船などの漁船漁業が発達し，集落内の親族や縁者が同じ船に乗って操業しているケースが見られた。船員の多くは顔なじみで，結束が固く，それぞれの船主はそうした乗組員を率いて漁獲高を競っていた。

今回の調査事例地である花露辺地区では，かつては地区内に10隻以上のイカ釣り漁船があるほどイカ釣り漁が盛んな地区であった。イカ釣り船漁業の場合は，船員がそれぞれの持ち場を担当するため，実際にはたくさん釣り上げる乗組員もいれば，獲れない乗組員も存在した。町内会長のSM氏によれば，花露辺地区では，漁獲物の配分の方式として，「大仲」と呼ばれる独特の制度が存在していた。一般的にはイカ釣り船の場合，通常はその漁獲物は，一定の割合を船主が取得し，残りは乗組員個々人が各自収穫した量ごとに分配していたという。したがって，実績ベースの配分が基本なので，個々人の技量や天候により，多く獲れる乗組員とそうではない乗組員が出ることになる。しかし大仲制度のもとでは，1隻のイカ釣り船に10人が乗り，1トン釣った場合，船主に4割を配分し，あとは乗組員で平等に分けたという。そして，この分配形態は同じ唐丹湾内にある複数の漁業集落のうち，地理的に湾を挟んで対岸に位置し，今回の事例地でもある大石地区でも見られたが，それ以外の漁業集落には存在しない慣習だという。その理由はまだ把握できていないが，厳しい自然環境と

内陸部から距離のある立地のもとで，生業と生活を持続していくために，他の地区よりもより強固な集落住民間の結束や紐帯が必要であり，それをもたらすための共存共栄の分配システムが存在したのではないかと考えられる。

こうした漁船漁業は1970年代の200海里規制以降は衰退し，釜石市では遠洋に出る漁船漁業はほとんど見られなくなった。その代替として，サケの定置網漁とサンマ，イカなどの近海沿岸漁業と1960年代から導入された養殖業が主流になってきた。初期の頃はノリ養殖，その後はワカメやコンブ養殖が盛んであったが，地域によってはその後にカキ養殖，ホタテ養殖などにも取り組むようになった。現在では花露辺には大型のイカ釣り船は1隻しか残っていないという。漁業の中心は養殖業に移行し，内陸部に通じる道路も整備されたため，漁業以外の産業に就労する割合も高くなった。そのため，大仲制度も消滅した。それでも，大仲制度に象徴されるような住民の結束や団結の強さが今日まで続き，それが花露辺地区や大石地区での早い復興を実現させた要因になっているのではないだろうかとSM氏は指摘している。

200海里規制が生じてから発達した養殖業は，それぞれの世帯が独立して経営を行うことから，漁業集落を単位とした経営から個別世帯を単位とする経営に漁業経営のあり方が変化した。しかし，船主やもともとの漁撈組織である大謀制度（大謀網を使う定置網漁業のリーダーである大謀を中心とした漁撈方式）や大仲制度などが意識のうえでは残っていたのではないかと考えられる。

一方，かつては船主たちが主宰していた地域の神社の祭礼は，船主がいなくなってからは当該地区の地域住民組織（主として町内会）が主導して行ってきた。町内会はそのほかさまざまな地域行事を執行する組織として，役割と責任が大きくなり，町内会の幹部は責任感と倫理感をもって地域運営を行ってきた。震災後こうした経験を積んだ町内会リーダー層が率先して地域をまとめ，復興の青写真を描いていったケースが少なくない。また被災住民からの町内会リーダーへの期待も大きかったといえよう。

今回の調査事例では，漁業集落の地域住民自身が地区単位（その多くは町内会の区域）で復興計画を考え，協議し，自ら解決策を出していたことが確認できた。海を利用してきたことで身についた経験知や作法が震災時に発動され，津波からの復興もそうした経験値を背景に，集落ごと，浜ごとに計画が策定され，岩手県や市町村も復興計画の策定にあたっては，その精神を尊重してきたといえるのではないだろうか。

漁協の調整能力とサブシステンス・エコノミーの再生

　岩手県から宮城県にかけての三陸沿岸地域の漁業集落に共通していることは，アワビ漁やウニ漁などが近世期から長い期間にわたって行われてきたことである。三陸沿岸地域の漁業形態は，近代化以前は動力船をもたなかったため，近海中心の小規模な地先漁業が中心であった。その後，動力船が導入され，沖合漁業さらには遠洋漁業に中心が移ったが，200海里漁業規制の後は，沿岸漁業や養殖漁業に軸足を移してきた。定置網漁業や養殖などの漁業が盛んになればなるほど，主要な漁場となる近海や湾の重要性が増し，地域の漁業協同組合の調整能力が必要になってくる。またアワビ，ウニは，漁獲量が限られているが，高値で取引されてきたことから，漁家や地域経済の面でも重要な役割をもってきた。したがって三陸沿岸地域の漁業集落では，資源保護の観点から漁の方法や権利の制限を定めた厳格な約束があり，それが長年にわたって遵守されてきた。

　漁業従事者は漁業協同組合に加入し，漁協は漁業権や漁場の割り当てなどに関する漁業紛争を解決してきた歴史を有している。漁業従事者は目前に広がる湾の共同管理者であり，漁業協同組合の定める厳格な利用規則のもとで参加・自治・責任の精神が培われてきた（濱田 2013：170-96, 2014：207-32）。まさに多くの地域で湾ごとに漁業協同組合が形成され，維持されてきた歴史が存在している。漁業従事者は湾や海産物という共有物をめぐって，その共同利用と共同管理を続けてきたのであり，そこにくらしや生業のルールが存在した。岩手県の沿岸地域ではアワビやウニは漁業資源の管理の観点から漁期を意味する口開けの時期が限られていることと，ホタテやカキのように養殖施設で成育管理を行っているものではないため，大規模あるいは計画的な漁獲は望めない。そして天候や技量によって漁獲量が上下することから，住民にとっては海のボーナスともいうべき貴重な収入源の一つになっている。

　これらを含めて，三陸沿岸地域の小規模漁業集落では，サブシステンス・アクティビティ（生業活動）が広く見られ，そこからサブシステンス・エコノミー（生業に基盤を置く経済）が生じていたと考えられる[23]。漁業集落では主要な漁業形態の変遷はあるが，地域の規則に基づくアワビ漁やウニ漁を含む生業活動と，マイナー・サブシステンスと呼ばれるような経済的な価値は高くないが，日々取り組まれてきた周縁的な生業からなるサブシステンス・エコノミーが広く見られた（濱田 2018：37-49）。そして，岩手県の漁業集落では，本章の事例

に見られるような漁業に関する共同利用や共同管理に加えて，後背地である山林の共同所有・管理・利用という行為様式も存在していた。

しかし，東日本大震災による漁業従事者の減少や漁業施設の被害，そして漁協の意義や役割の見直し，さらに海域の自然環境の変化等により，これまで維持されてきた生業の回復はまだ十分に達成されているわけではない。特に，船舶や養殖作業施設などメジャー・サブシステンスに関わる施設整備は復興事業でかなり行われてきたが，マイナー・サブシステンスを含む地域のさまざまな要素からなる生業の回復はまだ途上である。これらの全体的な生業活動の回復と持続が可能になった時に，はじめて三陸沿岸地域の小規模漁業集落の復興がなされたというべきであろう。

今後の復興の課題

岩手県釜石市の小規模漁業集落では，漁業のルールと並行してより区域の狭い地域社会においても強固な住民組織と規則があり，生活面でも地域統合が図られてきた。個別の利益を優先したり，漁獲をめぐって競争を行うよりは，協働と連帯を基軸に漁業と生活が営まれてきた。

しかし，新しい世代がこうした知をもっているかどうかは確証が得られない。1970年代以降に誕生した世代は，かつての漁船漁業全盛時期の漁業や生活の姿を直接は知らない。また漁業が地域社会の経済や家庭生活における収入の中心であった時代は今回の震災のずっと以前に終焉している。今回の震災はかろうじて60歳代や70歳代がそうした経験や記憶を有していたことで，被災後の地域社会をひっぱっていく主導的な役割を果たすことができた。今後は地域社会を担う次の世代にどのように生活の知識を引き継いでいくことができるのかを考える必要がある。

そしてまた震災後の地域社会自体も大きな変容に直面しているといえよう。これまでは地域のことは地域で解決するという方針に基づいた意思決定や合意形成の仕組みが機能したが，小泉秀樹が指摘するように，場所の変容と帰属の複数化が一層現実化してこよう（小泉 2015）。既存人口の高齢化や人口減少が進む一方で，新たな地域社会の担い手や居住者が増えてくる。その場合は新しい資源管理や利用のルールが必要不可欠となるだろう。地域社会においてどのように新しいルールをつくり，居住者や漁業従事者が合意を形成したうえで，地域社会を運営し，漁業を再開して，生活全体の持続可能性を高めていくこと

ができるのか。まさにそれが実現したときに真の「創造的復興」が成し遂げられたことになるのではないだろうか。

注
1) 岩手県農林水産部漁港漁村課『いわての漁港・漁場・漁村・漁港海岸──東日本大震災からの復旧・復興』2017 年 10 月に掲載されているデータによる。
2) 漁港を中心に形成されている漁業集落は、漁業センサスにおいて、「漁業地区内において一定の地理的領域と社会的領域によって成立している漁業の地域社会として、漁港を核に、その背後に当該漁港を利用する個人漁業経営体、漁業従事者世帯及び漁業関連産業（遊漁案内業、魚市場、水産加工場等）に従事する者のいる世帯が居住する地域範囲とし、具体的には、社会生活面の一体性に基づいて大字・小字等の明瞭な境界をもって区切り、区域内に漁業世帯等が 10 戸以上存在するもの又は区域内の漁業世帯等の数が 10 戸未満であっても、総世帯数に対する漁業世帯等の割合が 30％ 以上のもの」と定義されてきた。
　一方、漁業集落とは別に、漁港背後集落という概念がある。この数値は水産庁が毎年実態調査をして把握している。2014（平成 26）年度の調査では、調査対象となる漁港背後集落を「漁港漁場整備法に指定された漁港の背後に位置する人口 5,000 人以下の集落」と規定している。さらに「漁港背後集落とは、当該漁港を日常的に利用する漁家が 2 戸以上ある集落をいう。ここでいう漁家とは、生活の資を得るために、水産動植物の採捕又は養殖の事業を行ったもので、調査期間前 1 年間の海上作業従事日数が 30 日以上の個人経営世帯又は雇われて従事した者がいる世帯をいう。（漁業センサスにおける漁業世帯〔個人経営体数＋漁業従事者世帯数〕と同義）なお、集落の範囲は、空間的一体性を有して家屋等が連続している範囲で、比較的規模の大きい河川、山林、原野、農地等で区切られたまとまりのある集落空間とし、市町村境界を越えない範囲のものとする。ただし、都市近郊等で集落と市街地が一体となり家屋が広範囲に広がっている場合は、漁業者の居住地を勘案して既存の町、丁目、字等で適切に分割し、漁業と関係の薄い市街地等を切り離すこととする。また、集落範囲が複数の漁港にまたがっている場合は、各漁港毎に区域を分割するものとする」と規定している。
　2008 年の漁業センサスによる漁業集落が 6291、数値の掲載が始まった 2009（平成 21）年度調査の漁港背後集落の数は 4653 である。
3) 注 1 に同じ。
4) 各都市の人口は 2010 年の国勢調査による数値である。
5) 三陸地方を襲った津波は古いところで 830（天長 7）年 1 月、869（貞観 11）年 5 月 26 日、1583（天正 13）年 5 月 14 日がある。1600 年代には大小あわせて 7 回、1700 年代は 6 回記録、1800 年代にも 7 回の津波が記録されている（西田編 1978：16-22, 38-40）。近代に入ってから発生した明治三陸大津波（1896 年 6 月 15 日に発生）では青森県、岩手県、宮城県で死者 2 万 6761 人、流出家屋 1 万 370 棟という大きな被害が出た（西田編 1978：169-170）。さらに昭和の大津波（1933〔昭和 8〕年 3 月 3 日午前 2 時 32 分、金華山沖海底を震源とする地震）が再び三陸地方を襲い、青森県、岩手県、宮城県では死者 3000 人、行方不明 1184 人、流出・倒壊・焼失家屋 7449 戸、

流出・破損船舶 8200 隻という大きな被害が出た（西田編 1978：67）。

6) 岩手県の漁業は 1897 年（『三十年史』では明治 33 年〔1900 年〕と記載されていたが，各種資料では 1897 年公布となっている）の遠洋漁業奨励法の公布以降，地先水面の採貝藻および，沿岸漁業から飛躍が始まった。岩手県では 1912（明治 45）年にわずか 12 隻の動力船数が 1 年後の 1913（大正 2）年に 102 隻と急増し，トロール漁業や底曳網漁業が盛んになった。1924（大正 13）年には，その数は 500 隻を数えた。このように 1910 年代〜1920 年代に漁船の動力化が進んだものの，1930 年代の時点では発展は一部地域に限られ，三陸沿岸地域全般ではまだまだ本格的な漁業発展には至っていない（岩手県漁港三十年史編集委員会編 1982：3）。

7) 第 1 次漁港整備計画は 1955（昭和 30）年に計画完了年度を迎えたが，その後も更新され，2001（平成 13）年度までの第 9 次計画まで継続した。さらに，2002 年度から 10 年間を計画期間とする漁港漁場長期整備計画に引き継がれ，現在は 2012（平成 24）年度から 2 回目の漁港漁場長期整備計画が進められている。

8) 漁港はその規模によって小さいほうから，第 1 種，第 2 種，第 3 種，特定第 3 種と区分され，さらに第 4 種がある。漁港漁場整備法第 5 条および第 19 条の 3 において，第 1 種漁港は「その利用範囲が地元の漁業を主とするもの」，第 2 種漁港は「その利用範囲が第 1 種漁港よりも広く，第 3 種漁港に属しないもの」，第 3 種漁港は「その利用範囲が全国的なもの」，特定第 3 種漁港は「第 3 種漁港のうち水産業の振興上特に重要な漁港で政令で定めるもの」，第 4 種漁港は「離島その他辺地にあって漁場の開発又は漁船の避難上特に必要なもの」と定められている。

　水産庁のウェブサイトによると，2018 年 4 月 1 日現在の全国の漁港は 2823，うち第 1 種が 2089（74.0％），第 2 種が 521（18.5％），第 3 種が 114（4.0％），第 4 種が 99（3.5％）となっている。なお漁港数の多い岩手県では総計 111，うち第 1 種 83（74.8％），第 2 種 23（20.7％），第 3 種 4（3.6％），第 4 種 1（0.9％），同じく宮城県では総計 142，うち第 1 種 115（81.0％），第 2 種 21（14.8％），第 3 種 5（3.5％），第 4 種 1（0.7％）となっている（http://www.jfa.maff.go.jp/j/gyoko_gyozyo/g_zyoho_bako/gyoko_itiran/attach/pdf/sub81-88.pdf，最終閲覧日 2019 年 5 月 25 日）。

9) 特定第 3 種漁港は全国に 13 港（八戸・気仙沼・石巻・塩釜・銚子・三崎・焼津・境・浜田・下関・博多・長崎・枕崎）あり，このうち東日本大震災の被災地域には，青森県の八戸港，宮城県の気仙沼港，石巻港，塩釜港の 4 港がある。第 3 種漁港のうち被災地域にあるのは岩手県の久慈港，宮古港，釜石港，大船渡港，宮城県の女川港・渡波港の 6 港である。なお，境港市のウェブサイトにある時事通信社調べの 2015 年の漁港取扱高（漁獲高）をみると，数量ベース（トン数）では八戸，石巻，気仙沼，女川，大船渡，宮古の 6 港，金額ベースでは気仙沼，八戸，石巻，塩釜，女川の 5 港が上位 20 位までに入っている（http://www.sakaiminato.net/site2/page/suisan/conents/toukeiinfo/220/，最終閲覧日 2019 年 5 月 25 日）。

10) 1949 年に公布され，1950 年に施行された漁業法は，それ以前のいわゆる明治漁業法（1901 年制定，1910 年改正）を全面的に改めた法律である。漁場で漁業を営む権利（漁業権）の種類と管理主体を規定している。2018 年 12 月に抜本的に改正された改正漁業法が参議院本会議で可決，成立した。

11) それでも岩手県，宮城県の漁業就業人口は全国のなかでは多い。2010（平成 22）年

の国勢調査による都道府県の漁業就業人口を見ると，最多は北海道で約3万5000人，第2位が長崎県で約1万3000人である。東北地方の被災4県については，宮城県で約8900人で第3位，岩手県で約8800人で第4位，青森県が約7400人で第6位と上位に位置しているが，福島県は約2800人と少ない。

12) 岩手県の漁協については釜沢（1959）が詳しい。岩手県には戦前，漁業組合，漁業協同組合，漁業産業組合が並立していたが，戦時体制の強化にともない，1943年に公布された水産業団体法によって，漁業組合は市町村ごとに設立された漁業会に統合された。そして戦後には，1948年に公布施行された水産業協同組合法により，漁業会は解散となり，1949年から漁業協同組合が設立された。解散時の漁業会は48であったが，年間30日以上漁業に従事する漁民20名以上で設立することが可能になったため，漁協は小組合に分立し，1949年から1950年1月にかけて県内に70の漁協が設立された。その後は1952年までに60に統合された。種市漁業会は9つ，宮古漁業会や鵜住居村漁業会は4つの漁協に分かれたが，唐丹村漁業会は分裂せずに唐丹漁協になった。唐丹漁協のように当時の1市町村1漁協になったのは70のうち18だけであった。組合員が最も多い漁協は宮古漁協で954名，最も少ないのは三崎漁協（宇部村）の35名であった。なお当時の組合員数を見ると，20～49人が2組合，50～99人が8組合，100～199人が23組合，200～299人が15組合，300～399人が10組合，400～499人が3組合，500人以上が8組合，不明が1組合であった。

13) 近代化のなかで1886年の漁業組合準則によって漁業組合が設立された。漁業組合は漁場の調整，漁場占有利用関係の規制を目的に設立されたが，1901年の旧漁業法によって漁業権の所有主体として法的に位置づけられた。その後，法改正によって経済事業（1910年）や漁業自営（1933年）が認められ，さらに1938年の漁業法および産業組合中央金庫法の改正で信用事業も営めるようになった。1949年に成立した現漁業法は，「漁業生産力を発展させ，あわせて漁業の民主化を図ることを目的」（第1条）として，新制度による漁業権を新たに免許する方法をとった。漁業権の免許権限は，すべて知事免許であるが，海区漁業調整委員会の意見聴取が必要とされている。漁協が所有・管理する漁業権は，組合員である漁業者のために組合が管理する漁業権という意味で，漁協管理漁業権とも呼ばれる。

14) 2012（平成24）年3月に水産庁漁港漁場整備部が発表した「災害に強い漁業地域づくりガイドライン」資料編資料9を参照のこと。これは2011年10月に水産庁によって実施された「東北地方太平洋沖地震・津波による漁港背後集落の被害状況調査」の結果である。

15) 1980年以降の岩手県の漁業等については東北活性化研究センター（2012）を参照した。岩手県宮古市の漁業と復興については但馬・藤井（2012），水産庁漁港漁場整備部（2012）を参照した。

16) 漁業集落の復興事例については植田（2016）などの研究もある。

17) 釜石市の概況については，『撓まず 屈せず 復旧・復興の歩み』を参照した。被災前の釜石市には地域自治組織（町内会等）が128あった。また，釜石市では2008年度に7つの地域会議という住民による地域づくり団体を設立し，地域コミュニティの発展と地域課題の解決に向けた取り組みをしている。地域会議は町内会－地区－ブロック－地域という階層で構成され，市役所から交付金が配分され，自主的な取り組み

を行ってきた．

18) 現地調査は日本学術振興会科学研究費（B）課題番号 25285155「震災復興における新しいステークホルダーの合意形成とコミュニティの再生に関する研究」（研究代表者：吉野英岐）および岩手県立大学地域政策研究センター・平成 26 年度後期地域協働研究（教員提案型）「震災後の釜石市における町内会の変容と課題」（研究代表者：吉野英岐）の研究費を活用して実施した．

19) 2014 年 1 月 18 日に花露辺災害公営住宅で吉野英岐・坂口奈央が行った聞き取り調査，および 2017 年 12 月 6 日に釜石市体育協会事務所で吉野英岐が行った聞き取り調査に基づいている．唐丹町の中心地は本郷集落であったが，1896（明治 29）年の津波で本郷集落が全滅し，公的機関が隣接する小白浜集落に移動し，小白浜集落が唐丹町の中心となった．唐丹湾北側中央部に位置する花露辺集落は本郷集落からさらに半島の先端に進んだ位置にあり，以前は漁業に全面的に依存している典型的な漁村であった．花露辺漁港および本郷漁港は，それぞれ独立した第 1 種漁港であったが，第 7 次計画のもと 1981 年度に合併して漁港整備を進め，第 2 種漁港の唐丹漁港となった（岩手県庁ウェブサイトおよび「岩手の漁港」編集委員会編〔1985〕，他の調査対象地に関する情報も同様．https://www.pref.iwate.jp/sangyoukoyou/suisan/kibanseibi/gaiyou/1008541.html，最終閲覧日 2019 年 5 月 25 日）．

20) 2014 年 6 月 27 日および 2017 年 12 月 7 日に対象者の自宅で吉野英岐が行った聞き取り調査に基づいている．大石集落は唐丹湾の南側中央部に位置し，背後には平地がないため急傾斜地を利用した典型的な漁港漁村である．明治年代には沖合でカツオや赤魚のサガ等を獲る漁船漁業が発展し，かつお節製造も行っていた．1911（明治 44）年の統計ではカツオ船 7 隻が属していたと記録されている．現在はワカメ，コンブ，ホタテ等の海面養殖業が中心で，加えてサケ，マス等のはえ縄漁が営まれている．

21) 2014 年 1 月 17 日に特別養護老人ホーム・アミーガはまゆり応接室にて吉野英岐・坂口奈央が行った聞き取り調査，および 2017 年 12 月 7 日に鵜住居生活応援センターで吉野英岐が行った聞き取り調査に基づいている．根浜集落は大槌湾の箱崎半島付け根に位置し，定置網漁業と海面養殖業が盛んな地域である．根浜漁港は隣接する箱崎漁港とともに第 2 種漁港の箱崎漁港として整備がすすめられてきた．集落前にひろがる根浜海岸は松林と白浜が続く県内有数の海水浴場として知られていた．また 1987（昭和 62）年から NTT 地域活性化プロジェクト事業を導入し，ヨットハーバーや交流施設などの海洋レジャー施設の整備も進められてきた．しかし，東日本大震災の津波によって多くの松は流され，砂浜は地盤沈下等で姿を消し，レジャー施設も破壊されてしまった．

22) 2014 年 6 月 27 日に対象者の自宅，および 2017 年 12 月 6 日には箱崎白浜地区集会所で吉野英岐が行った聞き取り調査に基づいている．箱崎白浜集落は大槌湾の箱崎半島突端に位置し，漁港背後は土地利用性に乏しい傾斜地となっている．そのためかつては定置網漁業や一本釣漁業などの漁業の拠点港として発展し，漁業が生活基盤の中心となっていた．現在はワカメ・ホタテの養殖業が主力となっている．漁港の名称は白浜（鵜住居）漁港で第 2 種漁港である．

23) サブシステンスあるいはサブシステンス・エコノミーは人類学，民俗学，ジェンダー論，ボランティア論などさまざまな分野で論じられているが，ここでは民俗学の分

野で展開されているサブシステンス概念を想定している。民俗学ではサブシステンスを生業としてとらえ，琉球列島を対象にマイナー・サブシステンス・アクティビティ（副次的な生業活動）の意義とあり方に注目する業績が蓄積されている（川田 2018；松井 1998；菅 2006；中野 2010）。ここで詳述する余裕はないが，岩手県沿岸地域の復興を考えていく際には，この地域に広く見られるアワビ漁やウニ漁に特徴的な漁撈技術や規則の意義とその集落的な基盤の再生を丹念にみていく必要がある。その際に，民俗学におけるサブシステンスに関する研究は今後注目していくべき業績である。

参考文献

濱田武士，2013，『漁業と震災』みすず書房。
濱田武士，2014，『日本漁業の真実』筑摩書房。
濱田武士，2018，「漁業者集団の共同性——アワビ漁を事例に」『地域社会学年報』30。
橋本裕之，2015，『震災と芸能——地域再生の原動力』追手門学院大学出版会。
石井正己編，2012，『震災と語り』三弥井書店。
岩手県編，1934，『岩手県昭和震災誌』岩手県知事官房。
岩手県編，1984，『岩手県漁業史』。
岩手県漁港三十年史編集委員会編，1982，『岩手県漁港三十年史』岩手県林業水産部漁港課。
「岩手の漁港」編集委員会編，1985，『岩手の漁港』岩手県漁港協会。
釜石市，各年版，『撓まず 屈せず 復旧・復興の歩み』。
釜沢勲，1959，『岩手漁協八十年の歩み』いさな書房。
加瀬和俊，2013，『漁業「特区」の何が問題か——漁業権「開放」は沿岸漁業をどう変えるか』漁協経営センター出版部。
河相一成，2011，『海が壊れる「水産特区」』光陽出版社。
河村哲二・岡本哲志・吉野馨子，2013，『「3.11」からの再生——三陸の港町・漁村の価値と可能性』御茶の水書房。
川田美紀，2018，「マイナー・サブシステンスの特性と社会的意味」『大阪産業大学人間環境論集』17。
小泉秀樹，2015，「復興とコミュニティ論再考——連携協働復興のコミュニティ・デザインにむけて」似田貝香門・吉原直樹編『震災と市民1 連帯経済とコミュニティ再生』東京大学出版会。
楠本雅弘，2011，「漁協を核とした『漁業版集落営農』による東北漁業の再建構想」農山漁村文化協会編『復興の大義——被災者の尊厳を踏みにじる新自由主義的復興論批判』農山漁村文化協会。
松井克浩，2011，『震災・復興の社会学——2つの「中越」から「東日本」へ』リベルタ出版。
松井健，1998，「マイナー・サブシステンスの世界——民俗世界における労働・自然・身体」篠原徹編『現代民俗学の視点1 民族の技術』朝倉書店。
内務大臣官房都市計画課，1934，『三陸津浪に因る被害町村の復興計画報告』。
中野泰，2010，「民俗学における『漁業民俗』の研究動向とその課題」『神奈川大学国際常民研究機構年報』1。

西田耕三編，1978，『南三陸災害史──津波・火災と消防の記録』気仙沼双書第6集，NSK地方出版社。
三陸大震災史刊行会編，1933，『三陸大震災史』友文堂書房。
菅豊，2006，『川は誰のものか──人と環境の民俗学』吉川弘文館。
水産庁編，2012，『水産白書〔平成23年版〕』農林統計協会。
水産庁漁港漁場整備部，2012，「災害に強い漁業地域づくりガイドライン」。
但馬英知・藤井陽介，2012，「震災復興の観点からみた水産都市と周辺漁業集落における史的形成構造と地域政策のあり方」（平成24年度国土政策関係研究支援事業研究成果報告書）。
東北活性化研究センター，2012，『東日本大震災津波被害からの漁村・漁業の復興における共働の可能性調査──岩手県を例に　報告書』。
富田宏，2011，「千年の価値を見据えた漁業・漁村の復興とは」農山漁村文化協会編『復興の大義──被災者の尊厳を踏みにじる新自由主義的復興論批判』農山漁村文化協会。
植田今日子，2016，『存続の岐路に立つむら──ダム・災害・限界集落の先に』昭和堂。
浦野正樹・大矢根淳・吉川忠寛編，2007，『復興コミュニティ論入門』弘文堂。
山口弥一郎，1943，『津浪と村』恒春閣書房（石井正己・川島秀一編，2011，『津浪と村』三弥井書店として復刊）
山口弥一郎，1972-1980，『山口弥一郎選集』全12巻，世界文庫。
山下文男，2008，『津波と防災──三陸津波始末』古今書院。
吉野英岐，2009a，「農山村地域は縮小社会を克服できるか──中山間地域における政策と主体の形成をめぐって」『地域社会学会年報』21。
吉野英岐，2009b，「集落の再生をめぐる論点と課題」日本村落研究学会監修・秋津元輝編『村落社会研究45　集落再生──農山村・離島の実情と対策』農山漁村文化協会。
吉野英岐，2012a，「東日本大震災後の農山漁村コミュニティの変容と再生」『コミュニティ政策』10。
吉野英岐，2012b，「沿岸被災地の生活を維持するために必要なこと」『農業と経済』4月別冊，78(4)。

第**3**部

原発被災・津波被災後の地域コミュニティ

第**8**章

女川町の復興と原発
原発と地域社会

黒田由彦・辻岳史

　宮城県女川町は原発立地地域でありながら，東日本大震災にともなう大津波により甚大な人的・物的被害を受けた地域である。東日本大震災は原発立地地域で行われる大規模な復興という，日本では前例のない事例を生み出した。同町は現在，土地区画整理事業や防災集団移転促進事業，災害公営住宅建設事業を中心とした大規模な復興事業を進めている。

　本章では，同町の地域振興の長期的時間軸のなかに原発を位置づけたうえで，地域社会における原発をとりまく諸主体の関係と論理を抽出し，原発立地地域の復興に原発がどのような位置を占めているのかを明らかにする。議論の過程で注目するのは，以下の2点である。第1に女川原発が町にもたらした経済的・財政的影響，第2に女川町における復興の当事者・利害関係者が女川原発をどうとらえているかという点，以上である。

　本章の構成は以下の通りである。第1節では，女川町の地域史の分析を通じて，東日本大震災の発災までの女川町の地域形成と原発との関係を分析する。東北電力女川原子力発電は1984年に1号機，1995年に2号機，2002年に3号機が営業運転を開始している。女川町が原発を誘致するに至る経緯と，原発誘致・建設決定後に町内で展開された原発反対運動，女川原発建設後の地域経

済・財政の変化を明らかにする。第2節では，大津波の被害を受け，女川町でどのような復興の体制が構築されていったのかを確認する。第3節では，被災後の女川町における原発稼働停止にともなう地域経済への影響，経済産業・政治・財政・地域リーダー層の原発再稼働への意向を整理する。第4節では，女川原発UPZ30 km圏の広域防災体制の構築と脱原発運動を検討し，女川原発に関する女川町外を含めた社会的制御の動向を確認する。最後に第5節で女川町にとって，また女川町の復興にとって，原発がどのような位置を占めているのかを結論的に述べたい。

1 女川の地域産業と原発

地域産業と原発誘致

　女川町は宮城県牡鹿郡に位置し，海岸線が複雑に入り組んだ地形が特徴的な地域である。この地形のため，女川町には中心部と離半島部という2つの異なる環境が併存している。

　同町中心部は1920年代の女川港修築工事を皮切りに港湾と魚市場が整備され，水産加工場，公共施設，鉄道駅，商店などが集積，水産加工業・商工業・観光業といった産業が発展した。一方，離半島部には前近代より海岸線に沿って集落が形成されており，集落ごとに整備された漁港を基地として沿岸・養殖漁業が行われてきた。なお，女川原発は町内東南端半島部の小屋取地区と隣接する石巻市前網地区にまたがって立地しており，女川町中心部からは峠道を経て自動車で30分程度の距離にある（図8-1）。

　原発建設前の女川町は，宮城県内では塩釜港・石巻港・気仙沼港と同格の第三種漁港の女川港を擁する水産都市であった。第二次世界大戦後，1940年代から女川原発の営業が始まる1980年代まで，同町の水産業には3つの柱があった。遠洋・沖合かつお漁，さんま漁，捕鯨である。

　かつお漁は1950年の実績で県内第4位の水揚高を誇り（宮城県水産部 1951：27），1956年の実績では女川港の年間水揚金額の44%を占めていた（女川町役場統計係 1957：44）。水産加工業も当時はかつお節が主力産品であり，町内には1950年の時点で130の工場があった（宮城県水産部 1951：119）。さんま漁は，宮城県内各港で盛んであった。女川も例外ではなく，年間水揚量で第1位の魚種であった（女川町役場統計係 1957：44）[1]。捕鯨は，1950年の日本水産女川捕

図 8-1 女川町の中心部と離半島部集落（地区）の位置関係および，女川原発の位置

（出所）「復興まちづくり情報交流 WEB」（http://www.onagawa-info.com/revive/index.html，2015 年 5 月 10 日取得）記載の図を参照し筆者作成。女川原発の位置を△で示した。

図 8-2 女川町の人口・世帯数の推移／女川町の産業別就業人口の推移

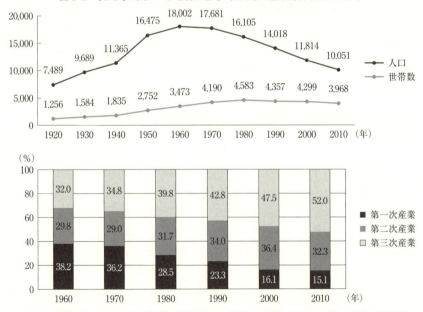

（出所）国勢調査，女川町企画課『女川町統計書』（平成 26 年度・平成 10 年度・平成 3 年度版）。

214 第 3 部 原発被災・津波被災後の地域コミュニティ

鯨事業場の操業以降に隆盛した。1951年から1958年の8年間で新造捕鯨船18隻を数え（女川町 1991：201），捕鯨基地として女川は名を知られていた。

戦後，女川町における水産業の課題は，生産地市場としての流通体制の整備であり，とりわけ漁港の整備と魚市場の拡張は最重点課題であった。当時，宮城県では大消費地の仙台市に近い塩釜港が高魚価を享受していた（宮城県調査課 1960：62-65）。大消費地から遠い女川港が流通体制を整備することは，他港との競合を制しうる魚価を形成し，漁業者の経営を安定させるために必要な産業政策であった。女川町は1950年に町営魚市場の開設権許可を得たのち，複数次にわたり漁港整備事業を実施，1952年・1956年には漁港修築工事，1957年には魚市場の上屋・関連施設建設事業を実施した[2]（宮城県 1975：24-25）。

女川町の積極的な水産業への設備投資は，戦後産業の礎を築くための戦略であったが，設備投資の効果はすぐには現れず，財政的にひっ迫していく[3]。女川町は1950年代を通じて慢性的な財政赤字に苦しみ，1956年には財政再建団体となる（三陸河北新報社 2002：50-53）。このことから，女川町政関係者は，安定した財源確保・地域振興を実現する起死回生の手段として東北電力女川原発誘致を推進していくことになった[4]。

原発反対運動

1967年に宮城県は女川町塚浜・小屋取地区を原発建設の適地と発表し，他方で女川町議会が女川原発の建設誘致の決議を行った。しかし，女川町内で原発建設の動きを知る町民は限られていた。原発建設の主要な手続きである用地買収は，塚浜・小屋取地区の住民を相手に水面下で行われ，漁業権補償の当事者である女川町漁業協同組合（以下，「女川町漁協」）の組合員をはじめとする町内漁業者の多くにも知らされないまま行われた（渡部 1999：44）[5]。

女川町漁協は，女川南・北部・尾浦・女川・万石浦・桐ケ崎の6単協の合併により1961年に発足した（女川町 1991：230-31）[6]。当時，同漁協は11支部により構成されており，原発立地地区であり用地買収が行われた塚浜・小屋取地区の漁業者は旧女川南漁協管内の塚浜支部に所属していた（渡部 1999：44）。女川町漁協は1967年の女川町議会の原発誘致決議ののち，1969年6月14日の通常総会にて緊急動議により原発反対決議を行う（渡部 1999：231）。しかしこの時点ですでに，東北電力と地権者による用地買収の調印はなされていたのである（注5参照）。町長に出し抜かれた形となった女川町漁協は以降，原発反

図8-3　原発反対運動の様子を報じる地元紙の記事

（出所）『石巻新聞』1973年10月15日。

対運動を推進していく。原発建設後，元町長は以下のように女川原発の誘致・建設過程を振り返っている。

　　こんなに大切な話は事前に町民，とくに女川は全国有数の漁業の町なんですから，漁協と時間をかけて相談すべきだった。そうすれば，情勢はかなり変わっていたでしょう。（元女川町長・須田善二郎氏の発言〔渡部 1999：206〕）

　原発誘致時の町長・木村主税氏は町中心部の女川浜に生まれ，石巻市・仙台市で教育を受け，町職員となった（女川町 1991：92-93）。鈴木庄吉氏は原発誘致決議時の女川町漁協の指導者であり，遠洋かつお・まぐろ漁船の船主であった。両者は政治的に対立関係にあった（渡部 1999：78）。上述したように，中心部の町政指導者が漁協・漁業者との合意形成を十分になさぬまま原発誘致・建設を進めたことが，漁業者の反発を誘発し，結果として町議会の原発誘致決議から1号機着工まで11年という月日が費やされることになったのである[7]。

　しかし漁業者は原発反対闘争の11年間，政治的に一枚岩というわけではなかった。逆に，原発建設容認派による漁業権補償をめぐる条件闘争と，原発建設反対派による建設差し止め闘争に分化していく。その背景としては，用地買収が先行して進められた結果，土地を盾にした反対闘争が難しかったこと，

1967年の町長選挙で原発推進派の木村主税氏に女川町漁協が擁立した対立候補である鈴木庄吉氏が敗れたのち（表8-1），鈴木氏が原発建設容認に転じていったことが指摘されている（渡部 1999：79）。

　1960年代後半から1970年代にかけて，原発建設容認派は漁協内部に「組合組織の正常化に協力する会」を設置し，原発反対派の漁業者・革新勢力を牽制しつつ，東北電力と漁業権補償交渉を進めた（渡部 1999：80-83）。他方で原発建設反対派は「女川原子力発電所設置反対三町期成同盟会」を結成し，隣町の雄勝町・牡鹿町の漁業者・旧総評系の労働組合・学生団体などの町外勢力と連携し[8]，原発建設計画廃止運動を展開した（渡会 1996：153-157）。

　1980年代に入ると，原発建設反対派は「女川原発反対同盟」（代表・阿部宗悦氏）を結成し（1981年），全国で初となる原発建設差し止め訴訟に踏みきった。しかし，1984年の女川原発1号機営業運転開始以降，旧総評系の労働組合が反対運動への組織的な支援活動を終了したことから，女川町の反原発運動は動員力を低下させていった（長谷川 2003：194）。これを契機に，原発をめぐる闘争は司法の場に移っていったが，「女川原発反対同盟」の提訴・上告は，1994年の第一審仙台地裁判決，1999年の第二審仙台高裁判決，2000年の最高裁判決において，すべて棄却された（スペース21編 2012：30）。

　このように，中心部と離半島部の政治勢力の対立関係と女川町漁協をはじめとする町内漁業者の分裂は，女川原発の導入経緯と反対運動に大きな影を落としていたが，原発誘致決定後の町政は，原発推進勢力が原発反対勢力を圧倒するようになる過程であった。

　町長選では，1号機が運転を開始した1980年代前半，中心部の水産加工業者・商工業者が支持する候補者（原発推進）と離半島部の漁業者および革新勢力が支持する候補者（原発反対）が出馬するが，前者が選挙戦を制し続け，後者は落選し続けた。1980年代後半以降は，原発反対を掲げる候補者が町長選に擁立される動きがみられなくなっていく（表8-1）。離半島部の漁業従事者の減少傾向[9]と反対運動の鎮静化を背景に，原発反対を掲げる漁業者と革新勢力は，町政における政治的影響力を漸進的に失っていったとみられる。

　女川町議会の情勢はどうだったのだろうか。女川町議会では1950年代後半から1960年代にかけて，基幹産業である沿岸漁業・遠洋漁業の船主・経営者が町議を務めることが多かった[10]。当時の町議は，水産業で財を成した者や，地域の名望家が務める名誉職の性格を示していた。ただし反原発運動が台頭し

表8-1　女川町議会における原発誘致決議（1967年）から現在（2014年）にかけて行われた女川町長選挙

年	原発推進派	反原発派	原発推進派（保守系対立候補）	投票率	選挙の背景・状況
1967	5190票（木村主税氏）	4195票（鈴木庄吉氏）	—	87.55%	鈴木庄吉氏は女川町漁業協同組合組合長。ほか無所属新人の鈴木行氏が出馬、落選（57票）。
1971	5246票（木村主税氏）	3926票（鈴木徹郎氏）	—	80.40%	鈴木徹郎氏は会社社長、革新系の「原発反対・明るい女川町をつくる会」を選挙母体とした。
1975	5330票（木村主税氏）	3255票（鈴木徹郎氏）	—	×	ほか、共産党新人の佐々木透氏が出馬、落選（470票）。
1979	5266票（木村主税氏）	3756票（阿部宗悦氏）	—	×	阿部宗悦氏は「女川原発反対同盟」代表、1981年からの女川原発建設差し止め訴訟を主導。1971年4月～2007年4月の29年間（通算8期）、女川町議会議員を務めた。
1983 (2/6)	3544票（木村主税氏）	1621票（阿部宗悦氏）	2917票（木村公雄氏）1670票（丹野勇一氏）	87.05%	木村主税氏の10選をかけた選挙戦。原発誘致、1号機工事着工後初の保守系が分裂した。木村主税氏と丹野勇一氏は親戚関係にあり、木村公雄氏は祖父が戦前に町長を務めるなど、候補者間には複雑な地縁・血縁関係がみられた（『石巻新聞』1983年1月28日）。
1983 (6/12)	3507票（須田善二郎氏）	310票（阿部康則氏）	2920票（山本八雄氏）2843票（木村公雄氏）	86.51%	10選を果たした木村主税氏が1983年5月5日に死去、氏の後継者をめぐる選挙戦となった。阿部康則氏は阿部宗悦氏の義理の息子、「女川原発反対同盟」事務局長。山本八雄氏は水産加工会社「山本商店」社長で、女川魚市場買受人組合副組長等を歴任。水産加工業者を支持基盤とした。1967年に初当選後、5期にわたり町議を務め、本選挙の立候補時には町議会議長に就任し2期目にさしかかっていた（『石巻新聞』1983年6月7日）。木村公雄氏は女川町漁協ほか15団体の推薦と10名以上の町議の支援を受けて出馬（『石巻新聞』1983年6月7日）。ほか無所属新人の鈴木行氏が出馬、落選（35票）。保守陣営が候補者の一本化に失敗し、大乱戦となった。保守系の候補者は「原発から入る多額の交付金で水産業を振興させ、町立病院を建設する」との公約でほぼ一致。女川原発建設差し止め訴訟原告団事務局長の阿部氏だけは、原発推進の他候補と鋭く対立した（『日本経済新聞』朝刊1983年6月6日）。
1987	無投票（須田善二郎氏）	—	—	—	
1991	無投票（須田善二郎氏）	—	—	—	
1995	5107票（須田善二郎氏）	—	3236票（木村公雄氏）	83.32%	町立病院の建設等、両候補者の公約に大きな違いは見られなかった。
1999	無投票（須田善二郎氏）→安住宣孝氏	—	—	—	無投票で5選を果たした須田善二郎氏が急逝、同氏後援会の要請を受け、自由民主党宮城県議会議員（牡鹿選挙区）の安住宣孝氏が出馬、無投票当選。安住氏は宮城県漁連女川支所長を歴任した水産の専門家。
2003	4127票（安住宣孝氏）	—	3483票（木村公雄氏）	81.76%	安住氏は特別養護老人ホーム建設、災害時避難道路等を公約に掲げた。一方、木村氏は町内商工業者育成や漁船誘致策の見直しを掲げた。
2007	無投票（安住宣孝氏）	—	—	—	
2011	無投票（須田善明氏）	—	—	—	※注29を参照

（出所）『石巻かほく』（1983年1月26～28日、1983年6月8日、1983年6月14日、1987年6月14日）、『石巻新聞』（1971年1月29日）、『河北新報』（1995年6月5日、1999年9月15日、2003年9月8日、2007年9月5日、2011年11月5日）を参照し筆者作成（1975年・1979年町長選挙の投票率は、資料欠損のため不明）。

表8-2 女川原発の建設・増設に関する経緯（東日本大震災の発災まで）

年	月日	事項
1967（昭和42）年	4.17	宮城県「原発建設は女川が適地」と発表
	9.30	女川町議会原発誘致決議
1969（昭和44）年	1.16	女川原子力発電所設置反対三町期成同盟会が発足
1970（昭和45）年	12.10	女川原発1号機原子炉設置許可
1978（昭和53）年	10.18	東北電力，宮城県・女川町と安全協定締結
	10.18	東北電力，女川町漁協と漁業補償協定締結
1979（昭和54）年	3.31	東北電力，出島・江島の各漁協と漁業補償協定締結
1981（昭和56）年	12.26	女川原発建設差し止め訴訟団（原告14名），女川原発建設差し止めを求め仙台地裁に提訴
1984（昭和59）年	6.1	女川原発1号機営業運転開始
1995（平成7）年	7.28	女川原発2号機営業運転開始
2002（平成14）年	1.30	女川原発3号機営業運転開始
2010（平成22）年	1.8	女川原発3号機のプルサーマル計画を国が許可

（出所）　女川町「原子力年表（http://www.town.onagawa.miyagi.jp/05_04_04_04.html，2014年11月13日取得）」を筆者が編集・一部追記。

た1970年代以降，こうした旧来型の町議に加えて，革新政党の支持を受けた町議が常時2名以上，町議会の議席を占めるようになった。

女川町議会は1967年の原発誘致決議の時点で26名の議員定数があったが，1983年に24名，1987年に20名，1999年に18名，2005年に16名，2009年に14名と，徐々に議員定数の削減が進められた（女川町 1991：98，『河北新報』2005年11月12日付・2009年9月29日付）[11]。定数が削減されるにつれて，議会における革新系議員の割合は高くなった。革新系議員は，原発建設後の女川町において原発に不安を抱く住民の支持を集めつつ，原発の安全性確保のための監視強化や制度の拡充を町政や宮城県，東北電力に訴える役割を果たしていた。

原発と基幹産業の転換

1970年代後半以降，国際的に展開された200海里経済水域の設定による遠洋漁場制限，反捕鯨の機運の高まりにより，女川町の水産業の主力であった遠洋かつお漁・捕鯨では企業の撤退が相次ぎ，産業として衰退していく[12]。遠洋かつお漁と捕鯨の危機は，明治後期から昭和初期にかけて宮城県の補助・指導

により加工技術の伝習がなされてきたかつお節製造（女川町 1960：328-31），さらに大手企業の下請けによる缶詰製造（女川町 1960：373-90）を中心としていた町内の水産加工業者に，業態の転換を迫ることになった。

　この水産業の危機に直面し，女川町は原発関連財源を用いて水産加工業の復活を支援していく。当時の女川町行政・水産業関係者がとった戦略は，町内水産加工業者による共同製氷施設整備と町外漁船誘致であった。1970年代後半以降，全国的な巻き網漁の隆盛に対応するべく，女川町内の水産加工業者は1978年に中小企業等協同組合法に基づき「女川魚市場買受人協同組合」（以降，「買受人組合」）を設立し，共同製氷事業に着手した[13]。中心部の女川港の後背地に工場を構え，女川港に水揚げされる海産物を原料としていた女川町内の水産加工業者にとって，巻き網漁船から女川港に水揚げされるさんま・いわし・さばといった多獲性大衆魚の鮮度を保つため，大量の氷を低コストで調達することが課題となっていたからである。

　買受人組合が主導する共同製氷施設整備は1980年の水産物産地流通加工センター事業を機に進められた。同センターは建設総額2億8000万円のうち国・県から1億2865万9000円の補助金，女川町から2800万円の交付金を受け整備された。事業整備後，買受人組合は借入金償還に関する請願書を町議会に提出し，女川町より1億2000万円が交付された（女川魚市場買受人協同組合 1998：38）。結果的に，買受人組合は共同製氷施設の整備費の大半を，町財源を中心とする公金で補填することができた。なお共同製氷施設は施設稼働のうえで電力料金の占める割合が大きいため，買受人組合は東北電力および女川町に電力料金の引き下げの請願・陳情を行った。東北電力はこうした買受人組合の請願・陳情を受け，段階的に電気料金を引き下げた（女川町 1991：248）。

　町外漁船誘致に関しては，1970年代後半に女川町の漁業者が養殖漁業に経営の重点を移していたことから，町として北海道や福島県など町外の船団に働きかける必要があったことに端を発する。漁船誘致は東北電力の原発建設協力金の一部（6億円）で設置された女川町産業関連振興特別基金（1979年）が財源となった（女川町 1991：67-68）。

　このように，女川原発建設後の水産加工業の振興のなかで，少なくない原発関連財源が適用されていた。またそれだけではなく，直接的・間接的に東北電力から町内水産加工業への経済的な支援が行われていた。買受人組合は東日本大震災の直前までに，潤沢な内部留保を抱え，確固たる財政基盤を築いていた。

また，買受人組合は，組合員の福利厚生の実現だけではなく，町内イベント（さんま収穫祭）への出資など社会貢献事業に精力的に取り組むようになっていった。こうして買受人組合は，名実ともに町内最有力の産業団体として台頭していく。

> この組合はあれですよ。まずもっとも財政，財務内容がいいという。それで町からも，どこからも全幅の信頼を得てるという。業界，町にとっても。町の民間団体のコアですよ。(2014年9月18日・買受人組合へのインタビューより)

買受人組合の設立による漁船誘致・共同製氷施設整備事業の成功の背景には，水産加工業経営体の二極化があった。1973年時点では，町内の水産加工業経営体は従業員10名以下の小規模経営体が86.4％を占めていた（宮城県 1975：134）。しかしながら，1970年代半ば以降，さんまの加工技術の確立と商品化に成功した加工業者を中心に，年商1億円を超えるほど規模を拡大した経営体が台頭するようになった[14]。他方で，かつお節製造や缶詰製造などの伝統的な業態を保っていた経営体は事業規模を拡大することなく，倒産・廃業した経営体もみられた[15]。買受人組合の事業を通じて，女川町における1970年代以降の水産業を牽引していったのは，前者の規模を拡大した水産加工業者たちであった。

原発が地域社会にもたらした利益

女川原発1号機の営業運転開始（1984年）前後より，女川町は原子力発電所建設にともなう固定資産税により歳入が急増し，財政規模が拡大した。そして，東北電力の設備投資や国からの原発交付金を用いて，女川町内の町民公共サービスが急速に整備された。

最初に，原発建設がもたらした女川町財政への影響を見てみよう。女川町が財政再建団体に指定された1956年度の一般会計における決算期の歳入総額は9898万9767円であった（女川町役場統計係 1957：26）。以降，人口増の影響もあり（図8-2），1979年度の歳入総額は約30億円まで増加した（藤田 1996：50）。

女川町における財政的な転機は，原発1号機が着工した直後の1980年度に訪れた。1980年度一般会計の決算期歳入総額は48億4842万5000円に達した（女川町役場企画課 1991：174）。この背景には，1980年度に国が電源立地対策として整備した「電源三法」による交付金（以下，「電源三法交付金」）がはじめて

表8-3 電源立地等推進対策交付金によって整備された女川町内施設（単位：千円）

施設名	実施年度	事業費	交付金額
生涯教育センター	1980～1982	1,041,847	852,447
水産観光センター	1992～1993	1,831,900	1,390,000
町立病院	1995～1996	3,550,772	1,546,804
地域福祉センター/老人保健施設	1997～1998	1,747,900	770,000
町民第二多目的運動場	1997～1998	1,045,650	526,250
一般廃棄物最終処分場	1999～2001	1,012,800	600,000
町道横浦大石原浜線	2004～2006	1,627,500	1,109,000

（注） 女川町立病院は2011年10月より、介護施設と一体化した「女川町地域医療センター」に名称を変更。
（出所） 女川町企画課原子力対策係提供資料。同資料に掲載の電源立地等推進対策交付金を活用して整備された女川町の公共施設のうち、事業費が10億円を超えるものを抜粋。

交付されたことが指摘できる[16]。

次の転機は1985年度に訪れた。1984年に原発1号機が営業運転を開始すると、翌1985年度には1号機の固定資産税が納入され、決算期の歳入総額は54億4027万円となった。固定資産税は地方税に含まれ、自主財源とみなされることから、1985年度の女川町の財政力指数は1.47となり、前年度の0.58から大きく改善した（女川町役場企画課 1991：175）。1985年度以降、1989年度の2号機着工、1996年度の3号機着工など、原発に関して設備投資がなされた際にも固定資産税が大幅に増額し、1980年度以来に制度の拡充が進められた電源三法交付金の存在もあいまって、震災直前の2010年度の一般会計における決算期の歳入総額は61億5420万円（うち固定資産税は36億895万9000円）にまで達した（女川町役場企画課 2014：102-06）。

町内公共施設に関しては、原発交付金のなかで「電源立地促進対策交付金」が主に費やされ、事業費10億円を超える大規模な公共施設が次々に整備されていった（表8-3）。なかでも1996年に完成した女川町立病院は同規模の隣接自治体に類をみない規模と設備を抱える、石巻圏有数の総合病院であった（『石巻かほく』2011年8月3日）。同病院は離島への出張診療など僻地医療に注力していたこともあり、同病院の完成後、女川町の各地に住む町民が広く高水準の医療福祉サービス[17]を享受することができるようになった。

原発は町財政を改善させ、公共サービスの水準を向上させただけではなかっ

た。東北電力は女川原発1号機の建設に備えて，8億2000万円を投資して上水道を整備した。東北電力は女川町と共同で水利権を獲得したうえで，町に隣接する河北町の北上川水源地より導水し，上水道を運用した（『女川町議会だより』第2号〔1980年8月15日発行〕）。女川町はその地形から慢性的な水不足に悩まされており，水産業の集積にともなって水利状況が悪化していた。東北電力により上水道が整備されると，町に日量6000トンの給水が行われることになり（渡部 1999：207-08），女川町民は低廉な料金で水道を利用できるようになった。こうした東北電力による公式・非公式な女川町への投資・寄付は，原発建設前後に複数回にわたって行われていた。

1980年代以降に原発関連財源で整備された公共施設の多くは，町民生活に直結するものであった。原発関連財源により女川町の社会資本は整備され，町民公共サービスの水準は向上した。女川原発による受益は，町民生活に広くいきわたるようになったのである。

2 東日本大震災による被災と復興

津波による被害

女川町は東日本大震災の津波によって死者574名（2015年3月1日時点），死亡認定者[18]253名という甚大な人的被害を受けた（あわせて827名）。住家被害に関しては住宅総数4411棟のうち被害住宅総数は3934棟（89.2％）であり，うち全壊は2924棟（66.3％）であった[19]。

女川原発も地震と津波の被害を受けた。原発敷地内に高さ13mの津波が押し寄せ，外部電源の5系統のうち3系統が遮断された。そのため核燃料は，残った2系統の外部電源のうち地震・津波発生時に点検中であった1系統を除いた，残り1系統で冷却することになった。2011年3月11日を機に，発災時に定期点検中であった2号機を含め，女川原発の原子炉3基すべてが冷温停止状態となった。

産業の被害については，とくに水産関連産業において顕著であった。水産関連産業の被害総額は約370億円を計上し，町の被害総額の50％弱を占めた。年商20億円を超える水産加工業者4社のうち3社，年商10億円を超える5社のうち3社は，津波により工場が壊滅した。年商20億円以上の1社，10億円以上の1社は内陸部（浦宿地区）に工場等が立地していたため，津波被害は比

較的軽微であった（廣田 2013：101-02）。これらの津波被害が比較的軽微であった水産加工業者は，女川町の応急期の復興体制の整備を主導した。

いち早い復興への動き——買受人組合による製氷施設の整備

　被災後の女川町では，がれき処理などの応急対応が進められるなか，いち早く復旧・復興に着手したのは中心部の水産加工業者たち，とりわけ買受人組合の幹部であった。彼らは女川魚市場の早期仮復旧（2011年7月1日）を見越して，何よりもまず，漁船・加工業者・魚市場・消費地市場の接着剤となる「氷」を求めた。

　買受人組合による製氷施設整備の動きは2011年6月頃から水面下で始まっていた。組合は津波で一部損壊がみられた既存の製氷施設を復旧し[20]，ほぼ同じ時期に買受人組合として製氷施設の整備を目的に第1次グループ補助金[21]を申請，採択を受けた。さらに組合幹部らは町役場に働きかけ，いち早く，水産加工の命である製氷・冷凍冷蔵施設を整備していった[22]。

　ここで着目されるのは，買受人組合によるグループ補助金の申請である。被災自治体におけるグループ補助金の申請には通常，地域産業団体間，業者間の調整が必要になる。省庁が管轄する補助事業の予算に上限があり，複数地域から複数回に分かれて募集・申請がなされる以上，地域としてどのような産業・業種を先に再建すべきかという産業団体間の合意形成が不可欠となる。そのため，東日本大震災の被災地域の多くは商工会などが中心となり，地域内の各事業者の被災状況と再建意向を確認したうえで，どの業者がグループに参加するかをとりまとめている。

　しかし女川町では買受人組合幹部と町役場との間のみの水面下の交渉にて，第一次グループ補助金の申請が決定された[23]。このような動きに対して，町内から異論がみられなかったという点に注意を促したい。

> 　復興連絡協議会〔後述〕の商業者の方から，水産早く頑張って復旧してくれないとと。本来では考えられないことですよ。あんたたち最初にがんばれがんばれと。それによって働ける雇用ができて，商業者が，そこでいろんな観光事業がおき，すべて関連してるんだから。やっぱり軸となる水産がしっかりしてもらわないと困るよというような，そういう声が出ました。（2014年9月18日・買受人組合幹部へのインタビューより）

　買受人組合による迅速な製氷・冷凍冷蔵施設の整備は，同組合が被災後の地

域産業の再生に向けた取り組みの中核を担う存在であると，町内の産業従事者から認知・期待されていたからこそ可能であったといえる。

女川町復興計画の策定と町中心部における土地区画整理事業

女川町は2011年5月に女川町復興計画策定委員会を設置し，同委員会での検討をもとに復興計画の策定を進めていった。委員会は計5回開催され，2011年8月10日に復興計画案のとりまとめ・最終答申が作成された。この間，2011年5月22～28日，7月20～22日に，中心部・離半島部の5会場にて，一般町民を対象とする復興計画公聴会が開催された（『おながわ復興ニュース』第4号）。

女川町の復興計画における最大の事業は，中心部における約200 haの土地区画整理である。被災市街地復興土地区画整理事業，防災集団移転促進事業，津波復興拠点整備事業，災害公営住宅建設事業といった複数の事業が，単一の地区で実施されている。この区画整理事業地区内は，住宅エリア・商業エリア・工業エリアに区分されている。住宅エリアには丘陵における切土・盛土，かさ上げにより住宅団地が造成され，自主再建希望者（町から換地・借地を受けた土地で，自ら住宅を建設する者）の住宅用地が整備されるほか，災害公営住宅が建設されている[24]。商業エリアは，被災した女川駅に代わる新女川駅の周辺に位置し，駅前にはテナント型商店街・物産センター・地域交流センター等が整備されている[25]。工業エリアは魚市場の後背地に位置し，水産加工業者の事業用地を中心とする水産加工団地が整備されている。

女川町中心部の土地区画整理事業は，東日本大震災の被災地域でも有数の大規模事業であるといえる。被災後の人口流出の抑制と産業再生にむけて，女川町役場が中心部の土地区画整理事業にかける期待と意気込みは強い。

> 女川町は早く復興をしたい。もう手続きをなるべくコンパクトにして，とにかく早く事業を進めたいということで，この200 haの事業認可を押し通しまして，今回〔国の〕認可を受けました。前代未聞の200 haっていうことで，ここが一番大勝負。(2013年3月8日・女川町復興推進課へのインタビューより)

「女川方式」の復興体制──女川町復興連絡協議会の設立[26]

女川町では発災直後の2011年度初頭に，買受人組合・商工会・観光協会等，

表8-4 女川町復興連絡協議会の役員構成

	最高顧問	顧問	会長	副会長	幹事	理事	監事	事務局	計
買受人組合/水産加工研究会	1	2	—	1	—	4	1	1	10
商工会	—	—	1	1	—	12	1	1	16
漁業協同組合/魚市場	—	1	—	—	1	4	—	—	6
観光協会	—	—	—	1	1	—	—	1	3
その他	—	—	—	—	—	9	—	—	9

(注) 水産加工研究会は，買受人組合の組合員のうち若手で構成される組織。業者間の協同のもと，商品開発やイベントの企画を主に行ってきた組織である。
(出所) 女川町復興連絡協議会提供資料（平成24年度第1回通常総会議案書）より筆者作成。

中心部を活動の拠点とする産業団体（表8-4）と女川町行政・町議会の連携による，「女川方式」といえる復興体制が成立した。女川町復興連絡協議会（以降，「FRK」）の設立である。

FRKは商工会長（町内水産加工会社社長[27]）を発起人・会長として，2011年4月19日に設立された。FRKは設立以降，水産や商業といった委員会ごとの協議，すべての委員会が一堂に会する全大会による協議を重ねた。その協議の結果はFRKがまとめた復興計画のグランドデザインに結実していく（女川町復興連絡協議会2011)[28]。

FRKは女川町復興計画策定委員会において，町行政と町議会に対して，グランドデザインをはじめとするさまざまな復興まちづくりや産業再生に関する提案を行った。女川町復興計画策定委員会の委員に，FRKの会長である商工会長，最高顧問である買受人組合理事長らが名を連ねていたことから，同委員会とFRKの連携・情報交換は密に行われていたと考えられる。FRKは中心部を一体的に整備する区画整理事業を実施すること，中心部を防潮堤で囲わないことなどを提案したが，これらの提案は町の復興計画の骨子に反映された。またFRKは町議会議員団との懇談会（2011年度に5回）等を重ねた。こうした点から，FRKが女川町行政・町議会にとって一目置くべき存在であり，FRKは町行政・政治への影響力をもっていたことがわかる。

以上，2011年度の復興初動期にみられた，買受人組合による製氷施設整備の動き，FRKを中心とする「女川方式」の復興体制の成立についてみてきた。ここで原発と復興という論点に関連して，以下の2点を指摘しておきたい。

第1に，原発建設後に形成された，中心部を経済的活動の拠点とする複数の

地域産業団体が，復興という非常事態に直面し，結束を強めたことである[29]。こうした地域産業団体間の結束をもとに，中心部の区画整理事業および水産加工業の再建は急速に進められることになり，女川町は「復興のトップランナー」[30]と評価されるようになった。なぜ，地域産業団体の結束という「女川方式」の復興体制が確立することになったのだろうか。それは町内の産業団体のリーダーが，原発を地域の共有財として認識していたことが背景にある。

　　原発があり予算が潤沢であったので，補助金の使い方などを通じて業界団体と行政は日頃から調整・関係は密にしていた。業界団体はやる気があり，動けば予算は行政が出してくれるというよい条件があった。(2013年3月8日・女川町復興連絡協議会へのインタビューより)

　また，女川町の復興過程では，産業団体間の連携を阻害する要因がみられなかった。女川町において震災以前に，水産業・商工業など，産業団体間の利害対立がみられなかったわけではない。町長選挙の結果をみても，原発建設後から震災の発災までに，複数回の選挙戦が行われており，これらの町長候補者はそれぞれ異なる産業団体を支持基盤としていた（表8-1）。しかしながら，原発建設後の町長選挙の候補者の公約は，いずれも原発財源を用いた産業振興と公共サービスの向上であり，候補者の間に公約の違いはみられなかった。原発関連財源が水産業だけではなく，民生・商業・観光部門にも用いられていたことは，第1節でみてきた通りである。女川町における産業団体間の政治的な対立は，原発建設を争点として，1960年代から1970年代にかけて激化した。しかし原発建設後，震災発生直前に至るまでに，こうした産業団体間の政治的対立は沈静化していたのである。

　町の最有力団体である買受人組合のリーダーは，被災後の町の復興に関する活動を行うなかで，女川の水産業は原発があってのものであり，原発もまた水産業があってのものであるという認識をもつようになったと言及している。

　　原子力関連も実は水産に密接に結びついてるなということで。水産関連という大きな円のなかにスポっと入り，一方で原子力発電所というなかにもこう入り。

　　〔中略〕水産関連，原子力関連で，両方にダブっている人たちっていうのがこんなにいるねと。結局われわれ水産っていうのは，自分たちが独立してやってたという錯覚起こしてたけども，商業者とか観光とかいろんなところと関連しているというのに早い段階で気づいたんですよ。(2014年9

月18日・買受人組合幹部へのインタビューより）

　第2に，女川町の復興計画の策定および，復興事業の運営の過程において，原発が争点になる機会がなかったことである。女川町において長年，反原発運動を牽引してきた町議の一人は，女川町の復興計画の策定・復興事業の運営の過程における住民協議の場における様子を，以下のように証言している。

　　話し合いの場で，若い男性から「原発と共存したまちづくりを」という意見が出た時，私は反対しました。誰も意見を言いませんでした。それ以降，原発の話は出ていません。（女川町議会議員の発言〔『朝日新聞』2014年9月29日〕）

　FRK の復興に関する提案だけではなく，女川町の復興計画にも，女川原発に関する記述はみられない。これに対し，反原発派の議員から原発事故発生時の安全対策を復興計画に明記するよう異議申し立てがなされたが（『河北新報』2011年9月14日），女川町における復興計画の策定過程で原発が争点となる機会は，町議会を除けば限定的であったといえる。女川町の復興を牽引していた町内産業団体や女川町行政にとって，原発の再稼働を含めて，女川原発に関連する問題は，町の復興の過程において積極的に論じるべきものではなかったのである[31]。

3　原発稼働停止の地域社会への影響

　原発立地地域が原子力発電所の再稼働を求める背景には，電源三法交付金が自治体財政（歳入）にもたらす影響，原発内での建設工事や作業員に対する物販など，原発が地域にもたらす雇用と経済的影響が指摘されている（朴 2013；高寄 2014）。女川町では，原発の稼働停止にともなって，どの程度の経済的影響が生じたのだろうか。

原発の稼働停止にともなう町財政への影響
　原発立地自治体の財政を検討する際，以下の2点に着目することが重要である。第1に固定資産税や核燃料税など，事業者として電力会社に賦課される税金，第2に原発に関連する交付金である。
　まず固定資産税について，女川町は他の原発立地自治体と比較しても歳入総額に占める原発関連の固定資産税の割合が高い自治体である。第1節で示した

通り，女川町の2010年度の歳入総額は61億5420万円であったが，そのうち固定資産税は36億895万9000円であり，58.6％を占めていた[32]。固定資産税について，課税対象となる償却資産の減価にともない，震災以前は毎年1億円から数億円減少する傾向をみせていた。しかし，原発停止後は新規制基準にともない原発設備の安全性向上が義務づけられたことも関連して，敷地のかさ上げや防潮堤工事が行われており，結果として課税対象となる償却資産が増加したため，固定資産税額の減少が抑えられている[33]。

次に核燃料税であるが，同税は原子炉に挿管された核燃料に対して電力会社に賦課されるものである。電力会社から都道府県に収められた後，原発立地自治体および周辺自治体に交付金という形で配分される。女川町については，震災前の2010年度の実績では9582万8000円の核燃料税交付金があり，この交付金は道路整備や町職員の人件費などに使用されていた。しかし，福島第一原発事故以降，女川原発が停止していることによって，新燃料が原子炉に挿管されていないことから，宮城県は核燃料税を電力会社に賦課しておらず，2011年度以降は予算として計上していない[34]。そのため，女川町に配分されていた核燃料税交付金は，震災後にまったく交付されていない。

最後に電源三法交付金について見よう。同交付金は総称であり，女川町には2010年度時点で3種類の交付金が収められていたが，そのなかで交付額が際立って多いものが「電源立地地域対策交付金」である。同交付金について，2010年度の実績では4億1943万6000円が計上されており，主に町立病院や生涯教育センターなど電源立地等推進対策交付金により整備された公共施設の運営費などに用いられていた。交付金額は震災以前まで，定期検査期間を含めた稼働率に基づき算出されていたが，原発停止後は「みなし規定」（停止中も発電量の81％とみなす）により，交付金額が震災以前より増加した（2013年度は6億700万8000円を計上）。

以上から，女川原発稼働停止後も税金や交付金の種類による違いや若干の増減はあるとはいえ，原発関連の税・交付金は，女川町財政に継続して収められていることがわかる。女川原発稼働停止が女川町財政に与える影響は，限定的であるといえる[35]。

原発の稼働停止にともなう基幹産業への影響と再稼働へのリーダー層の思惑

女川原発の稼働停止は，町内基幹産業にいかなる影響を与えているのか。こ

こでは，水産加工業と商工業の当事者・利害関係者が原発稼働停止の影響をいかにとらえているかを確認する。

(1) 水産加工業

製氷・冷凍冷蔵施設設備の運営にかかる電気料金への影響が指摘できる。東北電力は原発停止にともない電気料金引き上げを行っていることから，買受人組合の製氷・冷凍冷蔵施設の運営費に影響（年間約500万円の増加）が生じている。しかしながら，買受人組合は東北電力に対して電気料金値下げを求めるなどの姿勢は示していない。

> 長年，原発と共存し，東北電力には世話になってきた。他の地域の同業者と歩調を合わせて，「値上げ反対」とは言えない。（買受人組合幹部の発言〔『河北新報』2013年6月14日〕）

原発再稼働については，水産加工業者らはその必要性を認めている。とはいえ，震災後も経済的資源と政治的影響力を保持し続けている彼らにとって，原発が稼働しなければ事業再開が不可能であるという状況には至っていない。水産加工業者らの懸案事項は，震災以前からの課題であった事業用地と労働力の不足である。こうした原発という争点への水産加工業者の限定的な関与が，彼らの原発再稼働への消極的賛意の姿勢に表れている。以下に示した水産加工業のリーダー層による「主語のない証言」から，彼らが町政や町の復興にとって原発は不可欠なものであると考えていること，原発再稼働という争点が「女川方式」の復興体制に亀裂を生む可能性を内包していると解釈していることが読み取れる。

> 原発は必要悪と思っている市長や議員が多分大半だろう。悪いものではあるけれども，ないと困るもの。動かすのは仕方がなく，動かさなければいけないと多くの市長や議員が考えている。しかしそれを言えない。言うと選挙に落ちる。（2014年9月18日・買受人組合へのインタビューより）

(2) 商工業

原発が地域にもたらす雇用や経済効果に関しては，建設業とサービス業への影響が指摘されている（朴 2013：45）。女川町においても例外ではなく，地域の商工業者は女川原発の点検作業や，原発内で使用する建設関連資材，日用品などの需要について，組合による共同受発注を行っている。1981年に設立された女川町商工事業協同組合（以下，「商工事業組合」）である。商工事業組合は震災以前（2010年度），135名の組合員が所属し[36]，資材や食料品，運送などの

サービスを東北電力や原発作業員に提供していた。

　女川原発が生む雇用は約2000人といわれている。このうち直接，間接的に原発稼働に関わっていたのは町内雇用の2％（約200人）程度であるという[37]。商工事業組合に所属する商工業者は，女川町のなかで小規模ではあるけれども，原発による直接的な受益（中澤 2005）を受けていた人々であるといえる。

　女川町では原発立地以前から，長年にわたって地域で営業していた商工業者が多い。そのため震災以前から，商工事業組合の組合員のなかでも，原発関連の受注だけで事業収入を得ていた商工業者は一部にとどまる[38]。震災後，商工事業組合の組合員は約30名が廃業等をきっかけとして脱退し，組合員数は104業者（2014年9月30日時点）まで減少した[39]。しかしこの組合員数の減少は津波にともなう店舗の流出や経営者の死亡など，津波被害と関連する理由がほとんどであり，原発の稼働停止によって廃業した商工業者はほとんどみられない[40]。

　たしかに，女川町の商工業者にとって，女川原発の稼働停止の長期化は懸案事項の一つである。しかしながら，商工業者にとって事業再開の障壁となっている要因は津波被害に求められる。つまり，女川町の商工業者にとって，原発の再稼働だけが復興・生活再建の懸案事項であるとはいえない。とはいえ，女川町の商工業者の多くは原発再稼働の必要性を認めている。

　　原発のことは，稼働していなくても税金はとれるとか，稼働していても停止していても雇用はあまり変わらないという話もありますが，動いてほしいというのが，大方の町民の意見ではないでしょうか。町の経済や振興を考えると原発との共存は仕方ない，だからこそ福島のようにならないでほしいと。（女川町商工会参事の発言〔神谷 2013：110〕）

　　川内原発のようにね，地域からの同意を得て，最終的には再稼働ということになるんでしょう。早くそのようになってもらえればね。やはり女川の業者の復興は，原発が復興することによってね，潤いがでてくるんであって。（2014年11月14日・商工事業組合へのインタビューより）

　女川町において，原発の稼働停止にともなう経済的影響を最も受け，潜在的に原発再稼働を求める政治的勢力として台頭しうるのは商工業者である。しかしながら，その勢力は水産加工業者と比べると小さく，町政においては周辺にとどまっている。

4 原子力防災体制の変化と女川原発

原子力災害対策重点区域の拡大

　福島第一原発事故を契機として，日本の原子力政策・制度は見直しを余儀なくされた。とくに着目すべきは，福島第一原発事故を機に発足した原子力規制庁の主導によって 2012 年 10 月 31 日に策定された「原子力災害対策指針」である。

　原子力災害対策指針に盛り込まれている重要な事項は，以下の 2 点である。第 1 に，災害対策基本法に基づき各都道府県・市町村が行う地域防災計画の改訂である。原発立地地域の都道府県・市町村は，災害対策基本法および原子力災害対策特別措置法に基づき，各種防災機関と連携のうえ，地域防災計画における原子力災害予防対策・原子力緊急事態応急対策等を再検討することになった。

　第 2 に，原子力災害対策重点区域の見直しである。原子力災害対策重点区域は従来の原子力施設立地地点の周辺 8〜10 km 圏（EPZ〔Emergency Planning Zone〕：防災対策を重点的に充実すべき地域の範囲）から，原発立地点から半径おおむね 5 km 圏（PAZ〔Precautionary Action Zone〕）と原発立地点の 5〜30 km 圏（UPZ〔Urgent Protective Action Planning Zone〕：緊急時防護措置準備区域）に拡大された。この制度改変にともない，原子力災害に対する防護措置（原子力施設の緊急時モニタリング，安定ヨウ素剤の予防服用など）を行う区域は拡大され，これまでより多くの住民が広域防災の対象となった。

　福島第一原発事故後に停止された原発を再稼働するためには，発電所施設の安全性だけでなく，事故発生時の緊急事態応急対策を規定した地域防災計画の策定という条件をクリアしなければならない。地域防災計画において，原発立地地域の都道府県および市町村は，地域防災計画に基づき，原発事故発生などの緊急事態における広域避難計画を策定することが必要であるが，それは簡単な作業ではない。とりわけ半島部に立地している原子力発電所およびその周辺地域については（たとえば能登半島の志賀原発など），地形や風向きによっては，住民避難不能事態が発生する可能性が指摘されている（大矢根 2014）。

　加えて，原子力災害対策重点区域に組み込まれた自治体（以降，「UPZ30 km 圏自治体」）およびその周辺自治体は，従来原子力施設立地市町村とだけで締結

されていた原子力安全協定の締結を電力会社に求めている。この協定の内容をめぐる市町村の間，市町村と都道府県の間での合意形成の手続きが必要となる[41]。

このように，原発再稼働にあたって，原発事故発生時の広域避難計画の策定やUPZ30 km圏自治体およびその周辺自治体と電力会社との安全協定締結というハードルが設定されたわけであり，もしもそれらが暗礁に乗り上げれば，原発再稼働は実質的に不可能になるという考え方もできる。

しかしながら，福島第一原発事故発生直後はともかく，2014年半ば以降の社会情勢は，九州電力川内原子力発電所1・2号機の再稼働に対する鹿児島県知事の同意表明（2014年11月7日）にみられるように，原発再稼働への動きが進んでいる[42]。その一方で，福島第一原発事故以降，脱原発世論の高まりを受け，全国各地の都市部で原発の廃炉や再稼働阻止を求めるデモが繰り広げられた。社会学者はこうした都市部を中心とした脱原発運動を注視し，その意義を論じてきた（平林 2013）。また都市部の脱原発運動だけではなく，最も原発に近いといえる原発立地地域における反原発・脱原発運動にも注目が集まっている（中嶌・土井編 2013；反原発運動全国連絡会編 2012）。原発再稼働をめぐる合意形成には，原発立地自治体だけではなく，反原発運動を展開する社会的勢力が関与する可能性がある。

以上見てきたように，原発再稼働に影響すると考えられる複数の要因があるが，女川原発に関してはどういう状況なのだろうか。それを次に見よう。

女川原発30 km圏の広域防災体制の構築

「原子力災害対策指針」策定以降，全国の原発立地地域で進んでいる広域避難計画の策定および電力会社との原子力安全協定の締結について，宮城県では東日本大震災の被災県であるという背景から，全国の原発立地地域と比較してその計画策定の動きが遅れていた。しかし2013年度以降は，徐々に広域避難計画の策定の取り組みが進展している。

UPZ30 km圏の自治体を含め，どの自治体を「原発立地自治体」と位置づけ，広域避難計画の策定や原子力安全協定の締結を進めるかという点は政治判断となる（金井 2012：40）。宮城県では知事の判断により，UPZ30 km圏自治体が，広域避難計画および原子力安全協定の締結主体となっている。ここでは，宮城県とUPZ30 km圏自治体による広域避難計画の策定，原子力安全協定の締結

の動向を見てみよう。

(1) 広域避難計画の策定

　宮城県では被災自治体のマンパワー不足を背景に，福島第一原発事故以降，広域避難計画の策定は進まなかった。宮城県はこうした現状を踏まえ，2014年6月に「広域避難計画策定のためのワーキンググループ」を設置し，広域避難計画の総合調整に乗り出した。

　ワーキンググループはUPZ30km圏自治体，宮城県，国により構成されている。調整作業は宮城県が主導している。宮城県は女川原発の事故発生時等に，広域避難が必要になった場合に備えて，市町ごとの避難人数の割り出し，UPZ30km圏からの避難住民の受け入れに関する圏外自治体のマッチング，避難者を受け入れる各種施設との調整を進めている[43]。

(2) 原子力安全協定の締結

　宮城県における，UPZ30km圏自治体と東北電力との間の原子力安全協定の締結に関しては，宮城県知事が主導したわけではなかった。原子力安全協定の締結を求めたのは，UPZ30km圏の自治体であり，2013年7月に発足した「UPZ関係自治体首長会議」が検討の場となった。

　UPZ関係自治体首長会議は，立地自治体である女川町・石巻市を除く女川原発UPZ30km圏内の5市町（登米市，東松島市，南三陸町，美里町，涌谷町。会長は登米市長）から構成される。会議設立のきっかけは，福島第一原発事故以降，脱原発派の首長としてその言動が注目されていた美里町長（佐々木功悦氏）の呼びかけである。同会議では2013年度以降，宮城県と東北電力の出席をもとに，構成自治体と東北電力との協議を重ね，2015年4月20日に原子力安全協定が締結された。

　宮城県とUPZ30km圏自治体による広域避難計画の策定，原子力安全協定の締結の動きには，課題が山積していた。広域避難計画の策定については，UPZ30km圏自治体の多くが甚大な地震・津波の被害を受けていることから，復興事業に膨大なマンパワーを費やしている。そのため，宮城県が総合的な調整を担わざるをえない状況にあった。とはいえ，広域避難計画の策定に関する調整については，避難者を受け入れるUPZ30km圏外の自治体との調整も必要であり，UPZ30km圏自治体間の調整にとどまるものではない。原発に関する広域避難計画に関しては，「画餅」であるという批判がマスメディア等で散見されるが，宮城県やUPZ30km圏の自治体にとっては，山積する課題を前

表8-5 女川原発の建設・増設に関する経緯（東日本大震災の発災以降）

年	月日	事　項
2011（平成23）年	3.11	14:46 東北地方太平洋沖地震発生。女川原発全3基自動停止
2012（平成24）年	4.26	女川原発防潮堤本体工事完了
	9.19	新たな原子力規制組織「原子力規制委員会」発足
2013（平成25）年	2.1	宮城県防災会議原子力防災部会「宮城県地域防災計画（原子力災害対策編）」見直し。EPZ（防災対策重点地域8〜10 km）のUPZ（緊急時防護措置区域：30 km）拡大を明記
	2.14	東北電力，「2013年〜2015年度原発運転計画」を公表。女川原発再稼働予定時期は「2016年度以降」と発表
	5.14	東北電力，女川原発の防潮堤を，現在の海抜17 mから29 mにかさ上げすると発表。5.29から工事を開始
	7.8	女川原発から半径30 km圏内にある登米市，東松島市，涌谷町，美里町，南三陸町の5市町長による「UPZ関係自治体首長会議」を設立。代表幹事に登米市長選出。
	11.22	「UPZ関係自治体首長会議」は，東北電力と締結する原子力安全協定について協議
	12.27	東北電力，女川原発2号機の新規制基準の適合性審査を申請。全国で16基目
2014（平成26）年	1.16	女川原発2号機が規制基準への適合審査入り
	12.2	宮城県は，東北電力女川原子力発電所から半径30 km圏の7市町が策定する避難計画づくりを支援するため，避難計画（原子力災害）作成ガイドラインを発表
2015（平成27）年	4.20	女川原子力発電所から半径30 km圏内のUPZ自治体5市町は東北電力と「女川原子力発電所に係る登米市，東松島市，涌谷町，美里町，南三陸町の住民の安全確保に関する協定書」を締結
	10.30	第31回宮城県原子力防災訓練（女川原発から半径30 km圏の7市町や国など約2.8万人が参加し，住民の避難訓練も実施）

(出所) 女川町「原子力年表（http://www.town.onagawa.miyagi.jp/05_04_04_04.html，2014年11月13日取得）」を筆者が編集・一部追記。

にして，画餅から始めて徐々に計画の実現可能性を高めていくほかないという現実がある。

　このように宮城県は，職員と予算を投下して，広域避難計画の策定にむけた自治体間の調整を行っているのであるが，宮城県自体は女川原発再稼働の可否を決定する権限をもっていない。宮城県は国と電力会社が進める女川原発に関する施設面の安全性向上および情報連絡・広報体制に関して，その妥当性を判

表 8-6 UPZ30km 圏自治体の首長・議会の女川原発再稼働に関する発言・動向

市町	区域	区域の人口	首長 (2011年3月11日以降)	首長の発言	議会の動き
女川町	PAZ〔5km〕 UPZ〔30km〕	約8,300	安住宣孝 (～2011年11月13日) 須田善明 (2011年11月13日～)	「再稼働の是非を議論する段階ではない。自立的発展に向け、水産業と観光業を軸にしたまちづくりを目指す」(『河北新報』2012.12.22) 「国のエネルギー事情を考えれば原発再稼働は現実的で、国の当面の方針には賛成する」(『河北新報』2013.6.13) 「申請は安全性が確立されるかどうかを判断する第一歩にすぎない。東北電が講じてきた安全対策の妥当性を規制委がどう判断するかを踏まえ、対応したい」(『河北新報』2013.12.27) ※東北電力による原子力規制委員会への女川原発2号機再稼働にむけた安全審査申請を受けて	2012年3月14日町議会3月定例会 ―「女川原発再稼働をさせないことを求める請願」を反対多数で不採択（議長を除く11名の議員のうち賛成3、反対8）(『河北新報』2012.3.15) ※請願提出者は宮城県大崎市、加美町の6名。町議会反原発派議員1名（無所属）が紹介議員となっていた(『女川町議会だより』128号)
石巻市	PAZ〔5km〕 UPZ〔30km〕	約152,400	亀山紘	「安全性を高めるには期間がかかる。ただ全ての対策を終えてもすぐに安全性が保証されるわけではない」(『河北新報』2013.2.15) ※東北電力による原発運転計画の発表を受けて 「(申請は)再稼働に直接つながるものではないと考えている」「まずは規制委の判断をしっかり見たい」(『河北新報』2013.12.27) ※東北電力による原子力規制委員会への女川原発2号機再稼働にむけた安全審査申請を受けて 2014年9月25日市議会「そう簡単に再稼働を決めるのは難しい。今後しっかり検討する」「福島第1原発の悲惨な事故がいまだに収束しない中で、原発立地自治体としてどのように判断するか、非常に迷っている。再稼働ありきでない」(『石巻かほく』2014.9.26)	2014年市議会3月定例会 ―「東北電力株式会社女川原子力発電所の再稼働に反対する趣旨の決議」の採択を求める請願」を賛成多数で継続審議 ※請願提出者は「女川原発の再稼働を許さない石巻地域の会」代表世話人ほか3名、紹介議員は市議会反原発派議員1名（共産党）(『いしのまき議会だより』第38号)
登米市	UPZ〔30km〕	約10,600	布施孝尚	「福島事故の検証が不十分、原因と対処法が明らかになっていない現状で再稼働は認められないと考えている」(2014年6月14日登米市議会議事録)	2012年6月市議会定例会 ―「女川原発再稼働を行わないことを求める意見書」を賛成多数で可決(『河北新報』2012.6.29)
東松島市	UPZ〔30km〕	約36,800	阿部秀保	「福島の原発事故含めてこの責任というのは、一自治体では持てない。原発は国策で進めてきたので、国がまずしっかりと結論、方向づけをすべきだ」(2013年9月10日東松島市議会議事録)	2012年9月市議会定例会 ―「女川原発の再稼働を行わないよう求める意見書」を賛成多数で可決(『河北新報』2012.10.5)
南三陸町	UPZ〔30km〕	約2,300	佐藤仁	「代替電力の見通しがない中、軽々提唱できない」 ※2011年12月町議会定例会一般質問「防災計画に脱原発政策を」に答えて(『南三陸町議会だより』第24号)	2012年9月町議会定例会 ―「原子力発電から撤退し、再生可能エネルギーへの転換を求める意見書」を賛成多数で可決(『南三陸町議会だより』第27号)
涌谷町	UPZ〔30km〕	約800	大橋荘治 (～2011年8月7日) 安部周治 (2011年8月7日～)	「『再稼働には反対』と、美里町と声をそろえていく。人間の尊厳を脅かす施設は排除していかなければならない」(『河北新報』2012.10.28) ※「女川原発の再稼働に反対する会」の学習会の来賓として出席した際発言	2012年9月町議会定例会 ―「女川原発の再稼働に反対する意見書」を賛成多数で可決（賛成12、反対2）(『河北新報』2012.9.13)
美里町	UPZ〔30km〕	約100	佐々木功悦 (～2014年2月5日) 相澤清一(2014年2月5日～)	「申請は再稼働の動きを加速させる。安全対策が国の新規制基準に適合したとしても、事故を起こすリスクは根絶できない」(『河北新報』2013.12.27) ※東北電力による原子力規制委員会への女川原発2号機再稼働にむけた安全審査申請を受けて	2012年3月町議会定例会 ―「女川原発の再稼働を行わないことを求める意見書」を賛成多数で可決（賛成13、反対1）(『河北新報』2012.3.24) 2013年12月町議会定例会 ―「原発の再稼働をめぐる地元合意について『30キロ圏』の自治体を含めることを求める意見書」を全会一致で可決(『河北新報』2013.12.20)

(注) PAZ とは、原発から半径約5kmの「予防的防護措置を準備する区域」。
(出所) 宮城県原子力安全対策課資料、各市町議会報、議事録、『河北新報』『石巻かほく』記事より筆者作成。

断する権利をもつのみであり，稼働するかどうかに関して直接的に介入する法的権限はない。

　　そもそも原子力発電所に関しては〔稼働の〕申請から何から，県に何も来ませんので。全部電力から国に対する，許認可も，監視も。(2014年7月15日・宮城県原子力安全対策課インタビューより)

　広域避難計画の策定に関する膨大な調整コストは，電力会社ではなく宮城県に負荷されており，そのコストを支払っているのは原発事故の潜在的リスクにさらされている宮城県民および，UPZ30 km圏自治体の住民である。他方で，UPZ30 km圏自治体首長会議による東北電力との安全協定締結については，脱原発を志向する自治体と，脱原発を明確に掲げることを控えたい自治体による利害調整が困難であることから，2014年度以降は協議の進捗が停滞している。とくに女川原発に比較的近く，津波被害が甚大であった自治体と，女川原発から比較的遠い内陸部に位置し，東日本大震災においては地震の被害にとどまった自治体の首長や議会の動きには，原発再稼働に関する姿勢について違いがみられる（表8-6）。

宮城県における脱原発運動

　福島第一原発事故以降，都市部を中心に数万人規模の反原発・脱原発デモが継続的に行われるようになった。宮城県においても県内市町で女性や農業者を中心に複数の市民団体が立ち上がり，東北電力や宮城県に対して女川原発の廃止や再稼働反対を求めるデモや署名活動を実施している（篠原 2012：109-11）。またこうした市民団体の中核メンバーはUPZ30 km圏自治体の議会に対して陳情・請願を行っており，その一部は採択に至っている（表8-6）。

　ここでは，福島第一原発事故以降，石巻圏で反原発・脱原発運動を展開している2つの市民団体に焦点を当てる。

(1)　「原発の危険から住民の生命と財産を守る会」[44]

　女川町，石巻市を活動拠点とする市民団体であり，女川原発1号機建設前後の時期に結成された。同団体は全国組織の宮城県支部である「原発問題住民運動宮城県連絡センター」と連携し，震災以前から女川原発の反対運動，安全性向上を求める運動を展開してきた。

　中核メンバーは40〜50人であり，福島第一原発事故以前から活動をしている者が多い。代表・事務局は共産党員であり，共産党所属の女川町議2名がメ

ンバーに名を連ねるなど，石巻市・女川町の共産党議員とは密に連携をとっている。

女川原発の再稼働問題については，同団体の代表により 2013 年 11 月 2 日に「女川原発の再稼働を許さない石巻地域の会」が設立され，700 名分の再稼働反対を求める署名を集めている（『河北新報』2013 年 10 月 29 日）。また 2014 年 2 月には石巻市議会への女川原発再稼働反対の請願を提出している。

(2) 「女川から未来を考える会」[45]

宮城県内に広がる女性を中心とする 21 名をメンバーとしており，福島第一原発事故以降の 2014 年 9 月に女川町内で企画されたイベントを機に立ち上げられた団体である。福島第一原発事故以降に加わったメンバーも多く，彼らは必ずしも震災以前から互いに密なやりとりをしていたわけではない。また，震災前から原発に関する活動をしていたメンバーばかりではない。これらのメンバーのうち，女川町の在住者は先述の町議 1 名のみである。上記のイベントにはメンバーの個人的知己により脱原発派知識人・文化人が招かれ，全国から約 1500 人の参加者があった。そのうち，女川町内からは約 200 人が参加した。

女川原発の再稼働に関して，同会は共産党所属の女川町議 2 名と連携して，女川町民を対象とした再稼働の是非を問うアンケート調査を行っている。調査では 2440 票を配布し，回収率は約 26% であった（2014 年 11 月 5 日時点）。結果は再稼働に賛成が 19.84%，反対が 58.43% であった。

以上のように上記 2 団体には，いずれも女川町・石巻市の反原発派の議員がメンバーに加わっている。そのため，上記 2 団体は議会や行政に対する一定の影響力をもっていると考えられる。福島第一原発事故以降も，女川町・石巻市の議会において反原発派議員は多数派を形成していないが[46]，彼らが中立派の議員の支持をとりつけることができれば，女川町や石巻市で原発再稼働を争点とする住民投票が実現される可能性は残されている。

しかしながら，女川町・石巻市の住民・議会内部からの原発再稼働に反対する陳情，請願の動きは限定的であり，提出されたものも否決・継続審議となっている（表 8-6）[47]。また石巻圏の脱原発運動の人的資源の多くは仙台市をはじめとする地域の外部にあり，地域の内部では動員力を有する反対運動が展開されていない。2014 年度下半期の時点では，女川町・石巻市における脱原発運動の原発再稼働を左右する政治的影響力は限定的であった。

5 原発立地地域にとって「近く」て「遠い」原発

　本章では，原発立地地域であり，東日本大震災の津波被災地域でもある宮城県女川町を事例として，震災以前の地域史のなかに，そして復興のなかで原発がいかに位置づけられているのかという点を検討してきた。そのうえで，震災後の女川原発UPZ30km圏の広域防災体制の構築と脱原発運動を検討し，女川原発に関する女川町外を含めた社会的制御の動きを検証した。その結果，明らかになったのは以下の3点である。

　第1に，戦後の女川町における地域形成にとって，原発は大きな存在であった。女川町の地域史を分析するなかで明らかになったのは，女川原発が1950年代以降の財政危機，1970年代以降の水産業の危機を救い，基幹産業たる水産業の体質転換を下支えしたものとして機能していたということである。そして，女川原発の受益は産業分野にとどまらなかった。原発関連財源は水道や病院といった，町民生活に直結するインフラの整備に活用されたことで，町の公共サービスの水準は向上し，女川町民は広く原発の受益を享受することとなった。このことは，女川町の地勢・地理的環境を考慮すれば重要なことであった。また，女川町では震災後，原発が稼働停止をしても，地域経済・財政への受益構造は変わっていないことも明らかになった。総合的にみて，女川原発は，震災後も女川町にとって重要であり続けている。

　第2に，女川町の復興を牽引する行政や地域リーダー層のなかには，原発再稼働を強く主張し，運動を展開する者はみられないが，同時に脱原発を表立って主張している者もみられない。行政・基幹産業のリーダー層にとって，女川町の復興において原発の再稼働は短中期的には既定路線であり，いずれは再稼働が必要だと認識している。福島第一原発事故以降，原発が稼働停止したことにより，その財政的・経済的影響に対して，原発立地地域の人々が危惧しているかといえばそうではないが，いつまでも稼働しないことも困るという認識をもつ者が多いと思われる。

　第3に，震災後の原子力防災に係る政策・制度の変化と，女川原発UPZ30km圏の広域防災体制の構築の動き，そして事故後の脱原発運動は，震災以前の女川原発に係る社会的制御のあり方を変えてはいない。原発の再稼働に必要な手続きは，福島第一原発以降も法的に規定されているわけではない。地域防

災計画が策定され，そのなかで広域避難計画が形成され，かつ電力会社と都道府県・市町村による安全協定が締結されれば，原発再稼働に向けて法的条件はクリアされる。そうしてはじめて社会的条件の可否が俎上に上がることになるが，そこで重要になるのは，原発立地地域の都道府県知事や市町村の首長の政治的判断である。すでに述べたように，女川町の政治的リーダーは原発稼働が暗黙の前提であり，他方において，女川原発の再稼働に反対する社会的勢力，具体的にいえば，女川原発 UPZ30 km 圏の自治体の反原発首長，反原発運動，女川町内の潜在的な反原発志向をもつ市民層の原発再稼働の決定に与える政治的影響力は限定的である。

これまで分析してきたように，容認・反対いずれの立場をとるにせよ，原発は女川町の地域構造と地域住民の意識に深く浸透している。その意味で，原発は女川町と女川町民にとって「近い」存在である。

しかし同時に，女川町の住民は原発再稼働の可否に対する決定から法的に隔離されている。住民は首長を選ぶことを通して間接的に社会に意思を表明することができるにすぎない。実は，市町村長や都道府県知事も，原発を稼働させるかどうかに関して法的な権限を有していない。影響力を行使できるだけである。経産省も首相も影響力を与える存在にすぎない。原発を稼働させるかどうかを決定するのは，最終的には電力会社の経営判断である。

このように原発を社会的制御の対象から注意深く外す制度環境は，福島第一原発の事故後も変化はないといわざるをえない。原発再稼働の可否の場から排除されているという点で，福島第一原発事故の後もそれ以前と変わらず，原発立地地域に住む人々にとって原発は「遠い」存在であるといえるだろう。

原発は戦後の女川町の地域形成にとって重要なものであるがゆえに，震災後の原発再稼働の可否は，女川町民にとって，戦後の女川町の地域形成を再評価し，震災後の町の未来像を構想するうえで重大な判断となるはずであった。ところが，地域の未来を志向するための復興の取り組みのなかで，女川町行政と地域住民は原発再稼働の賛否について明確な態度を示さず，原発に関する公論は形成されなかった。それは，震災後に改正された原子力政策・制度の条件においてもなお，その決定に町行政と町民が制度的に関わることができないことが背景にある。

「原発は資源だ，ということに尽きる」――これはインタビューに応じてく

れたある地域リーダーが語った言葉である。原発に関する重要な決定に直接関与できないのであれば，それを与えられた資源と割り切って女川の復興に活用すればいい，あるいは活用するしかない，という醒めたしたたかさが見え隠れしている。

　女川町の地域史と復興過程にみられる原発と地域社会の関係は，リスクを社会的に制御するための基盤として地域社会を再構築するためにいかなる戦略が必要であるかという重要な問いを，私たちに投げかけている。

付　記

　本研究は科学研究費助成事業（基盤研究(B)一般　課題番号 24330151「東南海・南海地震に対する脆弱性とプリペアードネスに関する実証的研究〔研究代表者・黒田由彦〕」2014）による成果の一部である。

注
1) 宮城県のさんま漁は，棒受網という新漁法が出現した 1947 年以降に隆盛を迎えた。強力な集魚灯により魚群を集めて捕獲するこの漁法は，さんま漁船の大型化を促進した（宮城県調査課 1960：31）。
2) 女川町は 1950 年代から 1970 年代にかけて 5 回の漁港整備事業を実施している。第一次（1951～1954 年）の事業費は 7380 万円，第二次（1955～1962 年）の事業費は 1 億 7710 万円，第三次（1963～1967 年）の事業費は 1 億 8660 万円，第四次（1969～1972 年）の事業費は 4 億 360 万円，第五次（1973～1974 年）の事業費は 1 億 6900 万円であった（宮城県 1975：24-25）。
3) 1950 年代に女川町が財政危機に陥った背景には，町の漁業の主力であるかつお漁・さんま漁が盛漁・不漁の波に直面することが避けられないことが関連する。とくに水揚金額の高いかつおの不漁時は経営の苦境から漁民からの徴税率が下がり，町財政を直撃していた。1948 年の『石巻新聞』は，同年度のかつお・こうなご漁の不漁の影響を受け，徴税率が 70% 台に落ち込んでいること，そのあおりを受けて，町役場職員の給与支払いが滞っていることを報じている（『石巻新聞』1948 年 11 月 2 日）。
4) ここでは，1950 年代以降の女川町をはじめとする宮城県内自治体の財政難と原発誘致の関係について詳述する。1955 年に地方財政再建促進特別措置法が公布されたのち，1956 年に宮城県および女川町を含む県内 22 市町村が財政再建団体に指定された（宮城県町村会ホームページ「町村会略年表」http://www.miyagi-ck.gr.jp/chronology/index.html, 2015 年 7 月 25 日取得）。1957 年度末に公刊された自治庁の資料を参照すると，同年度までに宮城県のほか，県内主要自治体では石巻市・古川市・気仙沼市・塩釜市・白石市が財政再建団体に指定されている（自治庁 1957：48-77）。1950 年代に宮城県内自治体の多くが財政難に陥った背景として，1956 年 1 月に自治体財政状況の調査を行った国会地方行政委員会調査団東北班は，公共事業の過多，

自治体の償還能力を無視した起債，水害冷害等の対策費の拠出を指摘している（1956年2月22日・第24回国会地方行政委員会第10号・丹羽兵助委員の発言より）。石巻市の例をあげると，1950年代当時，慢性的な財源不足に加え市庁舎・新制小中学校・警察署の建設といった事業が重なった結果，赤字が膨らんでいったという（石巻日日新聞社 2014：203）その意味で，女川町以外の自治体が財政難を解消する手段として原発誘致を推進する可能性はありえた。しかし，宮城県内では原発誘致合戦は起こらず，宮城県は福島県浪江町との競合に直面していた（女川町 1991：58-59）。その理由は，東北電力と宮城県が原発立地候補地の検討・選定段階で石巻圏に候補地を限定していたからである。

東北電力は1958年に「原子力発電立地要件調査専門委員会」を設置し，社内で原子力発電技術の調査研究を進めるかたわら，東北南部の航空調査・現地調査を進めていた。1960年代半ばになり，技術者の養成など社内で原子力発電開発体制の整備が進むと，東北電力は原発立地候補地を見直し，再度大規模な調査を行い，用地・用水・道路・地盤・港湾・漁業権補償などについて評価したうえで，宮城県女川地点と福島県浪江地点に候補地を内定した（東北電力社史編集委員会 1972：226-29）。

他方，宮城県は1963年以降，国からの委託を受けて県内適地条件調査を進め，地形・地質・交通・気象などの条件を検討していた。その結果宮城県は，女川町小屋取地域，同町御前浜地域，北上町相川地域を候補地に選定した（女川町 1991：59）。

こうした東北電力・国・宮城県の原発立地をめぐる動きを早期に察知し，積極的に原発誘致運動を行ったのが女川町であった。女川町長の木村主税は，1967年9月30日に町議会に原子力発電所誘致に関する決議案を提出し可決されると（表8-2），浪江町との競合を念頭に，石巻市および桃生郡・牡鹿郡の9町，同地方選出の県会議員を巻き込み，首長連名で宮城県議会に原発誘致の請願書を提出した（女川町 1991：59-60）。原発建設は，女川町だけではなく，石巻圏の市町村の政治・行政リーダーにとっての悲願であったのである。

5) 用地買収は，東北電力より業務委託を受けた宮城県開発公社が担当していた。しかし，現場の地権者との面識のない開発公社に代わり，地権者対応に従事したのは町産業課の職員であったという（渡部 1999：45-46）。東北電力・宮城県開発公社・女川町の三者は小屋取地区・塚浜地区での用地買収手続きを進め，1969年1月27日にはすでに宮城県開発公社・女川町長の立ち合いのもと，塚浜地区の女川第六小学校にて地権者代表30名に水田・畑・山林原野の買収価格を提示している（『石巻新聞』1969年1月29日）。その後，宮城県開発公社と地権者は宮城県庁で用地買収価格について交渉を行い，1969年3月26日に両者の間で用地買収の調印がなされた（『石巻新聞』1969年3月27日）。

東北電力が最終的に原発建設地を決定するにあたって検討した条件は，用地買収と漁業権補償である。先述した浪江町は漁業権補償について女川町に先行していたが，用地買収が難航していた（女川町 1991：60）。用地買収を先行させマンパワーと資金を投下し，漁業権補償を後に回した東北電力・宮城県・女川町の戦略は，原発建設を既成事実とすることで，浪江町との競合を制する有効な手法だったといえる。

6) 1960年代当時，女川町には女川町漁業協同組合のほか，離島の江島・出島に単協（女川町出島漁業協同組合・女川町江島漁業協同組合）が存在していた。江島・出島

両漁協は女川原発の建設にともない，1979 年 3 月 31 日に東北電力と漁業補償協定を締結した（女川町ホームページ「原子力年表」http://www.town.onagawa.miyagi.jp/05_04_04_04.html，2017 年 7 月 12 日取得）。女川原発建設後，出島・江島両漁協は 1993 年に女川町漁協と合併，新女川町漁業協同組合となった。そして 2007 年 4 月には宮城県内沿岸 31 単協の合併により，女川町漁協は宮城県漁業協同組合女川町支所となった（宮城県農林水産部農林水産経営支援課 2011：69）。

7) 渡部行は，反町長・反原発派の女川町漁協内部に，反主流派が存在していた点を指摘している。渡部はこうした勢力の中心は原発立地区の塚浜・小屋取地区を管内としていた旧女川南漁協の組合員であったこと，1967 年の町長選挙（表 8-1）において彼らは木村を支持し，対立候補であり漁協組合長であった鈴木を支持しなかったことを指摘している。渡部は，こうした女川漁協内の政治的分断について，女川町の南部半島地区の道路などの開発が，中心部・北部半島地区に比べて遅れていた点を指摘している（渡部 1999：42-43）。

8) 1981 年に女川町外の学者・弁護士らを中心に女川原発訴訟支援連絡会議が結成されると，継続的に仙台市内でのデモ，原発反対派の識者を講師に迎えた勉強会，東北電力に対する原発増設反対署名運動が行われた（女川原発訴訟支援連絡会議 1993）。

9) 用地買収が終了した 1970 年から原発建設差し止め訴訟が最高裁で棄却された 2000 年の産業別人口における漁業者の推移をみると，1970 年の 2810 人（産業別人口全体に占める割合は 33.1％）（女川町役場企画課 2000：25）から 2000 年には 979 人（同割合 15.8％）（女川町役場企画課 2014：15）に減少している。

10) 1957 年時点の町議会に関する資料を参照すると，議員定数 26 名のうち，職業を遠洋漁業・沿岸漁業とする者が 15 名を占めており，町議会議長・副議長はともに遠洋漁業に従事していた（女川町役場統計係 1957：17）。

11) 女川町議会は東日本大震災発災後の 2011 年 8 月 29 日に開催した町議会定数等調査特別委員会にて，議員定数を震災前の 14 から 12 に削減することを賛成多数で決定した。なお女川町議会議員は，震災により 4 名が犠牲になっている（『河北新報』2011 年 8 月 30 日）。

12) 1977 年に日本水産女川捕鯨場が閉鎖（女川町 1991：201），1987 年に宮城県女川遠洋漁業協同組合が事実上倒産した（女川町 1991：199）。

13) 女川町には同組合の設立以前より，1949 年に水産業協同組合法により設立された女川水産加工業協同組合（以下，「加工組合」）が燃料や加工用原魚の購買事業，信用事業，冷蔵事業を展開していた。買受人組合と加工組合は，組合員の条件が異なる。加工組合の組合員は町内の水産加工業者で構成されるが（2015 年 6 月 29 日に実施した加工組合へのインタビューより），買受人組合の組合員は女川魚市場の登録事業者である（女川魚市場買受人協同組合 1998：57）。

14) 女川町には東日本大震災発災直前までに，年商規模が 10 億円を超える水産加工業者が 9 社存在していた。また，年商数億円規模の水産加工業者も珍しくはなかった（廣田 2013：102）。

15) 1973 年の買受人組合発足時点の参加組合員数は 100 であった（女川魚市場買受人組合 1998：36）。しかし，震災前の 2010 年には参加組合員数が 59 まで減少していた（女川町 2010：28）。

第 8 章　女川町の復興と原発　　243

16) 「電源三法」とは，発電用施設周辺地域整備法，電源開発促進税法，電源開発促進対策特別会計法を指す。

17) 震災発生直前の女川町立病院は，診療科7・病床数100を有する総合病院であった。患者は外来診療だけではなく，東北大学との連携による遠隔地診断システムを利用できるようになっていた（通商産業省資源エネルギー庁 2000：12）。町立病院が建設される前は，町内には電力会社が経営する20床の私立病院が1カ所，一般診療所が7カ所，歯科診療所が7カ所あるのみであった（藤田 1996：54）。

18) 行方不明者のうち，親族その他により死亡届が提出され，受理された者を指す。

19) 女川町ホームページ「女川町の被害状況」(http://www.town.onagawa.miyagi.jp/ayumi.html，2014年11月30日取得）を参照。

20) 買受人組合は2011年6月女川町議会定例会による決定を経て，製氷施設復旧補助金として町より1億円の補助金を受けている。事業費に対する補助率は75％である（『女川町議会だより』125号〔2011年7月20日発行〕：2）。

21) グループ補助金とは，「中小企業等グループ施設等復旧整備補助事業」による補助金のこと。管轄省庁は中小企業庁で，宮城県の場合は宮城県経済商工観光部，農林水産部の各課が窓口となり，被災自治体の産業団体等から申請された事業再建案の審査にあたる。地域経済・雇用に重要な役割を果たすものとして県から認定を受けた場合，中小企業による施設・設備の復旧・整備にかかる事業費に対して国が2分の1，県が4分の1を補助する。2011年5月2日に参議院本会議で可決された2011年度第一次補正予算に基づき，2011年6月13日～24日に第一次募集がなされた。以降，2013年度末までに10次に分けて事業計画案が申請・採択決定されており，本稿執筆時点の2014年末時点においても事業は継続中である。

22) 水産加工業には製氷施設とともに，在庫を保管する冷凍冷蔵施設が必要になる。買受人組合は2012年10月，水産庁・日本財団・カタールフレンドシップ基金との交渉を経て，約20億円の共同大型冷蔵施設（マスカー）を新設している。

23) 2014年9月18日に実施した買受人組合幹部へのインタビューと，同日に実施した女川町産業振興課へのインタビューより。

24) 女川町中心部の土地区画整理事業地区内には，2013年12月18日時点で町から換地・借地を受けて自ら住宅を建設する者（女川町は「自立再建」と呼称）の宅地が257戸，災害公営住宅が795戸整備される予定である（女川町復興推進課 2013）。

25) 2014年7月16日に実施した女川町復興推進課へのインタビューより。

26) 本項の記述は，2013年3月8日に実施した女川町復興連絡協議会へのインタビュー，2014年9月18日に実施した買受人組合へのインタビューに基づく。

27) この商工会長が経営する水産加工会社は内陸部で被災が軽微だった会社の一つであった。年商は20億円に及ぶ，町内有数の水産加工業者である。

28) FRKが策定したグランドデザインの基本コンセプトは，「住み残る」「住み戻る」「住み来る」町というものである。震災以前から進行していた人口減少，被災にともなう人口流出を念頭に置き，自然環境と社会的弱者に配慮するまちづくりがうたわれている。グランドデザインでは，女川湾とリアスの森という，女川の自然財産を活かした水産業・商工業・観光業による雇用の創出のためのいくつかの施策が明記されている（女川町復興連絡協議会 2011）。

29) FRKをはじめとする「女川方式」の復興体制を論じるうえでは，2011年11月13日に実施された女川町長選挙に言及する必要がある（表8-1）。この選挙に，1999年から3期町長を務めた現職・安住宣孝は出馬せず，当時県議会議員を務めていた須田善明のみが出馬し，当選した。この須田を支持したのが，FRKを中心とする地域産業団体であった。

30) 「復興のトップランナー」という女川町の復興に対する評価は，マスメディアの言説であり，女川町の政治・行政リーダー，町民の自己評価ではない。マスメディアの報道について，以下の例を挙げよう。「復興庁は女川町を『中心市街地が壊滅した被災地の再生事業ではトップランナー』（担当者）と評する」（『朝日新聞』2015年3月11日）。

31) 女川町復興連絡協議会は2011年度後半の復興計画策定以降，表向きの活動は停滞している。復興計画策定以降は2011年10月に各産業団体の代表に地域組織の代表，女川町行政の各課長を委員とする「女川町まちづくり推進協議会」が復興計画の進捗管理を行い，同協議会の下部組織として協議会委員会の推薦と一般公募による委員から構成される「女川町まちづくりワーキンググループ」が町民の意見をワークショップ等で吸い上げ，協議会を通じて復興事業に反映させる体制になっている。この体制は2013年度以降も一般住民への門戸を広げながら継続している。そのため発災以来，女川町の復興は買受人組合や商工会といった産業団体のみが関わって体制がつくられ，推進されているという解釈は妥当でない。とはいえ，2011年度に整備された女川町の復興体制がその後の女川町の復興計画・復興事業の方向性を規定していることは明らかであり，「住民参加型の復興まちづくり」は復興計画や予算獲得済みの復興事業の修正を行うことにとどまっていると解釈できる。加えて，「女川町まちづくりワーキンググループ」などの一般住民が参画する復興まちづくりの協議・報告会の場でも，女川原発は議論のテーマにならず，ワーキンググループのメンバーが原発について言及することはなかった（2014年3月26日に実施した女川町復興まちづくりワーキンググループ報告会・参与観察より）。このことから，女川町では町政を牽引している産業団体のリーダー層だけではなく，一般住民も復興計画や復興事業のなかに原発を明確に位置づけるという志向を示していない（示すことが難しい）ことがわかる。

32) 朴勝俊の試算によれば，2010年度の女川町における歳入総額に占める固定資産税の割合（58.6％）は，全国の原発立地自治体のなかで最も高い（2位は47.4％の青森県六ケ所村）。ここで留意しなければならないのは，統計上の固定資産税は原発や電力会社以外からのものも含まれており，原発関連の固定資産税だけを抽出・算出した数値ではないという点である。とはいえ，歳入総額に占める固定資産税の割合の全国町村平均値は11.9％であり，原発立地自治体の財政において原発関連固定資産税の占める割合が顕著に高いということは明らかである（朴 2013：29）。

33) 2014年11月14日に実施した女川町企画課原子力対策係へのインタビューより。

34) 宮城県は，震災以前の2010年度は約6億1800万円の核燃料税を予算として計上していた（『河北新報』2013年2月22日）。

35) また女川町は，原発交付金を財源とする100億円以上の潤沢な財政調整基金を運営しており，復興事業等，町としての政策展開に必要な分を同基金から拠出している。同基金の存在は，女川町が原発の稼働停止による税額・交付金額の減少を調整するだ

第8章　女川町の復興と原発　　245

けの十分な財源を有している点を裏づけている。
36) 商工事業組合の組合員資格は女川町商工会員であり，かつ町内で1年以上の営業実績をもつ者である（渡部 1999：142）。
37) 2014年11月14日に実施した女川町企画課原子力対策係へのインタビューより。
38) 2014年11月14日に実施した商工事業組合へのインタビューより。
39) 2014年11月14日に実施した商工事業組合へのインタビューおよび，『河北新報』（2013年6月14日）より。
40) 2014年11月14日に実施した商工事業組合へのインタビューより。
41) 末田一秀は，福島第一原発事故発生後の全国の原発立地地域におけるUPZ30km圏自治体および30km圏外自治体と電力会社との原子力安全協定の締結状況をまとめている（末田 2014）。末田によれば，2013年度末までに17都道府県で18件の原子力安全協定が締結されている。このなかには，締結主体にUPZ30km圏外の自治体を含むものもあり，とくに新潟県では2013年1月9日に原子力施設立地市町村を除く全県の市町村と電力会社との間で原子力安全協定（安全確保協定）が締結されている。
42) 2012年12月16日第46回総選挙で絶対安定多数を獲得し，政権復帰を果たした自由民主党と内閣総理大臣・安倍晋三が，原発再稼働に対して積極的な姿勢を示していることが，この動きの背景にある。
43) 2014年7月15日に実施した宮城県環境生活部原子力安全対策課へのインタビューより。
44) 2014年7月16日に実施した「原発の危険から住民の生命と財産を守る会」へのインタビューより。
45) 2014年11月14日に実施した「女川から未来を考える会」へのインタビューより。
46) 女川町を例にとれば，議員定数12のうち，反原発派議員は共産党2名，無所属1名である。
47) 2019年には11万の署名をもとに原発再稼働の是非を問う住民投票条例案が審議されたが否決されている。

参考文献

藤田祐幸，1996，「原発は町を『豊か』にしない——統計に見る女川町の衰退」『技術と人間』25(10)：45-57。

舩橋晴俊，2013，「震災問題対処のために必要な政策議題設定と日本社会における制御能力の欠陥」『社会学評論』64(3)：342-365。

反原発運動全国連絡会編，2012，『脱原発，年輪は冴えていま——フクシマ後の原発現地』七つ森書館，97-113。

長谷川公一，2003，「環境運動の展開と深化」矢澤修次郎編『講座社会学15 社会運動』東京大学出版会，179-215。

平林祐子，2013，「何が『デモのある社会』をつくるのか——ポスト3.11のアクティヴィズムとメディア」田中重好・舩橋晴俊・正村俊之編『東日本大震災と社会学——大災害を生み出した社会』ミネルヴァ書房，163-195。

廣田将仁，2013，「石巻地区周辺における水産加工業の復興状況——女川地区水産加工業

及び石巻地区フィッシュミール加工等を中心に」東京水産振興会『漁業・水産業における東日本大震災被害と復興に関する調査研究——平成24年度事業報告』99-108。
石巻日日新聞社，2014，『石巻の大正・昭和・平成——ふる里と歩んだ石巻日日新聞の100年』石巻日日新聞社。
自治庁，1957，『地方財政の状況昭和32年』。
神谷隆史，2013，『無から生みだす未来——女川町はどのように復興の軌跡を歩んできたか』PHP研究所。
金井利之，2012，『原発と自治体——「核害」とどう向き合うか』岩波書店。
宮城県，1975，『女川地区水産物産地流通加工センター形成調査報告書（流通加工環境実態調査）』。
宮城県，2010，『第3期財政再建推進プログラム』。
宮城県調査課，1960，『宮城の水産業』。
宮城県環境生活部原子力安全対策課，2013，『2013宮城県の原子力行政』。
宮城県農林水産部農林水産経営支援課，2011，『宮城県水産業協同組合年報（平成22年度版）』。
宮城県水産部，1951，『宮城の水産概要』。
中嶌哲演・土井淑平編，2013，『大飯原発再稼働と脱原発列島』批評社。
中澤秀雄，2005，『住民投票運動とローカルレジーム——新潟県巻町と根源的民主主義の細道，1994-2004』ハーベスト社。
女川町，1960，『女川町誌』。
女川町，1991，『女川町誌 続編』。
女川町，2010，『女川の水産（平成22年度版 統計資料）』。
女川町，2011，『女川町復興計画』。
女川町復興連絡協議会，2011，『女川町復興計画の基本的考え方』。
女川町復興推進課，2013，「第9回 女川町復興まちづくり説明会〔配布資料〕」。
女川町役場企画課，1991，『女川町統計書〔平成3年度版〕』。
女川町役場企画課，1998，『女川町統計書〔平成10年度版〕』。
女川町役場企画課，2000，『女川町統計書〔平成12年度版〕』。
女川町役場企画課，2014，『女川町統計書〔平成26年度〕』。
女川町役場統計係，1957，『女川町勢要覧〔昭和32年版〕』。
女川原発訴訟支援連絡会議，1993，『子孫が安心して住める故郷を——女川原発周辺住民は何を訴えたか（女川原発差し止め訴訟原告最終意見陳述書・最終準備書面）』。
女川魚市場買受人協同組合，1998，『創立20周年記念誌』。
大矢根淳，2014，「原発防災体制の構造的欠陥を乗り越えようとする減災サイクル論は成り立つか？——『UPZ・30km圏の避難（認知行動→生活）』をめぐって」地域社会学会第39回大会シンポジウム報告資料。
朴勝俊，2013，『脱原発で地元経済は破綻しない』高文研。
三陸河北新報社，2002，『石巻圏20世紀の群像（下巻）——医療福祉・政治・経済編』三陸河北新報社。
篠原弘典，2012，「大津波に襲われた町と原発」反原発運動全国連絡会編，2012，『脱原発，年輪は冴えていま——フクシマ後の原発現地』七つ森書館，97-113。

末田一秀，2014，「立地自治体並みの原子力安全協定を全ての自治体で」『環境と原子力の話』（http://homepage3.nifty.com/ksueda/kyoutei.html，2014年7月12日取得）。
スペース21編，2012，『阿部宗悦が遺したこと——メッセージと写真の「断片」から』スペース21。
高寄昇三，2014，『原発再稼働と自治体の選択——原発立地交付金の解剖』公人の友社。
東北電力社史編集委員会，1972，『東北電力20年のあゆみ』東北電力。
通商産業省資源エネルギー庁，2000，『電源三法活用事例集』電源地域振興センター。
渡部行，1999，『「女川原発」地域とともに』東洋経済新報社。
渡会正蔵，1996，『原発のむこうに見えるもの』『在』出版会。

第9章

福島の復興

復興の意味の単純化と被災者ニーズの多様性

加藤 眞義

　「福島の復興」について考える場合には，その前提としていくつかの留保が必要だろう。まず，原子力発電所の事故の結果として生じた放射線被害の及んだ範囲は，福島県という圏域に限定されない。その意味では，「福島」という範囲区分は，原発事故被災の対象範囲をさす語としては，明らかに狭すぎる。他方では，同じ福島県内でも，その被害の質と程度には濃淡があり，被害を一概に県単位では語りえない側面が多々ある。

　また，「福島」の復興という課題は，福島県だけの課題ではない。原発事故を生みだした前史についてみても，事後的な対応の性格についてみても，日本社会全体の構造的問題に関わる課題である。この問題は，「福島」に局限化しえない。「問題の福島化」は，容易に問題の忘却へといたるだろう。

　言い換えるならば，「福島」という枠組みは，無自覚的に用いるならば，一方では福島外の問題を切り捨て，他方では，問題を「福島」に限定し局所化するという効果をもちうるのである（加藤 2013a）。

　他方の「復興」であるが，これは，後述するように，さまざまな意味合いを含みうる，一種のマジック・ワードである。「被災のダメージを克服する必要がある」という課題をあらわす語ではあろうが，本来多義的でありうる事柄を，

特定の方向において限定的に肯定する，言い換えるならば，別様の可能性を排除する効果をももちうる点には，留意が必要である．

1 「復興」の現状

非日常と日常との混交

2011年3月11日に，原子力災害対策特別措置法に基づいて発せられた「原子力緊急事態宣言」は，東京電力福島第一原子力発電所については，依然として未解除のままである．この点からすると「緊急事態」，すなわち，災前とは異なる「非日常」が根底において継続しているともいえる．

だが，生活者の「生活再建」という点では，被災した地域においても，一見すると平穏な日常が回復している（すくなくともそう思える）生活が，地域によって，また個々人や家族のおかれた立場によって違いはあるものの，営まれてもいる．非日常と新たな日常との混交ともいえる状態であり，それゆえ「復興」が停滞しているとも，着実に進んでいるともいうる．

避難と帰還

ここではまず，人々が「住む」という側面について，復興の現状を確認しておきたい．「応急仮設住宅」は，約1万3000戸建設され，入居戸数は，約9400戸であった．「借り上げ住宅」（「みなし仮設」）は，約4700戸について支援がなされた．その後に建造された「災害復興公営住宅」については，「地震・津波被災者向け」が約2800戸，「原発避難者向け」が約4900戸（県によるもの）が提供されている（2018年2月末現在，福島復興推進本部 2018）[1]．

ただし，「一時避難所→仮設住宅→復興公営住宅／自力での住居確保」という単線化された居住ルートの想定が，ニーズの多様性に必ずしも対応しえていない点は，過去の災害についても指摘されてきたが，後述するように，原発事故被害の場合にはなおのこと，県内における住宅整備が「帰還」意向のニーズに必ずしも適合しないという問題が生じている．

被災者の避難の状況は，県内避難者が7235人，県外避難者が約3万3000人となっている（2019年4月現在）[2]．県外避難者数[3]についてみると，そのピークは2012年6月の約6万2000人であり，2016年1月時点で4万人を下回ったが，その後は3万人台を推移している．ピーク時と比べ減少しているとはい

え，長期にわたる避難が継続している。県外避難先は，東京都が約4000人と最も多く，埼玉が3000人台，次いで，栃木，宮城，新潟，千葉が2000人台，山形が約1900人となっている。全体として避難先が，全国47都道府県に広がっている点に変わりはない。

避難区域の再編

災後，2011年4月に「警戒区域」「計画的避難区域」が指定されたが，2012年4月以降，避難指示区域が再編され，空間線量に基づく年間積算被ばく線量の予測に基づいて，新たな区分が地域に適用された。(a)「帰還困難区域」(50 msv/年，超)，(b)「居住制限区域」(20超～50 msv/年)，(c)「避難指示解除準備区域」(20 msv/年，以下)という区分である。この20 msv/年という数値は，国際放射線防護委員会（ICRP）の事故後の放射線量の目安（20-100 msv）のなかで最も低い水準を採用したものであるとされるが，災前の「公衆の被ばく線量」基準は1 msv/年であり，その基準との整合性が問題となってきた。災後にやむなく，あるいはなし崩し的に基準の緩和がなされた一例である。ただし，この問題の複雑な点は，たとえば，被ばく量を気にせず，一刻も早く帰還したいという高齢者層と[4]，子どもをともない無用な被ばくはできるかぎり避けたいという層とのあいだで，ニーズが明確に異なっているにもかかわらず，一律の基準適応がなされたという点にある。一部の「要望」には呼応している面があり，それゆえ，ニーズの全面的な無視とはいえない[5]。しかし，ニーズの多様性に配慮がなされたとは言い難い。

この再編は，その後2014年4月から新たな局面を迎えた。14年4月には田村市都路地区について避難指示が解除され，続いて9月には川内村について，避難指示準備区域が指示解除され，居住制限区域が避難指示準備区域に変更された。

強制避難ではないが，任意で避難を選択することができ，強制避難の場合と同じ扱いが保証されるという「特定避難勧奨地点」が指定されていたが[6]，これについても解除が進められた。伊達市，川内村の約130世帯については，2012年12月に解除がなされ，南相馬市の約150世帯についても，当事者たちの異論もあるなかで，地点指定が解除された。

2015年には，2017年末までに「帰還困難区域」以外の避難指示を全体として解除することが既定方針とされた。

この「避難指示解除」は、「復興加速化」というスローガンのもとに推進されてきた政策の一環をなしている。むしろ、生活実態に即した再建の進行とはまた別に、「解除」によって「速度」が演出されてきたという側面が強い。もちろん被災からの「生活再建」が早いことが望ましいことは、いうまでもない。ここで問題となるのは、特定の方向へと一元化され、その方向性にのらないニーズが捨象されたという点である。

　2013年3月を皮切りに同年中に、与党の復興推進本部により「復興加速化提言」が3次にわたって提示された。同年7月の参議院選挙（結果として、参議院で野党の議席が多数を占める、いわゆる「ねじれ現象」が解消された）、9月の2020年東京オリンピック招致決定をはさみ、11月には、原子力規制委員会が「帰還に向けた安全・安心対策に関する基本的考え方」を示す。ここでは、20 msv/年以下は避難指示解除が妥当だとされた。12月には、「原子力災害からの福島復興の加速に向けて」という指針が閣議決定される。ここでは、帰還支援か移住先での生活支援かという二者択一の選択肢が提示された。

　振り返ってみると、この線引きやその変更、解除は、住民の合意形成を十分に踏まえたものではなかった。また、区域の再編が（立ち入りや居住形式の条件設定にとどまらず）補償のあり方と連動したことも銘記する必要がある。補償をめぐる分断という問題は、「ひとの抱く一般的な不公平感覚」などに起因するという域を超えて、政策的・制度的に結果として増幅されたという点に留意したい。

2　帰還の動向

帰還／避難の二分法の限界

　以上のような「帰還政策」が進められるなか、では実際の帰還はどうであっただろうか。帰還の動向をみて明らかなことは、被災者の現実の暮らしから生まれるニーズは、「帰還か移住か」の二分法にすっきり収まるものではなかったということである。

　比較的早期に避難指示が解除となった、ある自治体では、住民の動向を把握するために、「完全帰村者」と「帰村者」という区別を編み出した。後者は、当該自治体外にも生活の場があるが、それでも「週4日以上滞在」している住民をさす。さらには、「村内生活者」という新たな住民に関するカテゴリーも

用いられた。これは，自治体外の避難先にも生活の場があるが，「郵便の宛先が自治体内となっている」等の場合である[7]。このいわば新たな住民カテゴリーの案出は，一面では，帰還（あるいは帰還状態に近い）住民人口を多めに算出したいという行政的欲求の産物であるといえるだろう。だが，それ以前に，復興過程のなかで，複数の拠点に生活の場をおくという生活スタイルが合理的なものとして住民によって選択され，その実態を把捉しようと自治体行政が努力したことのあらわれであるとも考えられる。

2018年度初頭における帰還状況をみると，帰還した住民の割合は，田村市の都路地区（旧警戒区域）の約8割を除くと，楢葉町，南相馬市小高区，川俣町山木屋地区が約3割，葛尾村が2割，飯舘村が1割，富岡町が4～5％，浪江町が約3％と，3～30％となっている。ここには，「帰還困難区域」が広い面積と住民人口比率を占める，双葉町，大熊町は含まれていない。また，町村内居住者の1世帯あたり人数を，2010年国勢調査の同じ数値と並べてみると，川内村が約3人→2.4人，楢葉町が約3人→1.9人，飯舘村が3.6人→1.9人，富岡町が2.6人→1.4人となっており，帰還した場合の世帯人数の縮小がみてとれる[8]。総じて，避難指示解除という政治的決定，それに基づく制度運用と，住民の現実のニーズとのあいだには，大きなズレが生じている。

子どもの帰還・学校の再開

地域社会の将来にわたる継承にとって，子どもたちがその社会で暮らすことは，きわめて重要な意味をもつ。まず県全体についてみると，2011年の県内の子ども（14歳以下）数は，約27万2400人であったが，2018年4月時点では，約21万7300人となっており，約5万5000人減少している。前年（2017年）同期と比しても2018年には，4647人減となっている。18歳未満の「子ども避難者」は，2017年4月時点で，約1万9000人（県内約1万300人，県外約8600人），18年4月時点で約1万7000人（県内約9900人，県外約7500人）にのぼっている[9]。

避難区域に指定された12市町村においては，2015年4月時点で小中学生が，原発事故前の約8400人から約1300人と減少し（県内避難先でのいわゆるサテライト校を含む），6分の1に減少したとの報道がなされ，教育の継続が深刻な危機にあることが改めて確認された[10]。

その後，2017年度末の「帰還困難区域」以外の避難指示解除をうけて，富

岡町，浪江町，川俣町・山木屋地区，葛尾村，飯舘村では，地元で幼稚園・認定こども園，小中学校を再開させた（サテライト校が継続しているところもある）。しかし，避難先の通学先を選び，そこへの適応が必要であるなどのケースもあって，子ども数はきわめて限定されている（小中学校をあわせて10〜20名台。飯舘村は70名台）。少人数教育であることを生かしたメニューの考案，複式学校の工夫や，避難先との往復のスクールバスの運行など，子どもの帰還には，多大な努力と想像力とを要する状況となっている[11]。それでもなお，2019年度からの休校が見込まれている学校もある。

地域社会の再生にとっては，子どもの存在は欠かせない。しかし，後述するようなさまざまな懸念があるなか，一概に，戻らないことが責められるわけではない。

3　自主避難

「自主避難者」という立場

以上，避難指示の解除の概要をたどってきたが，それ以前に，「避難指示の対象とされなかったが選択された避難」がある。いわゆる「自主避難」である[12]。

原発事故によってもたらされた損害に対する賠償について「原子力損害賠償紛争審査会」（原賠審）が提示した「中間指針」（2011年8月）では，自主避難者は損害賠償の対象とされなかった。その後，同年10月のヒアリング等を経て出された翌2012年の「中間指針 第1次追補」および「第2次追補」において，「避難指示区域」外の住民も，賠償対象として認められた。

とはいえ，その範囲は，福島県内の一部とされ，県外の被災地はたとえ地続きであっても対象とされなかった。賠償額についてもきわめて限定的なものにとどまった[13]。しかも，2012年の2回限定の定額賠償のみである。それ以外に定期的な賠償の支払いはなかった。にもかかわらず，避難先で，「お金がもらえていいね」といった，被害者にもかかわらず受益者扱いを受けるといった理不尽な経験が多々みられるという（吉田 2016，2018；戸田 2016）[14]。

野田正彰は，被災者に対し，外部社会が，救援者とマスコミを送り込み，たとえば，「弱々しく，かわいそうな，受け身で，依存的である」等の「被災者役割」，つまり，被災者らしさを求めると指摘している（野田 1995）。このこと

表 9-1 避難種類別の被災者のタイプとその変化

避難指示解除以前	(A) 避難せず／避難後に帰還	(B)「自主避難」	(C) 強制避難・任意避難
避難指示解除後	(A) 同上＋(C) からの移動	(B) 支援なき「自主避難」	→ (A)(B) の選択あるいは選択強制

(注)「任意避難」とは，ここでは特定避難勧奨地点に指定されたうえでの避難をさす。

自体，被災から回復する権利の尊重という発想のとぼしさのあらわれであり，東日本大震災後の「強制避難」の場合にも妥当する。たとえば，「おしゃれをするな」といった日常の振る舞いについても，この「被災者役割」に基づいた規制が働くことは多々見聞きする事例である。

しかし，「自主避難者」の場合には，事態はより複雑で，そもそも「被災していないのではないか」といった枠組みでとらえられるケースが報告・記録されている。前記のきわめてネガティブな意味での被災者役割をあてがわれる以前の状態であり，はたして自分は被災したとはいえないのだろうか，自分の避難という選択は正しかったのだろうかという自分の行為選択に対する疑念へと，ひいてはアイデンティティの危機へと導かれかねない[15]。

損害賠償自体は，手薄いとはいえ，自主避難者に対しても，「災害救助法」に基づいて，住宅の無償提供がなされてきた。これは，「母子避難」といわれるような二重生活あるいは単親生活を送る避難者にとっては，大きな支えであった。しかし，福島県は，2017年3月末を目途に自主避難者に対する住宅支援を打ち切る方針を決定した[16]。

強制避難の自主避難化

前述のように，「帰還困難区域」を除く避難区域を 2017 年 3 月末を目標に解除する方針が定められた。この一律解除に損害賠償の打ち切りが連動する。これによって生ずるのが，避難指示が解除したのちに帰還しない場合の，「強制避難の自主避難化」である。

表 9-1 は，避難の種類別にみた被災者のタイプと，避難指示解除による立場の変化を示している。

前述のように，「自主避難」に対する住宅支援が打ち切られることにより，(B) 自主避難の立場が「支援なき自主避難」状態に変化する。そして，(C) の強

制避難が解除されてかつ帰還しない場合には,「支援なき自主避難」と共通する立場に立つことになる。また,この制度変更によって,公式発表数値としての「避難者数」は減少する。「避難者」は,生活ニーズや生活実態に即して,というよりも公的な承認,「みなし」によって数えられてきたからである。

　もちろん帰還条件がある程度にせよ整ったうえで,避難指示解除を待って帰還を「選択」するという立場もあり,またそういった立場から,今後のための帰還条件のさらなる整備に尽力する(すなわち他の人々の今後の帰還を支援する)人々も存在する。その努力には敬意が払われてしかるべきであろう。しかし,避難指示は解除されたものの,また,帰還の意志がまったくないわけではないものの,すぐには帰れない,あるいは家族全員では帰れないという立場も多く存在する。結果として数値としての「避難者」は減少しても,生活実態としての「帰還者」は,それと同じスピードでは増加しないという事態が生まれることになる。

4　除染から廃炉への道

除　染

　帰還政策を支える施策として実施されたのが「除染」事業であった[17]。除染は,津波被災地における「防潮堤」の建設と同様に,従来型の公共事業の枠組みに収まりやすい施策であり,原発事故被災地における「復興」政策の中心として,集中的に実施された[18]。

　福島県外の「汚染状況重点調査地域」(99市町村)については,2016年度末に「面的除染」の完了が宣言された。福島県内の36市町村についても住宅地(41万8582戸),公共施設(1万1653カ所)については,2017年末に完了が宣言され,その後,道路,農地,森林についても予定されていた除染が完了したとされた。最多時期で,約1万5000人が従事したとされる事業である。

　除染によって土壌や空間の放射線量が低下するとすれば[19]それ自体は,望ましいことである。しかし,この政策的に予定された除染作業の完了をもって,除染そのものが完了したとは,言い難い側面がある。まず第1に,環境省は,基本的に除染範囲を生活圏から20m以内と定めた。言い換えるならば,住居だけではなく里山をも含めた生活圏に連なる森林除染には着手しないということである。技術的・財政的問題があるにせよ,今回の除染作業が部分的・限定

的なものであり，場合によっては「未完」であり続けていること，にもかかわらず「完了」とされたことは銘記すべきであろう。

　第2に，この部分性と関わって，再除染[20]の可能性については，公式には問題とされていない。「生活」は，一斉作業としてなされた除染の「完了」時点でのみ営まれるわけではなく，その後も継続していく。生活圏のバックグラウンドをなす森林からの放射性汚染物質の移行の可能性について顧慮していることを公的に示し，「しかじかの条件が充たされたなら」再除染を行うという構えが必要であると思われる。

　第3に，除染によって発生した汚染物質が，いまだ生活圏内に保管されているという点である。汚染土は，「仮置き場」→「中間貯蔵施設」→「最終処分場」という経路で運ばれることとされているが，公式の「仮置き場」が確保できない場合には，「一時保管所」「仮仮置き場」と称される現場保管がなされている（総じて，「仮置き場等」と呼ばれている）[21]。また，「仮置き場」から「中間貯蔵施設」へ搬入する以前に集約する「保管場」も設けられている。「保管」だけではなく「運搬」に必要な社会的コスト（人員の確保，道路への負荷）も，当初は被災地住民も意識していなかった問題となっている。

　2017年3月に原子力規制委員会は，県内のモニタリング・ポスト約3600台（市町村，各種団体等による独自設置分を除く）のうち約2400台を撤去する方針を発表したが，住民の反対にあい，即時の撤去案を撤回した。いまだ生活圏内に（たとえ「安全」な状態におかれているといわれていても）放射性物質汚染廃棄物が存在し，さらに今後，汚染廃棄物がいったん地上に登場する「撤去」作業が進められることが視野に入っていなかったのではないだろうか。モニタリング・ポストに表示される数値は，当初より，その周辺を重点的に除染するなどして，なるべく低く計測される仕様になっているとの疑念があった。「それでもなお」の抗議なのである。

中間貯蔵と最終処分

　中間貯蔵施設は，双葉町・大熊町での建設が進められている。予定地面積は1600 ha，地権者は2360人であり，2018年4月時点で，約1400人の地権者と契約が結ばれ，予定面積の5割強の用地が取得されている。17年度から一部の施設が稼働しており，用地取得を進めながらの建設と稼働とが並行して行われているという状態である。

搬入が予定されているのは、10万ベクレル/kg超の汚染物質であり、8000ベクレル/kg超～10万ベクレル/kgの「指定廃棄物」については、量を減らす「減容」手続きを経たうえで、他の富岡町などの「管理型最終処分場」への搬入が予定されている。

なお、環境庁は、8000ベクレル/kg以下の線量の土壌等について、福島県内で「再利用」する計画を発表した。後出の「特定復興再生拠点」の指定とセットで苦渋の選択として了承した地区もあるが、その他の候補地については、反対論が強く、今後については未定である。「拠点指定」と抱き合わせで受け入れを求めるという手法が大きな問題をはらんでいるということ以前に、このような「計画」を考案せざるをえないということそれ自体が、汚染物質の処理が甚大な困難をともなうことを示している。また困難であるがゆえに、早急な決定を求めて、政治による力の行使と、意思決定における「合意形成」プロセスの軽視が誘発される可能性が十分にあることを示唆している。

中間貯蔵が開始されてから、30年以内に県外で「最終処分」するということが、県ないしは立地自治体が、施設建設を受け入れた際の条件である[22]。しかし、その最終処分場の立地の目途は立っていない。福島県内の原発立地に発生した「廃炉」という課題と、全国的な課題である放射性廃棄物の「最終処分」という連動した難題が、今後も続く。

5　「復興」の多義性

復旧と復興

原発事故により被災した福島県の各自治体の第1次段階での「復興計画」ないしは「まちづくり計画」での用語法をふりかえってみると、多くは、「復興」を「復旧」に続く段階としている。この場合、復旧は道路や下水道などのいわゆるハード面での生活基盤の整備をさし、復興は、いわゆるソフト面での施策を含む、その後の広義の生活再建をさしている。

たとえば「広野町復興計画第2次案」では、「復興期」を前期と後期に分けていた。避難指示対象となった自治体のなかでも、比較的早期に「避難指示解除」対象となり、「帰還」へ向けた対応が現実的なものとなったが、しかしそうはいっても、早急な「復興完了」が見通せない事態への対応であったと考えられる。

ただし，帰還困難区域が多くを占める自治体の場合には，「計画」において「復旧」と「復興」という区分は用いられなかった。すなわち，行政的な観点に限定しても，「復興」を具体的に考えるよりも以前の段階にとめおかれた地域があったということである。

「復興」の語に対する忌避
　発災の半年後，縁あってある地での県外避難者の集いに陪席した際に，参加者の複数が「復興」という語に強い忌避感を示したことが，いまだに印象に新しい。「事故収束に至らない現在，『復興』を語るには早すぎる」というのが最大の要点だったと記憶している。この「事故収束」という語は，おそらく再爆発に至る事態の回避，冷温停止，最終的な廃炉といったさまざまな段階を含みうるのであろうが，「いかなる復興か」という論点・争点ではなく[23]，それ以前に「復興」という語そのものに対する忌避がありうることは，その時点では十分には予想していなかった。
　新潟県中越地震の際の復興支援の経験を踏まえて，東日本大震災後の被災者支援および支援者の支援に従事している稲垣文彦は，「東北の被災者と話すと，被災者が『復興』をネガティヴに捉えていることに驚く。ある被災者は『復興は『御上の言葉』のように聞こえる』と話す。このような捉え方をする人は，中越にはいない」（稲垣 2015：103-104）と記している。これは，東日本大震災，とくに原発事故災害からの「復興」に顕著な事柄なのかもしれない[24]。「復興実感」の高低を問う調査があるが，それ以前に，「復興」という語そのものへの忌避なのである。

被害の性格と時間軸のずれ
　東日本大震災の被害について，舩橋晴俊は，その深刻さを「五層の生活被害」とあらわした（舩橋 2014）。すなわち，生活環境の一部の破損ではなく，「自然環境」「インフラ環境」「経済環境」「社会環境」「文化環境」という多層にわたる被害がもたらされたとの被害の性格把握である。そして，それに応ずるためには，「早期帰還」か「自力移住」かという先にもみた二者択一ではなく，「長期待避，将来帰還」という「第三の道」の支援が必要だという提言がなされている。言い換えるならば，相対的に短い時間内で「復興」が可能な被災とは異なる時間軸が必要だという提言であった[25]。

表9-2 「復興」へ向けてのさまざまな時間軸

(A) 個々人の時間	個々人，個々の家族の「生活再建」の見通し
(B) 地域の時間	被災地における実態としての地域再建
(C) 自治体政策の時間	(A)(B) の支援／(D) と (A)(B) との橋渡し／(D) の (A)(B) への「適用」
(D) 制度の時間	支援制度の年限，復興予算の年限，復興担当部局の設置年限など
(E) 政治の時間	(D) に関する意思決定（オリンピック開催，「廃炉」の見通し，原発再稼働など）

　関礼子は，復興過程において，「生きられる時間」ないしは「生活 (life) の時間」に対して，「制度の時間」「政策の時間」が優位に立っているという問題点を指摘している（関編 2015：120-139）。この指摘にならって，復興をめぐる時間軸の問題を考えてみたい（表9-2）。

　(A) 個々人の時間は，それぞれのおかれた条件（家族，居住，職業等）や生活条件によってさまざまであり，場合によっては同じ家族内でも異なることがありうる。そして，そのことが生活再建にとっては深刻な問題と苦労とをもたらす。

　とくに子どもの成長，進級・進学などのペースが，居住の仕方を左右することが多い。「子どもが成長するまで避難を継続し，その後，帰還したい」といった意向を避難者から聞くことも多々ある。そして，この生活再建に必要とされるリズムは，必ずしも (B)〜(E) のリズムと平仄が合うとはかぎらない。むしろ，「帰還／移住」という二分法による枠固めは，これらのニーズとは齟齬をきたす。「復興」の語の忌避感の前提の一つには，この事態があると考えられる。生活実感とは離れたところで「復興」の進捗が語られるからである。

　(B) は，「生活インフラ」の整備に関わる軸である。生活インフラといっても，交通，下水道等のいわゆるハードな条件のみならず，医療，福祉，教育へのアクセス，商業圏，就労圏，社交圏など，さまざまな側面を含みもつ。

　残念ながら，原発事故災害の後，(A) と (B) とが対応せず，むしろ悪循環をきたす局面がみられる。(B) が整わないために，(A) として帰還が選択できず，多くの人がそうであるならば，(B) の軸でみる「復興」が進まない，等。居住地は避難先で，しかしそこから被災した地域に出向くといういわゆる「通い復興」は，この乖離を架橋しようとする生活者の立場からの実践である。

　(C) は，(B) と空間的範囲を重ねながら，しかし生活実態そのものではなく，その行政的枠づけであり，支援である。(A)(B) に寄り添うことが理念として求

められながら，たとえば (D) の制度的時間設定や時間枠組みが (A) (B) のニーズに合わない場合，しかも異論や固有の方針の模索が許容されないのであれば，(A) (B) のニーズからずれた時間を「適用」し，そのスケールで物事を粛々と進めていくことを強いられる。

多様な選択肢の保証へ

〈被災→避難→復旧→復興と帰還〉という経路が簡単には描けない。そうであるなら，通常の避難者支援策や復興政策とは異なる対策が必要となる。実際に，いくつかの施策がとられ，また政策・制度に関わっての提案がなされてきた。

2011年8月に「原発避難者特例法」が施行された。この趣旨は，他の自治体へと避難した住民が，元の居住自治体から住民票を移さなくても，避難先での行政サービスを受けられることにあった[26]。ただし，対象はあくまで行政サービスに限定され，また「指定地域」（いわき市，田村市，南相馬市，川俣町，広野町，楢葉町，富岡町，大熊町，双葉町，浪江町，川内村，葛尾村，飯舘村）からの避難者に限定されていた。

災後，強制避難の対象となり，その長期化が予想されるなかで，対象自治体では，避難先での住民による生活の場の共有が必要だとの認識のもと，「仮の町」「セカンドタウン」「町外コミュニティ」「町外拠点」「サテライト」といったさまざまな名称での構想が提示された。2012年4月には，復興相が，「仮の町」構想の制度化を検討する方針を発表してもいた。しかし，受け入れ先自治体との関係や，集住の困難等の理由から，制度化されることはなかった。

「復興の速度」に関しては，「課題の迅速な解決」が目標とされ，「福島復興の加速化」においてもそうである。可能な局面についてはそれが好ましいことはいうまでもないが，とくに原発事故災害の場合，「迅速な解決」は該当しない。該当しない場合には，「課題が解決したものとする」（終わったことにする）という事態が帰結することになる[27]。むしろ，あわせて，「迅速には解決不可能な課題に対する長期的対応へ向けての，迅速な決定」が必要であったことが示唆されている。また生活再建へ向けて，これまでに類をみない「時間軸の再編」が必要であることは今後も変わりはないだろう。

2012年6月には，「原発事故被災者・子ども支援法」が成立した[28]。これは，いわゆる「チェルノブイリ法」を参照しながら立案されたもので[29]，画期的な

表 9-3 「特定復興再生拠点区域復興再生計画」の概要

	計画期間	一部解除	帰還困難区域の解除目標	解除5年後の人口目標	うち帰還者	事業所数目標	営農者数目標	帰還困難区域人口※※
浪江町	2023年3月	2019年度末頃	2023年3月	1,500人	1,300人	50	10人	約3,300人
双葉町	22年8月末まで	2019年度末頃	22年春頃まで	2,000人	1,400人	50	110人	約6,200人
大熊町	22年9月末まで	2019年度末頃	22年春頃まで	2,600人	1,500人	20	130人	10,500人
富岡町	23年5月末まで	2019年度末頃	23年春頃	1,600人	※	50	10人	約4,200人

(注) ※は，計画書に人数（内数）の記載なし。
※※については，内閣府原子力被災者生活支援チーム「帰還困難区域について」(2013年)を参照。
(出所) 各町「特定復興再生拠点区域復興再生計画」をもとに作成。

のは ①「予防原則」（従前の公害被害等への事後対応への反省から，とくに健康被害に対する事前の対策を重視）と，②居住・移動・帰還いずれの選択をも支援するとした点にある[30]。しかし，2013年3月と8月に公表された具体化案においては，対象地域が福島県浜通・中通に限定され，内容も従前の施策から前進するものではなかった。事実上の棚上げ状態におかれたまま，現在に至っている[31]。

日本学術会議・社会学委員会および，同・東日本大震災復興支援委員会・福島復興支援分科会では，被災実態の調査結果をもとに，この「支援法」の趣旨をも踏まえ[32]，計2本の提言と1本の報告を発表している（日本学術会議 2013, 2014, 2017）。「帰還か移住か」の二者択一を迫る「復興の加速化」の実態とは別に，長期にわたる被災の継続に対して，多様な選択を保証するための政策・制度提言は，すでになされている[33]。

おわりに

2017年5月に「改正福島復興再生特別措置法」が成立し，浪江，双葉，大熊，富岡各町の「帰還困難区域」についても，居住を可能とする「特定復興再生拠点区域」が設けられることになった。加えて，「帰還困難区域」の住民登録人口が相対的に少ない，飯舘村長泥地区（約250名），葛尾村野行地区（111名）についても，「特定復興再生拠点」として認定されることになった。

表9-3の「復興再生計画」は，予算の枠により時限がそろえられた，前述の「制度の時間」の現時点を表現している。避難指示解除5年後の人口は災前に比して控えめに見積もられざるをえず，しかもそれは，従前の住民とはかぎら

ないことが示されている。それ以外に見積もられている「人口」には，長期にわたる原発事故収束作業に従事する作業員も含まれている[34]。

　帰還し，現場での「復興」に取り組む人々，離れた地に居住しつつ，「通い」で「復興」を支える人々，故郷を離れつつ，なお故郷とつながりを保つ人々，そして，移住・一時居住というかたちをとりながら，収束作業を担う人々。災前にはみられない人口構成のなかで，いかに地域社会，コミュニティを再建・継承するかということが，今後の「福島の復興」における大きな課題となっている。

注
1) 福島県の場合，「災害公営復興住宅」については，同じ県内被災地でも津波被災と原発事故被災とではスピードに大きな差があった。自治体の事業ではあるが，新地町や相馬市においては，2014年の半ばにはすでに整備が完了しており，相馬市の場合，14年9月時点で仮設入居率が約5割に減少していた。
2) 福島県災害対策本部「平成23年東北地方太平洋沖地震による被害状況速報」（第1744報）
3) 避難者が避難を自治体に届け出る「全国避難者情報システム」に基づいている。ただし，公営住宅入居者など以外の避難者が把握されない場合があるなど，この避難者の捕捉にもれがあるという問題が指摘されており，それにともなって修正もなされてきた。この点については『原発避難白書』（関西学院大学災害復興研究所ほか編　2015）に詳しい。また，避難指示解除が進み，それにともなって住宅支援の対象外となることにより，「避難者」とみなされない潜在人数は増加することになる。実態としての避難者数と公的な統計数値としての人数の乖離という問題は，継続中であり，今後もいっそう深刻化すると考えられる。
4) 山下祐介によれば，とくに避難初期の「早く帰してくれ」「いつになったら戻れるんだ」という被災者の声が，「この帰還政策に強くむすびついてしまったきらいがある」（山下・市村・佐藤　2013：13）。また借り上げ住宅に住む者ではなく，高齢者の多い仮設住宅居住者の意見が反映されやすいことによる要望の偏りも指摘されている。避難者の見解・心情の記録と考察として，山本ほか（2015），佐藤（2013），山本（2017），高木（2017）を参照。
5) ここでは，放射線被害地域からの全面的な移住は不可能であったという前提をおいていることになる。
6) この地点指定については，世帯を対象とするピンポイント方式であった点が問題にされ，面的な指定を求める要望があった。また，地点指定を求める住民の要望がそもそも却下されるなどの経過もあった。現在でも住民による訴訟が継続中である。
7) 『朝日新聞』2014年6月19日付（福島版）。
8) 各市町村の公表数値（2018年1月末〜3月1日）に基づく。『河北新報』2018年3月4日付「旧避難指示区域帰還率15％」。

9) 『福島民友』2017年6月13日付「子ども避難者1万8910人　2万人初めて下回る」，同2018年6月5日付「県内避難の子ども　初めて1万人切る」。ただし，避難者全体の把握について述べたことがここでも該当する。また，脱避難後の居住についても詳細は明らかではない。
10) 『河北新報』2015年4月7日付「原発事故から4年　福島避難区域指定の12市町村　小中学生6分の1に」。
11) 『福島民友』2018年4月11日付「故郷での教育　手探り」。
12) 正確には，自主的に選択された避難ではないので，「避難指示区域（地点）外からの避難」というべきであろうが，ここでは流通し，一般化している表現を踏襲する。
13) 「第1次追補」では，発災当時（2011年12月末まで）の損害について，妊婦と18歳以下の子ども40万，それ以外8万円の賠償，「第2次追補」では，子ども・妊婦8万円，それ以外に追加費用として1人4万円。
14) このような「無理解」は，多くの強制避難者が集中した地域における「税金泥棒」といった非難にも共通している。強制避難の場合，避難先自治体に受け入れ住民1名あたり，月4万2000円が支払われていることが知られていないのであった。こういった「被害者の受益者扱い」を防ぐ手立てが自覚的にとられる必要があった。
15) 自主避難については，それが情報不足による感情的で非合理な選択に基づくものという認識がある。この点については，高橋（2015）を参照。合理的判断にとって情動の果たす重要な役割については，伊藤（2017）を参照。

　　他方で，避難を選ばなかった者が，「安全である」と確信しているともかぎらない。「大丈夫」と「万が一」のあいだで，ためらいつつ暮らしを営むという生活態度についての考察として，髙橋（2014）を参照。
16) ここでは詳述できないが，この決定に対しては，当事者・支援者から多くの抗議がなされた。また受け入れ自治体によっては，公営住宅の入居別枠の設定などの独自支援を打ち出し，支援の継続を選択したところもあった。
17) 国直轄で除染する「除染特別地域」と市町村が除染を進める「除染実施区域」とに区別された。後者については，本文中で述べるように，「完了」とされたが，前者については，「帰還困難区域」については，2018年から着手されている。
18) 福島市を例にとると，大量の除染作業員が訪れたことにより，賃貸住宅が払底し，市外に居をかまえる学生・新規赴任者が登場した。物件の払底により，いわゆる「住宅情報誌」は，休刊することとなった。
19) 地点によっては，除染後の放射線量の低下がさほどみられないという報告もあり，また線量の低下は，セシウム134の半減期が2年であることの効果であるという見解もある。もちろん，除染によって低下したという報告もある。
20) ここでいう「再除染」は，進行中の「フォローアップ除染」とは異なり，より長期をみすえた対応をさす。
21) 福島県内では，208カ所に約280万m^{3}の除去土壌等を保管している。さらに，仮置き場が1000カ所以上。自宅の庭先などでの現場保管が7万5000カ所以上であるといわれている。2018年度に入って，教育施設，公共施設を皮切りに，中間貯蔵施設（の手前の保管場）への移動運搬が着手された。
22) 「福島復興再生基本方針」が2012年7月13日に閣議決定され，「中間貯蔵・環境安

全事業株式会社法」が 2014 年 11 月に改正され，そこに「30 年」という期限が記された．

23) 福田徳三は，関東大震災後の対応について，「復旧」ではなく，「復興」でなくてはならないと説いた．これは，旧来の「江戸的なもの」を引きずる東京の悪しき側面を再現させることに対する批判という文脈でなされる用語の使い分けである（福田［1924］2012）．そのうえで，復興は，災害を「奇禍」とした特定のハード面偏重の事業ではなく，「生活本拠」の再建，「人間の復興」でなければならないと主張した．この主張を継承する論考が多々ある．たとえば，山中（2011），塩崎（2011），山下・市村・佐藤（2013）を参照．

24)「復興」という語の忌避に対しては，過剰な反応だという感想がいだかれることが多いかもしれない．この点に関して，「復興の今後」を考えるうえで，チェルノブイリにおける原発事故災害とその後に関する，尾松亮の教示が示唆に富む．「地域社会は『復興』のために急いでいないように見える」，「『復興』という『ことば』がないことで，皮肉にも住民たちは救われているように見える．せかされることなく，ゆっくりと地道な取り組みを続けている」（尾松 2016a：247）．

25) 稲垣文彦は，「中越地震」に至る過去の災害復興をふりかえりながら，右肩上がりの経済環境と，その後の経済環境とでは，構想されるべき復興の質が異なることを指摘し，「復興の軸ずらし」を提案している（稲垣ほか 2014）．既存の「復興スキーム」のあてはめに陥らずに，被災の個性に応じ，しかも復興後の社会のあり方をも展望した復興の必要性を提言したものとして，示唆に富む．

26)「東日本大震災における原子力発電所の事故による災害に対処するための避難住民に係る事務処理の特例及び住所移転者に係る措置に関する法律」．この対応はきわめて意義があるものであったと考える．ただし，限られた事例ではあるが，避難者の集いに陪席させていただいた際のお話からは，避難者自身や避難先の自治体が，この法律の趣旨を必ずしも認知していないこともうかがえた．

27) これこそ，「復興災害」の最たるものである（池田 2014，塩崎 2014）．

28)「東京電力原子力事故により被災した子どもをはじめとする住民等の生活を守り支えるための被災者の生活支援等に関する施策の推進に関する法律」．

29) この点については，尾松（2016b），日野・尾松（2017）を参照．

30) 第 2 条 2 に「被災者生活支援等施策は，〔中略〕支援対象地域における居住，他の地域への移動及び移動前の地域への帰還についての選択を自らの意思によって行うことができるよう，被災者がそのいずれを選択した場合であっても適切に支援するものでなければならない」と記されている．

31) 経緯については，日野（2014）を参照．法の組み立てがこの「棚上げ」に対する隙をもつ点についての考察として，清水（2014）を参照．

32) これら提言・報告においては，中長期の避難を支える制度提案として，今井照の提示する「二重住民票」（今井 2014, 2017）が参照されている．今井の提案で重要なのは，避難先における住宅・生活保障だけでなく，そこでの暮らしを支える根本となる「住民としての権利」の問題を起点としている点にあると考えられる．

33) 将来の生活展望を考えるうえで，グレーゾーンが大きい選択局面においては，「帰還か移住か」という選択は容易なものではない．そこには，「ためらい」「割り切れな

さ」(松井 2014) がともなわざるをえない。また、「思い切って」「断ち切って」移住を決めたという被災者のなかにも、故郷の空間や人間関係とのつながりを強く保ち続けていることを表現する方もいる。移住はすなわち故郷を見捨てることではない。

34) いわゆる「脱原発」のためには、新規建設や再稼働を止めるだけではなく、事故対応が必須であり、そのためには、原発労働者の労働条件や健康状態の保全が欠かせない。この課題に取り組む組織として、「フクシマ原発労働者相談センター」(http://www13.plala.or.jp/iwakisyamin/) がある。

参考文献

福田徳三(山中茂樹・井上琢智編),[1924] 2012,『復興経済の原理及若干問題』(復刻版) 関西学院大学出版会。
福島復興推進本部,2018,「ふくしま復興のあゆみ〔第 22 版〕」平成 30 年 3 月。
舩橋晴俊,2014,「『生活環境の破壊』としての原発震災と地域再生のための『第三の道』」『環境と公害』43(3)。
日野行介,2014,『福島原発事故 被災者支援政策の欺瞞』岩波書店。
日野行介・尾松亮,2017,『フクシマ 6 年後 消されゆく被害——歪められたチェルノブイリ・データ』人文書院。
池田清,2014,『災害資本主義と「復興災害」——人間復興と地域生活再生のために』水曜社。
今井照,2014,『自治体再建——原発避難と「移動する村」』筑摩書房。
今井照,2017,「避難自治体の再建」長谷川公一・山本薫子編『原発震災と避難——原子力政策の転換は可能か』有斐閣。
稲垣文彦ほか,2014,『震災復興が語る農山村再生——地域づくりの本質』コモンズ。
稲垣文彦,2015,「中越から東北へのエール——右肩下がりの時代の復興とは」『世界』876。
伊藤浩志,2017,『復興ストレス——失われゆく被災の言葉』彩流社。
関西学院大学災害復興研究所・東日本大震災支援全国ネットワーク・福島の子どもたちを守る法律家ネットワーク編,2015,『原発避難白書』人文書院。
加藤眞義,2013a,「『東日本大震災』による被災・避難と今後の課題」加藤眞義・髙橋準編『東日本大震災および原発事故によって生じた避難生活の実態と課題』福島県青少年育成男女共生推進機構福島県男女共生センター地域課題研究報告書。
加藤眞義,2013b,「不透明な未来への不確実な対応の持続と増幅——『東日本大震災』後の福島の事例」田中重好・舩橋晴俊・正村俊之編『東日本大震災と社会学——大災害を生み出した社会』ミネルヴァ書房。
加藤眞義,2014,「住むことの意味をあらためて考える——『東日本大震災』後の福島の事例から」『都市住宅学』2014(86)。
松井克浩,2014,「災害からの復興と『感情』のゆくえ——原発避難の事例を手がかりに」栗原隆編『感性学——触れ合う心・感じる身体』東北大学出版会。
日本学術会議東日本大震災復興支援委員会福島復興支援分科会,2014,「東京電力福島第一原子力発電所事故による長期避難者の暮らしと住まいの再建に関する提言」。
日本学術会議社会学委員会東日本大震災の被害構造と日本社会の再建の道を探る分科会,

2013,「原発災害からの回復と復興のために必要な課題と取り組み態勢についての提言」．

日本学術会議社会学委員会東日本大震災の被害・影響構造と日本社会の再生の道を探る分科会，2017,「報告 多様で持続可能な復興を実現するために——政策課題と社会学の果たすべき役割」平成29（2017）年9月15日．

野田正彰，1995,『災害救援』岩波書店．

尾松亮，2016a,『新版3・11とチェルノブイリ法——再建への知恵を受け継ぐ』東洋書店．

尾松亮，2016b,「事故を知らない子どもたち——放射線防護をどう伝えるか」『世界』2016年8月号．

佐藤彰彦，2013,「原発避難者を取り巻く問題の構造——タウンミーティング事業の取り組み・支援活動からみえてきたこと」『社会学評論』64(3)．

関礼子編，2015,『"生きる"時間のパラダイム——被災現地から描く原発事故後の世界』日本評論社．

清水晶紀，2014,「放射能汚染対策行政の法的構造とその課題」『行政社会論集』27(1)．

塩崎賢明，2011,「"創造的"復興で2次災厄も 阪神大震災の教訓を生かせ」『週刊エコノミスト』89(24)．

塩崎賢明，2014,『復興〈災害〉——阪神・淡路大震災と東日本大震災』岩波書店．

高木竜輔，2017,「避難指示区域からの原発被災者における生活再建とその課題」長谷川公一・山本薫子編『原発震災と避難——原子力政策の転換は可能か』有斐閣．

髙橋準，2014,「『戸惑い』と『とり乱し』——東日本大震災後の"ふくしま"からの試論」『行政社会論集』27(3)．

高橋征仁，2015,「低線量被ばく問題をめぐる母親たちのリスク認知とリスク低減戦略——千葉県・茨城県の汚染状況重点調査地域を中心にして」『災害復興研究』7．

戸田典樹編，2016,『福島原発事故 漂流する自主避難者たち——実態調査からみた課題と社会的支援のあり方』明石書店．

山本薫子，2017,「『原発避難』をめぐる問題の諸相と課題」長谷川公一・山本薫子編『原発震災と避難——原子力政策の転換は可能か』有斐閣．

山本薫子ほか，2015,『原発避難者の声をきく』岩波書店．

山中茂樹，2011,『漂流被災者——「人間復興」のための提言』河出書房新社．

山下祐介・市村高志・佐藤彰彦，2013,『人間なき復興——原発避難と国民の「不理解」をめぐって』明石書店（2016年に筑摩書房より文庫）．

吉田千亜，2016,『ルポ 母子避難——消されゆく原発事故被害者』岩波書店．

吉田千亜，2018,『その後の福島——原発事故後を生きる人々』人文書院．

第10章

持続可能な地域・コミュニティの復興に向けて

8年間の復興から見えてきたこと

吉野 英岐

　2011年3月11日の東日本大震災から8年が経過した。地震および津波の被災地では復興を旗印に，防潮堤の建設，地盤の造成，港湾施設や農地の復旧が進んだ。住宅，工場，商業施設，水産加工施設なども建設され，生活と産業の拠点も整備された。地震や津波で破壊された鉄道のなかで最後まで不通区間であったJR山田線の宮古～釜石間も，三陸鉄道に移管する形で2019年3月23日に再開され，原発事故の被災地を除いて鉄道はほぼ復旧した。また，三陸沿岸地域では既存の国道に代わる高速道路並みの高規格化した道路の建設が進み，2019年3月に一部区間を除いてほとんどが開通し，2019年中にはすべてが開通する予定になっている[1]。

　また，物的な復興だけでなく，就業機会の創出，社会関係の再構築，祭礼や行事の再開なども進められてきた。さらに，親しい人との死別体験や日常生活の喪失体験によるショックを緩和するような心のケア活動も継続的に行われ，最終的には，心の復興（人間の復興）につながっていくような支援活動や協働活動も進められてきた。

　一方，原発事故の被災地では，安全な生活環境の回復を図るために，除染作業が行われ，日常生活を送ることができる（と想定される）放射線量まで値を

下げることが進められた。その結果、避難指示は徐々に解除され、帰還困難区域も縮小されてきた。避難者がもとの居住地に戻り、そこで生活再建を進めるための環境整備活動も行われている。

このように復興が進み、被災地では多くの新しい構造物が建設され、復興前とは大きく様変わりした景観がひろがっている。高台移転地の整備や土地区画整理さらには新しく建設された災害公営住宅への入居もほぼ完了し、被災者は新しい居住地で、ともに移転した居住者や新しく他地域から入居した方々と近隣関係を取り結びながら生活している。本章は発災から8年という時間が経過した時点で、東日本大震災から8年間の復興を地域・コミュニティの持続や再生あるいは変容という視点からとらえ直し、今後の被災地域の持続可能性を考察する。

1 東日本大震災からの復興の特徴
──地震・津波被災からの復興を中心に

10年間の復興計画と巨額の国費負担

2011年3月11日の発災後、政府は同年4月11日に東日本大震災復興構想会議の開催を閣議決定した。政府は同会議を設置する趣旨として「復旧の段階から、単なる復旧ではなく、未来に向けた創造的復興を目指していくことが重要である」と記して、創造的復興が提唱された。東日本大震災復興構想会議は同年6月25日に「復興への提言」を発表し、復興構想7原則が示された（本書第1章参照）。さらに、7月29日に発表した「東日本大震災からの復興の基本方針」において、復興期間を10年間と定め、復興期間の前期5カ年にあたる2011年度から2015年度を「集中復興期間」とした。そして、2012年2月に復興庁が創設された。

その後、主たる政権与党が民主党（当時）から自民党に代わったが、復興の推進は継承された。その結果、5年間の集中復興期間において、国費のみで26兆3000億円の復興予算が組まれた。その後、政府は復興期間の後期5カ年である2016年度から2020年度を「復興・創生期間」として、2016年3月11日に「『復興・創生期間』における東日本大震災からの復興の基本方針」を閣議決定した。政府は復興・創生期間における復興基本方針として、地震・津波被災地域における多様なニーズに対して、切れ目なく、きめ細かく対応を実施すること、福島における復興・再生には中長期的対応が必要であることから、

「復興・創生期間」後も継続して，国が前面に立って復興に取り組むこと，そして被災地を人口減少等の「課題先進地」と位置づけ，地方創生のモデルとなるような「新しい東北」の姿を創造することを掲げている。

政府は2016年からの5年間の復興・創生期間の復興予算を約6兆5000億円（一部については地元が負担）と試算し，被災から10年間で総額33兆円近くの国費が復興事業に投入されることになった。そして，復興・創生期間の終了までに，地震・津波被災地のインフラ整備を完了させるとともに，具体的な復興活動として，①被災者支援（健康・生活支援），②住まいとまちの復興，③産業・生業の再生，④原子力災害からの復興・再生，⑤「新しい東北」の創造の5つを挙げた[2]。こうして，復興は成し遂げるものであり，また成し遂げなければならないものとなった。

人命の尊重

東日本大震災では2万人近くの人命が失われた。犠牲者の数は近代の災害のなかでも突出して多い。そのため，復興にあたっては二度とこのような大きな犠牲を出さないこと，つまり人命の尊重が最も優先されたと考えられる。津波災害からの復興にあたって，いち早く議論されたことは，津波から人命や市街地を守るための防潮堤の建設であり，その建設予定地と高さを決定することが重要な課題となった。従来の防潮堤の復旧ではなく，L1津波と呼ばれる規模の津波の発生を想定して，その規模の災害に対応できる高さをもつ防潮堤を海岸線に建設することが，復興計画の前提となった。この結果，ほとんどの津波被災地では巨大な防潮堤の建設が進められたが，建設をめぐって地元住民との軋轢を生んだことは第4章に書かれているとおりである。

さらに今後の津波被害を回避するために，自治体は災害危険区域を設定し，住宅の建築を制限し，高台や内陸への集団移転を促進した。同時に，安全な区域に被災者向けの集合形式および戸建て形式の公的住宅（災害公営住宅）を被災者の意向に沿って建設することが目指された。こうして人命尊重の観点から，防潮堤の建設，集団移転の促進，災害公営住宅の整備が多くの被災地で進められた。そして，そのために必要な費用のほとんどを国が面倒をみるかたちとなり，復興は政府直轄事業という性格が強まった。とくに災害公営住宅の建設にあたっては，後述するように政府による直轄調査の実施と，住宅整備における国庫負担の適用範囲の拡大と負担割合の拡大が行われ，政府の強力なリーダー

シップによる住宅整備が行われた。

　震災で多くの犠牲者を出した反省から，人命を尊重し，そのための安全性を最大限重視する復興を進めるということ自体は合理性が高い。被災地をより安全なかたちで再生することは当然である。しかし，その安全性の確保が高台移転地の整備や高層住宅の建築というようなモノに頼ったかたちで進められ，住民一人ひとりや地域住民がどのように災害規模を認識し，いち早く避難行動をとれるようにするにはどうしたらいいのか，避難所や応急仮設住宅での生活をどのようにすればいいのか，自ら命を守り，被災後は周囲の被災者との関係を構築しつつ，助かった命をつないでいくためにはどうしたらいいのかという点については，多くの課題が残されたままとなっている。

　また，安全と思われる高台移転地の造成に多くの費用と時間がかかったため，想定していたよりも移転地に移る被災者の数が大幅に減少したり，なじみのない土地への転居や被災前とまったく異なる集合住宅での生活様式に戸惑いを感じたり，新しい人間関係の形成がうまくできないなどの課題も見られた。

コミュニティ活動への支援

　避難所や応急仮設住宅では，被災者への住宅の提供という側面だけでなく，避難者や入居者の孤立や孤独死の防止，および心身の健康維持についてさまざまな配慮がなされた。茶話会やふれあいサロンあるいは体操やウォーキングなどを行う活動メニューが実施され，被災者どうしのコミュニケーションの確保や健康の維持が目指された。そして気軽に集まることのできる集会所や集会室の整備と，行政やNPOやNGOなどの支援者による日常的な運営とイベントの企画が数多く進められた。同時に，避難者や入居者による住民自治組織の形成が政策的に進められ，自律的，自治的なコミュニティ活動の回復が目指された。

　本設住宅にあたる災害公営住宅でも，自治体は専門家やNPO等の協力を得て，住民自治組織の形成とさまざまなコミュニティ活動の継続に向けた支援政策をとった。しかし，集合住宅形式の災害公営住宅は堅牢なドアによる高い安全性の確保とプライバシーが保てるような厚い壁のある建築構造のため，避難所や仮設住宅のような社会関係を構築することが難しくなってしまう事例もあった。このように従来とは大きく異なる居住形式が，かえって被災者に困惑や戸惑いを与えてしまった例もみられる。

さらには被災から8年が経過した時点で課題となってきたのは，被災者コミュニティの段階的な解消という施策である。いくつかの災害公営住宅では想定よりも被災者の入居が進まなかったり，入居者の転居や死亡等で，空室がでているケースもある。そのため災害公営住宅の設置自治体では空室の解消と家賃収入の確保のため，被災者に限ってきた入居資格を一般の住宅困窮者にも拡大し，入居率を高める方式を導入しつつある（吉野 2019）。災害公営住宅では被災者の孤立を防ぐため，支援団体や社会福祉協議会による見守り活動や個別訪問の実施や被災者どうしの交流を進めていくためのサロン活動の実施がなされてきたが，一般住宅化すればその活動は困難にならざるをえない。被災者のコミュニティへの継続的な支援は被災から8年が経過した時点で，曲がり角を迎えている。

グループ補助金による産業の復興

被災地の復興には産業の再生や創造は不可欠である。そこで東日本大震災からの産業復興のためにさまざまな手法がとられた。被災地ではまず，独立行政法人中小企業基盤整備機構によるプレハブの集合形式の仮設店舗の建設が進み，入居事業者は応急仮設住宅の入居者同様に家賃負担なしに事業の再開を図ることができた。被災地では仮設商店街が形成され，被災者の生活支援や被災地を訪れる支援者や工事関係者に向けたさまざまなサービスや商品を提供した。

復興庁は本格的な産業復興の課題として，①産業復興の加速と事業者の自立，②農林水産業の再生，③観光の振興と交流人口の拡大，④原子力災害からの産業・生業の再生の4点を挙げた。このうち，①の産業復興の加速と事業者の自立という課題に対応する事業項目として，企業立地補助金（経産省事業），復興特区制度（税制上の特例，金融上の特例），中小企業等グループ補助金（経産省事業）がある[3]。

中小企業等への「グループ補助金」（中小企業組合等共同施設等災害復旧事業）は本書第1章でも触れたが，東日本大震災からの復興ではじめて事業化されたメニューで，被災事業者がグループを形成して事業再開の計画書を提出し，公益的観点から承認を得られれば，施設等の復旧整備に関わる事業費の4分の3を公的に支援する制度で，多くの被災事業者がこの補助金を活用して事業の本格的な再開を目指した。2018年2月現在で705グループ，1万1400以上の事業者への補助金の適用が決定し，採択された事業費の総額は4528億円に上っ

ている。

　このように被災地の生活再建に必要な商店や商店街の復興についても，手厚い補助制度が創設された。グループ補助金制度は地方に多い中小企業を支援する新しい枠組みとして，その後の熊本地震後の復興でも採用され，地元企業による産業復興の大きな支援策となった。ただ，この事業における産業復興の担い手は地元の被災事業者が想定されており，被災地外から来たまったくの新規参入事業者はこの事業の対象となっていない。そうすると，ともすれば原状回復的な復旧にとどまってしまい，創造的復興につながらないことも考えられる。そこで，政府が用意したもう一つの産業復興のキーワードが「新しい東北」である。

「新しい東北」というスローガン

　本書第1章でも取り上げたが，復興庁は「各地域において，各々の課題を解決し，自律的で持続的な地域社会を目指す取組」を「新しい東北」と表現し，「被災地自治体，民間企業，大学，NPO などの多様な主体が，まちのにぎわいを取り戻すために，これまでの手法や発想にとらわれない新しい挑戦に取り組んでおり，復興庁としても，多様な主体間での情報共有の場を提供するなど，様々な支援等を実施」していると述べている。こうした観点から，農業，漁業，水産加工業，製造業においては，上記のグループ補助金に加えて，新たな担い手による創業・起業の促進が図られた。農業分野においてはトマト栽培などの施設野菜の分野で先進技術を取り入れた大型施設の導入とその事業主体となる法人の設立が行われた。漁業分野では漁業特区の設定による養殖業への新規参入者がはじめて認められた。また水産加工業や製造業でも新技術の導入による商品開発や，新たな販路の開拓などが目指された。

　復興庁はこうした活動を支援する組織として，2013年12月に「新しい東北」官民連携推進協議会（以下，協議会）を設立した。協議会は「復興に携わる多様な主体（金融，大学，NPO 等）の連携を推進するため，これらの主体の取組に関する情報の共有・交換を進めるための取組」を行うことを目的としている[4]。協議会はこれまでさまざまな連携事業を実施してきたが，2015年度から民間のクリエイティブな発想と広いネットワークを活用して戦略的な情報発信を推進する「新しい東北」官民共同 PR 事業（2015年度）や，東北の挑戦の成果を全国に情報発信し，復興支援の輪を拡大する「新しい東北」情報発信事業

(2016年度～)を行っている。産業部門の担い手のほとんどは民間事業者であることから、政府は復興を進めていくために上記のような多くの補助事業を実施したが、産業分野が多岐にわたるため、事業を推進していくためには共通の目標が必要である。「新しい東北」は、東北地方に幅広く見られる旧来の事業内容や企業組織を超える共通の目標として提示され、民間の新たな発想の奨励、ネットワークの構築、情報の発信に力を入れることが目指された。

グループ補助金による中小企業の復興支援策は、多くの事業者に受け入れられ、成果をあげたが、長い時間をかけて形成されてきた産業構造自体は震災にあったとしても一朝一夕に変わるものではない。「新しい東北」は新技術の導入と特区の創設を梃子にした復興スローガンであって、産業構造の大きな変動をもたらすまでには至っていない。「新しい東北」は復興過程で従来の産業構造や企業意識に風穴を開けることが目指されていたと思えるが、現時点では新しい産業の創出を包括的に支援するキャッチフレーズにとどまっているとみることができよう。

2 復興への評価

巨額国費負担の功罪

災害からの復興は従来から国、県、市町村等の公共団体が事業主体となって進められることがほとんどである。防潮堤、道路、港湾、橋梁、鉄道など、以前から公的主体が所有し、管理してきた資産が地震・津波で破壊された場合、それらを再度、公的主体が復旧、復興すること自体に問題はない。被災により財政力が弱くなった自治体からすれば、全額国費で復興事業を進められるのは大きなメリットであるし、被災者にとっても国が前面に出て復興を行っているということを認識しやすい構図になっている。

今回の災害では政府は20年間にわたる復興税を創設し、国民負担による財源を確保し、復興交付金等で県・自治体に対し建設資金を国費で負担するスキームを採用した。復興税の創設は財源の確保上やむをえないことであるが、広く国民負担を求めることで財源を確保できたことにより、復興予算が膨れ上がる傾向にあるという点が指摘できよう。適正規模の復興という考えよりは、予算をできるだけ最大化するという財政規律の緩みを生んでしまったのではないか。また巨額な復興予算によって費用のほぼ全額を国費投入によって賄うスキ

ームが，モラルハザードや流用という問題を誘発したことは否めない。こうしたことから，復興事業が政府に過度に依存するかたちで進められたことについては，すでにいくつかの批判的見解が示されている（塩崎 2014）。

被災前の状況を準拠点とした復興

　産業復興の旗印である「新しい東北」というスローガンを文字通り受け取れば，被災地の復興は新しく打ち立てられたモデルを目標に進められていくべきものである。しかし，実際の復興は，被災前の人口や世帯数，農林水産業や商工業の販売金額や製造金額等を基準値として設定し，復興の評価は基準値に対してどこまで回復したか，あるいは超えたかという回復度あるいは回復率で計測され，節目節目でそれらの数値が公表されてきた。たとえば，人口や産業の復旧の度合いは，復興前の基準値への「回復率」で表記されている。

　復旧ではなく復興というものの，復興の目安として被災前の状態への回復あるいは被災前を少しでも上回るような状態が目指されていることから，復興の基本的な評価軸は復旧に限りなく近いものになっているといえるのではないか。創造的復興あるいは「新しい東北」というのであれば，被災後の人口や暮らしや産業面での地域社会の構造について，被災前の状況にとらわれず，理想的な未来の状態を想定して，その姿に現状をどれだけ近づけていくかというような考え方になっていなければならない。しかし，現実はそうはなっておらず，結果的には過去に準拠した復興が目指されている。

スピード重視と合意形成の課題

　さらに今回の復興で重視されたのは復興のスピード感であった。被害が甚大であったことから，復興計画の期間は10年という長期間に設定され，当初から復興には一定時間が必要となることが想定されていた。その後，防潮堤の建設や高台移転地の造成のための用地の取得が，所有者不明土地や相続のための名義変更を行っていない共有名義の土地の存在などから，難航していることが明らかになった。また復興工事の場面でも，工賃の上昇や作業員の確保ができないために，予定された期間に工事が終了できないケースがみられた。

　そこで2012年4月13日に，当時野党だった自民党は，復興へ向けた動きを加速化させるために，すでに設置していた「東日本巨大地震・津波緊急災害対策本部」を再編し，自民党総裁を本部長とする「東日本大震災復興加速化本

部」を立ち上げた[5]。その後，政府においても復興の遅れを懸念する観点から，農地法の規制緩和などの復興加速化措置が講じられるようになった。さらに復興庁と関係省庁は2013年2月22日に，「住宅再建・復興まちづくりの加速化のためのタスクフォース」の第1回会合を開き，「住宅再建・復興まちづくりの加速化措置」(第1弾～第5弾)とそのフォローアップが打ち出され，100近い加速化措置が実施されてきた。その後，2015年1月16日の第8回会合で，災害公営住宅・高台移転事業および民間住宅の自立再建の課題と対策を整理した「住宅再建・復興まちづくりの隘路打開のための総合対策」が発表された[6]。

　このように復興の加速化が大きな政策目標となったことから，加速化はあらがえないキーワードとなった。復興のスピードを上げることは必要ではあるが，その過程で住民合意や熟議といった一定の時間を必要とする手続きがとりにくくなってしまった懸念も残る。スピードを優先するあまり，十分な合意を欠く復興事業になってしまっていないかは今後の検証をまたなければならないが，政府があえて隘路という言葉を用いざるをえなかったことをみても，今回の復興における用地取得の際にさまざまな課題が顕在化したことは明らかである。本書第4章でも指摘されているとおり，十分な合意形成を図りながら復興事業を進める手法の確立については今後の大きな課題として残されている。以下，なぜ今回の復興が上記のような手法で進められたのかを，復興の概念を検討することを通じて論じたい。

3　復興の再検討

近代復興の確立

　東日本大震災からの復興を考えるにあたり，その全体像をどのように特徴づけ，評価したらいいだろうか。本節では建築史および社会学の分野からの考察を改めて紹介し，それらを踏まえて，今回の復興のもつ独自性を論じる。

　建築史の分野から今回の復興を「近代復興」という表現で，批判的に考察する試みがあることは，本書第2章で指摘した。日本建築学会の機関誌である『建築雑誌』の2013年3月号で，「『近代復興』再考」が特集として組まれている。編集委員会による特集前言である「20世紀後半型レジームを超えて」において，「『近代復興』は20世紀前半の災害復興の経験をベースとしているが，20世紀後半の戦後日本社会の刻印が深い。そして，20世紀末にはすでに限

界・矛盾が露呈したが，現在も大きな書き換えのないまま適用され，難問がより顕著に浮き上がっている」（日本建築学会編 2013：10）と述べられている。そして，「大災害が起こると，基盤整備を優先するために被災地をいったん凍結し，被災地から離れた場所に仮設住宅を公的に供給するなど，発災から復興宣言までのフェーズを互いに干渉が生じないように切り分けつつ，マッシブな建設が推進される。事業の主体は自治体だが，全体スキームは中央政府・官僚が主導し，その間を省庁縦割りの補助金が媒介している」（日本建築学会編 2013：10）と述べた上で，今回の復興がまさにこのような中央政府が主導するかたちで進められたことを，その後の論考や対談で明らかにしている。

まず，「『近代復興』とは何か」で中島直人は，近代復興を「わが国の近代において成立し，実装されてきた，災害後の市街地や生活の回復のための対応に関する思想・取組み・体制，それらの総体を意味する」（日本建築学会編 2013：12）として，その特徴を以下の5点にまとめている。1つ目は「政府・官僚主導型で開発を前提とし，迅速性をよしとする」，2つ目は「被災地には現状凍結（モラトリアム）を要請し，基盤（インフラ）整備を優先する」，3つ目は「政府が供給する仮設住宅，そして復興住宅へという単線型プロセスが用意されている」，4つ目は「政府の（補助金付）事業メニューは標準型であり，しばしば事業ありき，の発想となる」，そして5つ目は「わが国では1961年の災害対策基本法の制定によって枠組みが整えられ，阪神・淡路大震災までに完成した体制」である。

そのうえで，「近代復興」は，自助（個々人が自力で生活を再建させていく自律的なプロセス）や共助（備荒貯蓄やお手伝い普請，ボランティア活動のようなお互いを助け合うさま）に対する公助（国家が国民や国土の救済，回復の責任を負い，一元的にその権限をもつ体制）の優位によって特徴づけられると指摘している。公助の主役は官僚機構と産業資本であり，国が復興の内容を規定する事業と，それを担う産業資本が中心となり，被災者の自助や地域の共助はその周辺に位置づけられた。

中島はこうした「近代復興」を支えていたのは福祉国家の思想で，経済成長と人口増大が前提になっているが，今日の日本社会はもはやそういった状況にはないと述べている。そこで，「ポスト近代復興」への転換が求められており，そこでは地方自治体の主体性の回復ないしは獲得も重要な論点としている。

続いて，「被災後対応の歴史に学ぶ――災害対策の新しい枠組みに向けて」

で吉川仁は，被災者への公助の基本を定めた「災害救助法」（1947年制定，細則は1953年に制定）および，わが国の災害対策の枠組みである「災害対策基本法」（1959年制定）に至る歴史的経緯を分析している（吉川2013）。吉川によればわが国の近代初頭から戦前までは，内務省と勅令のもとで，救護から住まい再建や生活の回復，産業復興などの被災後の対応は一元化されていたという（日本建築学会編 2013：18）。それでも都市市街地の復興は土地区画整理が定番化した一方で，民生や産業の復興は別の方式で行われることになったとしている。戦後，新たに制定された「災害救助法」は，最低限の応急救助を明確にしたものの，それを超える対応は縦割りの担当部局の裁量に任された。その後，制定された「災害対策基本法」は縦割りの弊害を解消することを目指したが，復興は包含されなかったと吉川は述べている。吉川は，事前の備えから，応急から復興に至る被災後対応をサイクルとしてとらえるような「（新）災害対策基本法」を構築すべき時期かもしれないと結んでいる（吉川 2013）。

1950年代型復旧レジームと工程の物象化

社会学からもこうした見解に呼応するようなかたちで今回の復興への見解が提示されている。本書第4章で中澤秀雄は今回のような復興の進め方を，「1950年代型復旧レジーム」と表現している。中澤は小熊英二の論説を引きながら，「1950年代型復旧レジーム」を，1950年代に形成され，1961年の災害対策基本法制定により，ほぼ完成したもので，太平洋戦争の戦災を受けて，ゼロからの国土再建という状況を前提につくられた法制であると述べている。その特徴として，土地区画整理事業による一気呵成の地域の改変，一日も早い復旧（復興）というセンチメントに基づく合意形成手続きの省略があるという。中澤はこうしたレジームは「次の災害に備えた強靭化」を復興計画にビルトインするように構想されており，東日本大震災後の復興手法が高台移転と土地区画整理と防潮堤の組み合わせからなるもので，「強靭化（本章の表現でいえば安全性確保）という意味でやれることを全部やる」計画になっているという。

しかし人口減少の局面下，「コンパクトで合理的な『空間デザイン』なしには，未来が展望できない」が，「縮小傾向にある場所が被災したあと『空間デザイン』をサポートする仕組みが決定的に不足している」ことを，「今回の復興が露わにした」と結論づけている。

津波被災地では，2011年の被災後から国土交通省が「直轄調査」を実施し，

災害公営住宅の建設計画の策定が開始された。直轄調査をめぐっては，中澤は，防災まちづくりの経験が浅かったり，三陸沿岸地域に土地勘のない事業者が含まれていたことから，被災地の生活実態と復興計画のミスマッチが生じているという指摘があることを紹介している。中澤は，2011～12年度に巨額の復興予算がついたことと，東日本大震災後に創設された復興基金が取り崩し型であったため，各自治体は復興に使える財源を使えるうちに使うという流れが形成され，計画の過大化や固定化，工程表の物象化が生じたと指摘している。

今後の復興を考えるにあたり，中澤は，復興を「まちとくらしの持続可能性の再建」であり，「被災者が外部から関わった人々の参加の力がうまくデザインされ編みあわされた状態」ととらえている。そして，天下り的につくることができる「計画」ではなく，創発的なコミュニケーションが時間をかけて重ねあわされた結果でてきた空間設計を意味する「デザイン」の重要性を説いている。中澤は市町村における住民の合意形成のためのデザインとコーディネーションの経験の重要性を指摘し，「住民と行政の間に入って合意形成を担う専門職能（ファシリテーション，ファシリテーター）を認め，優れた職能者を目利きし適正な対価を支払う仕組み」づくりを提案している。

復旧・復興の呪縛からの解放を

以上みたように，今回の復興の大きな特徴は，政府主導の復興政策と巨額の公費投入によるいわば官製復興という点にある。政府は未曾有の被害をもたらした東日本大震災からの復興にあたり，復興構想会議を2011年6月に立ち上げ，その後，復興基本法を制定し，復興庁を設立して，政府主導の体制を整えた。そして，政権交代をはさみながらも総額で26兆円を超える復興予算を計上し，復興の推進役を務めた。復興の財源として20年間にわたる復興特別税を国民に課して，長期にわたって全国民で復興を支える体制を構築した。

復興予算の多くはインフラ整備に費やされてきた。主に地震や津波で破壊された道路，港湾，堤防，橋梁，鉄道関連施設，行政庁舎，ホール，スポーツ施設から民間の工場や船舶，商店街，個人住宅に至るまで，多くの建築物の再建や新たな建設に巨額の復興予算が使われてきた。原子力発電所の爆発という過酷事故からの復興についても，汚染水の処理や廃炉に向けた準備など，発電所施設に関する費用に加えて，避難者の生活再建に関する多くの費用を拠出してきた。

東日本大震災はこれまでの大規模災害と比較しても格段に規模の大きな災害であるばかりでなく，原子力発電所の爆発事故による被害を含む複合的な被害がもたらされた災害でもある。したがって，これまでの復興法制や事業手法では十分にカバーできない部分が多い。また，上記の近代復興でも触れられているように，経済成長が鈍化し，本格的な人口減少局面での災害であることに加えて，公的な負債が重くのしかかる財政構造やグローバル化の進展のなかで産業構造が大きな転機を迎えている局面での災害でもあった。このような社会・経済的状況では，旧来の意思決定の方式や資源配分では復興が十分に達成できないことが，これまでの8年間の経過のなかで明らかになったのではないか。
　官製復興というと復興予算の大きさばかりに目がいってしまうが，より大きな問題は復興にあたって被災地の住民や事業者の間で十分な合意形成を欠いたまま事業が進められた点にある。中澤も指摘するように，計画と工程の物象化が起こり，住民自身による合意形成や意見表明はわずかな事例でしか見られなかった。今回の災害の被災地では，長い年月をかけて築き上げられてきた生活様式や農林水産業を基盤とする産業形態が確立していた。被害は甚大であったが，一度の震災でこれまで築き上げられてきた社会や合意形成の手法が根本的に変化するものではないと思われる。とくに生活と生産の拠点である地域社会のありようについては理解や配慮をしたうえで復興を進めていく必要がある。

4　地域・コミュニティへの配慮とその帰結

コミュニティ主体の復興は可能か

　復興構想会議による「復興への提言」で提案された7つの原則のうち第2番目の原則は，「被災地の広域性・多様性を踏まえつつ，地域・コミュニティ主体の復興を基本とする。国は，復興の全体方針と制度設計によってそれを支える」となっている。しかし，実際の復興プロセスでは，国の復興の全体方針が先に決まり，その遂行のために計画の策定と予算措置が行われ，地域やコミュニティはその計画の客体（対象）になってしまっている。地域・コミュニティ主体の復興は実質的に実現していないといわざるをえない。なぜ，このような事態が生じたのであろうか。地域・コミュニティの自律性や調整能力への過度の期待が復興構想会議側にあったのだろうか。あるいは地域・コミュニティが自律性や調整能力を発揮できないような状況があったのだろうか。

小規模な都市や農山漁村地域を多くかかえる東北地方の地域社会には，有形無形の数多くの共有・共用財産が存在している。物財としての集会所や公民館，共有地や共有林，墓地や漁場，あるいは祭礼や民俗芸能や伝統芸能など，個人の所有や管理には分割できないさまざまな有形無形の資産が存在している。地域社会の住民はそれぞれの資産を共同で管理し，芸能や祭礼を共同で実施しながら暮らしと生業を維持してきた。このように地域・コミュニティは共同利害関係者の集まりという側面をもっている。とくに農林水産業に従事している成員の多い地域では，分割が困難な資源や資産の管理団体ともいうべき漁業集団，入会集団，土地改良区，水利組織などがその典型である。したがって，有形の共有あるいは共用資源と祭礼や地域行事等の無形資源を使用，利用，維持，継続，そして管理していくことが地域・コミュニティの重要な役割になっている。こうした役割の遂行を通じて，そこに田中重好が指摘するような地域的共同性が存在していたと考えられる（田中 2010）。
　しかし，近代化や社会変動のなかで，多くのコミュニティではそうした基盤や紐帯は弱体化していたと考えられる。かつて重要な資産であった山林は木材の経済的価値の下落から手入れが行き届かなくなり，利用されないまま荒廃しつつある。人口減少と人口の高齢化，そして農産物価格の低迷により耕作放棄地となった農地が増大し，ため池や水路の管理もままならなくなっている。また担い手の不足から休止される伝統芸能も少なくない。このように今日の地域・コミュニティはかつての姿とは大きく様変わりしている。その結果，震災後の避難時において，吉原直樹は「あるけどなかったコミュニティ」という状況が見られたと指摘している（吉原 2013）。吉原はコミュニティ自体の存在や意義を否定しているわけではなく，従来の町内会や自治会に代表される既存のコミュニティにかわる新しいより開放的なサロン型のコミュニティの生成に期待を寄せている。ともあれ，地域・コミュニティ主体の復興を基本とすることがうたわれながらも，コミュニティは消滅しないまでも，大きく変容していたと考えられる。

コミュニティ資産の公有化の影響
　復興事業はこれまでみてきたように，国，県，市町村等の公共団体が事業主体となって進められることがほとんどである。津波復興拠点整備事業や防災集団移転事業等において，県や被災自治体は国からの財政的な支援を受けて共有

地を含む民有地を買い上げ，そこに新しい防潮堤や道路，災害公営住宅，集会施設や，ショッピングセンター等の集客施設を建設している例が多い。港湾整備や橋梁など，以前から公的主体が所有し，管理してきた資産が地震・津波で破壊された場合，それらを再度，公的主体が復旧，復興することは当然のことであり，政府が復興交付金等で県・自治体に対し建設資金を負担することは，これまでの復興においても見られてきたことである。

　ここではもう一つの問題を指摘したい。それは被災や復興事業によるコミュニティ資産の公有化とその影響である。今回の被災後に災害危険区域に指定された宅地，高台の集団移転地となった区域，そして防潮堤の建設用地になった区域等にある民有地は，基本的に県や自治体が買い上げ，公有化して整備を進めた。そのような被災地や周辺地域にはコミュニティや地域社会が所有，利用，管理してきた共有地，共有林等が存在している場合がある。復興の加速化のところでも触れたが，それらのなかには所有者不明土地や相続のための名義変更を行っていない共有名義の土地があり，用地の取得が難航した事例が少なくないが，さまざまな措置が講じられて公有化が進んでいった（麦倉・吉野 2013）。また海岸に近いところにあった公民館，集会所などには地区住民が共同で所有している施設もあったが，多くは津波で消失したり，破損したため，新たに公的主体が所有する施設が建設された。もちろん，震災後に地域・コミュニティに新しい施設を建設する余力はなく，公的主体が主体的に進めざるをえなかったが，結果的には被災地や周辺地域から地域・コミュニティが共有してきた土地や建物は大きく減少したと思われる。

　被災地域のコミュニティはすでに大きく変容していたと述べたが，今回の復興の過程で地域・コミュニティの資産の公有化が進んだことで，住民の社会関係の物的基盤が消滅し，その結果，コミュニティの共同性はもはや不可逆的に弱体化していったことが想定される。地域・コミュニティはある意味で物的基盤を欠き，相当痩せ細ってしまったといえよう。

　そうしたなかで，被災地では社会関係の再構築への期待が語られ，コミュニティの再生が模索されている。県や市町村が整備した応急仮設住宅や災害公営住宅およびその附帯施設である集会所の利用や管理にあたっては，入居者や利用者がグループをつくって自主的に運営することが推奨されている。一時的な社会関係は形成できても，持続的かつ自律的な合意形成が可能な地域・コミュニティの形成は容易ではない。以前は認められなかった被災後の個々人への支

援金の支給については，生活再建支援金等の創設と運用でかつてよりも充実したが，法人格のない地域・コミュニティへの補償や支援金の給付は欠如したままである。コミュニティは近隣の地縁的な社会関係の累積体ではあるが，実態的な存在という側面は弱く，補償はほとんどみられない。さらに，今後，公営住宅等の公有資産の個人への払い下げ（所有権の譲渡）が視野に入ってきているが，地域・コミュニティの多くは法人格をもっていないことから，資産の払い下げの受け皿になる可能性は低い。

こうして結果として，公によるコミュニティの代替が進行し，肥大化する「公」と縮小化する「共」という構図が顕著になってきた。復興事業によってコミュニティが実質的に所有し，管理してきた資産・財産・資源の解体と喪失が進み，その代わりに公営・公設あるいは民間事業者による所有と運営が拡大し，復興したインフラのほとんどが公と私に振り分けられてしまった現実がある。コミュニティは復興過程において一段と主体性・自立性・自律性を減退させつつある。では今後はどのようにしていけばいいのだろうか。

5 ポスト復興と持続可能な社会構築に向けて

復興プロセスの検証

建造物の整備に関係する復興事業の多くは，被災から8年を経て完了しつつある。今後はこれらの施設を十分に使いこなしていくことが必要であるが，同時に今後の災害そして復興に備えて今回の復興プロセスの検証作業を行っていくことも必要である。

今回被害の大きかった三陸沿岸地域は震災前から人口減少と高齢化が進行し，自治体はさまざまな対策を講じていた。そのさなかに今回の東日本大震災が発生した。そして，復旧から復興へと事業が進展していくプロセスのなかで，事業主体となった国，県，自治体ではどのような課題と解決策が認識されていたのか，復興事業の計画段階や実施段階で住民の主体的な関わりはどの程度達成されたかなどについて綿密な検証作業が必要である。被災直後に政府，都道府県，市区町村あるいは警察や消防などで責任ある立場で現場を指揮し，復興計画の策定に尽力した職員の多くは，定年退職等で職場を離れつつある。また被災から時間が経過していくなかで，住民層も入れ替わり，震災の記憶も薄れていくことが懸念される。

そこで当事者でなければわからない状況判断の理由や背景などを，関係者に聞き取る機会を積極的につくり，その経験知を今後の復興政策に役立てていくためにも，復興における意思決定および実施のプロセスの検証が必要である。たとえば，災害公営住宅の建設にあたっては，国（国土交通省）による直轄調査の存在が指摘されている。直轄調査は40を超える被災自治体で実施されていることから，その全貌や詳細を把握することは容易ではない。それでも，国土交通省国土技術政策総合研究所（国総研）と国立研究開発法人建築研究所が2015年4月に発表した『東日本大震災における災害公営住宅の供給促進のための計画に関する検討――災害公営住宅基本計画等事例集』において，災害公営住宅の建設に至るプロセスと直轄調査の果たした役割や影響を知ることができる[7]。同報告書には岩手県10市町村55地区，宮城県16市町63地区，福島県15市町村43地区，合計41市町村161地区の事例が掲載されている。この資料によれば，直轄調査は短期間で終了した調査ではなく，事例によっては長期にわたって行われた調査であり，民間のコンサルタントと国総研の間でさまざまなやりとりをしながら実施されていたことがわかる。

このほかにも復興関連政策や事業については，国，県，自治体，支援団体，研究機関，研究者，住民組織等によって数多くの報告書，レポート，研究論文，記録集等が作成されている[8]。ホームページ等の電子情報も含めて，復興関連の資料や記録から，今後の検証に役立つ情報を選択し，復興過程を検証していく作業に生かしていくことも今後取り組むべき重要な課題の一つである。

住民による持続可能な復興に向けて

今回の復興が政府主導によるインフラ整備中心であり，それは近代復興や1950年代型復旧レジームと呼ばれるスキームに基づく復興であることはすでに指摘した。復興構想会議では地域・コミュニティ主体の復興という理念が掲げられていたが，さまざまな事情で，復興事業が進まない事態に陥ると，復興の加速化が提唱され，法律や制度の規制緩和や手続きの簡素化が図られてきた。その時点で，地域のことは地域の住民が考えて決定するというローカル民主主義や住民主体の原則が崩れ，復興の進展を遅らせることになるような議論をすることが難しくなってきた面がある。同時に住民自身が関与できる分野が限定され，住民参加や住民主権による理念あるいは熟議を経てものごとを決める機会が大幅に減少し，熟議民主主義が機能不全に陥ってしまった。

さらに復興の過程で地域・コミュニティの主体性・自立性・自律性の回復の基盤となる有形無形のコミュニティ財産や資産が縮小・消滅し，新たに県や市町村といった公的主体が所有・管理する行政資産に転換していった。すでに地域を自律的に統治する機能が弱りつつあった地域・コミュニティはその物的基盤を喪失することで，機能がより弱まっていくことも考えられる。持続可能な地域・コミュニティの再生は容易ではない。

　そこで，今後必要なのは，住民と自治体と事業者との間の適切なパートナーシップの確立とそれを前提にした新たなガバナンスの構築であろう。10年という復興期間が終盤を迎えた時点で必要なことは，復興計画に基づくこれまでの被災地の復興のあり方を進捗率や速度で計測し，その結果を回復率で評価することではなく，復興のプロセスに内在するいわば住民不在あるいは被災者を客体化してしまうメカニズムの解明とそこから脱却するための新たな知見の提示であろう。復興の目標やあるべき姿を斬新なものにするよりは，どのように復興していくかという手続きやプロセスが重要になる。誰のための復興なのか，何のための復興なのかを，当事者自身が熟考する機会を用意し，復興の手法について複数の選択肢が提示され，当事者が選びとっていくような環境をつくりあげていき，復興の達成度が当事者にとって納得がいくものであるのかを評価軸とするような努力が必要である。

　本巻を閉じるにあたり，8年間の復興の過程を踏まえて，東日本大震災からの復興から何を学び，何を反省すべきなのか。そしてこれまでの復興概念ではなく，人口が減少し高齢化が進行するこれからの日本社会において，持続可能な社会を構築していくための復興概念をどのように構築していくかを考える段階にきていることを指摘したい。そのために今後も多くの人が津波の被災地に足を運び，復興の現場を直接体験し，現場から今後の進むべき方向を考えていくことと，広範囲かつ長期にわたる原発事故の影響を持続的に検証し，その対策を講じていくような息の長い作業が求められよう。

　今後生じる可能性の高い新たな災害そして災害からの復興のあり方を考えるうえで，東日本大震災からの復興は，私たちに大きな課題を投げかけ続けている。被災地の復興はいずれ終わりを迎えるが，これからの日本社会を考えるうえで，今回の復興はさまざまな角度から検証されるべきものである。

注

1) 三陸沿岸地域はJR八戸線，三陸鉄道，JR大船渡線で，青森県八戸市から宮城県気仙沼市までが鉄道とBRT（バス高速輸送システム）で1つに結ばれた。気仙沼市以南の沿岸地域ではJR気仙沼線，JR石巻線，JR仙石線がすでに復旧開通し，津波被災による鉄道の不通はすべて解消することになる。また，青森県から宮城県の太平洋沿岸を結ぶ延長359 kmの自動車専用の高規格道路である三陸沿岸道路（復興道路）は，東日本大震災からの早期復興に向けたリーディングプロジェクトに位置づけられたことから，工事が急ピッチで進んだ。2019年当初の時点で224 km（全体の62%）が開通していたが，2019年2月16日に，歌津IC（宮城県南三陸町）〜小泉海岸IC（同県気仙沼市）および本吉津谷IC（同）〜大谷海岸IC（同）が開通し，気仙沼市と仙台市とが直結した。2019年3月9日には釜石両IC〜釜石南IC間が開通し，大槌IC〜釜石北IC間も2019年度内に開通することから，岩手県の宮古から陸前高田までの全区間が開通する。国土交通省は気仙沼市の一部，青森県と岩手県宮古以北の未開通区間を2020年度中に全線開通させる予定である。
2) 復興庁「『復興・創生期間』における東日本大震災からの復興の基本方針」(http://www.reconstruction.go.jp/topics/main-cat12/sub-cat12-1/20160311_kihonhoushin.pdf)。
3) 復興庁はこのほか「まちなか再生計画」の認定事業を通じて，商店街の再生を支援している。復興庁「産業復興の現状と取組」(http://www.reconstruction.go.jp/topics/main-cat1/sub-cat1-20/180327siryou1.pdf)。
4) 設立発起人は経済3団体（経団連，同友会，日商），金融機関（政投銀，3メガ銀〔みずほ，MUFG，SMBC〕，信金中金，全信組連，被災3県の地銀〔岩手，七十七，東邦〕），被災3県の県庁（岩手県，宮城県，福島県），被災3県の国立大学（岩手大学，東北大学，福島大学），被災3県の連携復興センターの代表者であるが，協議会の代表は経済3団体のトップが占めていることから，経済界主導の組織である。
5) 自民党と公明党は連名で2013年3月5日に「復興加速化のための緊急提言」を発表している。その後，2018年7月27日までに7回の緊急提言を行った（自民党ウェブサイト〔https://www.jimin.jp/news/activities/129496.html〕ほか）。
6) 復興庁は「住宅再建・復興まちづくり」の項目で，加速化のための取り組みをとりまとめている (http://www.reconstruction.go.jp/topics/main-cat1/sub-cat1-15/index.html)。
7) 国土交通省国土技術政策総合研究所（国総研），国立研究開発法人建築研究所（2015）を参照した。この資料は2015年4月時点で国総研住宅研究部，建築研究所住宅・都市研究グループ，および東北大学災害科学国際研究所地域・都市再生研究部門に所属する6名によって編まれ，総ページが580ページにも達する報告書である。なお同報告は国総研資料846号・建築研究資料165号として国総研ウェブサイトで閲覧が可能である。
8) 仙台メディアテークの仙台市立図書館や公益財団法人後藤・安田記念東京都市研究所市政専門図書館では，各自治体が作成した報告書を収集し閲覧できる状態にしている。

参考文献

復興庁，2016，「復興の状況と取組 東日本大震災から5年──新たなステージ 復興・創生へ」．

長谷部俊治・舩橋晴俊編，2012，『持続可能性の危機──地震・津波・原発事故災害に向き合って』御茶の水書房．

長谷川公一・保母武彦・尾崎寛直編，2016，『岐路に立つ震災復興──地域の再生か消滅か』東京大学出版会．

東日本大震災復興構想会議，2011，「復興への提言──悲惨のなかの希望」．

東野真和，2016，『理念なき復興──岩手県大槌町の現場から見た日本』明石書店．

池田清，2014，『災害資本主義と「復興災害」──人間復興と地域生活再生のために』水曜社．

関西大学社会安全学部編，2016，『東日本大震災 復興5年目の検証──復興の実態と防災・減災・縮災の展望』ミネルヴァ書房．

国土交通省国土技術政策総合研究所（国総研）・国立研究開発法人建築研究所，2015，『東日本大震災における災害公営住宅の供給促進のための計画に関する検討──災害公営住宅基本計画等事例集』（国総研資料846号・建築研究資料165号）．

麦倉哲・吉野英岐，2013，「岩手県における防災と復興の課題」『社会学評論』64(3)．

室崎益輝・幸田雅治編，2013，『市町村合併による防災力空洞化──東日本大震災で露呈した弊害』ミネルヴァ書房．

中川理編，2017，『近代日本の空間編成史』思文閣出版．

日本建築学会編，2013，『建築雑誌』1642（3月号）．

岡田知弘・自治体問題研究所編，2013，『震災復興と自治体──「人間復興」へのみち』自治体研究社．

小熊英二・赤坂憲雄編，2015，『ゴーストタウンから死者は出ない──東北復興の経路依存』人文書院．

岡村健太郎，2017，『「三陸津波」と集落再編──ポスト近代復興に向けて』鹿島出版会．

大門正克・岡田知弘・川内淳史・河西英通・高岡裕之編，2013，『「生存」の東北史──歴史から問う3・11』大月書店．

塩崎賢明，2014，『復興〈災害〉──阪神・淡路大震災と東日本大震災』岩波書店．

田中重好，2010，『地域から生まれる公共性──公共性と共同性の交点』ミネルヴァ書房．

綱島不二雄・岡田知弘・塩崎賢明・宮入興一編，2016，『東日本大震災 復興の検証──どのようにして「惨事便乗型復興」を乗り越えるか』合同出版．

吉原直樹，2013，『「原発さまの町」からの脱却──大熊町から考えるコミュニティの未来』岩波書店．

吉原直樹，2016，『絶望と希望──福島・被災者とコミュニティ』作品社．

吉川仁，2013，「被災後対応の歴史に学ぶ──災害対策の新しい枠組みに向けて」日本建築学会編『建築雑誌』1642（3月号）．

吉野英岐，2012a，「東日本大震災後の農山漁村コミュニティの変容と再生──岩手県沿岸地域での調査から（東日本大震災とコミュニティ）」『コミュニティ政策』10．

吉野英岐，2012b，「沿岸被災地の生活を維持するために必要なこと」『農業と経済 臨時別冊 大震災と農業・農村──どう立ち向かうか，どう支えるか』．

吉野英岐，2017，「震災復興における新しいステークホルダーの合意形成とコミュニティの再生に関する研究（平成25年度～平成28年度）」科学研究費助成事業基盤研究(B)一般　課題番号25285155。
吉野英岐，2019，「災害公営住宅とその課題」みやぎ震災復興研究センターほか編『東日本大震災100の教訓──地震・津波編』クリエイツかもがわ。

索　引

―― 事項索引 ――

● あ　行

新しい東北　18, 26, 64, 118, 180, 270, 273, 275
「新しい東北」官民連携推進協議会　273
生きた証プロジェクト　84
遺　構　73, 77
移住者コミュニティ　146
伊勢湾台風　54
EPZ（emergency planning zone）　232
岩沼市　158
岩沼市震災復興基本計画　169
岩沼市震災復興計画マスタープラン　169
NPO　29
L1津波　13
応急仮設住宅　24, 161, 250, 271
大　仲　194, 201
置き換え型復興　26
奥尻島　57
女川原発　212
女川原発反対同盟　217
女川町　21, 212
女川町復興計画策定委員会　225
女川町復興連絡協議会　226
女川方式　226, 230

● か　行

海岸法　104
核燃料税交付金　229
仮設商店街　272
釜石市　27, 182, 186
仮の町　261
環境アセスメント　109
官製復興　279
完全帰村者　252
関東大震災　40, 49, 53

がんばる漁業・養殖業復興支援事業　17, 190
義援金　47, 60
記憶の拡散機能　79
記憶の集積機能　78, 79
記憶を伝える実践　72
帰還か移住か　252
帰還困難区域　19, 20, 251, 253, 262
帰還政策　252
帰還に向けた安全・安心対策に関する基本的考え方　252
企業立地補助金　21
奇跡の一本松　74, 75
共　助　277
強制避難　255
行政不信　170
共有林　193
漁業協同組合　183, 203
漁業権　183
漁業権補償　216
漁業従事者　183
漁業集落　180, 182
漁業集落防災機能強化事業　15, 29, 54, 56, 185
漁港（指定漁港）　182
漁港漁場整備法　54
居住制限区域　19, 251
近代復興　45, 46, 59, 276, 277
空間デザイン　111
区画整理事業　101
グランドデザイン　97, 226
グリーンツーリズム　117
グループ補助金（中小企業等グループ補助金）　17, 23, 24, 224, 272
警戒区域　251

計画的避難区域　251
激甚災害法　56
気仙沼市　21, 93
県外避難者　131, 250, 259
減災　174
原子力安全協定　233, 234
原子力規制委員会　257
原子力緊急事態宣言　250
原子力災害からの福島復興の加速に向けて　252
原子力災害周辺地域産業復興企業立地補助金　21
原子力災害対策指針　232
原子力災害対策重点区域　232
原子力災害対策特別措置法　250
原子力損害賠償支援機構（法）　10
原子力損害賠償紛争審査会　254
建築基準法　54
原発関連財源　220, 223, 239
原発建設差し止め訴訟　217
原発交付金　221
原発再稼働　230, 233, 240
原発事故被災者・子ども支援法　261
原発避難者支援　149
原発避難者特例法　261
原発誘致　216
原発立地自治体　233
原発立地地域　212
広域避難　139
広域避難計画　234
合意形成　119, 158, 187, 278, 280
公営住宅法　133
公助　277
工程表の物象化　112
神戸市　58
交流サロン　162
高齢化　24, 64
国土強靭化基本法　120
コーディネーション　115, 279
コーディネーター　119
孤独死　131
個別移転事業　15
個別的な事実　76, 80
コミュニティ　172, 280
コミュニティ型入居　132, 134, 152

コミュニティ活動　271
コミュニティ形成　131, 175
コミュニティ資産　282
コンサルタント　112

●さ 行
災害関連死　58
災害危険区域　106, 270
災害救助法　54, 153, 278
災害公営住宅　16, 20, 129, 166, 190, 225, 270, 271
災害資本主義　24
災害弱者　134
災害心理学　99
災害対策基本法　55, 59, 109, 278
災害弔慰金の支給等に関する法律　56
災害復旧事業　109
災害復旧レジーム　98, 109, 110
災害復興住宅　58, 250
最終処分場　258
再除染　257
財政民主主義　113
サブシステンス・アクティビティ　203
サブシステンス・エコノミー　203
サロン活動　272
産業組合　46
支援格差　135, 153
支援なき自主避難　255
支援の事業化　132
市街地整備事業　13
時間軸の失効　82
自主グループ化　141, 145
自主避難者　4, 20, 150, 254, 255
自助　277
自助グループ　148
事前復興　174
持続可能な社会　285
社会関係の再構築　29, 282
社会的制御　239
社会福祉協議会　136
住宅復興　51, 129
集団移転　47, 270
集団移転事業　15
集中復興期間　11, 114, 269
住民合意　157, 171, 172, 276

住民参加　64
住民組織　29, 200
熟議型民主主義　115, 284
順応的管理　100, 116
昭和三陸地震津波　45, 51, 53, 179
除　染　4, 7, 19, 256, 268
ショック・ドクトリン　24, 26
自立・帰還支援雇用創出企業立地補助金　21
自律の復興　65
人口減少　5, 24, 25, 64
震災遺構　79
震災復興計画　164
震災モニュメント　76
水産業復興特区　18
ステークホルダー　172
スモールビジネス　117
生活再建　100, 250, 260
正常性バイアス　106
1950年代型復旧レジーム　109, 278
仙台市　128
仙台市震災復興計画　128
創造的復興　51, 60, 63, 95, 107, 180, 205, 269
総体的な事実　76

● た　行

耐震基準　53
大謀制度　202
高台移転　23, 101, 118, 158, 181
脱原発　233, 239
脱原発デモ　237
単線型住宅復興　129
地域社会　204
地域的共同性　281
地域福祉ネットワーク　146
地域防災計画　232
中央防災会議　104
中間貯蔵施設　257
中小企業等グループ補助金　→グループ補助金
直轄調査　284
チリ地震津波　55, 179
津波・原子力災害被災地域雇用創出企業立地補助金　21
津波復興拠点整備事業　13, 225
帝都復興院　50
帝都復興事業　49

電源三法交付金　221, 222, 228
電源立地促進対策交付金　222
動機の語彙　73, 74
同郷サロン　140, 141, 152
当事者の復興　30
同潤会　51
東北電力　220
特定避難勧奨地点　6, 251
特定復興再生拠点区域　262
都市計画法　50, 53
土地区画整理事業　13, 53, 59, 158, 165, 225

● な　行

内務省　50
名取市　158
名取市新たな未来会議　164
名取市震災復興計画　165
新潟県中越地震　42, 61, 82, 131, 152
新潟モデル　63
二次避難　139
200海里漁業水域の設定　183
日本学術会議　262
日本建築学会　45, 276
人間の復興　268
農地整備事業　18
濃尾地震　46, 49

● は　行

八戸市　180
反原発運動　228
阪神・淡路大震災　3, 42, 56, 58, 76, 100, 152
阪神・淡路大震災復興基金　114
PAZ（precautionary action zone）　232
東日本大震災復興基本法　8, 95
東日本大震災復興特別区域法　9
東松島市　146
備荒貯蓄法　46, 48
被災建築物　84, 85
被災市街地復興特別措置法　58
被災者コミュニティ　272
被災者生活再建支援法　56, 131
被災者役割　255
悲惨のなかの希望　95, 180
PDCAサイクル　100
避難区域　4

索　引　291

避難指示　　6, 269
避難指示解除　　253
避難指示解除準備区域　　19, 251
避難指示区域　　19, 251
避難者　　7
避難者サロン　　151
避難所　　129, 134, 161, 271
非連続型復興　　26
ファシリテーター　　116, 279
福島・国際研究産業都市構想　　22
ふくしま産業復興企業立地支援事業　　21
福島第一原発　　3, 4, 6, 179, 232, 250
福島第二原発　　6
福島復興再生特別措置法　　10, 22, 262
複線型住宅復興　　129
復旧　　25, 108
復旧防災事業　　104
復興　　25
　——の加速化　　262, 276, 284
　——の長期化　　7
　——の定義　　95
　——のトップランナー　　159, 227
復興加速化提言　　252
復興基金　　62
復興（推進）計画　　9, 98, 258
復興構想会議　　8, 96, 269
復興構想7原則　　8
復興交付金　　9, 11
復興災害　　2, 24, 59
復興財源確保法　　5
復興再生計画　　262
復興支援コーディネーター　　144
復興スキーム　　63
復興税　　5, 9, 24, 274
復興整備計画　　12
復興庁　　6, 25, 63, 115, 180, 269, 272, 273
復興庁設置法　　25
復興特別区域　　9, 24
復興特別予算　　114
復興都市計画事業　　157
復興バブル　　128
復興まちづくり　　170, 180

復興予算　　11, 12, 60, 113, 180, 274, 279
プレハブ仮設　　129, 134, 162
防災集団移転促進事業　　15, 29, 56, 101, 165, 168, 185, 225
放射性物質　　4
防潮堤　　13, 55, 100, 101, 104, 109, 118, 181, 187, 270
防潮堤を勉強する会　　105
防潮壁　　55
母子避難者　　150, 255
ポスト近代復興　　46
北海道南西沖地震　　57

●ま　行
マイナー・サブシステンス　　203
まちづくり計画　　258
まちづくりコンサルタント　　168
まちとくらしの持続可能性　　119
見えない被災者　　135, 152
みなし仮設　　129, 132, 134, 152, 162, 250
宮城県沿岸における海岸堤防高さの設定について（案）　　105
宮古市　　105, 181
明治三陸地震津波　　47, 179
モニュメント　　73, 75
モラルハザード　　98

●や　行
山田町　　21
UPZ（urgent protective action zone）　　232
UPZ関係自治体首長会議　　234
閖上復興まちづくり推進協議会　　165
養殖漁業　　182
予算の流用問題　　113
予防原則　　262

●ら　行
陸前高田市　　74, 94
類型的な語彙　　73, 74
レジリエンス　　120
ローカル民主主義　　284
六次産業化　　118, 129

――――― 人名索引 ―――――

● あ 行
渥美公秀　84
安倍晋三　5
アルヴァックス，M.　87
池埜聡　83
石川幹子　96
稲垣文彦　259
井上俊　74
岡村健太郎　46
小熊英二　278

● か 行
釜沢勲　44
河田惠昭　114
菅直人　4
北原糸子　45, 64
クライン，N.　24
小泉秀樹　204
後藤新平　49, 50, 109

● さ 行
坂口幸弘　83
杉山高志　84
関礼子　260
ゾーリ，A.　120

● た 行
高橋博之　118
田中重好　281

谷下雅義　116

● な 行
中澤秀雄　278
中島直人　277
長峯純一　104
野田正彰　254
野田佳彦　4

● は 行
畠山重篤　117
鳩山由紀夫　4
ヒーリー，A. M.　120
福田徳三　44, 50, 110
舩橋晴俊　259

● ま 行
宮前良平　84
ミルズ，C. W.　73, 74
麦倉哲　84
村井嘉浩　106
室崎益輝　108, 113

● や 行
山口弥一郎　44, 110, 201
山下文男　44
矢守克也　83, 84
吉川仁　278
吉原直樹　281

索引　293

◆編者紹介

吉野 英岐（よしの　ひでき）
　岩手県立大学総合政策学部教授

加藤 眞義（かとう　まさよし）
　福島大学行政政策学類教授

震災復興と展望――持続可能な地域社会をめざして
シリーズ 被災地から未来を考える③
Reconstruction from Disaster, Reflective and Critical Analysis for Sustainable Society
(Sociological Perspective on Tohoku Disaster-stricken Areas Vol.3)

2019 年 8 月 30 日　初版第 1 刷発行

編　者	吉　野　英　岐
	加　藤　眞　義
発行者	江　草　貞　治
発行所	株式会社 有　斐　閣

郵便番号 101-0051
東京都千代田区神田神保町 2-17
電話 (03)3264-1315〔編集〕
　　 (03)3265-6811〔営業〕
http://www.yuhikaku.co.jp/

印刷・大日本法令印刷株式会社／製本・牧製本印刷株式会社
© 2019, YOSHINO Hideki and KATO Masayoshi. Printed in Japan
落丁・乱丁本はお取替えいたします。
★定価はカバーに表示してあります。
ISBN 978-4-641-17443-6

JCOPY　本書の無断複写（コピー）は、著作権法上での例外を除き、禁じられています。複写される場合は、そのつど事前に（一社）出版者著作権管理機構（電話03-5244-5088、FAX03-5244-5089、e-mail:info@jcopy.or.jp）の許諾を得てください。